# Todos Entoam

## Ensaios, Conversas e Lembranças

Luiz Tatit

# Todos Entoam

## Ensaios, Conversas e Lembranças

Æ
Ateliê Editorial

1ª ed., Publifolha, 2007
2ª ed. revista, ampliada e atualizada, Ateliê Editorial, 2014

Dados Internacionais de Catalogação na Publicação (CIP)
(Câmara Brasileira do Livro, SP, Brasil)

---

Tatit, Luiz
*Todos Entoam: Ensaios, Conversas e Lembranças* / Luiz Tatit. – 2ª ed. revista e ampliada – Cotia, SP: Ateliê Editorial, 2014.

ISBN 978-85-7480-689-1

1. Músicos brasileiros – Biografia 2. Tatit, Luiz, 1951 – I. Título. II. Série.

14-10597 CDD-780.920981

---

Índices para catálogo sistemático:

1. Músicos brasileiros: Biografia 780.920981


Ateliê Editorial
Estrada da Aldeia de Carapicuíba, 897
06709-300 – Granja Viana – Cotia – SP
Telefax: (11) 4612-9666
www.atelie.com.br / contato@atelie.com.br

2014

Printed in Brazil
Foi feito o depósito legal

Agradeço ao amigo Arthur Nestrovski o convite para a realização, em 2007, da primeira edição deste livro pela Publifolha. Sua proposta me estimulou a reunir uma espécie de autobiografia artística e acadêmica escrita em 2001 (e que venho atualizando até o presente) com uma série de ensaios e artigos produzidos desde a década de 1980 e que se achavam dispersos em jornais, revistas e coletâneas já àquela altura pouco acessíveis. Arthur conduziu também uma ampla entrevista que concedi por escrito a músicos, professores, poetas, ensaístas e artistas de diversos pontos do Brasil, e mesmo de outros países, sobre a linguagem da canção, minhas criações e publicações nessa área, o projeto Rumo e as influências de São Paulo em minha trajetória cultural.

Tanto essa entrevista como a autobiografia atualizada estão reproduzidas integralmente nesta 2ª edição de *Todos Entoam*, agora pela Ateliê Editorial, além da inclusão de mais seis ensaios dedicados ora à semiótica, ora à canção.

Agradeço ainda ao CNPq a bolsa de Produtividade em Pesquisa que tem apoiado minhas produções no campo acadêmico.

L.T.

# Sumário

SEÇÃO I

# Vida Rumo Canção e Semiótica

Dois presentes de avô, um rádio de pilha aos dez anos e um violão aos doze, lançaram-me no mundo da canção e livraram-me em parte do tédio e dos temores da infância. Até então imaginava que a vida dividia-se em escola, que mais tarde desembocaria numa profissão, e futebol, que bem logo, segundo os adultos, cederia lugar a coisas mais importantes. Nada mais.

O rádio foi para mim um contato direto com o sublime. Ouvia as canções e os cantores como se fossem personagens de uma história de fascínio em que todos disputavam o papel de sedutor-mor. As paradas de sucessos, com suas indefectíveis classificações, confirmavam-me plenamente essa impressão. Nutria uma admiração imensa pelos intérpretes que arrebatavam os primeiros postos e até hoje não sei se venciam porque cantavam minhas canções preferidas ou se eu que acabava preferindo as canções vitoriosas. De todo modo, estava ali, dentro do rádio, um mistério que por essa época me bastava conservar. O desejo de decifrar viria bem depois.

O violão transformou-me em ouvinte ativo. Além de torcer pelas canções, passei então a reproduzi-las em casa manejando alguns acordes que pareciam servir para acompanhar qualquer cantoria. O aprendizado era ao mesmo tempo visual e auditivo: observava as mãos dos meninos que mostravam já saber alguma coisa sobre o instrumento e tentava encaixar aqueles acordes em outras canções. Para conferir, apenas o ouvido. Nem eu, nem os meninos, tivemos jamais alguma aula de violão e isso só fazia aumentar em nós a atração pelo instrumento que parecia dispensar qualquer curso sistemático. Em matéria de rito escolar, nossos ginásios já eram suficientes.

*****

Sou primogênito de uma família de cinco filhos e nasci em São Paulo, à Rua Fradique Coutinho, em Pinheiros. Permaneci nesse local até os dezesseis anos, quando vim para o bairro vizinho, Butantã, onde vivo até hoje. A Fradique do início dos anos 1950 não era sequer pavimentada e guardava ainda uma feição de periferia. Quem quisesse comprar alguma coisa menos trivial deveria tomar o bonde na Teodoro Sampaio e desembarcar na Praça Ramos de Azevedo, no centro da cidade.

Além da padaria e dos bares de esquina, havia, na Fradique, algumas casas pequenas como a nossa, terrenos baldios e numerosos corredores – muitos com escadas estreitas, dando acesso a minúsculas moradias – a que chamávamos "cortiços". No fundo de um desses cortiços morava, com a mãe e dois irmãos, um menino pouco mais velho que eu, conhecido simplesmente como João. Extremamente habilidoso, esse garoto era quem aparecia com a melhor pipa, o melhor carrinho de rolimã, o melhor balão, enfim, para tudo que dependesse de destreza, João apresentava a melhor execução.

Enquanto eu me sentia seduzido pela voz dos cantores do rádio, João prestava atenção nos instrumentos e qualquer superfície à sua frente servia-lhe de apoio para esboçar uma batucada de acompanhamento. Quando desapareceu por algum tempo de nossas audições de rádio, soube que estava "fazendo" um violão. Na verdade, João estava restaurando uma carcaça de instrumento que descobrira no fundo de um armário de sua casa. Reapareceu já com o pinho em punho, cordas de aço imitando guitarra elétrica e, o mais surpreendente, mostrando-nos como aquilo funcionava.

Do alto de seus doze ou treze anos, João nos ensinou a "tirar" as músicas do rádio no violão, começando pela audição da linha do contrabaixo, instrumento cuja própria existência ignorávamos. Naqueles pequenos alto-falantes de rádio monofônicos, o garoto identificava os sons graves do baixo e a partir dessa base tentava ouvir também a configuração harmônica dos acordes. Começou tirando as canções singelas que prenunciavam a era do iê-iê-iê mas já nos alertava que havia acordes de violão mais complicados e de difícil identificação, conhecidos como "posições de bossa nova". Mas para fazer um som de banda jovem – dizia-se "conjunto musical" – aqueles primeiros acordes davam conta do recado.

Pouco mais tarde, já na era dos Beatles, João chegou a fazer sua própria guitarra elétrica e juntou-se a um baixista, um baterista e mais um guitarrista para constituir uma banda e tocar em festas. Única credencial desses "músicos", na verdade, era possuir seu próprio instrumento, dado que cabia a João tirar as linhas de todos os naipes e passá-las aos executantes durante os ensaios.

A família de João teve de deixar repentinamente a casa da Fradique e eu nunca mais soube dele. Alguém comentou que havia ingressado no exército e que tinha ficado por lá.

*****

Cursei o primário, ginásio e o antigo "clássico" no Instituto de Educação Fernão Dias Pais, tradicional escola pública do bairro de Pinheiros. Embora mantivesse boa fama por serviços prestados no passado, o Fernão já era um centro de ensino em decadência, com um corpo docente bastante irregular: enquanto poucos lutavam para fazer jus aos dias de glória, a maioria era composta de professores irritadiços e autoritários, à espera da aposentadoria. Mas não havia escola melhor na região – numa época em que não se levava a sério as escolas particulares – e isso era razão suficiente para atrair a nata da juventude de classe média de Pinheiros e adjacências. Se a rotina escolar era pouco motivadora, o contato com colegas mostrava-se muitas vezes fecundo.

Do encontro com Roberto Lazzarini, à época um estudante de piano clássico que gostava de música popular, nasceram minhas primeiras composições em parceria que fizeram sucesso não apenas entre colegas, mas também em concursos escolares criados na esteira dos bem-sucedidos festivais televisivos nos anos 1960. Lembro-me que uma dessas canções venceu o concurso interno promovido pelo próprio Fernão e outra, intitulada *Espelho Dourado*, ganhou o II Festival de Música Estudantil da região. A promessa de gravação de um disco infelizmente (ou felizmente) não foi cumprida, mas a atmosfera do primeiro reconhecimento certamente fez bem ao nosso ego: compusemos algumas dezenas de novas canções. Mas a parceria desfez-se com o término do ciclo Fernão. Lazzarini, por influência familiar, cursou engenharia e depois de entregar seu diploma aos pais, voltou para a música e hoje possui um estúdio de gravação em Pinheiros. Nosso contato musical não mais se restabeleceu.

Outro encontro, menos ruidoso que o primeiro, mas bem mais marcante e profundo do ponto de vista pessoal e de imediata afinidade ideológica foi, na verdade, um reencontro com Rubens Matuck, hoje um extraordinário artista plástico.

Rubens também nascera na Fradique e já havíamos tido algum contato em nossos tenros cinco ou seis anos. Agora, evidentemente, tudo tinha mudado. Beatlemaníaco confesso, meu velho amigo empolgava-se ao me ver reproduzindo ao violão as ingênuas harmonias do quarteto e ia ao delírio quando ouvia minhas próprias (e glaudicantes) composições. Era, talvez, o que gostaria de fazer naqueles anos de intensa intervenção da música popular na vida de todos os jovens. Éramos, afinal, a primeira geração após o advento do rock. Mas Rubens não tinha jeito para esse tipo de expressão. O seu negócio era outro. Como desenhava! Habituei-me a ver "rodinhas" de colegas em torno de sua carteira, completamente extasiados com o que viam. Seus desenhos reproduziam com perfeição o que estivesse à sua frente, desde objetos até expressões fisionômicas hilariantes dos professores.

Extremamente bem formado para a idade (treze anos), Rubens divertia os colegas com caricaturas e outras habilidades gráficas, mas fazia questão de salientar à sua plateia ignara que aquilo não era arte. E sob os olhares estupefatos dos meninos que dariam tudo para adquirir um terço daquela competência com a grafite (nem que fosse apenas para ridicularizar o visual do professor mais detestado), o desenhista amassava aqueles traços perfeitos e ia para casa dedicar-se à aquarela abstrata, técnica da qual se tornou mais tarde um dos nomes mais expressivos do país.

Autodidata, Rubens via pouco interesse nas matérias do currículo regular. Era assíduo frequentador dos exames de recuperação e de "segunda época" e chegou a perder um ano em virtude da proverbial insensibilidade que caracterizava a maior parte dos docentes desse período. Lembro-me de uma cena marcante, representativa da mais alta imbecilidade que reinava nesse meio. A matéria era História. A "lição de casa", o desenho de um mapa de uma determinada região da Grécia. Todos nós decalcamos do atlas os contornos necessários, pintamos os planos, incluímos legendas etc. Rubens, por alguma razão, só soube da tarefa ao chegar à classe. Não teve dúvidas. Olhou para o modelo do atlas, sentou-se à carteira e, durante os vinte minutos de recreio, enquanto crescia a tradicional roda de colegas à sua volta, concluiu à mão livre o melhor mapa da classe, com requintes de detalhamento técnico na expressão das informações históricas. Aquilo era uma vitória para todos. Os prováveis elogios da professora significariam que pelo menos um de nós era brilhante.

No dia da devolução dos trabalhos com a tão temida nota de avaliação, queríamos ver a professora enfim render-se ao talento do colega, já que era conhecida a aversão da "educadora" pela postura desleixada do aluno em sala de aula. Mas esse momento foi insuportavelmente adiado até que o último trabalho chegasse às mãos de seu autor. A professora, então, agitou no ar uma folha de papel remanescente e gritou: quem é o irresponsável que entregou esse trabalho sem pôr o nome? Zero!

Fazer psicoterapia era o último recurso de que dispúnhamos para compreender e suportar os descalabros causados pela geração anterior que passara diretamente da infância à maturidade. Comentávamos, Rubens e eu, que a adolescência, tal como foi definida nos anos 1950 e 1960, havia surgido com a cultura "rock". Os terapeutas, pouco mais velhos que nós, eram seres de transição que conheciam os dois universos de valores e, portanto, contribuíam para abrandar a carga de hostilidade que marcou o maior conflito de gerações do século. Pudera! Entre uma geração e outra tinha havido uma guerra mundial.

Rubens, apesar dos reveses escolares, era quem melhor compreendia os "velhos" e passava horas justificando-me atitudes que me pareciam (e ainda me parecem) inaceitáveis. Mas nossas conversas iam bem além disso. Das artes plásticas à música, da literatura aos mitos e às religiões, tratávamos um pouco de tudo e se os conteúdos elaborados aos quinze ou dezesseis anos são (e foram) inaproveitáveis dez anos após, a expansão de visão de mundo em fase tão precoce pode ser (e foi) decisiva para nossas opções de vida.

*****

Logo nos primeiros meses em que comecei a frequentar a casa do Rubens, por volta de 1966, deparei com dois livros que me causaram forte impressão. Confesso que me interessava pouco pelos belos livros de pintura folheados dezenas de vezes pelo meu amigo. Preferia a estante vizinha de seu irmão mais velho, um rapaz igualmente fora de série, chegado a um certo esoterismo que antevia, pode-se dizer, a generalização da cultura *hippie*. Eram dele um exemplar de *Ulisses* de Joyce, recém-traduzido por A. Houaiss, e uma versão portuguesa de *Molloy* de Samuel Beckett.

Levei os dois livros para a casa e passei um bom tempo tentando decifrar aquelas formas de escrita que me pareciam especialmente atraentes. Aos poucos, fui deixando *Ulisses* de lado e me concentrando em *Molloy*. A condição miserável dos personagens, impotentes diante da vida, e o excesso de pessimismo, tudo me parecia uma questão de estilo - diria, hoje, "estilo de conteúdo" - e era isso que me soava desconcertante em Samuel Beckett. Saí em busca de outros trabalhos do autor e encontrei, da mesma coleção portuguesa, *Murphy*, obra que saciou o meu ímpeto momentâneo embora não transmitisse a mesma força da primeira. Lembro-me de ter lido ainda *Textos Para Nada* e só então vim a saber que o autor era muito mais conhecido mundialmente por suas peças teatrais do que por esses escritos em forma de romance. Um ou dois anos depois, Cacilda Becker montaria *Esperando Godot* em São Paulo. Na mesma época, para minha satisfação, o autor, praticamente desconhecido no Brasil, ganhava o prêmio Nobel de literatura em 1969. Foi um aval e eu cheguei a acreditar que já tinha algum discernimento.

*****

Quem me transferiu do rádio para a televisão foi Elis Regina. A cantora já frequentava as paradas de sucesso das emissoras radiofônicas com o seu *Menino das Laranjas*, samba de Teo de Barros muito bem concebido, mas que dificilmente encantaria um pré-adolescente ávido de melodias afirmativas, sem quebras, sem floreios e, sobretudo, sem mensagens outras que não a explicitamente dita. Por isso, talvez, preferíssemos canções norte-americanas ou italianas, nas quais a ininteligibilidade das letras afastava o embaraço das mensagens, ou, simplesmente, ingênuas versões em português de sucessos internacionais. As conotações sociais óbvias da letra de *Menino das Laranjas* me incomodavam. Mas acontece que vi Elis cantando o seu *hit* num programa de televisão e constatei que não era nada do que eu imaginava. Sua expressão física dirimia qualquer reticência que pudesse sobrar da variante auditiva. Era tudo o que a TV precisava para dar início à sua era musical. Quando Elis venceu o primeiro festival do período, promovido pela TV Excelsior, cantando *Arrastão* de Edu Lobo e Vinícius de Morais, a sorte estava lançada. Em maio de 1965, a Record punha no ar *O Fino da Bossa*, programa comandado por Elis Regina que serviu de matriz a uma série de outros musicais com as mesmas características. Eram palcos para o surgimento de novos artistas e novos estilos que, ao se firmarem, davam origem a outros programas e assim sucessivamente, até o início dos anos 1970.

Eu acompanhava esses programas como se fossem telenovelas e, à medida que tomava conhecimento, em primeira mão, das novas composições de Edu Lobo, Geraldo Vandré, Gilberto Gil, Marcos Valle e outros, ia montando uma espécie de parada de sucessos interior que, agora, vinha sugestionada pela imagem dos artistas. Lembro-me que Elis Regina aproveitou seu primeiro período de férias para visitar a Europa e estrear no Olympia de Paris. Saiu-se muito bem na excursão, mas ao regressar ao país encontrou outro ídolo sentado em seu trono. Era Roberto Carlos que, amparado pelo primeiro projeto de *marketing* voltado a um artista no Brasil, iria arrebatar um contingente de público até então inigualável. De temperamento acintoso, Elis não hesitou em desqualificar o cantor e o público da jovem guarda, o que fez nascer em mim uma simpatia pelo futuro "rei", cujos aficionados em nada lembravam os admiradores da cantora.

Minha classificação interna das melhores canções concretizou-se plenamente nos festivais de música promovidos pela Record. Assistia a todas as eliminatórias, gravava as vencedoras de cada rodada e as ouvia exaustivamente até chegar a um veredicto que depois seria confrontado com a classificação oficial. Recriminei o famoso empate de *A Banda* (Chico Buarque) com *Disparada* (Teo de Barros e Geraldo Vandré). Apostava em *Disparada*, melhor composição da carreira de seus autores e a responsável pelo surgimento do gênero "música de festival". Mas foi *A Banda* – interpretada apenas ao violão por Chico Buarque, como uma espécie de abertura à execução mais "profissional" de Nara Leão – que me empurrou definitivamente no mundo da composição. Já podia reconhecer visualmente os acordes realizados por Chico e aquela melodia me parecia tão simples... só não gostava da letra.

Dou-me conta, hoje, que a partir desse momento comecei a ler o mundo pelas canções. As letras circunscreviam conteúdos que àquela altura ainda me eram pouco familiares. Ao lado de comentários do cotidiano concreto e dos infalíveis temas amorosos, havia alusões a desejos e esperanças altamente subjetivos, distinções entre a vida da cidade e a vida do campo, referências metafóricas ao trabalho manual, à criação poética ou ao próprio canto; temas ligados à solidariedade ou à luta contra a opressão, temas nostálgicos, lamentativos, ufanistas, todos quase sempre comprometidos com valores humanos. Mas as letras permitiam apenas uma apreensão grosseira das zonas de sentido em que operavam as canções. A leitura fina vinha pela melodia, pelo arranjo instrumental, pelo tratamento rítmico, pelo andamento, pela levada e pelo modo de cantar. Algumas composições queriam identificar-se com um gênero (queriam ser consideradas samba, marcha, iê-iê-iê), outras queriam mostrar-se híbridas, enquanto outras ainda pretendiam libertar-se de qualquer gênero constituído. Se prestássemos atenção nas direções melódicas, na levada do arranjo ou no grau de contundência do canto, identificaríamos intenções que, estas sim, particularizavam um modo de ser, uma posição ideológica que só se configuravam na execução da música. Isso explicava, até certo ponto, porque Jair Rodrigues, um sambista afinado com a ginga alegre de canções despretensiosas, transformava-se num guerreiro incomparável ao entoar as primeiras notas de *Disparada*. Seu canto era mais convincente do que o do próprio Geraldo Vandré que emprestava à performance a autenticidade da autoria. Uma coisa era o engajamento (ou ausência dele) assumido na esfera pessoal e difundido aos colegas e ao público. Outra, bem diferente, era a incorporação dos valores investidos na canção. Como nem sempre os cantores davam conta do recado, iniciou-se nessa época uma expressiva transferência das funções do intérprete para o âmbito do compositor. Este conhecia melhor, em princípio, os caminhos melódicos da própria canção. Passamos, então, um longo período em que as novas vozes masculinas provinham dos próprios compositores e conviviam com sucessivas gerações de cantoras que praticamente se especializaram no bom acabamento interpretativo das canções.

Mas a leitura do mundo pelas canções ia além. Eu mantinha a nítida sensação de que podia avaliar o modo de ser e de pensar das pessoas em geral por suas preferências cancionais. Embora os critérios não fossem nada científicos, o exercício de avaliação adquiria contornos bastante complexos. Gostar de Jorge Ben, por exemplo, era uma pista demasiadamente ampla. Era necessário chegar às composições realmente preferidas e localizar as versões que teriam determinado esse gosto. Deixar-se envolver por *Charles, Anjo 45* era bem diferente de deleitar-se com *País Tropical*. Para esta última, havia a interpretação de Wilson Simonal e a do próprio autor. Para a primeira, além da versão de Jorge Ben, havia a de Caetano Veloso. Cada escolha tinha o seu significado. Mas isso era só o começo. Quem gostasse de Jorge Ben poderia gostar igualmente de Edu Lobo ou Milton Nascimento? Se a resposta fosse afirmativa, quais seriam as composições e as versões selecionadas? Se fosse negativa, quais outros autores poderiam satisfazer a quem gostava de Jorge Ben? Em resumo, o mapa das preferências, submetido a um rigoroso confronto dos valores investidos nas canções escolhidas, daria uma conformação segura da visão de mundo do ouvinte. Como esse teste jamais era aplicado em todas as suas variáveis, sobrava-me uma forte impressão parcial do que provavelmente caracterizaria as pessoas ao meu redor, a partir apenas das interações mais explícitas de seu mapa das preferências.

Se deixarmos de lado a funcionalidade imediata dessas leituras através das canções e ficarmos somente com a ideia de que as composições contêm valores preservados tanto no componente linguístico como (e sobretudo) no componente musical, creio que se delineia aí o objeto de estudo que mais tarde investiguei.

*****

Talvez nada tenha sido para mim mais intenso, nessa fase de formação, que o movimento tropicalista. Era como se eu estivesse à espera dessa intervenção. Caetano Veloso, em particular, parecia-me encarnar o artista ideal, saído diretamente de minhas conversas com Rubens Matuck e outros amigos também sintonizados com questões estéticas. Desligado de uma política partidária e das tendências maniqueístas próprias da época, mas especialmente cultivadas no meio estudantil, Caetano trazia um discurso que me soava como um Beckett sem o pessimismo. Seu comportamento voluptuoso e irreverente com as "leis da esquerda" expressava boa parte daquilo que eu vinha mantendo preso na garganta. Era a saída por cima – nem pela direita, nem pela esquerda – que enfim se concretizava. Dificilmente estaria enganado, pois minha leitura se confirmava na audição das numerosas composições que o baiano apresentava ao público depois do sucesso instantâneo da festejada *Alegria, Alegria*. Eram músicas que flertavam com o mundo do consumo, tão identificado com a abominada cultura norte-americana, com a produção de Roberto Carlos, desprezada pela MMPB (Moderna Música Popular Brasileira), com Chacrinha, relegado às instâncias do mundo cão, com a vanguarda, alienada das lutas políticas, com o popularesco, rejeitado pela "elite popular" – aquela que, depois da bossa nova, passou a exigir uma música popular "de qualidade" – e, acima de tudo, com João Gilberto, a real medida de qualidade que desaparecera do cenário nacional já nos primeiros anos da década de 1960.

E este último caso constituía uma equação na época tão insolúvel quanto estimulante. João Gilberto era a expressão máxima da triagem e da decantação. Suas interpretações consistiam (e consistem ainda) em suprimir das canções qualquer sinal de excesso tanto na melodia e emissão de voz como na configuração semântica da letra, e em atingir o que lhe era de fato essencial. O tropicalismo de Caetano, ao contrário, primava por estabelecer a mistura e o hibridismo dos gêneros. O canto transitava pelos estilos nacionais ou internacionais e se completava com performances corporais expressando "atitudes". Ou seja, Caetano elegia o seu antípoda como precursor fundamental. Na verdade, enquanto o tropicalista representava o desdobramento extenso de todas as dicções presentes na canção brasileira, João Gilberto acentuava o que havia de comum e indispensável na base de todas elas. Eram cara e coroa da mesma moeda, cujo valor dependia de uma frequência equilibrada de aparição de ambas as faces no meio musical brasileiro.

Até mesmo a imagem anárquica transmitida pelo movimento me interessava. Com a atenção voltada às artes, sentíamo-nos entre dois blocos monolíticos capazes de ceifar qualquer aspiração individual. De um lado, a arrogância oficial dos militares, dispostos a manter a ordem a qualquer custo, baixando portarias cada vez mais duras e arbitrárias até o fechamento total do regime ao final de 1968. De outro, um grupo mais simpático, na medida em que enfrentava o poder constituído, mas que falava em nome de valores coletivos que absolutamente não contemplavam nossos projetos de criação. Ao contrário, não havia espaço para uma arte desengajada – "alienada", para esse grupo – e os caminhos consentidos levavam, todos, a uma espécie de ladainha cujas ocorrências mais notórias eram as palavras de ordem. Voltar-se contra o imperialismo americano, por exemplo, se não fosse um lugar comum inócuo e desnecessário transmitia-nos uma redundância no mínimo antiestética. Pode-se imaginar, a essa altura, a ressonância em nosso grupo de músicos e pintores das palavras de Caetano em seu célebre discurso ao público predominantemente estudantil, que rejeitava sua canção *É Proibido Proibir* no III Festival Internacional da Canção: "Se vocês forem em política como são em estética, estamos feitos!"

Por incrível que pareça, no campo da música popular entre 1967 e 1968, a ameaça iminente à criação vinha da esquerda de cuja frente participavam os nomes mais expressivos egressos dos festivais da Record. Até uma passeata contra a guitarra elétrica foi promovida por esse grupo sob os olhares já céticos de Nara Leão e Caetano Veloso. A pressão do Estado era mais distante e, só a partir do A.I. 5, passou a interferir diretamente na música popular pelo instrumento da censura e por odiosas perseguições a artistas que culminaram com os exílios políticos. Convém ponderar que quando me refiro à ameaça da esquerda não estou comparando a equivocada interferência psíquica e ideológica desse grupo sobre a mente dos artistas com a gravidade insuportável dos atentados contra a liberdade física que o regime militar viria a praticar a partir de 1969. Mais engajados ou menos engajados politicamente, éramos todos visceralmente contra a impostura do Poder ilegítimo. Desejo frisar apenas que, para alguns interessados em arte, a liberdade era um alvo necessário mas não suficiente. Além do *poder fazer*, precisávamos também de um *poder não fazer*. Dentro da liberdade, queríamos independência.

A letra de *Alegria, Alegria*, com seus versos justapostos e desengajados, era um grito de independência que, este sim, soava como música aos nossos ouvidos. Por que não?

*****

Entrei na Escola de Comunicações e Artes (ECA) da USP em 1971, mais por indecisão que por vocação. Era um curso novo na área de Humanas que oferecia várias opções aos estudantes, quer em comunicações (jornalismo, publicidade, editoração, rádio-televisão), quer em artes (teatro, cinema, artes plásticas). E, acima de tudo, oferecia mais um ano – consagrado às matérias consideradas básicas para ambas as áreas – ao aluno indeciso para que, enfim, no segundo ano, optasse por sua especialidade.

Ao final do ginásio, eu já havia passado pelos então incipientes testes vocacionais cujos questionários revelavam-se ridículos mesmo a um garoto de catorze anos. Todas as perguntas parafraseavam o esquema: o que você prefere fazer quando dispõe de tempo livre? A) Ler um livro; B) Consertar um relógio; C) Dissecar uma rã. Sabíamos que respondendo a primeira, daria Direito; a segunda, Engenharia; e a terceira, Medicina. Não deu outra. Direito. Lembro-me que meu pai – advogado de formação que mais tarde ingressaria na magistratura e se aposentaria como Desembargador – esboçou um sorriso de orgulho que só tinha um sentido: "eu já sabia".

Acontece que as profissões já estavam anos-luz do teste vocacional e minha vivência no período de colégio, regado à música, literatura e certo hippismo tropicalista, acabaria por me afastar de vez das liturgias típicas do *métier* jurídico. Ou seja, havia clareza quanto ao que eu não queria fazer.

Esse ano a mais na ECA foi providencial. Estavam implantando na área de Artes um curso de Música! Poderia haver campo mais adequado aos meus interesses? Além disso, um curso novo é sempre promissor. Mal imaginava que essa opção não seria assim tão pacífica nem tão óbvia.

Soube, na primeira entrevista, que um curso de Música nada tinha a ver com "aquilo" que eu ouvia no rádio e na televisão e muito menos com as cento e tantas composições que inadvertidamente contei que havia feito. O curso esperava não apenas que o aluno fosse alfabetizado em música – condição *sine qua non* – mas, principalmente, que mostrasse familiaridade com o repertório da música erudita (europeia), conhecesse bem harmonia e contraponto e, se possível, apresentasse alguma sintonia com a produção de vanguarda do século XX, para a qual as propostas do curso dirigiam-se. E um detalhe: violão não chegava a ser um verdadeiro instrumento musical.

Apesar de tudo isso, o elitizado curso precisava de alunos para justificar sua implantação e, entre aqueles que haviam enfrentado o vestibular e entrado na ECA, nenhum sabia da existência do novo curso e, dos que vieram a saber, pouquíssimos demonstravam interesse ou capacidade de se candidatar a uma vaga. Fui convocado, então, a uma segunda entrevista na qual o maestro Olivier Toni mediu o meu grau de musicalidade (reprodução auditiva de ritmos, emissão de tons afinados etc.). Nesse nível de avaliação, extremamente prático e dependente do ouvido, saí-me bem, mas não era suficiente. O próprio músico se encarregou de me indicar um professor particular de emergência para que dali a três meses, nas provas oficiais de seleção, eu pudesse solfejar alguma coisa, escrever linhas melódicas bem simples e demonstrar conhecimentos mínimos de harmonia.

Aceitei o desafio mais por falta de opções do que por desejo de participar daquele grupo de iniciados em cuja experiência anterior não identificava qualquer interseção com a minha vida. Entrei, mas sabia que teria de estudar bem mais que meus colegas, quase todos formados em conservatórios ou provenientes de famílias de músicos. E todos tocavam piano ou algum instrumento digno. Apenas eu e mais um colega, que ingressara nas mesmas condições, manejávamos o inconsequente violão cuja entrada no Departamento estava tacitamente vetada.

A luta apenas começava. Debrucei-me nos exercícios de percepção e nos livros de teoria musical como se estivesse em busca do tempo perdido. Quanto ao Departamento de Música, era aquilo mesmo: professores idealistas tentando implantar um projeto de música de vanguarda com alunos que nem sempre estavam dispostos a abraçar a causa. Colegas solidários, muitos meus amigos até hoje.

A ideologia do Departamento chamava-se Willy Corrêa de Oliveira, compositor erudito que, à época, via na música de vanguarda uma forma de revolução possível ao artista. Pouco se importava com títulos acadêmicos ou com progresso na carreira docente. Passava-nos a impressão de que lhe bastava conquistar alguns "discípulos" que colaborassem em sua cruzada antiburguesa (para usar um termo bem da época). A música nova, sempre fundada numa ideia que suscitasse a reflexão, era o meio para se atingir a meta revolucionária. Ao contrário de Toni, Willy não se mostrava especialmente interessado nos estudantes que traziam boa bagagem musical, sobretudo se essa formação já vinha moldada por vícios da música clássica tradicional. Em compensação, redobrava a atenção para com aqueles que se identificavam com o seu projeto de sonoridade contemporânea, mesmo que não exibisse grande técnica musical. Suas aulas eram ostensivamente dirigidas aos que acompanhavam de perto o seu raciocínio e que, de algum modo, aprovavam suas intenções. E nesse jogo das preferências, muitas vezes nós, os despreparados tecnicamente, ganhávamos durante algum tempo a corte do professor.

Pertencente a uma geração de jovens – entre os quais se destacavam Damiano Cozzella e Rogério Duprat – que havia frequentado cursos na Europa com K. Stockhausen, P. Boulez e L. Berio, e fundado no Brasil o movimento musical Música Nova, Willy posicionava-se, antes de tudo, como um artista criador, cioso do valor das próprias composições e visceralmente engajado na missão de mudança social pela música. Sua obra efetiva era constituída de peças "duras", pouco comunicativas, repletas de justificativas racionais nem sempre (ou quase nunca) comprovadas auditivamente. Suas músicas vocais, cujas estruturas decorriam em geral de análises de poemas concretos, eram mais agradáveis aos ouvidos. Mas isso não constituía valor para o artista que pretendia arrebatar o ouvinte pela razão e que lançaria, anos mais tarde, o livro *Beethoven, Proprietário de um Cérebro*[1]. Para formular sua teoria pessoal, Willy inspirava-se nos ensinamentos de Arnold Schoenberg e nas descrições musicais de Pierre Boulez, servia-se de alguns rudimentos de semiótica peirciana, mas, de maneira geral, agia como se estudo e criação fossem um só processo. Suas palestras caracterizavam-se também como performances que acabavam fazendo do professor uma figura imprevisível.

Sua crença no próprio projeto era autêntica e exemplar. Dedicava-se tempo integral a seus objetivos, dentre os quais distinguia-se o paciente trabalho

1. São Paulo, Perspectiva, 1979.

de conquista dos estudantes através das aulas de composição. Lembro-me que em períodos de greve prolongada, o professor reunia os poucos alunos em sua residência e ali mantinha o curso em andamento, já que os fatores da greve eram sempre menos importantes que as finalidades da "causa" musical. Embora esses propósitos, depois de trinta anos, pareçam ingênuos e utópicos, creio até hoje que não há pedagogia mais eficaz do que essa demonstração inequívoca de envolvimento pessoal do professor com o conteúdo da disciplina ministrada. Talvez isso toque num ponto essencial de formação de boa parte dos jovens: a necessidade de acreditar em alguma coisa. É precisamente nesse aspecto, aliás, que jamais o computador poderá substituir um professor – ao menos o computador que conhecemos hoje.

Willy foi, a meu ver, um professor marcante por suas sinceras convicções, mas tudo indica que estava mergulhado num paradoxo difícil de contornar. Embora admirasse e abraçasse a luta por uma causa coletiva – e, nesse ponto, recusava qualquer apelo de promoção pessoal e não fazia concessão de princípios – só acreditava realmente no próprio projeto cujas marcas idiossincráticas eram intransferíveis a outras perspectivas e incompatíveis com os projetos musicais de seus contemporâneos. E transformar uma proposta tão pessoal em missão coletiva era, por natureza, um empreendimento inviável, razão pela qual o músico contentava-se naquele momento em conquistar alguns adeptos entre estudantes ainda sem causas.

Conquanto não manifestasse nenhum sinal de interesse pelo tropicalismo (do qual seu colega Rogério Duprat havia participado intensamente) e, de resto, por tudo que viesse pela mídia ou tivesse conotações de consumo, Willy chegara, por outros caminhos, à mesma formulação de Caetano Veloso mencionada anteriormente: o princípio de transformação necessário a qualquer revolução deve estar inscrito, por antecipação, na própria *forma* da produção artística. "Forma", nesse sentido, correspondia às vezes ao plano de expressão (significante) das linguagens estéticas e, às vezes, à estrutura de organização tanto do plano da expressão como do conteúdo. Essa ideia, já disse, interessava-me naquele instante, por parecer uma alternativa revolucionária – com a qual me identificava –, bem distante das insuportáveis palavras de ordem que vazavam por algumas letras das canções de protesto e pelas peças teatrais.

Do ponto de vista estritamente pessoal, Willy ainda me proporcionou duas importantes experiências. Apesar de seu desinteresse por canção popular, apresentou-me a Augusto de Campos com o qual eu desejava muito conversar sobre o tema (pois acabara de ler *O Balanço da Bossa*[2] e apoiava as numerosas teses ali inscritas). E, de passagem, em 1973, chamou minha atenção para um jovem professor que mantinha uma coluna no jornal *Última Hora* e que, segundo o músico sempre chegado a um esoterismo, "sabia das coisas". Era José Miguel Wisnik, futuro parceiro musical e intelectual, com cujo nome o meu ficaria até certo ponto identificado a partir dos anos 1990.

*****

Se num primeiro momento foi difícil assimilar que tudo aquilo que eu fizera ou ouvira na adolescência não era música, numa segunda etapa, comecei a gostar da ideia. De fato, pelos rigorosos critérios que serviram de base à implantação do Departamento de Música da ECA, nenhum dos compositores que eu admirava desenvolvia um pensamento musical nos moldes daquele estudado no curso de Composição. Claro que eu poderia lutar por um alargamento do conceito de música (muita gente adota isso como ponto pacífico) que abarcasse todo e qualquer trabalho com a sonoridade. Mas para quem já conseguia enxergar a canção popular da perspectiva do compositor de música erudita, esse expediente de encaixe das canções apenas agravaria o problema. Os parâmetros de avaliação musical continuariam os mesmos e essas pecinhas sonoras, com harmonias simplórias e rítmica recorrente, sem definição de andamento, de dinâmica e até de instrumentação, seriam relegadas à condição de simples arremedos de formas folclóricas adaptadas ao mercado do consumo.

Mas era necessário também enxergar a música do ângulo dos autores e produtores da canção, afinal era essa que tinha um papel fundamental na vida de praticamente todos os brasileiros exceto talvez alguns integrantes do Departamento de Música da ECA e outros poucos musicólogos que compartilha-

2. *Balanço da Bossa e Outras Bossas*, 1974, 2ª ed., ampliada, São Paulo, Perspectiva, 1968.

vam com eles a mesma intransigência. E havia pensadores como Augusto de Campos, assíduo ouvinte de Anton Webern e da vanguarda musical do século XX, que percebera de imediato a importância do tropicalismo e fora um pioneiro na busca dos elementos que caracterizam a linguagem da canção. Tudo isso me levava a relativizar a importância das convicções de Willy, Toni e dos colegas (bem poucos) que já haviam abraçado a causa. Afinal, se aquilo não passasse de uma "viagem" ideológica, estava na hora de trocar de barco e reavaliar a situação inteira de outro ponto de vista. Novamente, a canção me serviu de guia. Depois de dois anos mergulhado em sua face musical, já era tempo de examinar melhor seu componente linguístico.

Fiz novo vestibular ao final de 1972 e, no ano seguinte, passei a cursar, simultaneamente, Música e Letras (ainda não havia impedimento, na USP, de se fazer dois cursos ao mesmo tempo). O primeiro, em período integral, o segundo, no período noturno. Era uma carga de trabalho considerável, mas sentia que valia a pena. Frequentei excelentes cursos na área de Teoria Literária que me abriram perspectivas analíticas bem diversas das praticadas em música. Mas o impacto decisivo viria, dois anos depois, a partir do contato com disciplinas de semiótica. O projeto de Algirdas Julien Greimas que, àquela altura, já se abria a outros sistemas de significação além dos limites do campo verbal, pareceu-me trazer os elementos que faltavam para um equacionamento do sentido gerado pela canção.

*****

É preciso dizer que, ao lado das atividades acadêmicas, nunca deixei de compor canções e de apresentá-las ao "público". Juntava-me a colegas de outras áreas artísticas e promovíamos alguns eventos complexos (apesar do amadorismo), com exposição de artes plásticas, fotografias, com projeção de filmes em super-8, apresentações de teatro e dança e o show musical propriamente dito. Cheguei a promover, em 1972, a restauração de um teatro desativado no Bairro da Previdência, conhecido como *Barraco*, para nele realizar, em três noites, já no início do ano seguinte, um desses eventos com a participação do músico Carlos Kater, dos atores Paulo Yutaka e Maria Alice Vergueiro, da dançarina Bia Ocougne, do chargista Laerte, dos artistas Rubens

Matuck e Paulo Portela, do grafiteiro Alex Vallaury e outros nomes que mais tarde seriam destaques em suas respectivas áreas.

Na verdade, eu acreditava que, aos poucos, poderia controlar todos os aspectos da produção desses eventos a partir da própria experiência regular com essa atividade. O principal obstáculo era a obtenção de uma aparelhagem de som que garantisse a audição razoável do espetáculo musical. Por isso, além de cursar as duas faculdades, comecei, em 1973, a dar aulas de violão numa escola com o objetivo único de montar minha própria aparelhagem. Ajustei as "janelas" do curso de Música com os horários da escola e combinei com um vizinho, estudante de engenharia eletrônica, a construção, peça por peça, de uma mesa de cinco canais, dois potentes amplificadores e duas enormes caixas acústicas. O empreendimento durou o ano inteiro, mas esse período foi fundamental para o amadurecimento de minhas ideias sobre música popular. Mantinha discussões sobre o assunto com outros futuros músicos que, como eu, ainda não tinham definido uma forma de atuação na música brasileira daquela época. Foi um tempo de dura reavaliação do repertório de canções que, bem ou mal, eu e outros colegas vínhamos produzindo desde a adolescência. Já nutríamos a ideia de que canção não era música e, portanto, não poderia se submeter a critérios musicais. Mas buscávamos obstinadamente alguns critérios que fossem adequados ao mundo da canção, que contemplassem a relação entre melodia e letra. Essa busca, que jamais poderia ter sido realizada nas salas de aula da ECA, não conseguia disfarçar a presença de ideias que vinham do Willy, como a máxima: se você não tivesse, em arte, nada de novo a dizer, que permanecesse calado. E a única novidade reconhecida era aquela que alterasse a forma artística. Em outras palavras, precisávamos chegar a uma espécie de gramática da canção para localizar o seu ponto nevrálgico e nele aplicar algum tipo de transformação.

Quem assumia realmente essa empreitada ao meu lado era Hélio Ziskind, músico hoje dedicado à produção infantil. Os demais à nossa volta estavam mais interessados na execução do que na teoria do projeto. Vínhamos, assim, montando um show que justamente faria a passagem do que já denominávamos repertório "tradicional" às canções "experimentais" recém-compostas.

Concluída a aparelhagem de som e ensaiado o novo roteiro de show, no dia 8 de maio de 1974, estreou no então famoso teatro do Colégio Equipe (coordenado por Serginho Groisman), o grupo Rumo de Música Popular, cujo nome estava mais para título de conferência do que para banda musical. Acontece que de fato, até esse momento, nossas questões tinham sido bem mais teóricas do que práticas.

*****

O grupo Rumo desenvolveu suas atividades no campo da canção popular de 1974 a 1992. Lançou, nesse período, cinco discos com composições originais e um consagrado a nosso passado musical. Quando do primeiro show no Equipe, éramos ao todo sete integrantes responsáveis pelo trabalho de criação, arranjo instrumental, instalação do equipamento de som, produção, divulgação, apresentação propriamente dita e, como se não bastasse, por uma sessão de debate com a plateia a respeito do material apresentado.

Se hoje tudo isso parece loucura, na época também parecia. Nenhuma banda, principiante ou veterana, dispunha de tanta autonomia e tantas justificativas para dar amparo ao próprio trabalho. No fundo, queríamos fazer com canção popular algo na linha do que já existia na música erudita: fornecer ao público parâmetros para o reconhecimento das transformações propostas no nível da forma das composições. Isso pressupunha que todos deveriam conhecer a linguagem da canção para que pudessem detectar as novidades ali inseridas. Daí a razão dos debates e das constantes (e cansativas) explicações ao público do que estava acontecendo no palco. Entretanto, na falta de um verdadeiro dispositivo que desse identidade à canção e a libertasse dos critérios musicais ou literários, abusávamos em nossas composições das quebras de regularidade rítmica e melódica e das citações de obras consagradas do cancioneiro nacional.

Isso decorria de um estudo sistemático que realizávamos da produção dos anos 1920 e 1930, período em que a canção popular havia atingido a maioridade e já apresentava as características das obras modernas. Esperávamos encontrar nesse repertório, digamos, mais puro, procedimentos essenciais de composição que talvez estivessem menos explícitos nas músicas contemporâneas. Um dos membros do grupo mais entusiasmado com essa pesquisa era Geraldo Leite, na época estudante de Sociologia e Política e dono de uma vasta coleção de LPs de música popular nacional e norte-americana. Boa parte do repertório que ouvíamos vinha de sua discoteca. Outra parte, colhíamos de colecionadores dos antigos 78 rpm. Geraldo não era músico, nem instrumentista. Participava como cantor, vocalista e aceitava qualquer proposta que pusesse o Rumo em atividade. Sua devoção ao trabalho com os pioneiros da música brasileira levou-nos, mais tarde, a lançar *Rumo aos Antigos* [1981], disco até hoje celebrado pela crítica[3].

Assim como Geraldo, Zecarlos Ribeiro mantinha pouca intimidade com a técnica musical, mas cultivava um enorme desejo de trabalhar com canções. Estudante de arquitetura, o rapaz tinha planos de, no futuro, dedicar-se apenas à composição, ainda que, naquele momento, seu desempenho como violonista estivesse aquém das necessidades. Depois de várias tentativas malogradas, Zecarlos chegou aos anos 1980 compondo muito bem, com um estilo pessoal bastante definido, sem que sua performance instrumental tivesse tido a mesma evolução. Isso confirmava a minha hipótese de que o progresso na linguagem da canção independia de recursos propriamente musicais. Zecarlos é autor de alguns "clássicos" do Rumo, entre os quais figuram *Falta Alguma Coisa*, *Jakson Jovem* e *Ladeira da Memória*[4].

Mas o Rumo dispunha também de bons instrumentistas aos quais cabia solucionar musicalmente as ideias pouco convencionais contidas nas composições: Hélio Ziskind, que além de violão tocava flauta, sax e gaita; Akira Ueno, baixista, guitarrista e bandolinista; Gal Oppido, baterista e percussionista; e Paulo Tatit, violonista, guitarrista e baixista, que foi se tornando o principal arranjador do grupo.

Pouco depois, o Rumo contaria também com Pedro Mourão (1975), responsável pela inflexão infantil do grupo, com a predestinada cantora Ná Ozzetti (1978), estudante de artes plásticas (!), e com a pianista Ciça Tuccori (1980), ex-colega do Departamento de Música.

3. Quase trinta anos depois, Geraldo Leite produziu o CD *Sopa de Concha* (Biscoito Fino, 2010), com participação do Rumo nos vocais, uma espécie de continuação da proposta iniciada no *Rumo aos Antigos*.

4. Essa última canção deu origem ao disco homônimo organizado por Carlos Careqa e lançado pelo selo Sesc em 2013, como homenagem à Vanguarda Paulistana. Desta vez, a interpretação ficou a cargo de Chico Buarque.

*****

Sentia-me um tanto afoito em 1975. A experiência com o Rumo tornava-se cada vez mais envolvente fazendo uma espécie de contraponto com a atividade acadêmica. Crescia, por outro lado, o contingente de estudantes adolescentes que vinha à minha casa para tomar aulas de violão. Foi ainda nesse ano que comecei a participar de diversos grupos de estudos, sobre temas de meu interesse: "estética", com artistas e membros da Escola Gruparte; "sociologia da arte", com estudantes de sociologia, arquitetura e medicina; "pequenos grupos", com membros da Sociedade Brasileira de Psicanálise de São Paulo; e, evidentemente, "semiótica", tema que levei a fundo em colaboração com Waldir Beividas, meu mais antigo parceiro de estudos que, três décadas depois, se tornaria também meu colega no Departamento de Linguística da USP. Lembro-me de sair do curso de Letras às 22h40 e ainda correr para participar da última reunião do dia. Era a energia dos 24 anos e uma busca que até hoje não sei bem do quê.

As férias desse final de ano foram providenciais. Nessa época ainda não existia estresse, mas falavam que eu poderia ter uma "estafa" se não desse uma parada. Soube de um sítio (de parentes) no interior de São Paulo que estava disponível. Fui para lá em busca de descanso, mas levei toda a banda do Rumo para, pelo menos, avançarmos nos ensaios. À noite, ouvíamos as fitas cassetes preparadas para a viagem. Foi aí, ouvindo *Minha Nega na Janela*, de Doca e Germano Mathias, com Gilberto Gil, que se deu o achado já descrito no livro *O Cancionista*[5]. Era algo que preservava o requisito básico de uma boa descoberta – a obviedade: *as melodias das canções não tinham origem propriamente musical mas sim entoativa*. Mesmo que depois ganhassem tratamento musical do compositor ou do arranjador, tais melodias eram originalmente sugeridas pelas inflexões espontâneas das entoações da fala, cujo único compromisso é com as palavras simultaneamente pronunciadas. Ora, isso justificava a fecundidade de compositores totalmente despreparados do ponto de vista musical e literário. Desde Lamartine Babo até Zecarlos Ribeiro, passando por sambistas geniais semialfabetizados ou por notáveis acadêmicos, nada familiarizados com a leitura musical, como Paulo Vanzolini, a grande maioria dos composi-

5. *O Cancionista: Composição de Canções no Brasil*, 2ª ed., 2002, São Paulo, Edusp, 1996, pp. 11-12.

tores brasileiros tinha passado ao largo de qualquer formação em música. E, muitas vezes, sequer tocavam de ouvido um instrumento de apoio. Eu próprio já havia criado centenas de melodias antes de iniciar meus estudos de teoria musical que, aliás, em nada contribuíram para minhas criações posteriores.

Ora, ali estava finalmente um dispositivo que explicava a diferença de base entre elaboração musical e elaboração cancional. Enquanto o músico operava com a sonoridade *lato sensu*, fundando sistemas, gêneros e estilos que definiam a produção de uma época, o cancionista operava com unidades entoativas, recriando-as como modos de dizer o conteúdo da letra. Cada direção melódica seria induzida pelos mesmos fatores que produzem nossas inflexões entoativas do dia a dia. O fato de esses contornos se acomodarem sempre num sistema tonal tinha, a meu ver, muitas causas, entre as quais o fundamento acústico natural da série harmônica, que produz um efeito hierárquico nos graus das escalas diatônicas e, por conseguinte, um sentido de polarização captado auditivamente; e, sem dúvida, o hábito por séculos arraigado com a música tonal, inscrita nas manifestações folclóricas, nas operetas ou mesmo nas peças eruditas que chegavam ao povo. De qualquer modo, tratava-se de um uso espontâneo do sistema, um aproveitamento das tensões acústicas que, associadas à letra, contribuíam para caracterizar melhor as afirmações linguísticas desde as etapas de sua preparação, e não propriamente de uma exploração consciente dos recursos e dos limites da tonalidade. Nesses termos, a canção seria sempre tonal e esse fato não representaria nada em sua evolução.

Se, na década de 1930, o nascimento do samba de breque comprovava a presença nua e crua da fala no centro da linguagem da canção, outros gêneros, como o samba-canção por exemplo, também acusavam – de maneira sutil e elegante, mas com a mesma força – a origem entoativa de suas soluções melódicas. E para proceder a essas verificações, bastou que estudássemos um pouco as tendências universais das entoações enunciativas já investigadas nos tratados sobre o assunto[6]. Todos atribuíam à terminação descendente um sentido conclusivo em relação ao qual os demais contornos circundantes se opunham

6. Com destaque, à época, para os trabalhos de P. R. Léon, *Essais de phonostylistique* (Montréal, Didier, 1971); P. R. Léon e P. Martin, *Prolegomènes à l'étude des structures intonatives* (Montréal, Didier, 1969); e Navarro T. Tomás, *Manual de entonación española* (México, Malaca, 1966).

e se estruturavam. Nem precisaria ser uma tendência universal. Bastava que esse traço definisse as entoações da língua portuguesa ou, simplesmente, o modo de falar do cancionista brasileiro. Isso me explicava, do ponto de vista entoativo e não mais musical, contornos como os praticados, por exemplo, numa composição da época de Toquinho e Jorge Ben (*Que Maravilha!*):

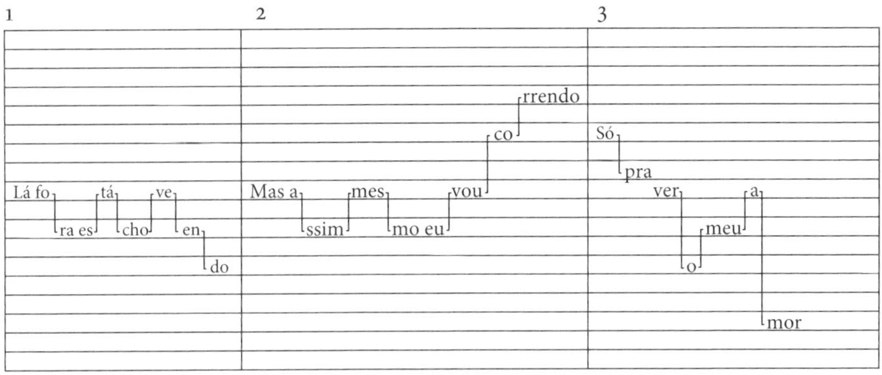


*Obs: Criei esses diagramas para transcrever, ao mesmo tempo, a melodia e a letra da canção. Cada espaço corresponde a um semitom e a totalidade dos espaços cobrem a região de tessitura (do ponto mais agudo ao ponto mais grave) ocupada pela melodia integral.*

As elevações dos dois primeiros segmentos ("Lá fora está chovendo / Mas assim mesmo eu vou correndo") programavam a força expressiva da descendência do último ("Só pra ver o meu amor") que, de fato, contém a mensagem afirmada. Esse mecanismo, conhecido como *asseveração*, por simples que possa parecer, modifica inteiramente a abordagem da canção. Admitir que a entoação da fala está presente na condução desses processos gerais de asseveração corresponde a aceitar também que a entoação empresta suas outras características, bem menos estabilizadas, à criação da melodia. Sabemos que não há nada mais maleável do que a entoação que acompanha nossos discursos cotidianos. Expande-se, contrai-se, desdobra-se, eleva-se repentinamente, sofre bruscas acelerações ou alentecimentos, tudo para adequar-se ao que está sendo dito. Nenhum falante sente necessidade de criar leis de fixação desses contornos, mesmo porque eles não sobrevivem ao momento de comunicação. Para se compor uma canção, entretanto, essa sonoridade musicalmente descompromissada tem de se regrar de algum modo para pelo menos assegurar sua perenização na memória tanto do compositor como dos ouvintes. Esse é o momento em que as recorrências, a metrificação, a fixação das alturas, típicas da linguagem musical, vêm em socorro do compositor para que as direções entoativas possam ser estabilizadas como melodia. Até mesmo nesse momento, porém, o gesto entoativo instável persiste e, em alguns casos, pode ser depreendido na realização final da canção. Comparem-se, por exemplo, os trechos de número "2" da canção *Fora da Ordem*, de Caetano Veloso:

1 "2"

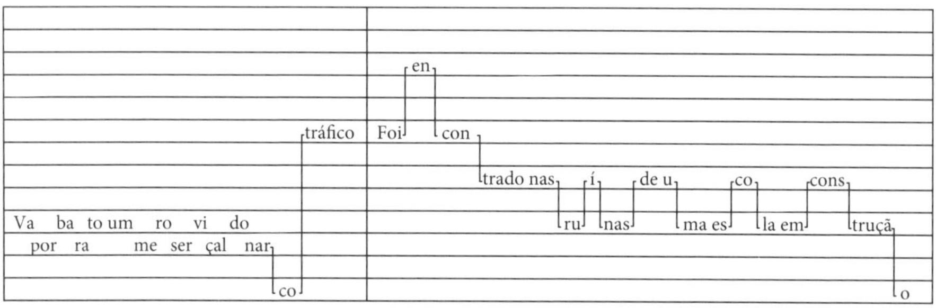


1 "2"

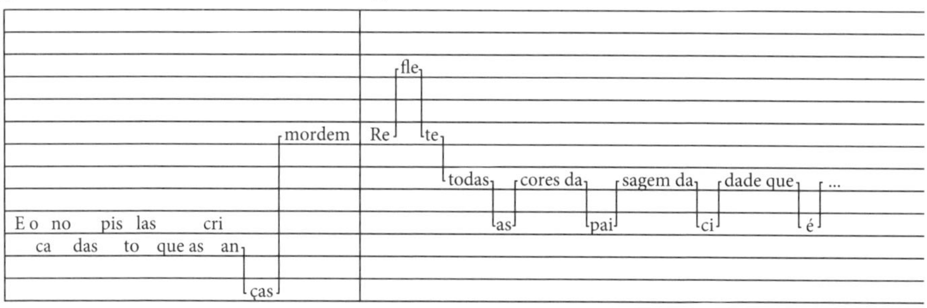


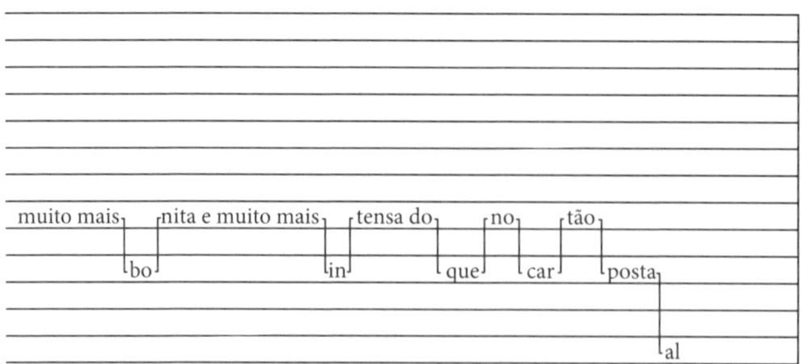

Ambos os segmentos foram concebidos, a princípio, como idênticos pela força de estabilização musical. Entretanto, durante a repetição, em virtude da multiplicação silábica gerada na letra, a melodia também se desdobra indefinidamente, forjando um segmento muito maior (ver a segunda transcrição do número "2") que o seu correspondente, tudo para dar conta da expansão linguística, num procedimento típico de nossas entoações da fala que desconsideram qualquer metrificação.

A questão, naquele momento, era aprender a captar a entoação por trás do "disfarce" musical que fornecia acabamento sonoro a toda canção. Claro que as leis musicais exerciam importante papel em todo esse processo, mas não estava aí a novidade. Parecia-me imprescindível demonstrar que a diferença entre pensamento musical e pensamento cancional passava pela entoação.

Abriram-se então duas frentes fundamentais de trabalho. A primeira, ativada imediatamente, incidia sobre o modelo de composição de canções do grupo Rumo. Detínhamos agora um recurso de linguagem que poderia dar unidade às nossas produções experimentais. A segunda era a descoberta de uma hipótese de pesquisa que, com a ajuda da semiótica, poderia se converter num tema para a pós-graduação. Só aí, tive pressa de concluir as faculdades.

*****

O princípio de entoação instrumentalizou melhor nossas análises do repertório dos anos 1930 e mesmo as concepções de arranjo dessas canções que começávamos a esboçar. Programamos então um show de duas partes, no qual a primeira seria dedicada às composições de Noel Rosa, de preferência às menos conhecidas, em interpretações originais, e a segunda, ao nosso roteiro de composições que aumentava ano a ano.

Enquanto isso, respondíamos às repercussões de nosso trabalho na imprensa alternativa da época. O jornalista Matinas Suzuki havia escrito matéria crítica sobre as ideias do Rumo no semanário *Opinião*, expondo os princípios que as norteavam e, ao mesmo tempo, apontando limites para essa visão de música popular. O artigo intitulava-se "A Querela do Acorde com o Ouvido". Na edição seguinte do jornal saía nossa resposta (assinada por todo o grupo) realçando justamente a falta de critério dos jornalistas voltados à música popular, falta esta que lhes permitia dizer qualquer coisa a respeito de qualquer artista ou qualquer obra. Chamava-se: "Aquarela da Crítica da Música Popular". Nessa mesma linha de argumentação, escrevi mais um artigo para o *Opinião* nº 224, 18/10/1977 ("O Discurso da Canção") e outro para um jornal concorrente, *Amanhã* nº 1 ("O Conteúdo Popular da Canção"), que não sobreviveu aos primeiros números.

No campo da criação, tomei uma decisão radical: abandonei todas as composições produzidas antes da formação do Rumo e considerei 1974 o ano zero do repertório a que hoje atribuo algum valor. Claro que muitas outras composições a partir daí também foram deixadas pelo caminho, mas isso faz parte da história de todo compositor. De qualquer maneira, creio que a decisão foi acertada pois, avaliando à distância, pouca coisa seria aproveitável como produto final daquele trabalho que, por outro lado, havia me dado muita experiência em adequar melodias a letras. Mas aproveitar a experiência era suficiente.

As canções produzidas nos primeiros anos do Rumo eram demasiadamente experimentais, ou seja, atendiam mais ao conceito que as havia gerado do que aos requisitos de uma boa audiência. Eram reféns das "explanações ao público" mencionadas anteriormente. À medida, porém, que introjetávamos os incontáveis recursos entoativos (cuja instabilidade sugere soluções sempre imprevisíveis) os resultados iam se tornando mais interessantes e, acima de tudo, mais agradáveis. Em 1975, terminamos o ano com nosso primeiro *hit* de shows. De fato, a canção *Ah!*, gravada no disco do Rumo inaugural, em 1981, foi regravada no primeiro LP solo de Ná Ozzetti, em 1988, e, vinte anos depois de sua composição, foi reinterpretada magnificamente pela cantora Daúde em seu disco de estreia.

Vínhamos apresentando nossos shows no teatro da Aliança Francesa do Butantã. A proximidade da USP garantia uma boa audiência estudantil. Para o novo espetáculo, contudo, no qual incluímos a trabalhosa proposta de reinterpretação de músicas pouco difundidas de Noel Rosa, precisávamos de um ambiente maior e mais adequado ao espírito do evento. Conseguimos montá-lo no auditório do Museu da Imagem e do Som (MIS) de São Paulo, onde realizamos uma apresentação impecável do ponto de vista técnico mas excessiva na dose. Nada menos que cinquenta canções: trinta arranjos de Noel Rosa e vinte de nossas composições. Isso traduzia o caráter um tanto impetuoso de nossas investidas que desconsideravam o tempo sensato de apreensão do público. Mas a riqueza do espetáculo (abrilhantado com um teatro de sombras concebido por Edith Derdik e Paulo Tatit) impressionou a plateia e, consequentemente, desencadeou um boca a boca que foi se firmando como nossa maior arma de divulgação. No ano seguinte, 1978, montamos um novo repertório, agora com Lamartine Babo, respeitando um formato mais adequado ao tempo de show. Voltamos ao MIS, com boa recepção de público e repercussão na imprensa. Cabe assinalar que, além do sucesso das músicas dos compositores consagrados, as canções inéditas também vinham provocando nos ouvintes um entusiasmo especial que atingia o ápice nas execuções do *Carnaval do Geraldo*, música que faria de Geraldo Leite um personagem típico do Rumo, aguardado pelo público em todas as apresentações.

À medida que crescia o êxito artístico dos espetáculos diminuía em nós a necessidade de justificá-los por um prisma didático. E o período de crença na transformação ideológica dos ouvintes pela alteração da forma cancional estava cada vez mais distante. Além disso, já estávamos disputando um pequeno mercado alternativo com outros grupos que, longe de qualquer sentimento de missão – hoje diríamos "sem medo de ser feliz" –, encontravam-se bem mais desimpedidos para programar suas atuações. De minha parte, embora mantivesse com o grupo, especialmente com Hélio, constantes avaliações de nossa trajetória, vinha me concentrando na ideia de que o tema da linguagem da canção merecia um tratamento mais sistemático e que isso demandaria uma investigação teórica certamente incompatível com o mundo dos espetáculos. O horizonte imediato que se abria à minha frente era o da dissertação de mestrado. Já dispunha de um vasto material para a empreitada.

O gesto de "desdidatização" do Rumo, que começou com a suspensão das sessões de debate pós-shows em 1976, incluiu a mistura de nossas composições com as dos autores antigos, tendo como critério apenas a dinâmica do espetáculo, e a assunção definitiva do nome pelo qual já éramos conhecidos, Rumo, o que nos libertaria igualmente de outra remanescência dos primeiros tempos: além da cansativa denominação de Rumo de Música Popular, ainda numerávamos cada temporada anual – Rumo de Música Popular 1, Rumo de Música Popular 2... até 5 – para demarcar o progresso e a renovação de repertório. Entramos em 1979 livres de todos esses embaraços impingidos por nós mesmos.

Os shows agora seriam no Teatro do Bexiga, com auditório menor que o do MIS mas com um perfil pouco mais profissional. Além disso, era um recinto aberto a temporadas. Incluímos mais um autor do passado, Sinhô, e partimos com força total – o grupo estava completo, com seus dez integrantes – para temporadas de até um mês em cartaz. Lembro-me que nesses espetáculos compareceram muitos músicos, críticos e personalidades a quem nos interessava mostrar o trabalho, como Augusto e Haroldo de Campos, J. J. de Morais e mesmo o maestro Olivier Toni e o compositor Willy Corrêa de Oliveira. Outro frequentador importante naquele momento era Maurício Kubrusly.

O hoje conhecido repórter da Globo era o editor de música popular do *Jornal da Tarde* e preparava-se para lançar um programa de rádio fundamental para a música paulistana da época, o *Senhor Sucesso*. Kubrusly foi talvez o primeiro jornalista que viu interesse nas propostas do Rumo e que preparou diversos artigos sobre o tema. Pode-se dizer também que foi ele um dos primeiros a trazer para a grande imprensa o critério da ruptura e da novidade como algo fundamental nas avaliações de música popular. Até então, esse enfoque se restringia à área erudita e, em especial, às obras de vanguarda.

De fato, a perspectiva da "novidade em arte", tão própria da produção artística europeia do século XX, que influenciava, como vimos, os professores de música da ECA e alimentava os parâmetros críticos dos poetas concretistas, já vinha se generalizando no meio da música popular desde a bossa nova, com ligeira interrupção no período da MPB de protesto, e havia adquirido um peso especial no movimento tropicalista, sobretudo a partir de uma conhecida declaração de Caetano na qual reivindicava a "retomada da linha evolutiva da música popular brasileira".

Mas foi nessa ocasião, anos 1970, que esse critério começou a ganhar a imprensa, nas figuras de alguns de seus críticos especializados, fornecendo-lhes os desejados critérios para apreciação da produção do momento. O esquematismo – não percebido à época – da oposição novidade / redundância poderia ser aplicado em quase todos os casos sem muita margem de erro (até hoje persiste esse parâmetro em setores da imprensa). Kubrusly, naquele instante, era um defensor entusiasta de mudanças radicais na forma da canção, o que trouxe sua já conhecida verve jornalística ao encontro justamente de nossas soluções mais experimentais. Creio, até mesmo – e essa é apenas uma impressão pessoal –, que ele tenha preferido nossas composições iniciais, mais radicais e fiéis ao ideário da ruptura, às que viríamos a fazer depois com algum êxito de público. De qualquer modo, o crítico sempre manifestou interesse pelo Rumo de todas as fases e seus comentários sobre nossas canções nunca perderam o calor original.

*****

Nesse período, a partir de 1975, eu já me dedicava bem mais à linguística e à semiótica que aos temas musicais. Estudei, com interesse, os textos de Noam Chomsky, detendo-me especialmente nos *Aspectos de la Teoria de la Sintaxis* (versão de que me servi) e acompanhei de perto algumas contribuições semânticas trazidas à época pela gramática de casos, na versão apresentada por Charles Fillmore. Embora apreciasse a metodologia, não me satisfazia com as indagações desses autores. Tratavam de questões semânticas, mas pareciam não ter nada a dizer sobre o sentido construído nos textos. De fato, seus projetos tinham como horizonte a formulação de uma gramática científica que permitisse compreender as operações mentais pressupostas nas constituições de frases. Independentemente da coerência e da eficácia da abordagem, o empreendimento norte-americano ressoava em mim – que havia alimentado grandes expectativas nas leituras recorrentes de Saussure, Jakobson, Hjelmslev, Benveniste e Barthes – como mudança de assunto. Nos projetos da linguística europeia, a reflexão sobre modelos para as línguas naturais decorria sempre de uma concepção mais ampla sobre o sentido, que não dispensava incursões pelas linguagens estéticas. Jakobson, Benveniste e Barthes, por exemplo, haviam dedicado muitas páginas à música justamente para definir melhor os contornos do sentido. Além disso, considerar o plano da expressão (significante), cuja complexidade já fora tão bem descrita por Jakobson e Hjelmslev, como simples revestimento das operações sintáxicas do plano do conteúdo (significado), suprimindo portanto a rica relação entre expressão e conteúdo, parecia-me de fato um retrocesso. Nesses termos, se tivesse que optar por uma teoria linguística *stricto sensu*, abraçaria de bom grado o modelo de Bernard Pottier, cujos princípios, publicados no volume *Linguistique générale* de 1974, contemplavam uma proposta geral de gramática para as línguas naturais e, ao mesmo tempo, respondiam a indagações sobre a construção do sentido – ver a noção de *conceptualização* contida nesse volume – e às formulações de Hjelmslev sobre os dois planos da linguagem.

O trabalho de Greimas, na condição de lexicólogo, mantinha muita proximidade com o de Pottier, ambos manipulando noções concorrentes, como "semema", "classema" etc. O salto de Greimas para outra frente de pesquisa teve como agente mediador o modelo narrativo de Vladimir Propp, cujas funções propostas como elementos invariantes para os contos maravilhosos russos concretizaram, no nível do texto, a metáfora sugestiva que o linguista Lucien Tesnière havia formulado quando definira a frase como um "pequeno espetáculo". Com algumas adaptações, iniciadas na obra *Sémantique structurale*[7] e consolidadas em *Du sens*[8], Greimas criava uma engenhosa gramática textual que, na verdade, deveria dar conta do imaginário humano projetado narrativamente em qualquer gênero de texto. Sua teoria ganhara ainda mais subsídios com a postulação do hoje famoso quadrado semiótico que responderia, em nível profundo, pelas grandes articulações categoriais do texto como um todo.

Dotado ainda de conceitos bem urdidos para a descrição do nível discursivo, aquele considerado como o mais rico e concreto, o modelo semiótico de Greimas exibia recursos até então inéditos – do ponto de vista da coerência interna e da adequação a textos integrais – para a descrição de tudo que ocorria no campo verbal, seja na linguagem cotidiana, científica ou literária. Greimas sabia que estava construindo pacientemente o que Hjelmslev classificaria como forma do conteúdo, uma espécie de constância subjacente a todos os textos culturais. Seu modelo ainda aguardava uma investigação de mesmo calibre voltada ao plano da expressão, sobretudo nas linguagens poéticas e artísticas de maneira geral, em que se preserva a forma de expressão

7. Paris, Larousse, 1966.
8. Paris, Seuil, 1970.

com o mesmo zelo dispensado à forma do conteúdo. Os primeiros esforços nesse sentido vieram dos semioticistas da área visual (Jean-Marie Floch e Félix Thurlemann), mas logo apareceriam as primeiras investidas no terreno da música (Eero Tarasti e Marcelo Castellana), nem sempre com formulações convincentes.

Fez parte também dos desdobramentos da semiótica nesse período uma inflexão aos chamados sistemas *sincréticos*, aqueles que apresentavam um conteúdo coeso tratado por mais de um plano da expressão. Compreendemos a mensagem global de um filme, por exemplo, através da operação simultânea de imagens em movimento, trilha sonora, discurso verbal e ainda subsistemas como vestuário, gestualidade, sonoplastia etc. Esse viés de pesquisa interessava-me especialmente, na medida em que a canção, mesmo despida dos acontecimentos do espetáculo ou até da riqueza produzida pela instrumentação, prevê, no mínimo, a atuação simultânea de um componente linguístico e um componente melódico. Concentrei, pois, minha pesquisa de mestrado na interação desses dois componentes e, como não poderia deixar de ser, na demonstração da presença de um princípio entoativo em toda canção.

*****

Os anos 1980 prometiam realizações e dificuldades. A ideia de gravar o primeiro disco com o Rumo não era mais apenas um desejo, mas uma real necessidade. O mergulho do Brasil em "perpétua" crise econômica, bem como o altíssimo custo e a enorme complexidade de uma gravação naquele tempo, empurravam-nos para uma iniciativa independente com todos os riscos que isso significava. Minha dissertação de mestrado avançava rapidamente embora dispusesse de pouquíssimo tempo de trabalho (não associava pós-graduação com bolsa de estudo e ninguém me havia alertado para essa possibilidade): mantinha de trinta a quarenta alunos de violão durante o ano letivo. Para completar, Rosa Iavelberg, minha companheira desde o início de 1979 (até hoje), esperava nosso primeiro filho.

*****

Hélio havia conseguido um empréstimo de familiares com o qual pretendíamos fazer o registro completo do trabalho: dois discos de uma só vez. O primeiro conteria uma seleção de nossas composições e o segundo, uma síntese do repertório consagrado a Noel Rosa, Lamartine Babo e Sinhô. E para que houvesse correspondência entre os LPS, as últimas faixas de cada um fariam referência ao repertório do outro: o disco *Rumo* terminaria com *Xequerê*, canção de Sinhô, e o disco *Rumo aos Antigos* encerraria com a minha *Pro Bem da Cidade*. As capas – concebidas por nosso baterista Gal Oppido, também arquiteto, desenhista e fotógrafo, e por Edith Derdik, artista plástica – trariam motivos em quadrinhos comentando o tema de cada faixa dos discos, a do *Rumo*, em cores, e a do *Rumo aos Antigos*, em preto e branco. Passamos então a ensaiar exaustivamente antes de entrar em estúdio para baratear o custo do período. Em 1981, lançávamos os dois LPS numa série de shows particularmente concorrida, com a rádio Excelsior dando plena cobertura através do programa de Maurício Kubrusly.

Só durante o período de lançamento, demo-nos conta de que estávamos inseridos num movimento maior de revelação de artistas e grupos independentes, boa parte deles, por sinal, proveniente do Departamento de Música da ECA.

Mas já vínhamos acompanhando a passagem ruidosa de Arrigo Barnabé por festivais estudantis e mesmo festivais da Globo. Arrigo ingressou em música duas ou três turmas depois da minha. Cansou-se também dos projetos do Willy e partiu para um tipo de intervenção musical que, em algum momento, passou pela cabeça de muitos de nós, frequentadores das aulas sobre música de vanguarda: transportar os recursos da moderna música erudita, particularmente os do pensamento serial, dodecafônico, cujas leis de criação eram bem definidas, para o domínio popular, cuidando apenas de aplicar-lhes algumas soluções próprias do universo pop, como a pulsação regular e a recorrência de motivos. Mas Arrigo não parou aí. Criou uma ponte entre essa sonoridade e dois mundos bastante populares: o da história em quadrinhos e o da locução radiofônica. Esses dois componentes, no fundo, serviram de *mise-en-scène* para a introdução de suas inabituais propostas sonoras. Arrigo acabara de lançar, em 1980, seu primeiro disco, chamado *Clara Crocodilo*, em produção independente.

O divertido grupo Premeditando o Breque (Premê) também havia sido formado nos intervalos de aulas da ECA. Francamente humorístico, o grupo dispunha de excelentes músicos e estava em via de lançar seu LP produzido do mesmo modo. Itamar Assumpção, outro nome expressivo dessa fase, não estudara na ECA mas fizera parte, como baixista, da banda de Arrigo e, alguns meses antes de nós, havia lançado um disco, cujo selo, quase desconhecido, faria história nos anos seguintes: Lira Paulistana.

Lira Paulistana era primordialmente o nome de um teatro minúsculo fundado por Wilson Souto (o "Gordo") num dos porões existentes à Rua Teodoro Sampaio, em Pinheiros. Itamar foi um dos primeiros artistas a fazer shows nesse espaço que acabou se tornando o endereço da música "nova" de São Paulo. Movido pela perspectiva de registrar o primeiro trabalho do compositor, o Lira transformou-se também em selo e, muito rapidamente, criou um catálogo de nomes que, embora não tivessem o perfil do artista de gravadora, atraíam a atenção de um público fiel. Ao lado do teatro, montou-se também uma produtora de eventos e um ponto de vendas de artigos que levavam a marca do Lira ou que simplesmente tivessem sido gerados de forma independente.

Depois de duas temporadas muito bem-sucedidas no Teatro Lira Paulistana, o Rumo inicia uma fase de grande integração com essa produtora. Ali era o local certo para quem procurasse nossos discos ou quisesse assistir aos numerosos eventos produzidos pelo Lira, não só no teatro, mas também na Praça Benedito Calixto, situada à frente. O próprio estúdio de ensaio do Rumo mudou-se para a famosa Praça. Era o momento da música alternativa: havia debates sobre o tema, números de revista dedicados ao assunto, matérias nos grandes jornais, programas de rádio e até um especial de TV, na Rede Bandeirantes, dirigido por Júlio Medaglia, reunindo Rumo, Premê, Itamar e Arrigo.

*****

Concluí o curso de Letras em 1978 e, no ano seguinte, já ingressara na pós-graduação em vaga aberta por Cidmar Teodoro Pais, professor que, na área de semiótica, dava aulas inteligentes e interessantes, embora mantivesse um relacionamento pessoal bem pouco atraente com alunos e colegas. Muita gente me alertara a respeito das prováveis complicações que surgiriam durante o período de orientação, mas resolvi correr o risco por duas razões: (1) sentia segurança em semiótica e a reflexão que desenvolvia sobre a canção dispensava a orientação direta do professor de cujo campo de interesse certamente não constava o tema; (2) não havia outra opção imediata. Felizmente, tudo transcorreu sem maiores sobressaltos e, em 1982, minha dissertação, intitulada *Por uma Semiótica da Canção*, estava pronta e entregue às instâncias competentes.

Na primeira seção do trabalho procedi a um vasto levantamento dos autores que, de algum modo, já haviam associado canção e discurso oral. Poetas como Augusto de Campos e José Lino Grunewald, filósofos, como J.-J. Rousseau e Edgar Morin, linguistas, como Eric Buyssens e Nicolas Ruwet, foneticistas, como Navarro Tomás e Pierre Léon, músicos como Bruno Kiefer e Teodoro Nogueira, pensadores, como Mário de Andrade e Celso Favaretto, todos tinham algo a dizer sobre a relação entre melodia entoativa e melodia musical. Na segunda seção, demonstrei como a partir da experiência com a linguagem oral, que produz constantemente vínculos entre componente linguístico e componente entoativo, o artista assimila leis "poéticas" – termo empregado ali apenas para caracterizar o tratamento sonoro (rimas, aliterações etc.) dado aos elementos linguísticos da canção – e leis musicais para estabilizar letra e melodia e obter o efeito estético que conhecemos. Em outras palavras, estudei a passagem de um modo espontâneo de se estabelecer compatibilidade entre componente linguístico e componente melódico – o da fala – para um modo construído – o da canção – que pressupõe mecanismos de fixação da sonoridade, algo totalmente desnecessário no primeiro modo.

Nessa ocasião, foi-me especialmente útil a noção de *tonema*, magistralmente desenvolvida no âmbito linguístico por Navarro Tomás, como um dispositivo capaz de revelar as intenções enunciativas do sujeito pela direção final da frase melódica. Lembro-me de ter aplicado esse conceito na descrição dos contornos produzidos por Paulinho da Viola em sua composição *Sinal Fechado* e de ter revelado a surpreendente identidade entre as terminações melódicas ascendentes ou suspensivas (aquelas que permanecem no mesmo tom), que definiam praticamente todos os tonemas da canção, e a situação tensa de espera do sinal verde, na qual os personagens dão início a conversas que não podem ser concluídas. Nenhuma descendência, naquele contexto, só podia significar impossibilidade de desfecho no plano do conteúdo. Ainda na seção descritiva da dissertação, examinei as mudanças de sentido ocasionadas por diferentes recortes linguísticos do mesmo perfil melódico. Nesse caso, as estrofes propostas por Noel Rosa para as recorrências melódicas que há em *Feitiço da Vila*, de Vadico, expunham com nitidez essas variações. Por exemplo, as duas unidades formadas com "Que faz dançar os galhos do arvoredo / E faz a lua nascer mais cedo" desdobram-se em cinco na solução dada pelo cancionista no último recorte do mesmo contorno melódico: "Mas / Tenho que dizer / Modéstia parte / Meus senhores / Eu sou da Vila"[9].

A banca que examinou esse trabalho não poderia ter sido melhor: para a canção, Zé Miguel Wisnik que, a esta altura, já acompanhava com especial interesse a trajetória do Rumo; para a semiótica, Diana Luz Pessoa de Barros, uma das primeiras pesquisadoras brasileiras a abraçar a teoria de Greimas e grande incentivadora do meu projeto desde a fase do Exame de Qualificação. Separo assim porque, diante das dificuldades semióticas do meu texto, Wisnik iniciou sua arguição delegando-as a Diana e concentrando-se no aspecto "canção" da pesquisa. De acordo com suas palavras, a Diana caberia o tabuleiro de xadrez e a ele, Wisnik, o tabuleiro da baiana. Ambas as intervenções aqueceram ainda mais meu entusiasmo pelo trabalho. Saí de lá pronto para outro.

Em maio de 1981, nasceu meu filho, Jonas Tatit, que hoje, além de violonista, é produtor musical e dirige um estúdio de gravação. Formou-se em Música na Unicamp. No meu tempo, a grande novidade estava no fato de uma universidade de renome como a USP abrir um bacharelado em Música. Jonas já pôde se inscrever em Música Popular, cujo currículo, baseado nas experiências norte-americanas, contemplava sobretudo as técnicas do jazz. Espero que meu neto possa, enfim, ingressar diretamente num Departamento de Canção.

9. Esse caso faz parte de um trabalho maior que realizamos neste momento (2013) sobre o papel das unidades entoativas na composição de canções. Elas só se revelam plenamente a partir do encontro entre melodia e letra.

*****

O Rumo chegou ao Rio de Janeiro pelo Projeto Funarte. Fizemos, em 1983, uma temporada de duas semanas na sala Sidney Miller. O volume de público foi crescendo de tal forma que concluímos o período com um grande espetáculo no Circo Esperança. Voltamos ao Rio muitas vezes em outros circos, como o do Planetário e o famoso Circo Voador, fazendo shows para milhares de pessoas. Visitamos muitas vezes Belo Horizonte, Curitiba e Porto Alegre. Em São Paulo, além do teatro do Lira, apresentamo-nos em quase todos os teatros de médio porte da cidade até nos fixarmos no, até hoje muito atuante, Teatro do Sesc Pompeia. Para lá voltamos dezenas de vezes.

Ainda em 1983, entramos em estúdio para gravar nosso terceiro disco. O Lira havia firmado contrato com a única grande gravadora genuinamente brasileira, a Continental, pelo qual pretendia lançar vários artistas e grupos até então independentes e com isso aumentar um pouco o prestígio da empresa que, de há muito, mergulhara na produção exclusivamente popularesca. Ao mesmo tempo, os discos do circuito alternativo entrariam, finalmente, num esquema profissional de distribuição. Como nesse momento o elo entre o Rumo e o Lira estava no auge, fomos os primeiros a honrar o novo contrato. O próprio Wilson Souto produziu nosso disco, que teve por título *Diletantismo*, o nome de uma de minhas canções. Além do repertório composto de quatorze novas músicas, o Rumo ainda oferecia como brinde, na forma de um "disco leve" (uma faixa em acetato destacada do disco), a composição *O que É que Você Fazia*, de Hervé Cordovil e Noel Rosa, numa interpretação esfuziante de Ná Ozzetti que já começava a mostrar a que veio.

Apesar de toda essa pujança no campo artístico, nenhum dos integrantes do Rumo vivia do trabalho de criação musical. Boa parte do grupo (Pedro, Akira, Paulo, Ná, Ciça e eu) dávamos aulas particulares. Geraldo, o mais realizado profissionalmente, trabalhava na Linthas, agência de publicidade. Gal era arquiteto do Município e começava a fazer seus primeiros ensaios fotográficos. Zecarlos mantinha um escritório de arquitetura em São Caetano e Hélio montava seu primeiro estúdio de som. Éramos filhos do estado crônico de crise econômica em que o Brasil mergulhara depois do "milagre" de

Delfim Netto. Nada esperávamos dos modestos projetos governamentais de incentivo à música nem das gravadoras multinacionais que recebiam ordens expressas da matriz para baixarem os custos de suas operações no país sob pena de interrupção das atividades. Já ia longe o tempo em que essas empresas estavam livres para acompanhar as manifestações musicais que surgiam espontaneamente nas rádios, nos programas de televisão ou mesmo em festivais por todo o país. Os artistas dos anos 1970 e início dos 1980 eram quase os mesmos da fase áurea da Record ou das malogradas tentativas da Rede Globo de investir em musicais. Para evitar riscos, os artistas eram agora preparados no interior das gravadoras, já com o perfil do mercado ao qual as empresas queriam se dirigir.

Se nossos contemporâneos procuravam de algum modo uma brecha naquele impenetrável mercado dos anos 1980, o Rumo já havia optado, desde o início, por um trabalho independente das condições profissionais. Toda entrada financeira era imediata e igualmente repartida entre os integrantes sem qualquer critério empresarial. Talvez isso tenha impedido uma produção artística maior da banda como um todo e de cada um de seus integrantes em particular, mas, por outro lado, considerando a fraquíssima oferta de oportunidades da chamada década perdida, é possível que tenhamos atravessado todo esse período e chegado a 1992, justamente por ter feito aquela escolha primordial. Ninguém ali trabalhava por dinheiro.

Por outro lado, qualquer proposta de investimento financeiro que respeitasse a integridade do trabalho seria aceita de bom grado. Acontece que a tendência do mercado à época corria em outra direção e jamais saberemos se isso era um dado espontâneo captado pelos empresários do setor ou se partiam deles as iniciativas para que se configurasse tal panorama. O fato é que algumas causas levavam a indústria do disco para uma área esquecida desde o tempo do iê-iê-iê: a música jovem. Alguns indícios, como o estrondoso sucesso de Rita Lee nos anos 1979 e 1980 ou a presença maciça do rock norte-americano nas rádios, podem ter consolidado uma convicção que já vinha se configurando nos meios fonográficos. A ordem passou a ser investir na formação e difusão de um rock nacional, um rock em português. Seria esse o novo projeto sem risco das multinacionais. E uma gravadora sem tradição no segmento, como a Continental, voltaria a seus artistas popularescos.

Se algum dia fizemos a música "nova" dos anos 1980, como dizia a imprensa, isso nada tinha a ver com música jovem. Pelo contrário, algumas vezes aquele tipo de música exigia certa maturidade que ultrapassava os estímulos somáticos ou românticos do rock nacional. A música do Rumo, do Itamar e do Arrigo estava destinada a atingir um pequeno setor de todas as faixas etárias. No caso do Rumo, até mesmo um setor infantil.

O impacto da nova tendência praticamente anulou no nascedouro o contrato entre o Lira e a Continental, ou melhor, inverteu os seus termos. Ao invés de aumentar o volume de vendas dos independentes que, até então, só acumulavam prestígio, o próprio Wilson Souto, agora contratado da gravadora, resolveu trazer prestígio a quem já desfrutava boa margem de vendas, como Amado Batista. Conseguira uma matéria de capa da "Ilustrada" para o artista, mas ficou nisso. A única certeza é que começaria ali o desmantelamento do Lira. O LP *Diletantismo*, felizmente, já estava na praça.

*****

O emprego explícito de entoações nas criações do Rumo – já que o uso implícito está presente em toda e qualquer canção – como recurso técnico de renovação da linguagem da canção, além de cumprir esse papel, acabou gerando duas características que a princípio não prevíamos: a veia humorística e a inflexão infantil.

Só o fato de ouvir alguém cantando e ao mesmo tempo falando já provocava risos na plateia. Quando a letra ainda discorria sobre longos episódios em que o intérprete participava como personagem e externava seus desejos e seus conflitos subjetivos, os ouvintes gargalhavam com as histórias como se fossem números de humor. Nas primeiras apresentações chegamos a estranhar essa reação, mas aos poucos fomos percebendo que se tratava de uma decorrência natural da nova sonoridade e que esse efeito inesperado assegurava um envolvimento especial do público com o espetáculo. Comentavam, no início dos anos 1980, que o Premê apresentava um show de humor com ótimas soluções musicais e que o Rumo apresentava um show musical com ótimos achados de humor. Nos dois casos, a alegria estava garantida.

Desde *Carnaval do Geraldo* até *Felicidade*, passando por *Época de Sonho, Diletantismo, Olhando a Paisagem, Delírio, Meu!, Mesmo Porque, Banzo*, o traço do humor acompanhou toda a trajetória do Rumo, especialmente em canções que eu interpretava apenas ao violão ou em outras que eu compunha pensando em Geraldo Leite, Ná Ozzetti e Pedro Mourão como personagens. Nessa linha, tivemos *Carlão, Trio de Efeitos*, esta em parceria com Zé Miguel Wisnik, e uma longa canção, dividida em quatro partes, a que chamei *Aurora - O Cantonovela.*

O outro segmento que brotou da utilização de contornos entoativos, a canção infantil, já se esboçou também no primeiro disco da banda, numa canção de Pedro Mourão: *A Pulga e a Daninha.* Pedro retirava das entoações uma expressão espontânea que, tratada com a letra adequada, configurava justamente o modo de falar das crianças. O seu projeto de maior sucesso nessa linha foi a adaptação e interpretação de *Canção do Carro*, música original de Woody Guthrie. Desde então firmou-se o projeto de se fazer um LP de músicas infantis. Entretanto, não era fácil constituir um repertório expressivo que mantivesse esse objetivo, salvaguardando as características de composição introduzidas pelo Rumo. Só em 1988, realizaríamos plenamente a ideia. Antes disso, ainda lançaríamos mais um disco em 1985 que recebeu o nome de uma canção de Zecarlos Ribeiro: *Caprichoso.*

*****

Tão logo defendi o mestrado ingressei no programa de doutorado com o plano de estabelecer critérios para uma tipologia da canção brasileira. Ao lado de meus estudos solitários das obras fundamentais da teoria semiótica e do acompanhamento *pari passu* das pesquisas publicadas pelo Grupo de Pesquisas Semiolinguísticas, liderado por Greimas, nas edições regulares dos seus *Actes sémiotiques*, mantinha semanalmente uma sessão de leitura e discussão teórica com Waldir Beividas. Nos primeiros anos da década de 1980, estávamos encantados com o lançamento do magnífico dicionário de semiótica, escrito por Algirdas Julien Greimas e seu assistente Joseph Courtés, que apresentava a teoria por meio de uma engenhosa interação entre os verbetes selecionados[10]. Na mesma época, a convite de Diana, passamos a frequentar o Centro de Estudos Semióticos A. J. Greimas, único grupo organizado para desenvolver no Brasil o projeto do autor lituano. A passagem do semioticista pelo país em 1973 havia deixado raízes profundas entre linguistas que procuravam uma metodologia que abordasse o texto, em continuidade às propostas introduzidas pelo fundador Ferdinand de Saussure e pelo sistematizador Louis Hjelmslev. A formação desse grupo – que contava, além de Diana, com a participação de pesquisadores como Ignácio Assis Silva, Eduardo Peñuela Cañizal, Edward Lopes, Waldir Beividas e José Luiz Fiorin –, naquela data, era um gesto de reconhecimento da fecundidade do projeto semiótico e da necessidade de uma equipe para desenvolvê-lo com eficácia. Com o tempo, os compromissos individuais foram minando a atividade de equipe do Centro, mas ficou uma herança de bons textos publicados nos números de sua revista, *Significação – Revista Brasileira de Semiótica*, e a ideia de que semiótica se constrói em grupo, no permanente cotejo dos conceitos. Depois de um período de retração dessa atividade em nosso meio, sentimos os primeiros sinais de um ressurgimento da prática entre os nossos orientandos que se doutoraram no início do novo século.

A partir da organização dos conceitos semióticos no mencionado *Dicionário*, foi-se configurando uma leitura mais metódica da relação entre enunciador e enunciatário. Todos os textos produzidos no âmbito dessas duas funções poderiam ser tomados como manifestações concretas do esforço persuasivo que define tal relação. Nesses termos, a semiótica homologava a atuação do enunciador sobre o enunciatário como correlata à interação narrativa entre destinador e destinatário[11]. Em ambos os casos, o primeiro actante desenvolve estratégias persuasivas para fazer o segundo acreditar em seus propósitos e, consequentemente, agir de acordo com as instruções formuladas nos textos. Como a semiótica jamais reconheceu uma "verdade" exterior a esse contrato estabelecido entre enunciador (destinador) e enunciatário (destinatário) num texto específico, parecia-me claro que estudar uma lingua-

10. *Sémiotique, dictionnaire raisonné de la théorie du langage*. Paris, Hachette, 1979. Versão brasileira: *Dicionário de Semiótica*. Trad. de Alceu Dias Lima *et alii*, São Paulo, Contexto, 2008.
11. *Dicionário de Semiótica*, *op. cit.*, pp. 132 e 171.

gem era abordar as formas de persuasão contidas em suas produções textuais. Num texto científico, por exemplo, espera-se que o enunciador convença os leitores por sua coerência conceitual e por sua adequação aos fatos descritos. Num conto literário, pela boa disposição fictícia dos elementos narrativos e discursivos. Numa pintura, pela expressão plástica considerada oportuna pelo enunciador e pelo enunciatário. No caso da canção, passei a investigar os processos persuasivos pelos quais os compositores obtinham as adesões de seus ouvintes. Isso me permitia estudar as principais soluções técnicas adotadas pelos autores da produção brasileira desde o seu período de implantação, no começo do século XX.

Dessa reflexão originaram os critérios tipológicos que propus como tese de doutorado. A enumeração de fatos linguísticos de mesma natureza normalmente se compatibilizava com a reiteração de motivos melódicos, gerando o que chamei de persuasão *decantatória*, típica das canções de exaltação. Os conteúdos de separação amorosa ou de afastamento dos objetos e valores pessoais, tão comuns nas letras de canções, compatibilizavam-se com as grandes extensões melódicas, conduzidas por notas longas pouco afeitas à formação de motivos. Esses traços definiam a persuasão *passional*. Por fim, as letras que simulavam alguém falando aqui e agora com as inflexões entoativas compatíveis perfaziam a persuasão *figurativa*, pois se reportavam a uma situação de comunicação típica do dia a dia. Dispondo dessas categorias persuasivas como parâmetro, procedi a uma classificação de setecentas obras no nosso cancioneiro popular. O resultado final foi distribuído em dois volumes intitulados *Elementos Semióticos para uma Tipologia da Canção Popular Brasileira* (1986).

A defesa da tese deu-se em 1986, desta vez com banca – escolhida exclusivamente por meu orientador (Cidmar Teodoro Pais) – pouco afinada com o tema. Nenhum músico e nenhum semioticista. Apesar do pouco interesse, o ritual foi cumprido.

Escrevi ainda um pequeno volume, *A Canção: Eficácia e Encanto*, no qual empreguei as categorias tipológicas investigadas na tese para expor as formas de composição brasileira e apresentei análises bem sucintas de numerosas canções[12].

12. Coleção "Lendo", São Paulo, Atual, 1986.

*****

O término desta pesquisa marcou um período difícil em minha vida profissional. Quando obtive minha bolsa de doutorado, em 1983, suspendi minhas aulas de violão. Com a entrega dos exemplares do trabalho em 1986, deixei de receber minha única fonte de renda regular. As partes de cachê do Rumo que às vezes pingavam jamais cobririam minhas despesas que só faziam aumentar. Em 1984, havia nascido Isabel, minha filha, hoje psicanalista e integrante do grupo de música infantil Tiquequê. O Brasil persistia na crise, agora com sucessivos planos econômicos que desencorajavam qualquer iniciativa própria ou empresarial. O Departamento de Linguística da USP, chefiado, desde sua fundação, por meu ex-orientador, jamais fizera seleção aberta para contratar seus professores e eu sabia que, pela via indireta, não teria a menor chance de ser convidado. Enfim, nascia ali mais um doutor desempregado.

Rosa, minha mulher, era nesse período professora e sócia da Escola da Vila, de onde vinha sua renda mensal. Embora essa condição assegurasse uma base para a nossa sobrevivência, a situação não poderia se estender por muito tempo. Rosa já pensava em afastar-se da Escola, o que felizmente só se concretizaria alguns anos mais tarde, quando nossa situação já estava mais resolvida. Bem depois, tornou-se professora e pesquisadora da Faculdade de Educação da USP.

Mas o ano de 1987, pelo menos em seus meses iniciais, não indicava qualquer perspectiva razoável para atenuar minha angústia profissional. Lembro-me de atender a algumas encomendas de criação de jingles para a Philips – trabalho totalmente desinteressante – e com os proventos decorrentes desses opúsculos vivi como pude até o final do ano. No segundo semestre, todavia, começaram a despontar as primeiras oportunidades de trabalho mais consistentes, todas com previsão para o ano seguinte. Alguns colegas que sabiam da minha situação alertaram-me que a Fundação Vitae estava recebendo inscrições de projetos na área de música e que a primeira turma beneficiada com suas bolsas começaria a recebê-las em janeiro de 1988. Embora não fosse exatamente o que eu queria – estava atrás de emprego e não de outra bolsa provisória –, as condições extremamente favoráveis oferecidas pela bolsa acabaram me convencendo a enviar um projeto. Na verdade, o projeto eu já tinha.

Queria analisar as canções brasileiras a partir de uma amostragem retirada do período áureo de sua produção, dos anos 1930 até os anos 1970. Só que teria de apresentar a metodologia totalmente despida de jargão semiótico, afinal, a Fundação Vitae deixava clara sua preferência por trabalhos não-acadêmicos.

Mal acabei de remeter o projeto à Vitae, surgiu o que ninguém esperava. O Departamento de Linguística da USP estava abrindo um concurso de seleção interna para preencher três funções em seus quadros. Soube depois que os professores do Departamento haviam conquistado esse concurso contra a vontade do Chefe que não apreciava seleções abertas. Na verdade, tudo fazia parte de uma reviravolta no sistema geral de funcionamento da área de linguística que culminaria, um pouco mais tarde, com a eliminação definitiva da prática de recondução do mesmo professor à função de Chefe do Departamento.

Ao final do ano mais inseguro da minha vida, defrontava-me agora com um 1988 bem mais promissor. Fui um dos nomes selecionados para exercer a função de Professor Assistente Doutor junto ao Departamento de Linguística, minha área, e, como se não bastasse, também tive meu projeto acolhido pela Vitae. Depois da tempestade, a bonança.

*****

Para gravar o LP *Caprichoso*, o Rumo voltou com tudo à sua condição de "independente". Não resisti à tentação de compor um samba-enredo contando a saga do grupo que chegava ao seu 11º ano de atividade. Com um arranjo de sons percussivos emitidos vocalmente (ideia do Pedro e do Paulo), a canção, denominada *Release*, encerrava o disco e, na verdade, anunciava a última fase de produção do grupo, além de conter uma pequena profecia de retorno do grupo em 2004 (quando completaria trinta anos de carreira) que, aliás, como veremos, foi cumprida à risca. Ainda tínhamos material para mais dois discos: o infantil, que agora já contava com um repertório expressivo, e um disco derradeiro, que contivesse toda a nossa produção a partir de 1985 e o encerramento do projeto.

O disco infantil saiu em 1988 pelo selo Eldorado, com excelente repercussão. Nada havia ainda nesse segmento a não ser as iniciativas de grande porte veiculando produtos quase que exclusivamente comerciais. Esse trabalho, intitulado *Quero Passear*, foi certamente a fonte de inspiração das futuras produções do Paulo (com a Palavra Cantada) e do Hélio.

Ainda fiz uma série de canções que deu fôlego ao Rumo para, em 1990, estrear mais um espetáculo em São Paulo, levado em seguida ao Rio de Janeiro (Circo Voador) e Curitiba (Teatro Paiol). Mas, na volta, programamos para 1991 um show de despedida que seria gravado ao vivo no Sesc Pompeia e lançado no ano seguinte pelo selo Camerati. Eu já havia feito uma canção especial para esse momento que, até hoje, apresento nos encerramentos de shows, principalmente na hora do bis: *Essa É Pra Acabar*. Esse último disco – já em formato de CD e denominado *Rumo ao Vivo* – foi talvez a mais requintada produção da carreira do grupo.

Embora mantivéssemos um convívio extremamente agradável, depois de dezoito anos de atividades, nossas vidas particulares foram se tornando cada vez mais complexas e menos compatíveis com temporadas, viagens, ensaios, ou seja, com tudo que caracteriza o dia a dia de uma banda. Ciça Tuccori fora morar no Rio de Janeiro logo após o lançamento do *Caprichoso*. Em seu lugar, entrara Ricardo Breim que participou do *Quero Passear* e do *Rumo ao Vivo*. O violista Fábio Tagliaferri também esteve presente neste último disco. Geraldo Leite tornara-se diretor da rádio *Jornal do Brasil*, no Rio de Janeiro. Ainda que conservasse o entusiasmo com as apresentações, já não era possível sua participação nos ensaios. Hoje, Geraldo retornou a São Paulo e é dono de um próspero escritório de consultoria de Mídia. Gal Oppido passou a viajar continuamente para elaborar seus requintados ensaios fotográficos. Paulo Tatit e Hélio Ziskind mergulharam em seus respectivos estúdios produzindo excelentes trabalhos para o segmento infantil. Zecarlos Ribeiro abriu filiais de seu escritório de Arquitetura em várias cidades do país. Pedro Mourão fundou uma escola de música (Domus) que vem formando vários cancionistas nos últimos anos. Akira Ueno é professor nessa escola. Ricardo Breim conduz a escola Espaço Musical, da qual é fundador. Ná Ozzetti já vinha desenvolvendo sua carreira solo paralela desde 1988. Por mais que tentasse se organizar para atender às duas frentes, às vezes coincidiam os compromissos. Do meu lado, as aulas noturnas, a partir de 1988, limitaram bastante as possibilidades de show em nossa agenda. E confesso que já considerava suficientemente cumprido o projeto Rumo.

*****

A rotina universitária era absorvente, mas eu conseguia reservar boa parte do tempo para escrever o livro proposto à Vitae. Tratava-se, na verdade, de uma ideia antiga, lançada em artigo do extinto "Folhetim" (nº 318, pp. 6 e 7) publicado aos domingos pela *Folha de S. Paulo*. Nesse trabalho de 1983, intitulado "Vocação e Perplexidade dos Cancionistas"[13], além de lançar o termo "cancionista" para designar os indivíduos devotados à canção, eu chamava a atenção para um tipo de vocação dos jovens que normalmente era tolhida por não estar prevista nas grades curriculares das universidades. Ou seja, quem quisesse trabalhar com a relação entre letra e melodia, como faziam Chico Buarque, Gilberto Gil, Milton Nascimento, Rita Lee etc., não tinha como dar continuidade a seus estudos a não ser realizando um desvio de difícil retorno à trilha original. Esses estudantes eram (e são ainda) encaminhados a cursos de música, ou mesmo de literatura, que respondem muito pouco a seus anseios e, o que é mais grave, tendem a desconsiderar, quando não desprezar, sua vocação inicial. Daí a perplexidade dos jovens cancionistas que se veem impelidos a interromper os estudos precocemente ou a cursar o que não é de seu interesse (e isso será descoberto mais tarde). E alertava ainda para que não se confundisse canção com música popular instrumental pois, quando se falava em introduzir música popular na universidade, logo vinham as ideias de importação dos currículos norte-americanos voltados para o jazz. Claro que isso já constituía um avanço em relação às faculdades que só admitiam música erudita (como a ECA, por exemplo), mas a meta do artigo era transmitir a necessidade de um curso dedicado à canção (relação entre melodia e letra, composição, arranjo, interpretação etc.).

Agora, com o projeto da Vitae, era chegado o momento de definir minuciosamente o conceito de "cancionista" e de fazer uma leitura descritiva das *dicções* que esculpiram a canção brasileira na forma em que hoje a co-

13. Artigo reproduzido aqui, na seção "Ensaios".

nhecemos. Depois de estabelecer as características fundamentais de uma *arquicanção* – modelo que conteria os ingredientes próprios da linguagem, presentes, com maior ou menor nitidez, em todos os casos específicos –, analisei duas obras dos seguintes compositores: Noel Rosa, Lamartine Babo, Ary Barroso, Dorival Caymmi, Lupicínio Rodrigues, Luiz Gonzaga, Tom Jobim, Roberto Carlos, Jorge Ben Jor, Chico Buarque e Caetano Veloso. Embora tenha deixado de lado vários estilos relevantes, creio que esse panorama da canção popular brasileira, apresentado pela primeira vez de forma analítica, forneceu os critérios iniciais para uma abordagem da canção a partir da relação entre melodia e letra. Reduzi ao mínimo o jargão semiótico, mas, no fundo, conservei o que é essencial a essa ciência: conhecer de fato a natureza do objeto.

Todos sabemos que o sentido final de um texto depende de fatores internos e externos à manifestação estrita da linguagem. Um texto contém sempre alusões e respostas a outros textos do mesmo gênero ou de outros universos de discurso, além de sofrer determinações históricas e socioculturais. Ocorre, porém, que o desconhecimento das articulações específicas de uma linguagem só permitem voos superficiais sobre as obras, os famosos comentários gerais, que alimentam uma espécie de ilusão de controle daquele campo de significação. Sem "escalas" no objeto, tudo que é dito poderia não ser dito ou dito de outra forma. O trabalho que concluí em 1989 tinha o intuito de oferecer elementos para um olhar focado no que só a canção poderia dizer. E para evitar outra barreira comum à leitura desse tipo de obra, a utilização de partituras (familiares ao músico, mas totalmente estranhas à maioria dos cancionistas), fiz uso do diagrama já exposto anteriormente, sobre o qual as próprias sílabas da letra vão configurando o perfil melódico da canção analisada. Há uma perda de precisão rítmica nessa transcrição que se atenua com o conhecimento prévio da música, afinal, trata-se de uma solução para a análise e não para apoiar a execução.

*O Cancionista: Composição de Canções no Brasil*, nome definitivo da obra, manteve certo perfil técnico, mesmo que livre do jargão semiótico, e, além do mais, transformou-se num volume um tanto extenso para o gosto das editoras. Tudo isso fez com que sua publicação só saísse em 1996, felizmente com um bom tratamento editorial, pela Edusp.

*****

Na graduação do Departamento de Linguística da USP, ministrei por 26 anos as disciplinas do curso básico de linguística e aquelas referentes à análise do texto, cujos títulos foram se alterando ao longo do tempo em decorrência de mudanças no currículo. A partir de 1989, comecei a oferecer também, sempre no segundo semestre, a disciplina Semiótica: Teoria e Aplicação na Canção Brasileira na área de pós-graduação do mesmo departamento. Nessas aulas, apresento aos alunos a teoria semiótica em sua versão clássica e em sua versão recente e demonstro alguns modos de torná-la adequada à aplicação em textos verbais e sincréticos (aqueles que operam, simultaneamente, com dois ou mais sistemas de significação) e, particularmente, na canção. Os orientandos de mestrado e doutorado foram chegando ao longo dos anos 1990 tanto para dar continuidade ao meu trabalho como para explorar outras vias de reflexão dentro do domínio semiótico. Desde então, excelentes projetos têm sido desenvolvidos nessa linha teórica.

Gosto de tudo isso, mas o que me motiva mesmo na universidade é o que chamam de "pesquisa". Mesmo dentro do quadro de ceticismo que caracterizou minha trajetória até aqui, sinto que estou sempre à procura de dados sobre o sentido que ultrapassem a mera contribuição metodológica que, para Greimas, parecia suficiente. Em 1990, chegou-me às mãos as cópias xerografadas de um livro de semiótica realmente incomum por duas qualidades que em geral estão dissociadas: inovação radical e fidelidade à epistemologia central do modelo greimasiano. Era um conjunto de textos de Claude Zilberberg publicado em 1988 sob o título de *Raison et poétique du sens*[14]. Eu conhecia o autor por publicações nos *Actes sémiotiques* e por outro trabalho surgido no começo dos anos 1980 que já defendia um enfoque *tensivo* no interior da semiótica (*Essai sur les modalités tensives*)[15]. Mas dessa vez era diferente. *Raison* trazia uma leitura minuciosa e orientada dos grandes nomes que engendraram a teoria de Greimas – e que, de certo modo, já lançavam as ba-

14. Paris, Presses Universitaires de France, 1988.

15. Amsterdam, J. Benjamins, 1981.

ses para a evolução *tensiva* do projeto – e, só depois, introduzia as propostas originais que viriam preencher as lacunas deixadas pelo modelo *standard*. Como último capítulo, o autor ainda ilustrava a operacionalidade do seu modelo com uma descrição do poema "Larme" de A. Rimbaud. Anos mais tarde, Waldir Beividas, Ivã Carlos Lopes e eu traduzimos esse trabalho[16].

Claude Zilberberg apresentava, em meio a diversos achados estimulantes, uma outra visão do pensamento de Saussure, que destacava o aspecto dinâmico do que sempre fora interpretado como "estrutura" estática. Ao invés de se ater às conhecidas seções do *Curso de Linguística Geral*[17], em que o pensador de Genebra distingue língua e fala, define o signo ou elabora a oposição entre linguística sincrônica e linguística diacrônica, Zilberberg concentrava-se no capítulo "O Fonema na Cadeia Falada"[18], do qual extraía princípios que muito claramente definem categorias temporais, em geral ignoradas pelos seguidores de Saussure. A silabação, para o escritor suíço, compõe-se de dois processos, um de implosão ( > ), da abertura vocálica ao fechamento consonantal, outro de explosão ( < ), do fechamento consonantal à abertura vocálica. O auge da abertura coincide necessariamente com o início do fechamento e vice-versa, o que faz de nossa fala um *ritmo* constante que tende ora à sonoridade (ou seja, às vogais, cujo limite máximo é o "a"), ora a sua suspensão (ou seja, às consoantes, cujo limite é estabelecido pelas oclusivas surdas: "p", "t" etc.). Uma simples expressão como "pata", por exemplo, já traz a alternância explosão-implosão-explosão-implosão: $\overset{<}{\mathrm{P}}\ \overset{>}{\mathrm{A}}\ \overset{<}{\mathrm{T}}\ \overset{>}{\mathrm{A}}$. Em outras palavras, nossa linguagem oral é formada por um encadeamento (ou cadeia) de *tensões* de aumento e diminuição de sonoridade. Esse aumento ainda pode ser gradativo (<<), como em "prata": $\overset{<}{\mathrm{P}}\ \overset{<}{\mathrm{R}}\ \overset{>}{\mathrm{A}}\ \overset{<}{\mathrm{T}}\ \overset{>}{\mathrm{A}}$. O mesmo se pode dizer da diminuição (>>), como em "arte": $\overset{>}{\mathrm{A}}\ \overset{>}{\mathrm{R}}\ \overset{<}{\mathrm{T}}\ \overset{>}{\mathrm{E}}$ (as diferenças fonéticas de pronúncia não alteram o resultado). Na passagem da implosão para a explosão (> | <), Saussure situava o conceito de "fronteira silábica" e da explosão à implosão (< >), o de "ponto vocálico".

16. Claude Zilberberg, *Razão e Poética do Sentido*, São Paulo, Edusp, 2006.
17. São Paulo, Cultrix, 1971.
18. *Idem*, pp. 62-78.

Dessas filigranas silábicas típicas do plano da expressão (significante), Zilberberg deduz as primeiras noções de *intensidade* (aumento e diminuição) associadas ao conceito de *extensidade* (elementos dispostos em cadeia) para estudar as tensões no plano do conteúdo (significado). Por exemplo, numa história em que o personagem vai perdendo aos poucos tudo que tem, o que a princípio já era *menos* vai se tornando "cada vez [mais] *menos*" e, se for ao limite, pode atingir a extinção (assim como a consoante surda extingue a sonoridade). A continuidade da vida exige, portanto, que se diminua esse *menos* (menos *menos*), acrescentando-lhe um pouco de *mais* (um pouco de sonoridade). Numa outra história, o personagem pode se apropriar de tudo que está ao seu alcance, acumulando uma fortuna incomensurável, uma espécie de excesso de *mais*. Esse ponto pode representar a saturação de um processo (correspondente ao ponto máximo de sonoridade) que, para assegurar a continuidade, terá de atenuar a exorbitância, ou seja, inserir "menos *mais*".

Esses são, por exemplo, alguns critérios *tensivos* que estão por trás das próprias operações narrativas, aquelas que, para Greimas, já se davam num grau elevado de abstração. Eles têm a vantagem de oferecer maior homogeneidade à atividade descritiva: o plano da expressão e o plano do conteúdo podem ser analisados a partir dos mesmos critérios.

Essa mesma leitura fina era praticada sobre o trabalho de todos os autores que de algum modo deixaram sua marca no pensamento de Greimas, desde Hjelmslev até Merleau-Ponty, passando por Jakobson, Brøndal, Lévi-Strauss, Propp, Tesnière, Durkheim etc. Só depois de fazer todas essas avaliações, Zilberberg fornecia seus próprios conceitos, agora devidamente motivados para reconfigurar, em bases tensivas, o plano fundamental, mais abstrato, daquilo que Greimas chamava de "percurso gerativo" do sentido.

Em resumo, as noções de Zilberberg permitiam-me pensar em categorias igualmente gerais que pudessem sustentar ao mesmo tempo os processos linguísticos e melódicos. Era o que faltava para uma apresentação coerente dos mecanismos que provocam os efeitos de compatibilidade entre melodia e letra depreendidos na superfície das canções. Era, igualmente, o primeiro passo para uma tese de livre-docência.

*****

Tudo isso também prenunciava algumas mudanças, diríamos, extremas no coração do modelo semiótico. Já fora lançado em 1986 o segundo volume do dicionário de semiótica[19], ainda não traduzido em português, coordenado mais uma vez pela dupla Greimas / Courtés, mas, desta feita, redigido pelos membros do Grupo de Pesquisas Semiolinguísticas e visto com reserva pelo pai da semiótica. Greimas depreendia, ao lado do que chamou de núcleo sólido da teoria, definida como pesquisa de método para as ciências humanas, duas frentes de investigação que nitidamente lhe causavam certo desconforto. Uma delas era a tentativa de formalização e, mais que isso, de matematização (a partir da teoria das catástrofes) do modelo, liderada por Jean Petitot. A outra podia ser caracterizada como o embrião da atual semiótica tensiva, representada sobretudo por Claude Zilberberg.

Entretanto, logo no ano seguinte, Greimas lançava um pequeno volume, com edição bem-cuidada, no qual analisava trechos literários de sua predileção, todos traduzindo momentos epifânicos, típicos das situações extraordinárias que nos retiram temporariamente do cotidiano. Era a obra intitulada *De l'imperfection*[20]. Tudo levava a crer que o semioticista pedira licença de seus compromissos cerrados com a ciência para especular conteúdos que não faziam parte do universo inteligível. Mas não era um caso isolado. Greimas já vinha procurando há algum tempo formas de tratamento do universo passional para além das equações narrativas estabelecidas em seu consagrado estudo sobre a "cólera" (publicado em *Du sens II*)[21]. Em 1991, assina, em colaboração com Jacques Fontanille, uma obra que finalmente expõe as bases tensivas para um estudo consequente das paixões: *Sémiotique des passions – des états de choses aux états d'âme*[22]. Difícil saber se a opção pela tensividade foi iniciativa de Greimas, de Fontanille ou de ambos em comum acordo (sente-se na escrita mais a pena de Fontanille), de qualquer modo, Greimas já não dispunha mais do tempo de maturação

19. *Sémiotique, dictionnaire raisonné de la théorie du langage II*, Paris, Hachette, 1986.
20. Périgueux, Pierre Fanlac, 1987. Versão brasileira: *Da Imperfeição*, trad. Ana Cláudia de Oliveira, São Paulo, Hacker Editores, 2002.
21. Algirdas Julien Greimas, *Du sens II*, Paris, Seuil, 1983.
22. Paris, Seuil, 1991. Versão brasileira: *Semiótica das Paixões*, trad. Maria José Rodrigues Coracini, São Paulo, Ática, 1993.

pelo qual costumavam passar seus conceitos. Estava enfermo e morreria no início do ano seguinte.

Creio, hoje, que Fontanille escreveu a parte que lhe coube do *Sémiotique des passions* de olho nas propostas de Zilberberg. Alguns indícios apontam nessa direção. Zilberberg é uma das raras citações do capítulo "L'Épistémologie des passions" que apresenta, no livro, a mudança de perspectiva da semiótica. Passado algum tempo, Fontanille viria a escrever em colaboração com Zilberberg o primeiro tratado de semiótica tensiva, *Tension et signification*[23], que, aliás, traduzi para o português, mais uma vez com os colegas Ivã e Waldir.

Sobrou de tudo isso uma atração irresistível pelo universo sensível, esse novo objeto da semiótica, cuja descrição certamente complementaria as zonas lacunares deixadas pela investigação do já consolidado mundo inteligível. Retomei a pesquisa, reunindo algumas dezenas de artigos publicados por Zilberberg em revistas europeias e canadenses.

*****

Até 1982, ano de minha defesa de mestrado, apenas três pensadores brasileiros haviam se aproximado da canção com um enfoque analítico: Augusto de Campos, Celso Favaretto e José Miguel Wisnik. Outro poeta-pensador, José Lino Grunewald, se não chegou a explorar formas de abordagem da canção, demonstrou ter plena consciência de que já era tempo de alguém se incumbir da tarefa. Em 1974, eu deparara com um pequeno artigo de Grunewald no jornal *O Estado de S. Paulo* (03/02/1974) que dizia com todas as letras que a bibliografia da canção "é escassa, quase nada de estrutural, atacando a essência [...]. Hoje, quando o disco já traduz intensa realidade cultural, [...], a canção merecia atenções mais alentadas no plano ensaístico. Não é preciso assustar ninguém com novo estruturalismo, mas detectar elementos concretos no âmbito de um processo". E ao longo do texto, intitulado "Atenção para a Canção", tece observações típicas de um poeta, mas um poeta que admira a canção: "Verifica-se, então, um fato peculiar: versos, que lidos ou

23. Liège, Mardaga, 1998. Versão brasileira: *Tensão e Significação*, São Paulo, Humanitas / Discurso Editorial, 2001.

declamados, são simplórios, ganham novos efeitos de acordo com a faixa musical e o modo de cantá-los".

Isso me reportava imediatamente aos versos de Augusto de Campos escritos em homenagem a Torquato Netto: "Estou pensando / no mistério das letras de música / tão frágeis quando escritas / tão fortes quando cantadas/ [...] a palavra-canto / é outra-coisa". Assim como os músicos da ECA identificavam, pelos parâmetros musicais, uma total fragilidade nas melodias de canção, os poetas também constatavam o pouco valor literário das letras. A diferença decisiva é que esses últimos estavam certos que a canção era "outra coisa", que merecia investigação. Augusto de Campos escreveu e reuniu vários textos sobre o assunto em seu *Balanço da Bossa e Outras Bossas*, já citado. Foi o começo.

Celso Favaretto também já focava sua lente no âmago da questão, mesmo não sendo músico, nem literato (e talvez por isso mesmo). Dizia, em texto de 1979:

> No canto brilham significações que provêm da fricção da língua com a voz, numa atividade em que a melodia trabalha a língua, ocupando suas diferenças "dizendo" o que ela não diz. [...] Pela entoação, inflexões e gestos vocais, o canto intensifica o desejo, ressaltando também o ritual na música, manifestado na dança e no sexo [...].

Trata-se de trecho do seu excelente *Tropicália: Alegoria Alegria*, para cuja segunda edição, anos mais tarde, eu escreveria um prefácio[24].

Na mesma direção iam os textos de Wisnik que, de há muito, já havia invertido o enfoque: em vez do olhar musical ou literário sobre a canção, o pensador preferia (e prefere até hoje) lançar um olhar cancional sobre as outras linguagens estéticas, estendendo-o a toda cultura do país. Para tanto, também fazia incursões no centro de sentido da canção: "A música não é algo que simplesmente *ilustra* a letra, mas opera com ela uma sequência de aproximações ao núcleo em que *significação* e *corpo* se tocam"[25]. E estudava especificamente o encontro entre melodia e letra, como no trecho selecionado em *O Cancionista* e que aqui reproduzo:

24. São Paulo, Ateliê Editorial, 1996; 3ª ed., 2000.
25. Ver "Tudo Está no Céu e no Inferno", revista *Abre Alas*, nº 1, 1979

> O cantor apega-se à força do canto, e o cantar faz nascer uma outra voz dentro da voz. Essa, com que falamos, é muitas vezes a emissão de uma série de palavras sem desejo, omissões foscas e abafadas de um corpo retraído, voz recortada pela pressão do princípio de realidade. Independente da intimidação da voz que fala, a *fala* mesma é dominada pela descontinuidade aperiódica da linguagem verbal: ela nos situa no mundo, recorta-o e nos permite separar sujeito e objeto, à custa do sistema de diferenças que é a língua. No entanto, o canto potencializa tudo aquilo que há na linguagem, não de *diferença*, mas de *presença*. E presença é o corpo vivo: não as distinções abstratas dos fonemas, mas a substância viva do som, força do corpo que respira. Perante a voz da língua, a voz que canta é liberação: o recorte descontínuo das sucessivas articulações cede vez ao *continuum* das durações, das intensidades, do jogo das pulsações; as ondas menos periódicas da voz corrente dão lugar ao fluxo do sopro ritualizado pela recorrência[26].

Esse tipo de reflexão, que me foi tão útil nos anos 1970, explica, por outro lado, o interesse, já mencionado, de Wisnik por minha dissertação e pelo que, a partir de então, eu viria a pesquisar nesse âmbito. De certo modo, as conversas mantidas com Hélio Ziskind na primeira fase do Rumo foram, pouco a pouco, transferidas para os meus encontros com Wisnik.

Este ensaísta já vinha escrevendo na imprensa, sempre que surgiam as oportunidades, sobre o Rumo, Itamar e Arrigo. Eram as linhas de criação que, naquele momento, lhe despertavam o interesse na música brasileira. Mas seu desejo, na ocasião (pelo que se pode depreender retrospectivamente), não era só acompanhar essa produção de um ponto de vista crítico, mas, sobretudo, intervir como compositor e cantor na cena musical dos anos 1980. Apesar da vasta experiência com aulas (era docente da USP desde 1973) e conferências (já era nessa ocasião um dos mais requisitados conferencistas do país), Wisnik relutava em subir ao palco como compositor e instrumentista. Mantinha em segredo um considerável número de boas composições e mesmo seus dotes de excelente pianista.

Seu primeiro contato com o palco foi uma discreta participação como tecladista no Rumo durante os shows de lançamento do LP *Caprichoso*. Lembro-me que, nessa ocasião, conversávamos longamente, nos bastidores, sobre os critérios tipológicos que eu vinha formulando para a canção brasileira, já

26. Ver "Onde não Há Pecado nem Perdão", *Almanaque* nº 6, 1978.

na reta final do doutorado. Havia uma curiosa simetria em nossas trajetórias de compositores e professores de Letras. Entre 1987 e 1988, Wisnik finalmente ingressava, sem abandonar sua atividade de docente, no mundo das apresentações musicais. Eu, por outro lado, ingressava, sem abandonar a atividade musical, no mundo acadêmico. Por conta disso, dávamos algumas palestras em dupla e, volta e meia, nossos trabalhos escritos se reportavam mutuamente na leitura das canções.

Em 1989, chega às minhas mãos um de seus mais importantes trabalhos publicados: *O Som e o Sentido: Uma Outra História das Músicas*[27]. Era um livro instigante, repleto de achados originais e com um grau de abrangência notável. A fita cassete que acompanhava o volume com todas as ilustrações sonoras necessárias havia sido elaborada justamente por Hélio Ziskind. Sem declarar qualquer intenção semiótica – Wisnik nunca se dedicou aos estudos dessa área – o autor empreendia uma busca incansável das relações entre universo sonoro (plano da expressão) e universo antropológico (plano do conteúdo). Todas as articulações acústicas eram examinadas à luz de suas significações sociais e culturais e, ao mesmo tempo, não havia representação mais exata dos grupos humanos, de todos os cantos do planeta, que seus esquemas de organização musical.

Mas dentre as numerosas frentes de interesse dessa obra destacava-se aos meus olhos a noção de música como "extração do som ordenado e periódico do meio turbulento dos ruídos". Esse esforço de triagem, ou seja, de eliminação do elemento instável e irregular (traço do ruído) e de seleção do elemento constante e ordenado (traço do som), que caracterizava as diferentes músicas do mundo em suas diferentes fases históricas, atraía minha atenção para duas consequências em meu trabalho: (1) uma composição de canção nada mais era do que uma espécie de sublimação das características instáveis da entoação da fala cotidiana em favor de soluções musicais que estabilizavam suas alturas e ordenavam seus grupos rítmicos; (2) nesse processo de extração do elemento ordenado havia uma concepção tensiva segundo a qual os acontecimentos sonoros inesperados eram convertidos em elementos prenunciados ou, em outras palavras, as imprevisibilidades ruidosas, velozes por natureza,

27. São Paulo, Companhia das Letras, 1989.

submetiam-se a ritos desaceleradores para atender ao consenso do grupo social. A releitura do livro de Wisnik, sob esses dois enfoques, gerou o último capítulo da tese que eu apresentaria em 1994.

*****

Com o término das atividades do Rumo em 1992, já estava dando por encerrada a minha carreira musical até então intimamente identificada com a existência do grupo. Três pessoas, porém, reacenderam em mim o desejo de continuar compondo e cantando: o próprio Wisnik, Ná Ozzetti e Paulo Tatit.

Wisnik, agora o compositor, com quem já havia criado *Trio de Efeitos* na última fase do Rumo, viera com a proposta de compormos algo sobre nossa situação de "dupla cidadania", pois vivíamos na música e nas salas de aula. E passou-me a letra justamente num evento acadêmico do qual participávamos em Salvador. Assim que voltei a São Paulo, fiz a melodia e ainda acrescentei mais uma estrofe em *Mestres Cantores*. Essa canção tornou-se a última faixa de seu CD de estreia em 1983.

Ná Ozzetti jamais havia composto coisa alguma durante o ciclo do Rumo. Em 1988, lançou seu primeiro disco solo, no qual apresentava Wisnik como compositor em quatro belas canções e realizava ainda uma interpretação memorável – e originalíssima – de *Sua Estupidez* de Erasmo e Roberto Carlos. Mas não incluía música própria. Já disse algumas vezes que Ná possui o que Roland Barthes chamava de "grão da voz". Além do timbre bonito e da afinação perfeita, sempre emite a entoação adequada, aquela que nos faz crer no conteúdo da letra. É talvez a única cantora brasileira, depois de Carmen Miranda, que mostra o valor entoativo de cada melodia. Mas, até então, parecia não se preocupar com autoria.

Pois até isso aconteceu nesse período de transição. Ná me aparece com três melodias bastante interessantes para que eu fizesse as letras pois estava preparando o seu CD de 1994. Uma delas foi *Atração Fatal*, que até chegou a tocar em rádio FM de São Paulo. Outra, *Tempo Escondido*, que, apesar da divisão rítmica de difícil solução poética, transformou-se em *hit* de seus shows.

Paulo, meu irmão três anos mais jovem, é um músico-cancionista bem mais completo que eu. Toca violão, guitarra, contrabaixo e sabe produzir um disco do começo ao fim, concebendo todos os arranjos e dominando todos os recursos de estúdio de gravação. Pouco interessado em teoria, Paulo – formado em arquitetura pela FAU – sempre foi um perito em soluções práticas. No período do Rumo, enquanto Hélio e eu debatíamos o melhor modelo de arranjo para uma determinada canção, Paulo tirava suas ideias das mãos e nos mostrava o arranjo quase pronto, o que facilitava significativamente nossa vida. Começamos a tocar na mesma época – foi ele, aliás, que, aos nove anos, teve coragem de pedir o violão ao nosso avô –, só que, enquanto eu me voltava para a composição, ele preferia os instrumentos. Com o término do Rumo, meu irmão uniu-se a Sandra Peres, compositora e pianista, com quem fundou o selo Palavra Cantada, hoje muito conhecido e festejado em todo o país. Nesse mesmo período, decidido a lançar o seu projeto de canções de qualidade para crianças, Paulo passou-me algumas melodias, suas e de Sandra, para que eu pusesse letras compatíveis com o tema do disco: *Canções de Ninar*. Era só o primeiro de uma coleção que ainda teria *Canções de Brincar, Canções Curiosas, Cantigas de Roda, Noite Feliz* (de natal), *Canções do Brasil, Pé com Pé, Carnaval Palavra Cantada* e diversos outros títulos. Fizemos juntos inúmeras canções que estão hoje incorporadas ao repertório geral do Palavra Cantada (nome, aliás, que acusa as influências do Rumo no atual projeto infantil).

E me senti de volta à música sem nunca ter saído dela.

*****

As ideias que vinha juntando, para a nova pesquisa, começavam a tomar forma – e forma semiótica. O rito que presidia a extração do som do ruído em todas as músicas do planeta, conforme a descrição de *O Som e o Sentido*, figurava-me como um processo de conversão de fenômenos sonoros inesperados em arranjos regidos por leis que garantissem certa previsibilidade. Não podia deixar de ver nessa passagem um coeficiente temporal que, subjetivamente, corresponderia à transformação da surpresa em espera, nos termos propostos por Paul Valéry e, a esta altura, já desenvolvidos semioticamente por Zilberberg. Em outras palavras, o mundo do ruído era algo caracterizado por passagens bruscas, enquanto o mundo dos sons, por passagens gradativas.

Isso me reportava a um conhecido texto de Valéry intitulado "Poesia e Pensamento Abstrato"[28]. Ao analisar as condições naturais de funcionamento das linguagens "utilitárias" (do dia a dia), o poeta verificava o caráter necessariamente efêmero de sua sonoridade. Uma comunicação bem-sucedida é justamente aquela cujo veículo (sonoro ou gráfico) sofre um esquecimento instantâneo em nome da inteligibilidade do conteúdo. Isso porque a intercompreensão social, normalmente realizada em forma de pensamento abstrato, prescinde de um tratamento especial da matéria (do som da voz), já que o principal índice de sua eficácia é justamente o imediato desaparecimento desta. Claro que esse sistema de comunicação utilitária funciona porque existem outros sistemas, igualmente abstratos como a gramática e o léxico, que atuam em retaguarda favorecendo as transmissões. Mas o efeito disso, na prática, é a perda de significação da sonoridade vocal, uma vez que seu destino será sempre o descarte.

Os ruídos eliminados (ou sacrificados) das escolhas musicais praticadas pelas culturas também apresentam funções, digamos, locais, que, uma vez cumpridas, equivalem a seu imediato esquecimento: buzina de automóvel, passos de alguém que se aproxima, despertador, canto dos pássaros, instrumentos em processo de afinação etc. A conversão desses fenômenos em som está diretamente ligada à supressão do seu caráter descartável. Algo deve ser feito para que eles deixem de ser acasos e integrem o universo das esperas culturais (alguns compositores do século XX primaram por fazer experiências nesse sentido). Esse algo pressupõe estabelecimento de leis (determinações sintáxicas ou rítmicas) de conservação da sonoridade, um processo de luta contra o efêmero que, nessa condição, jamais se impõe como representativo de um *ethos* cultural.

Essa identificação entre, de um lado, ruído e, de outro, sonoridade da linguagem utilitária, ambos instáveis, imprevisíveis e de certo modo incontroláveis, permitiu-me atribuir a esse lugar, onde imperam os fatos interinos e o acaso, o valor *descontinuidade*, ou seja, aquele que produz saltos e mudanças repentinas e que está, portanto, associado a um princípio de *celeridade*. Para extrair o som do ruído, uma cultura cria regularidades que tornam possíveis

28. Org. João Alexandre Barbosa, *Variedades*, São Paulo, Iluminuras, 1991, pp. 201-218.

as previsões e, consequentemente, a passagem gradativa de um fenômeno a outro. Adota, assim, o valor *continuidade* associado a um princípio de *desaceleração*. Nesse sentido, extrair o som do ruído é também converter as causas da surpresa (cuja definição pressupõe descontinuidade) em elementos de espera (que pressupõe previsão e continuidade).

Boa parte das linguagens estéticas constitui verdadeiros ritos de desaceleração e fixação de práticas utilitárias. Valéry faz referência, nessa linha, à passagem da prosa à poesia, do andar à dança e da fala ao canto. Todas as versões artísticas substituem as formas passageiras, os sentidos locais e o desregramento das manifestações utilitárias pelas soluções duradouras, o sentido global e as determinações rítmicas que fixam a matéria de expressão. No caso da canção, pode-se dizer que as instabilidades entoativas, compatíveis com a vida efêmera dos fragmentos sonoros da linguagem utilitária, submetem-se a leis musicais que fixam sua sonoridade no âmbito da altura e duração e passam a reger seus mecanismos internos de expansão e contração melódicas.

Assim, o ato de extrair a canção da fala já contém em si uma desaceleração (ou ritualização) e fixação de tudo que era efêmero, instável e incontrolável na sonoridade coloquial. A partir daí, novos recursos de aceleração, fundados na descontinuidade, e de desaceleração, fundados na continuidade, podem ser destacados para uma análise homogênea das composições.

Essas ideias convergiam para o pensamento tensivo que vimos comentando. Com a finalidade de tornar a semiótica mais sintáxica que semântica, seus teóricos introduziam no nível profundo conceitos *aspectuais*, como continuidade e descontinuidade, de *andamento*, como aceleração e desaceleração, ou de *tonicidade*, como tonificação e atonização, e os caracterizava como valores abstratos que gerariam aquilo que vemos ou ouvimos concretamente.

Uma canção, por exemplo, que deixasse entrever, no nível profundo, uma predominância de valores contínuos, manifestaria, na letra, conjunção entre sujeitos ou entre sujeito e objeto e, na melodia, recorrência de seus motivos, o que a definiria como canção *temática*. Se a predominância fosse de valores descontínuos, sua letra comportaria disjunção e afastamento entre sujeitos (o habitual "você partiu e me deixou", por ex.) ou entre sujeito e objeto, enquanto sua melodia revelaria distanciamento entre motivos semelhantes, o que conferiria maior importância ao percurso que liga um ao outro. Seria, então, um caso típico de canção *passional*. Mas uma canção poderia também resistir ao processo de fixação e estabilização, conservando aparências de efemeridade (como os "improvisos previstos", as assimetrias silábicas já exemplificadas anteriormente etc.) e permanecendo na tangente do ruído (leia-se das entoações coloquiais). Seria, nesse sentido, uma canção *figurativa*.

Essas ideias gerais foram tratadas e minuciosamente semiotizadas em seis capítulos, organizados sob os títulos "Extensão", "Junção", "Silabação", "Geração", "Descrição" e "Composição", e defendidas como tese de livre-docência. No mesmo ano, 1994, o texto seria publicado na íntegra pela Editora Escuta, com o nome de *Semiótica da Canção: Melodia e Letra*.

*****

Fui procurado, em 1996, por José Carlos Costa Netto, letrista e advogado especializado em direitos autorais, que, nessa ocasião, trabalhava na gravadora multinacional WEA. Ele estava abrindo um selo dentro da empresa, que se chamaria Dabliú, dedicado à produção "diferenciada" da música popular brasileira. Convidou-me para gravar um CD e fazia, de imediato, um pedido: que eu incluísse a canção *Felicidade*, pela qual nutria especial predileção, entre as músicas do novo repertório. Aceitei o convite e transformei o seu pedido num mote para a composição das outras canções, o que acabou gerando o próprio título do disco. *Felicidade* foi o meu primeiro CD-solo, contendo treze faixas, com arranjos de Ricardo Breim e Paulo Tatit. Quando do lançamento do disco em fins de 1997, a Dabliú já havia se desligado da WEA e, portanto, não contava mais com a sua distribuição. A nova distribuidora, a Eldorado, era bem-intencionada, mas pouco eficiente e isso prejudicou o impulso inicial de divulgação do trabalho. Ou seja, nada muito diferente do que sempre foi a atuação alternativa no país, da qual, aliás, eu acumulava vasta experiência.

Seis composições desse disco falavam explicitamente de felicidade, além daquela que já trazia o tema no título: *A Companheira*, *Deu Pane em São Paulo*, *Luar*, *Quase*, *O Rei* e *Depois Melhora*. E todas denunciavam a continuidade das propostas do Rumo, embora sem a marca do trabalho em equipe. Mas até esta foi recuperada na execução de *Deu Pane em São Paulo*, em que se ouve quase todas as vozes do grupo num arranjo de guitarra do Paulo.

Gravar um disco nos anos 1990 passou a ser tão simples e barato que quase todas as dificuldades das décadas anteriores foram transferidas para a fase da distribuição. Não havia mais nenhum problema para se chegar ao disco, mas, para que o disco chegasse aos ouvintes, todos os empecilhos. Quem não assinava contrato com uma gravadora na hora do registro, tinha de fazê-lo em seguida com uma distribuidora se quisesse pôr o CD no mercado. Muitos desistiam dessa etapa e se contentavam com as vendas na saída dos shows. De todo modo, as possibilidades de atuação do artista de repente se multiplicaram. Com um disco em mãos, um novo talento podia ao menos bater às portas das emissoras de rádio e TV, fazer excursões pelo país, obter patrocínios, enfim, trabalhar no ramo enquanto aguardava uma chance mais promissora.

Mas para alguém, como eu, que já estava distante da luta diária por um espaço no reino musical, a mediação de um pequeno selo cuidando da gravação propriamente dita, da confecção completa do álbum e até do eventual vínculo com uma distribuidora (à época, a Eldorado), vinha a calhar. Acabei permanecendo na Dabliú até hoje.

*****

Quem presenciou as parcas oportunidades geradas no mundo do disco desde o final da década de 1970 até o início dos anos 1990 e, de uma hora para outra, se viu participando de uma nova relação de mercado em que o fundamental – a gravação – já estava praticamente assegurado, não podia deixar de reconhecer uma prosperidade significativa no universo da canção. Ou ainda, quem chegou literalmente a pagar para apresentar o trabalho nos idos de 1974 e 1975 e agora observava que jovens iniciantes, com toda justiça, só faziam shows remunerados, mesmo nas faixas mais modestas da área musical, tinha de constatar que, no final do século, uma nova ordem, bem mais alentadora, se estabelecia no país, especialmente em São Paulo. Os patrocínios se tornavam corriqueiros e o número de casas de espetáculos aumentava na mesma proporção em que se concebiam projetos para absorver os sons produzidos em cada canto da cidade.

No fundo, o fenômeno era mais amplo. A tecnologia digital e seus avanços, pode-se dizer que diários, eram a única realidade inexorável diante da qual todos se perfilavam em sinal de respeito. Desde a poderosa multinacional até o estúdio mais humilde, instalado pelo jovem músico num cubículo de sua própria residência, todas as iniciativas de registro da produção sonora dessa década mantinham-se sintonizadas com a magia insondável dos recursos eletrônicos que chegavam para nivelar, do ponto de vista técnico, todas as frentes musicais. O selo independente deixava de ser a trincheira da criação marginalizada para se tornar uma opção vigorosa de atuação no mercado de consumo. No fundo, esses selos ajudavam a multiplicar a segmentação do mercado, prática que as próprias gravadoras já vinham adotando para aumentar seus índices de venda.

Essa tendência veio ao encontro do artista que, em vez de se adaptar ao estilo do momento, normalmente forjado pelas próprias empresas de gravação, desejava apresentar uma dicção, digamos, original. Nas décadas anteriores, esse artista precisaria sensibilizar um produtor de dentro da gravadora ou aliar-se a outros artistas interessados em fundar um movimento estético que confirmasse a viabilidade comercial das novas criações para, enfim, chamar a atenção dos caçadores de talento. Mas todos os caminhos, em algum momento, passavam pelo crivo da indústria fonográfica. Agora, a renovação não dependia mais da bênção de um empresário nem do impacto de um movimento musical. A segmentação do mercado permitia uma convivência de faixas de consumo que oscilavam da venda inexpressiva às cifras de sete dígitos. Entre elas uma gradação minuciosa de categorias (instrumental ou cancional), gêneros (samba, rock, sertanejo etc.) e estilos (a dicção de cada artista) que, a partir de então, ficou conhecida como a "diversidade" da música brasileira.

Como se não bastasse, o consumo de música nacional atingia um patamar jamais sonhado pela indústria do som, desbancando, em todos os itens, a até então imbatível produção norte-americana. Em 1995, na faixa de grande consumo, enquanto Michael Jackson vendia 110.000 álbuns no Brasil, Lulu Santos chegava a 750.000 e a banda Skank a um milhão. Whitney Houston vendia 200.000 contra um milhão e cem da cantora Simone[29]. Só esse fato contrariava todas as previsões dos nacionalistas que, nos anos 1970, propunham mecanismos de defesa para assegurar, nas décadas seguintes, a sobre-

29. Revista *Veja*, 20 de março de 1996, pp. 114-115.

vivência da música brasileira na grande mídia ante o crescente poderio econômico dos "enlatados" norte-americanos. Nada se confirmou, muito pelo contrário. No entanto, o que mais se comentava na grande imprensa era a (má) qualidade da produção nacional que atingia essa escala gigantesca de consumo, como se ela estivesse usurpando o lugar da produção autoral, bem mais refinada, que só podia subsistir em outras faixas do mercado.

A questão, na verdade, era que o Brasil estava produzindo canções que esmagavam a concorrência *até* no segmento destinado ao grande consumo. Essa era uma conquista dos produtores e autores do mundo pop que causou uma reviravolta inesperada no fundo sonoro da nação, ou seja, na música que se ouve, queiramos ou não, no rádio, no elevador, no restaurante, na rua, na sala de espera, e que parece ingressar diretamente no inconsciente coletivo. E, de quebra, em plena era de hegemonia da língua inglesa, o sotaque do nosso humilde português (depositário de tantos segredos culturais) revisitava as mais longínquas regiões do país disseminando ora a euforia carnavalesca, ora a paixão desbragada do brega, quando não misturava os dois sentimentos na mesma canção. Os próprios roqueiros, cujos antepassados chegaram a renegar o português considerando-o impróprio (ou mesmo vergonhoso) para o gênero, agora se serviam do idioma com a maestria de Noel Rosa ou Gilberto Gil e lançavam obras-primas na praça (lembremos de Herbert Vianna, Renato Russo ou Cazuza).

Esse extenso pano de fundo, digamos, brasileiro favoreceu em muito o progresso das demais faixas de consumo. Em primeiro lugar, pela franca comunicação que sempre houve entre elas. Às vezes, um artista de vendagem apenas razoável surpreendia o mercado com a elevação repentina de seus números a partir de um disco ou, simplesmente, de uma canção que invadia a área dos campeões de venda. Outras vezes, aquele nome que já esteve entre os mais solicitados do país passava um período "acomodado" num patamar inferior de consumo. A composição de um artista independente podia, subitamente, atingir o píncaro da glória na voz de um intérprete de sucesso, mas também podia apenas aparecer um pouco mais (ou um pouco menos) do que o esperado pelo autor. De todo modo, a mobilidade entre as faixas sempre foi uma dinâmica prevista por artistas e produtores do ramo. Em segundo lugar, a existência inequívoca de um setor muito bem-sucedido do ponto de vista financeiro atrai investimento para a área como um todo, mesmo que as proporções sejam completamente disparatadas. Apostar na canção passou a ser uma boa iniciativa para os investidores, tanto na faixa de grande consumo quanto nos níveis de médio alcance ou mesmo nas ações de apoio cultural sem fins lucrativos. Como em torno de cada artista existem parceiros, intérpretes, instrumentistas e toda a produção executiva que torna viável as gravações, os espetáculos, as excursões etc., a área musical no conjunto se beneficia com a efervescência geral.

Essas impressões da década de 1990, que à época me provocavam um desacordo silencioso em relação às opiniões correntes sobre música brasileira – aquelas que sempre culminavam com "esse lixo musical que toca no rádio"–, foram despertando em mim a necessidade de elaborar uma outra leitura da história da nossa canção que passasse longe dessa depreciação sistemática da sonoridade pop do período. Parecia-me óbvio que as conquistas tinham sido muito maiores que as alegadas perdas de qualidade. Mas para fundamentar essa visão seria preciso, talvez, passar em revista todo o século da canção brasileira. Fiquei com a ideia, mas deixei o trabalho para mais tarde.

*****

Aproveitei o show de estreia do CD *Felicidade*, em fins de 1997, para lançar mais um livro, cujos textos eu vinha escrevendo e publicando em outros veículos há pelo menos três anos. Em linguagem às vezes ensaística, às vezes "científica", esses trabalhos faziam incursões na fenomenologia, na estética, nas noções de "corpo" e de "gosto" e, por fim, voltava ao campo da canção popular. No geral, esse volume serviu para identificar o que havia de andamento (aceleração e desaceleração), temporalidade (duração), transição e ruptura na produção e percepção do sentido ou, em outras palavras, o que já havia de música no modelo semiótico. O título não poderia ser outro: *Musicando a Semiótica: Ensaios*[30].

Sei bem que tanto esse livro como o anterior (*Semiótica da Canção*) atendem às necessidades dos semioticistas e estudantes da área, mas estão longe

30. São Paulo, AnnaBlume, 1987.

de proporcionar uma leitura agradável e proveitosa a todos os interessados, mesmo que já estejam acostumados com pensamentos exigentes em outras áreas. Na verdade, sempre estive imerso numa dinâmica paradoxal. Faço canções embebido de linguagem coloquial e escrevo textos calibrados na árida tradição do discurso semiótico francês. As primeiras destinadas aos ouvintes em geral e os textos, a uma parcela ínfima de leitores. De quando em quando, tento contornar essas atuações extremas com artigos, digamos, jornalísticos (no melhor sentido do termo) que traduzem o raciocínio da teoria sem praticá-la diretamente. O próprio *O Cancionista*, ainda que tenha incorporado técnicas de análise, foi escrito nesse espírito. Mas é comum que ouvintes fiéis, entusiasmados com as composições, se aventurem na leitura daqueles dois livros mencionados esperando que completem ou até expliquem o sabor das canções. Claro que se frustram.

Escrevi todos os meus trabalhos acadêmicos achando que não havia alternativa: a linguagem complexa reflete a complexidade do objeto descrito; a metalinguagem (ou jargão técnico) construída pelos pesquisadores constituem verdadeiras lentes de aumento que revelam os detalhes imperceptíveis desse mesmo objeto; a teoria que não aproveita seus conceitos já consolidados parece estar sempre retornando ao ponto de partida; se todas as ciências, e mesmo as filosofias, criam um vocabulário próprio, por que as teorias do texto operariam com termos do cotidiano? Enfim, é vasta a argumentação que justifica o registro especializado da escrita acadêmica e, maior ainda, a convicção de que não se faz semiótica sem se servir do arsenal metodológico pacientemente construído pelos especialistas.

De fato, creio que só consegui identificar os traços pertinentes da canção e sobretudo formular métodos de abordagem do seu sentido a partir de fundamentos colhidos na teoria de Greimas, devidamente aparados por precursores e sucessores. Mas, depois de anos ministrando cursos sobre o tema e me fazendo entender por estudantes e leigos interessados, passei a acreditar que é possível desenvolver uma escrita que traduza, no mínimo, a clareza obtida com a linguagem oral. Não acho conveniente, no momento da reflexão, prescindir dos recursos teóricos e técnicos se quisermos contar com maior agilidade mental e precisão nos resultados, no entanto, no momento da exposição do trabalho, é possível, e mesmo imperioso, que se escreva um texto legível e que, ao mesmo tempo, se conserve o raciocínio semiótico facilitador das descobertas.

Essa ginástica não é de fácil execução, mas talvez exija certo desvencilhamento do modo europeu de conceber teorias. Não cabe, evidentemente, nenhuma ruptura brusca com o pensamento que gerou a própria noção de semiótica, mas, quem sabe, se pudéssemos cotejá-lo com outros gêneros de abordagem do conteúdo... Comecei por examinar a "ficção" do nosso escritor mais profundo, o onipresente João Guimarães Rosa, e colher ali explicações sobre a natureza do sentido. Selecionei algumas novelas do seu *Primeiras Estórias* e pus em andamento um trabalho de análise concluído apenas em 2010, menos por sua extensão que por sua intensidade. Apostei, então, que a semiótica rosiana contempla todos, ou quase todos, os itens necessários para a compreensão do sentido sem os vícios rebarbativos (para nós) da semiótica francesa. Claro que, por enquanto, trabalho simultaneamente com as duas perspectivas, mas, no futuro, espero que o nosso João possa dar conta do recado. Afinal, o outro João já deu conta de tudo que precisávamos para compreender a canção.

Pouco antes de iniciar esse projeto, escrevi um livro para introduzir os alunos em semiótica. Diante desse objetivo, meu texto não podia deixar de ser técnico, mas, pelo menos, os textos analisados eram bem conhecidos dos leitores: quinze letras consagradas do nosso repertório de canções. Seu título: *Análise Semiótica Através das Letras*[31].

*****

Foi preciso concluir a era do Rumo para que eu reexperimentasse, em fase adulta, o sabor da composição em parceria. O formato inusitado das canções que propúnhamos no grupo não favorecia a mistura de estilos. As entoações muito próximas da fala já surgiam com seus conteúdos linguísticos e dificilmente aceitavam outras soluções. Mesmo as duas canções que ao longo daquele período dividi com Zecarlos Ribeiro, *Minha Cabeça* e *Dia Útil*, não foram casos típicos de parceria, pelo menos no sentido moderno do termo.

31. São Paulo, Ateliê, 2001.

Aproveitei fragmentos cancionais estimulantes que meu amigo havia composto para um outro contexto musical e refiz as canções com as características hoje conhecidas. Talvez esse procedimento se assemelhe ao que se fazia nos anos 1930, quando, o mais comum, era "lotear" a composição entre dois, três ou até quatro parceiros. Mas cada um se encarregava do par melodia-letra do seu lote. A expressão "você faz a primeira [parte], que eu faço a segunda" vem desse antigo modelo de colaboração. Era mais admissível que a divisão de trabalho incidisse sobre trechos da obra que sobre o ponto de união dos componentes melódico e linguístico, considerado demasiadamente íntimo.

Isso não quer dizer que os melodistas e letristas só tenham aparecido na canção moderna, pós-bossa nova. Na verdade, ao lado dos cancionistas-cancionistas sempre houve os cancionistas-músicos e os cancionistas-letristas, ou seja, aqueles que se especializam em melodia ou se especializam em letra e jamais cogitam fazer incursões na área alheia. Não há dúvida, porém, de que todos são cancionistas, pois, mesmo quando cuidam de apenas uma das faces da obra (melodia ou letra), sabem que essa tem como destino a fusão com a outra face proposta por um parceiro. Os contornos melódicos são concebidos como um modo de dizer; as frases linguísticas, por sua vez, são pensadas como algo que deve ser dito por alguém.

Pois bem, a partir dos primeiros estímulos provocados, como já disse, por Wisnik, Ná e a Palavra Cantada (Paulo e Sandra Peres), ingressei de corpo e alma no universo da parceria, na maior parte dos casos pelo viés da letra. E como me incluo entre os autores que jamais escreveram um verso sem o apoio de uma linha melódica, mesmo que composta por mim mesmo, esse novo ofício me ensinou a assumir projetos cancionais invariavelmente concebidos por outrem. Ora, o grande ganho para o letrista é receber como ponto de partida um modo de dizer (uma melodia) que provavelmente não seria o seu. Para criar uma letra compatível, é quase certo que esse autor explore conteúdos que a princípio também não diria, ainda que fizessem parte de seu imaginário. Nesse sentido, toda parceria é provocante e, às vezes, um tanto penosa.

Já passei por casos extremos em que o parceiro melodista, provavelmente por também ser letrista, não só propunha um modo de dizer melódico como já antevia os conteúdos que deveriam ser tratados na letra. Falo de uma melodia do Wisnik para a qual cheguei a fazer uma letra completa explorando um universo temático que, para mim, fazia todo sentido. Mas não para ele. O seu ponto de partida havia sido as quatro notas (sol-sol-sol-mi) que abrem a *Quinta Sinfonia* de Beethoven e que foram acumulando ao longo do tempo a mística do acontecimento fatal: o próprio compositor alemão as teria interpretado como o destino que bate à porta. Tive que ingressar nesse imaginário e nas determinações já contidas na melodia para conseguir gerar os versos do *Baião de Quatro Toques*, uma canção com sabor teuto-brasileiro.

*****

Na esteira da Ná, com a qual já havia feito diversas canções, me chegou seu irmão, Dante Ozzetti, músico, violonista e arranjador que a partir daquele momento, meados da década de 1990, tornara-se também um obstinado compositor de melodias. Logo pude notar a "pegada" de cancionista que havia dentro do músico e que ainda não tinha sido devidamente externada por falta de... letra. Seus segmentos melódicos sugeriam um modo de dizer bem mais entoativo que musical, o que era precioso para a criação dos versos. Dante passou a me trazer regularmente suas melodias, por vezes três ou quatro de uma só vez, para que, na medida do possível, eu as letrasse já com intuito de formar o repertório do disco seguinte da irmã. Nesse embalo, compusemos boa parte das faixas do futuro álbum *Estopim* (1999). Um outro exemplo de letra que nunca teria criado sem a influência direta do modo de dizer do parceiro pode ser extraído desse conjunto de composições. Realmente, a história de *Crápula* foi forjada verso a verso nas inflexões entoativas da melodia de Dante.

Pouco depois, Dante resolveu inscrever-se no Prêmio Visa que estava justamente dedicando a edição de 2000 aos compositores. Era um novo conceito em termos de festival. Os candidatos eram selecionados a partir de uma amostra de quatro canções. Se escolhido, o compositor deveria apresentar mais três (uma por semana), desta vez inéditas. Dante inscreveu três parcerias comigo e uma com Wisnik. Foi selecionado, mas aí começariam os problemas. Suas composições mais expressivas já estavam gravadas, boa parte delas no disco da Ná. O músico não teve escolha, recolheu-se ao estúdio e foi criando as melodias, uma por uma, e concebendo, simultaneamente, seu arranjo para orquestra (formato exigido pelo festival). Trouxe-me os "bonecos" melódicos para que eu bolasse as letras com o mesmo espírito de urgência – já que tenho fama de compor com rapidez (na verdade, não sou rápido, sou insistente). Disse-lhe que seria impossível cumprir essa tarefa em pleno mês de maio, no auge do semestre letivo. Eu não contava com a greve sazonal da nossa Faculdade que à época ainda não estava tão definida como se tornou nos anos seguintes. Ela sobreveio e dessa vez foi providencial. Fiz as três letras que faltavam, as canções receberam interpretações brilhantes de Ná Ozzetti e Virgínia Rosa, e Dante ganhou o prêmio.

Outro parceiro, o violista (viola de arco) Fábio Tagliaferri, aventurou-se a inscrever uma de nossas canções no famigerado Festival da Globo de 2000. Entre nossas parcerias havia um choro-canção, chamado *Show*, bem convencional mas com uma interessante integração de melodia e letra. Mais uma vez pedimos à Ná que se encarregasse da execução, primeiro por ser uma canção que exigia muito da intérprete, depois, pelo fato de a letra traçar a história da própria voz e de sua identificação com a ideia de show, o que certamente produziria um efeito de peso no momento da apresentação televisiva. O festival em si malogrou em quase todos os quesitos, mas a canção se classificou entre as finalíssimas e contribuiu para que Ná ganhasse o prêmio de melhor intérprete do evento. Finalmente, o Brasil inteiro conheceria os dotes da cantora.

Outro cancionista-músico que mobilizou diferentemente o meu trabalho de letrista foi Chico Saraiva. Excelente violonista, Chico é sempre convocado para os shows de Suzana Salles com quem, aliás, volta e meia faço algumas apresentações. Suas músicas geralmente trazem a marca de ritmos e motivos regionais que nem sempre favorecem a formulação das frases verbais. Mas suas melodias são suficientemente penetrantes para lançar nos ouvintes o seguinte desafio: o que poderia ser dito com esses contornos? Como se os próprios elementos melódicos pedissem para dizer alguma coisa. Já produzimos várias parcerias. Três delas ajudaram o compositor a repetir o feito de Dante, ou seja, vencer a edição do Prêmio Visa de 2003. Uma dessas composições, *Baião do Tomás*, mais tarde abriria o repertório do meu terceiro CD.

Para encerrar o assunto festival, não posso deixar de mencionar outra aventura de Dante no Festival Cultura em 2005. Tínhamos acabado de fazer uma série de canções que pareciam fortes para alimentar o novo repertório da Ná. Havia uma, contudo, que soava mais concentrada e comunicativa que as outras. Suas entoações pareciam conversar diretamente com o ouvinte, o que me fez propor uma letra pela qual a intérprete, em última instância, se oferecia à plateia: "Quem estiver atrás de um grande amor, achou!" Ná não pôde defendê-la, mas, em seu lugar, uma nova cantora, com uma graça toda especial, arrebatou o público desde a primeira eliminatória do concurso. Era a Ceumar. A moça liderou a banda e o belo arranjo do Dante com tal desenvoltura que a canção se tornou irresistível. Ficou em segundo lugar, mas com a preferência indiscutível dos ouvintes.

Embora a época não comportasse mais festivais, sobretudo aqueles que se reportavam às edições memoráveis desses programas competitivos nos anos 1960 – o que não é o caso do Prêmio Visa –, devo reconhecer que essas participações diretas dos meus parceiros nos eventos foram muito proveitosas, tanto para nós, autores, como para as intérpretes e as bandas. Como hoje tudo deve ser avaliado no interior de um segmento do mercado, mesmo que limitado, essas experiências favoreceram, entre outras coisas, o lançamento dos seguintes discos: *Ultrapássaro* (Dante Ozzetti), *Achou!* (Ceumar e Dante Ozzetti), *Só Um É Muito Só* (Fábio Tagliaferri), *Show* (Ná Ozzetti) *Festival da Música Brasileira: as Doze Finalistas* (vários) e *Trégua* (Chico Saraiva). Se considerarmos que cada disco traz uma média de doze canções, não é pouca coisa.

*****

Costumo dizer que meus períodos de pesquisa e de composição jamais se misturam. Métodos de análise não servem para a criação, assim como os ímpetos de criação não fornecem critérios para análise. Não é por outra razão que, em geral, os teóricos pouco aproveitam das declarações dos artistas (quando explicam a gênese das próprias obras) para construir seus modelos descritivos e os artistas jamais veem com bons olhos as análises de seus trabalhos. Resguardadas as exceções de praxe, não é por saber descrever que o analista se torna apto a criar; por outro lado, não é por saber criar que o artista está em condições de realizar uma boa análise, nem mesmo da própria obra.

Cresce o número, entretanto, de artistas que pesquisam e de pesquisadores que se arriscam na produção estética. Entre os cancionistas que chegam à universidade esse fenômeno é cada vez mais comum. E aí, como fica? Como separar as atividades no interior da mesma pessoa? Na pergunta já está a resposta. De algum modo, será efetivada essa separação. Mas talvez, num outro tempo e espaço subjetivos, também seja realizada sua conjugação.

Se um cancionista, por exemplo, quer aprimorar seus recursos de compositor, só há um caminho direto: praticar o máximo possível uniões de melodia e letra seguindo sua vocação (de melodista, letrista ou ambos), com ou sem ajuda de um instrumento. É nesse treino contínuo que surgirá a boa canção. Conhecer teoria musical, literatura, ritmos regionais etc. sem dúvida enriquece o pensamento do compositor, mas não determina diretamente a qualidade daquilo que produz. Nada é mais decisivo no êxito da próxima composição que a composição feita anteriormente. Músicos de qualidade incontestável como Tom Jobim ou Ivan Lins só se tornaram os excelentes cancionistas que conhecemos porque mergulharam, com ou sem parceiros, numa atividade incessante de união de melodia e letra e não apenas por suas formações musicais. Outros grandes músicos, como Hermeto Paschoal ou Egberto Gismonti, pouco afeitos ao treino cancional, evidentemente jamais terão uma produção expressiva nesse domínio. Do mesmo modo, se o cancionista parte para uma análise sistemática das canções que mais o impressionaram na história dessa linguagem, certamente colherá benefícios dessa investida, mas sua habilidade efetiva de compositor pouco terá se alterado para uma nova produção.

Se um analista quer aprimorar sua metodologia de descrição de canções, de nada adianta sua avidez na prática de composição. Isso talvez amplie sua experiência com o objeto de análise, mas a contribuição teórica é pequena. Essa atividade exige do interessado um contato permanente com outros métodos descritivos, vindos em geral da análise do discurso, da musicologia, da teoria literária, da filosofia ou da semiótica, e um talento especial para formular modelos abstratos de descrição. As análises dependem igualmente de outras análises para que haja progressos significativos. A trajetória de um acadêmico que deseja se especializar na abordagem da canção passa justamente por esses campos metodológicos mencionados e culmina com sua proposta de modelo descritivo.

Mas é claro que existe uma dimensão em que tudo se conjuga no interior do indivíduo, inda mais se este participa das duas frentes de atividade. A biografia é uma só. Não se trata, nesse caso, de se aprimorar numa prática (criadora ou analítica) para atuar na outra, mas sim de observar que, em alguns momentos, uma delas deixa escapar conteúdos que se manifestam na outra.

Depois de anos estudando os recursos tensivos que ajudariam a semiótica a passar de uma abordagem "descontínua" e "intelectiva" do sentido, aquela que privilegia as oposições extremas (enorme / minúsculo, início / fim etc.), para uma abordagem "contínua" e "gradual", identificada com os aspectos sensíveis da significação (atenuação → minimização, restabelecimento → recrudescimento etc.), creio que essa forma de pensamento "vazou" na minha atividade de composição. Isso significa que o que era dispositivo técnico de análise começou a reaparecer como tema de algumas letras.

Compus uma canção que, de certo modo, invertia o interessante aforismo de Paul Valéry, muitas vezes aproveitado pelos estudos da semiótica atual: "O mundo só vale pelos extremos e só dura pelos médios. Só vale pelos extremistas e só dura pelos moderados"[32]. Minha composição via uma das extremidades, o começo, como um mal inevitável para se chegar ao *meio* de um processo que, por sua vez, constituía o único meio para se afastar daquelas dificuldades. Era o mote que eu precisava para conceituar o meu segundo CD-solo que incorporaria *O Meio*, a canção, como título e como abertura. Na outra ponta, na última faixa, estaria *Essa É pra Acabar*, música já comentada que mostrava os incômodos da finalização. E, bem no *meio* do disco, uma regravação da parceria com Wisnik, *Trio de Efeitos*, cujos personagens eram justamente "o bom", "o mau" e, o mais interessante, "o médio".

Essas três canções formaram o tripé conceitual de *O Meio*, lançado em 2000 pela Dabliú, mas o que ficou mesmo como lembrança desse disco, pelo menos até agora, foi a faixa *Capitu*, que nada tinha a ver com o conceito, pelas belas regravações de Ná Ozzetti e Zélia Duncan.

*****

32. *Cahiers*, tome 2, coll. La Pléiade, Paris, Gallimard, 1974, p. 1368, Tradução livre.

Findo o século, retomei o projeto de fazer uma leitura global do que foi e significou a linguagem da canção para o Brasil nos últimos cem anos do milênio. Apenas uma leitura sem qualquer pretensão de esgotar o tema em qualquer de suas vertentes. Aproveitei a oportunidade para, desta vez, me despir do jargão semiótico e, apenas em poucas passagens, realizar análises mais técnicas.

Examinei a força da expressão oral na sonoridade brasileira desde os primeiros encontros das etnias europeias e africanas com os habitantes nativos e como isso de certo modo já programou a nossa música em torno da voz, que ao mesmo tempo fala e canta. Abordei também a confluência decisiva e definitiva das "brincadeiras" musicais de rua com a nova tecnologia que chegara ao país em fins do século XIX para registrar (e fixar) o que era extremamente volátil. A própria entoação da fala que, por óbvio, já alimentava as melodias do canto pôde ser enfim estabilizada pelos meios mecânicos que, mais tarde, se converteram em processos elétricos de gravação.

Falei dos anos 1930, quando se consolidou o principal gênero musical brasileiro, o samba, entre dois modelos já existentes, o da marchinha (para o carnaval de salão) e o da seresta (para as manifestações amorosas). O samba, bem mais complexo que os outros dois, fundava-se nas oscilações instáveis da linguagem oral, o que lhe proporcionava farta elasticidade para se adequar ora ao carnaval (samba carnavalesco), ora ao contexto romântico (samba-canção), ora ainda ao comentário de si próprio (samba-samba). Portanto, de acordo com as indicações de sentido expressas na letra, o samba poderia ser acelerado, desacelerado ou mesmo inalterado quanto ao *andamento* (parâmetro tipicamente tensivo).

A bossa nova, herdeira direta do samba-samba, trouxe, a meu ver, um padrão de "triagem" para a nossa canção, eliminando todas as características consideradas excessivas, tanto na melodia como na letra. O seu gesto de decantação ressurge nas décadas subsequentes toda vez que se considera que há "exageros" no plano da composição ou da interpretação. O tropicalismo, ao contrário, trouxe um parâmetro de "mistura" para a canção brasileira quando atrela sua fecundidade à assimilação constante de numerosas dicções, desde as introduzidas por artistas tradicionais até as comprometidas com o mercado de consumo, passando pelos gêneros internacionais, pelo folclore, pelo mundo pop, enfim, por tudo que, em algum momento, chegou a influenciar nossa música. O gesto de mistura do tropicalismo é ativado toda vez que surgem formas de exclusão no mundo musical. Nesse sentido, bossa nova e tropicalismo não deveriam ser tratados como estrelas cada vez mais distantes que só foram bem visíveis num determinado momento histórico brasileiro, mas sobretudo como espécie de cometas que vão e voltam fazendo parte de nossa lembrança e também de nossa espera.

Por fim, a aparente diluição da sonoridade brasileira nos anos 1990, que tanto incomodou os que viveram a efervescência musical concentrada na TV Record da era dos festivais, representou na verdade a consolidação de um mercado composto de numerosas faixas de consumo (já comentadas anteriormente) que potencializaram carreiras artísticas consideradas inviáveis num passado bem próximo. No fundo, essa descentralização (e não diluição) musical, que permitiu uma convivência fecunda entre os gêneros mais díspares e as dicções mais singulares, em nenhum momento se afastou dos critérios de andamento e enunciação que caracterizaram nossa canção desde os anos 1930. Se naquela época, no segmento acelerado, reinavam marchinhas e sambas carnavalescos, no final do século, a música axé arrebatava multidões com o mesmo formato de valorização do refrão. Se, no segmento desacelerado, havia serestas e sambas-canções que muitas vezes beiravam o melodrama, agora convivíamos com pagodes e sertanejos que igualmente se excediam nos imprescindíveis conteúdos passionais. Se a era de ouro do rádio chegava a explicitar a presença da fala na canção através dos seus sambas de breque, os anos 1990 entregava aos ouvintes a fala explícita dos artistas do rap. Só que, na passagem do século, a exploração desses critérios se reproduzia em todas as faixas do mercado.

Foi esse em linhas gerais o tema tratado em *O Século da Canção*, livro publicado pela Ateliê Editorial em 2004.

*****

*Chegando em 2004 o grupo festejou*
*Os 30 anos de sua independência*
*E pela primeira vez nas rádios de audiência*
*Os locutores gritando:*
*"É um grupo novo!"*
*É singular!*

Estes são os versos finais de *Release*, o samba enredo incluído em *Caprichoso* (1985), que, além de passar em revista os então onze anos de Rumo, já antevia as comemorações dos trinta anos de existência do grupo no século seguinte.

Nossa condição de grupo eternamente alternativo fazia-nos rir... para não chorar. Tínhamos uma legião considerável de fiéis seguidores, o que hoje em dia seria suficiente para atuar, talvez, numa faixa média (ou quase média) do mercado. Mas ainda vivíamos a fase derradeira do "crivo das gravadoras", em plena década (economicamente) perdida. Gostaríamos, na verdade, que uma empresa de porte abraçasse o nosso projeto preservando seus princípios, suas concepções estéticas, suas produções musicais, seus arranjos heterodoxos e seus dez artistas fixos. Não era pouco numa fase em que os investimentos das multinacionais estavam claramente canalizados para os próprios projetos. Chegamos a assinar contratos temporários com uma pequena gravadora, como a Eldorado, e até com uma grande, como a Continental, só que eram acordos de papel que jamais foram absorvidos pela orientação mercadológica dos grupos.

Mesmo assim, o tempo passava, lançávamos novos discos, nosso público crescia dentro das possibilidades e, no entanto, como não entrávamos de fato na engrenagem da indústria fonográfica, não tocávamos em emissoras populares de rádio nem nas trilhas de novela, para todos os efeitos não existíamos. Por outro lado, aparecíamos de tempo em tempo (pelo menos nas épocas de lançamento) na mídia, como se tivéssemos brotado do nada. Invariavelmente, éramos então anunciados como um "grupo novo", apesar dos dez anos de atividades ininterruptas. De fato, era singular!

Mas claro que a Providência não foi a única responsável pelo cumprimento da profecia. A geração dos "independentes", que deu origem à denominação "vanguarda paulista"[33] difundida na imprensa, se não chegou a ex-

33. Arrigo Barnabé, Hélio Ziskind, Mário Manga, Pedro Mourão, Ciça Tuccori e eu mesmo, entre outros, passamos pela Escola de Comunicações e Artes (USP), onde se cultivava uma música erudita de vanguarda (denominação genérica que compreendia "música dodecafônica", "música politonal", "música concreta", "música eletroacústica", "música aleatória" etc.), mas quisemos, no final dos anos 1970, nos dedicar à música popular. Para a imprensa, a associação foi imediata: quem estuda a vanguarda erudita só pode produzir música popular de vanguarda. Resultado: "Vanguarda Paulista".

perimentar diretamente o sucesso popular, viu sua produção sobreviver não apenas na memória dos ouvintes que acompanharam de perto a trajetória dos grupos (Rumo, Itamar Assumpção, Premê e Arrigo Barnabé), mas também na atuação musical de grandes artistas do anos 1990 (Zélia Duncan, Lenine, Cássia Eller, Chico César, Arnaldo Antunes, Zeca Baleiro etc.) que também se imbuíram daquela sonoridade. Tom Zé, por exemplo, que esteve presente em todas as fases do Rumo, era um nome de peso que frisava em suas declarações a necessidade de recuperação daquele material. Era o momento, em 2004, de relançar os velhos discos de vinil no formato CD.

O grupo se reencontrou em março para festejar os tinta anos de sua independência (claro que sem as rádios de audiência), no teatro do infalível Sesc Pompeia, onde também foi montada uma exposição completa das imagens e artigos de época sobre o Rumo. A comoção do público que lotou os três dias da minitemporada foi contagiante e não foi em vão: a TV Cultura filmou os espetáculos que serviram de base para um instigante DVD dirigido por Nico Prado.

Agora sim, o Rumo podia fechar definitivamente suas portas.

*****

Depois de muitos anos, encontrei-me com Itamar Assumpção num show da Zélia Duncan. Eu sabia que ele já estava doente, mas, naquela noite, parecia muito bem e com uma energia invejável. Passou por mim quase correndo e disse que iria me ligar para fazermos "umas parcerias". Fiz um aceno positivo e, provavelmente, uma expressão entre espanto e incredulidade.

Embora tivéssemos nos encontrado de passagem inúmeras vezes nos eventos musicais do começo da década de 1980, Itamar e eu sempre desenvolvemos trabalhos totalmente separados. Ele, com a Isca de Polícia, eu, com o Rumo. O mesmo se pode dizer das relações Rumo-Arrigo e Rumo-Premê (neste último caso, um pouco mais próxima). Sabíamos de certa cumplicidade musical (e paranaense) entre Itamar e Arrigo que já havia rendido algumas parcerias. Nada mais. Os projetos sonoros, do nosso ponto de vista, eram muito diferentes ou talvez fôssemos jovens demais para saber conciliá-los. O fato é que, em apenas uma ocasião, os quatro nomes foram reunidos num programa, ao qual foi dado o nome de *Vertigem*, que, como já disse, foi concebido pela Rede Bandeirantes. Se houve algum esforço de entrosamento dos participantes na apresentação conjunta de um número final, este veio do Premê. Mas lembro-me que não houve clima para o desenlace coletivo. Não era conflito nem inimizade, apenas delimitação de territórios. Cada um só confiava no próprio taco.

Em 1987, nos vinte anos da intervenção tropicalista, o Sesc Pompeia decidiu comemorar a data. Chamaram Tom Zé e Zé Miguel Wisnik para coordenar o evento. Ambos concordaram que o movimento seria bem festejado se suas marcas renovadoras fossem reencontradas nos movimentos dos anos 1980. A referência mais próxima naquele momento eram os artistas do Lira Paulistana que, bem ou mal, haviam criado certa ebulição musical em São Paulo, lugar onde também eclodiu o tropicalismo. Os coordenadores ainda se concentraram na metáfora das *Três Caravelas*, versão de Braguinha para a canção de A. Algueró Jr. e G. Moreu, que integrava o repertório do LP-manifesto de 1968, e as embarcações foram divididas entre mim, Itamar e o próprio Tom Zé. Fiz um arranjo de violão para cantarmos, os três, aquela forma híbrida de português e espanhol interpretada no disco por Caetano e Gil. No mais, um pequeno show de cada um.

Mas o que importa é que ao longo daquela tarde da apresentação, depois de uma rápida passagem de som, ficamos, Itamar e eu, conversando durante horas, como se tivéssemos que pôr em dia tudo que não havíamos falado anteriormente. Soube então da sua luta para obter espaço de atuação nos projetos, nos palcos, nas rádios e sobretudo na televisão (lugar onde mais queria se apresentar). Eu podia avaliar sua frustração com a falta de oportunidades pois conhecia bem sua performance em palco. Mantinha um tal nível de integração com a banda e com as vocalistas que as execuções pareciam números de circo. Tudo na hora certa dentro de uma complexidade rítmica que devia custar horas, talvez dias, de ensaio. Quando se assiste hoje às tomadas do citado show *Vertigem*, filmado à época, tem-se a impressão de que a única apresentação realmente profissional e cristalina era a do Itamar. No entanto, poucas vezes lembravam do seu nome nos projetos que seriam proveitosos para uma carreira artística.

Estendi um pouco esse nosso contato convidando-o para dar uma canja num dos shows que o Rumo vinha fazendo toda semana no teatro Mambembe, aqui em São Paulo. Foi um sucesso imenso, como sempre, e pudemos continuar mais um pouco nossa conversa durante a carona que lhe dei de volta à Penha. E só.

Pois nosso encontro ligeiro no show da Zélia parecia retomar o assunto interrompido há quinze anos. E não demorou muito, o compositor de *Nego Dito* me ligou: "anota aí". Eram versos que acabara de fazer, ditados por telefone. Tentei comentar que talvez a letra me desse algum trabalho pois naquele período eu só vinha recebendo melodias dos parceiros e estava "viciado" em fazer letras. Mas nem cheguei a dizer tudo isso pois ouvi: "desencana! eu também vou fazer a música, se você não fizer, já tem a minha". Ou seja, não havia por que não tentar, na pior (ou melhor) hipótese teríamos a melodia do próprio autor da letra e, na melhor (ou pior), teríamos duas melodias para a mesma letra.

Fiz minha parte, gravei e enviei ao endereço da Penha. Pouco tempo depois, em nova ligação, Itamar me disse que o "bagulho" já tinha chegado e que ele queria me passar mais duas letras. Anotei-as e disse-lhe que assim que as terminasse, mandaria o CD. "Não", disse ele, "nem precisa mandar, vai fazendo, quando tivermos um disco inteiro damos de presente pra Ná, no aniversário". Eu ri, mas ele não. Tinha pressa. Soube depois que o velho Beleléu estava enviando letras para diversos parceiros, enquanto ele próprio arrematava suas últimas gravações.

Quase todas muito breves, essas letras deveriam ser musicadas como se fossem "mantras", segundo a observação do letrista. Cheguei a concluir cinco delas, mas Itamar só chegou a conhecer a primeira. Outra, *Dodói*, virou faixa do disco que lancei ao final de 2005: *Ouvidos Uni-vos*. Outra ainda, *Quem Sabe*, foi a última faixa do meu álbum *Sem Destino*, de 2010.

*****

A composição em parceria tornou-se tão frequente em minha vida que já sinto falta de tempo para a criação individual. Há coisas que só falo quando componho comigo mesmo (diria Adoniran Barbosa). De todo modo, os desvios de sentido provocados pelos parceiros certamente me retiraram de um certo "autismo" autoral que vigorou na época do Rumo (embora eu saiba que muita gente gostava justamente desse "autismo"). Além dos parceiros mais assíduos já mencionados, tive bons resultados com Ricardo Breim, Eduardo Gudin, Kristoff Silva, Joyce, André Mehmari, Manu Lafer, Jonas Tatit, Marcelo Jeneci, Vanessa Bumagni, Emerson Leal e até com Capiba (postumamente). Esse leque, ao que tudo indica, só tende a abrir.

E abrir até mesmo para os textos analíticos que, não faz muito tempo, só imaginava poder produzi-los solitariamente. Agora é a prática cancional que "escorre" para a atividade ensaística gerando produções poligênicas, como o volume *Três Canções de Tom Jobim*, escrito com Lorenzo Mammì e Arthur Nestrovski[34], ou geneticamente modificadas, como o livro *Elos de Melodia e Letra*, escrito com Ivã Carlos Lopes[35].

Atendendo a um convite de Jacques Fontanille (diretor da Universidade de Limoges, na França), Ivã e eu preparamos um texto de análise da canção *Fora da Ordem*, de Caetano Veloso, para ser publicado em 2004 nos *Nouveaux actes sémiotiques*, coleção que deu continuidade às primeiras manifestações regulares das pesquisas semióticas realizadas desde os anos de 1970 em Paris, sob a orientação direta de A. J. Greimas. Fizemos uma descrição meticulosa dessa composição, explicando os pontos de compatibilidade da melodia com a letra e mostrando, ao mesmo tempo, que análise de canção, embora não possa desprezar os conhecidos enfoques musicais ou literários, precisa transcendê-los em nome da compreensão da obra realmente concebida pelo cancionista. Este, como digo reiteradamente, é um perito em elaborar vínculos especiais entre contornos melódicos e construções linguísticas, muitas vezes sustentados por um acompanhamento instrumental, de modo que qualquer modelo de avaliação só terá validade se considerar esse aspecto determinante da criação cancional. Escrevemos em português, mas Ivã, com seu domínio perfeito da língua francesa, logo gerou uma versão do artigo pronta para a publicação no Velho Continente.

Claro que publicamos também a versão brasileira em revista daqui (*Teresa*, 2004), mas o importante é que vimos nessa escrita em parceria o embrião de um trabalho analítico que poderia se estender a outras obras clássicas do nosso cancioneiro e dar origem a um livro. Escolhemos mais uma do Caetano

34. São Paulo, Cosac & Naify, 2004.
35. São Paulo, Ateliê Editorial, 2008.

(*Terra*), duas do Chico Buarque (*Olê Olá* e *As Vitrines*) e duas da dupla Tom Jobim / Vinicius de Moraes (*Eu Sei que Vou Te Amar* e *A Felicidade*). Foram duas também as razões para essa seleção. Esses autores são relativamente conhecidos na França e no Canadá, países que mantêm uma produção semiótica dinâmica e para onde pretendíamos enviar as versões francesas, que continuávamos a fazer, dos capítulos. Além disso, são canções de alto rendimento analítico: melodias expansivas no campo de tessitura, narrativas complexas e ampla correspondência tensiva entre recursos musicais e recursos linguísticos. É preciso esclarecer, porém, que não são essas qualidades analíticas que fazem dessas canções grandes obras. Ao contrário, as qualidades sintéticas, de conjugação dos elementos musicais e verbais no interior das composições, são as maiores responsáveis pela eficácia estética e cultural desses "clássicos" do repertório nacional. E, lembremos, não são poucas as criações seminais e decisivas na formação do nosso acervo que, não obstante, apresentam baixa produtividade descritiva. Penso em *Mais que Nada* (Jorge Ben), *Coqueiro de Itapoã* (Dorival Caymmi) ou *Samba de Uma Nota Só* (Tom Jobim e Newton Mendonça). O rendimento analítico, por si só, não define o mérito de uma composição.

*Elos de Melodia e Letra* deu prosseguimento, com critérios mais apurados, às análises iniciadas em *O Cancionista*.

*****

Waldir Beividas, já citado em algumas passagens desse texto, é o meu mais antigo interlocutor no domínio da semiótica. De 1975 a 1992, mantivemos encontros semanais para leitura e decifração das obras basilares dessa ciência que, naquela época, apenas engatinhava. Gostávamos da teoria em si, da postulação de um sentido imanente aos textos e das formulações dedutivas (mas bem pouco filosóficas) oriundas das famosas teses linguísticas de Saussure. Líamos tudo que estava disponível da produção de Hjelmslev e Greimas, além dos trabalhos, menos exigentes mas também de primeira linha, de Jakobson, Benveniste, Barthes e outros autores comprometidos com o pensamento estrutural. Chegamos a fazer uma derivação considerável pela obra de Charles S. Peirce, mas o suficiente para não adotá-lo em nosso paideuma.

Embora tenhamos participado de um grupo maior, o já comentado Centro de Estudos Semióticos, era na conversa a dois que nosso estudo progredia com eficiência e nitidez. Afinal, Waldir sempre teve os mesmos defeitos (virtudes, para os antigos) que eu: é disciplinado, metódico e persistente. Só nos anos 1990, essa dupla foi promovida a trio com a participação cada vez mais constante do Ivã, bem mais jovem que nós, que concluía o seu mestrado também em semiótica.

Quando terminei minha livre-docência, em 1994, Waldir havia se transferido para o Rio de Janeiro para assumir uma vaga de professor efetivo no Departamento de Psicanálise, da UFRJ, onde permaneceu por dez anos. Nossas reuniões tornaram-se então mais raras numa fase em que ainda tínhamos que dedicar todo o tempo disponível ao desenvolvimento de nossas respectivas especialidades acadêmicas: no meu caso, a canção; no dele, a psicanálise. A fidelidade ao ponto de vista semiótico manteve-se em ambos os casos.

Em compensação, Ivã passou a se interessar cada vez mais pelo autor-chave da minha livre-docência, o já comentado pensador francês Claude Zilberberg, a ponto de propor para o departamento de Linguística um projeto de doutorado sob minha orientação. Durante esse período pudemos aprofundar nossas afinidades epistemológicas e circunscrever um campo de interesse comum que ia da música à poesia com um produtivo estágio na canção. Além do livro em parceria, firmamos ainda o objetivo de traduzir para o português as três principais obras de referência da semiótica "tensiva", todas de autoria de C. Zilberberg (uma delas em colaboração com Jacques Fontanille), com o propósito de facilitar a implantação desse estudo no Brasil. Claro que para essa empreitada, extremamente trabalhosa, não poderíamos prescindir da ajuda do Waldir que, mesmo à distância, abraçou a proposta e, a meu ver, lançou-se também no projeto de volta à São Paulo e à USP, onde as condições para a pesquisa teórica são mais cultivadas. Traduzimos, como já foi dito, *Tensão e Significação* (Fontanille e Zilberberg), logo em seguida, *Razão e Poética do Sentido* e o mais recente *Elementos de Semiótica Tensiva* (2011), ambos de Zilberberg. Missão cumprida e comprida (mais de uma década).

*****

Mas as parcerias musicais também marcaram meu terceiro álbum-solo, *Ouvidos Uni-vos*. Pus um baião em cada ponta do disco, como que anunciando a importância dessas obras em colaboração. *Baião do Tomás* (com Chico Saraiva) já veio com nome, pois o melodista aguardava o seu primeiro filho com essa homenagem. Facilitou o meu trabalho: foi só aumentar o alcance da celebração, convocando familiares, parentes, não-parentes, ancestrais e toda a cidade para a festa, e a canção estava pronta. Até mesmo para ajudar Chico Saraiva a conquistar o Prêmio Visa. Na minha versão, ela ficou mais entoada e despojada dos ritmos da execução original. *Baião de Quatro Toques* (com Zé Miguel Wisnik), cuja gravação original havia sido feita por Jussara Silveira no disco do meu parceiro, *Pérolas aos Poucos*, recebeu aqui um tratamento violonístico e, mais uma vez, entoativo. Comentei atrás os detalhes dessa composição. Resta dizer que, no âmbito das minhas produções, ela vem se tornando uma das mais gravadas por outros intérpretes.

"Ouvidos uni-vos num grande orelhão", verso de *Rock de Breque*, minha composição em homenagem a Itamar Assumpção que acabara de falecer, era a senha para a entrada, na faixa seguinte, da nossa parceria *Dodói*, pungente e ao mesmo tempo humorada. A melodia que fiz era só para escorar o engenho da letra com um modo de dizer presumivelmente adequado.

Outra parceria inesperada se deu com Edward Lopes, linguista e semioticista que frequentava esporadicamente o Centro de Estudos Semióticos e em cujos livros estudei no período de faculdade. Sua produção teórica sempre me encantou pelo enfoque adotado e pela capacidade de dizer as coisas com clareza. Mas, nessa ocasião, eu havia recebido do grande professor um envelope com diversos poemas de sua lavra. Chegou-me pelo Ivã que, não por coincidência, é seu filho. Dentre muitos escritos, às vezes caudalosos, havia ali uma espécie de trova que me pareceu de fácil melodização. Terminei a canção a tempo de incluí-la no álbum sob o nome de *A Perigo*.

Esse disco ainda teve *Minta*, melodia de Ricardo Breim que utiliza um extenso campo de tessitura, para a qual fiz uma letra que pretendia transformar a bela concepção musical em segmentos "possíveis" na linguagem oral. Pedimos a Marcelo Jeneci um arranjo de piano todo especial e, para dar conta da execução vocal de tão amplo espectro de frequências, convidamos Ná Ozzetti com sua imensa experiência em interpretações exigentes.

Dante Ozzetti, meu parceiro mais assíduo, esteve presente com *Brincadeira*. No mais, o repertório que venho compondo pouco a pouco desde os tempos do Rumo.

Há mais um fato, no entanto, que teve grande importância para mim no decorrer das gravações desse disco. Jonas se formara há pouco tempo em Campinas e estava se reintegrando à vida paulistana, agora de violão em punho. Seu aprendizado com Ulisses Rocha e seu desenvolvimento por conta própria já se faziam sentir na facilidade com que "tirava" músicas de ouvido, solava e produzia arranjos interessantes no instrumento. Chamei-o, em 2004, para prepararmos um repertório de show baseado apenas em nossos dois violões. Já tínhamos tido uma rápida e boa experiência na apresentação derradeira do Rumo, quando Jonas concebeu dois arranjos de violão para tocarmos, respectivamente, *Bem Baixinho* e *Dia Útil*. Além do prazer de podermos tocar juntos num programa de show completo, esse formato sumário estimulava novos convites para apresentação em auditórios e teatros menores e dispensava a complexidade, em todos os sentidos, dos ensaios com banda. Era, para mim, uma espécie de Rumo em miniatura.

Uma de nossas primeiras atuações em dupla foi para a abertura de um show de Tom Zé no Festival "Estación Brasil-Buenos Aires", teatro Gran Rex, na capital argentina. Havia um público de três mil pessoas, o que não era pouca coisa para um duo que mal estreara com essa formação. Fizemos ainda shows no Espaço Cultural CPFL, em Campinas, no Sesc Pompeia, dividindo o palco com Ná e Dante Ozzetti, e outros ainda em auditórios menores até que fomos convidados, já em 2005, para formarmos um trio, o Trio Tatit (Jonas, Paulo e eu), para uma apresentação exclusiva no espetáculo "Solidário Jazz Brasil Holanda 2", no Teatro Municipal de São Paulo. Fase de intensa atividade musical.

Quando entramos em estúdio para gravar *Ouvidos Uni-vos*, Jonas já havia feito arranjos de violão para quase todas as faixas. Só faltava então, em alguns casos, a "cobertura" da banda. O processo todo foi rapidamente concluído. Mas percebi, com surpresa, que um outro talento se manifestava em suas atuações dentro do estúdio. Sua audição musical era mais apurada do que já parecia. O próprio produtor do disco, o hoje nosso amigo Alexandre Fontanetti, percebeu que podia contar com sua percepção para calibrar as alturas e os ritmos de todas as linhas gravadas para o álbum. Revelava-se ali outra vocação, também não prevista pelas escolas de música, mas que já tem alguma história entre os profissionais do disco e do áudio de modo geral. É uma aptidão que alia a habilidade técnica do engenheiro de som à visão artística do produtor (ou diretor) musical e que normalmente se manifesta no interior dos estúdios de gravação. Nas etapas de realização desse disco, nascia o Jonas que agora dirige um estúdio, produz áudio e trilhas para trabalhos estéticos e mesmo para a publicidade.

*****

*Ouvidos Uni-vos* forneceu o repertório de base para a gravação ao vivo do meu primeiro DVD que sairia dois anos depois (2007). Foi uma proposta vinda do próprio selo Dabliú (representado por Costa Netto), que vem apoiando todas as minhas gravações independentes, e uma oportunidade para que eu registrasse as constantes participações de Ná Ozzetti nos meus shows sazonais, especialmente nos realizados com banda completa. Algumas canções, como *Atração Fatal*, *Rodopio*, *Capitu* e *Baião de Quatro Toques*, entre outras, quando interpretadas em dupla, sempre obtiveram excelente rendimento nos shows e, no entanto, jamais haviam sido gravadas nesse formato. Como filmagens extras, inserimos no DVD ainda três encontros com parceiros significativos na minha trajetória até então: Zé Miguel Wisnik, com *Mestres Cantores*, Dante Ozzetti, com o choro *Dentro e Fora* e Palavra Cantada (Paulo e Sandra), com *Fome Come*. E uma gravação solitária de *Release* (violão e voz) que ratificou a presença do Rumo nos interstícios de mais esse trabalho.

Da minha antiga banda vinha também o nome do projeto: *Rodopio*. Afinal eu acabara de refazer com o Jonas o arranjo da canção homônima que estava esquecida no último álbum do Rumo. Entre as convidadas, figurou ainda, não por acaso, a cantora Suzana Salles, símbolo perene da "vanguarda" musical de Sampa dos anos 1980, que cantou comigo *Rock de Breque* (tributo a Itamar) e *As Sílabas* (composição que havia intitulado um de seus discos-solo) e, por fim, Ceumar, esse meteoro artístico que se destacou na cena paulistana por poucos anos, mas acabou radicando-se na Holanda.

Como já disse anteriormente, Ceumar tinha causado impacto no Festival Cultura de 2005 cantando *Achou!*, mas, além disso, tornara-se para o público a grande intérprete da canção *Alguém Total*, ambas compostas em parceria com Dante. Aliás, nessa época, Dante e Ceumar formaram uma dupla com alguma repercussão na cidade e chegaram a gravar um CD que registrou o sucesso desse período. "Emprestei-a" do meu parceiro para essa gravação ao vivo das duas composições e, logo em seguida, para uma apresentação em Lisboa, com banda completa (Jonas, Paulo Tatit, Fábio Tagliaferri e Adriano Busco), no grande auditório da Culturgest.

*****

Motivada por depoimentos de Chico Buarque e José Ramos Tinhorão publicados em meado da primeira década do novo século, a crítica musical jornalística passou a incluir no seu cardápio de temas a proposta do "fim da canção". As duas autoridades (mesmo que à revelia) no assunto haviam ponderado que talvez a canção, no formato conhecido, estivesse vivendo os seus últimos dias, uma vez que o público não mais se interessava pelas novas composições, nem dos velhos nem dos novos autores. E que o rap, ao contrário, apresentava algo inusitado e vigoroso que mobilizava uma categoria de artistas e ouvintes até então marginalizada pelo mercado fonográfico. Se a profecia não se realizou até este momento, o caráter apocalíptico das declarações foi um prato cheio para pautas de entrevista, cadernos especiais, crônicas diárias e até para a consolidação da ideia de aula-show, nascida aparentemente em São Paulo.

Como essas opiniões foram emitidas num período de altíssima produção cancional (produção que só cresce até hoje), quando todo aspirante à carreira artística já podia gravar e lançar seus próprios discos em escala nacional e mundial pelos novos meios eletrônicos à disposição, presume-se que Chico, Tinhorão, crítica musical e público em geral não se referiam exatamente ao mesmo tipo de música. Além disso, é difícil admitir que o compositor e o pesquisador estivessem naquele momento acompanhando de perto a debandada dos jovens músicos dos escritórios das gravadoras em busca de novas alternativas de difusão do trabalho e de participação no mercado pelos websites, pelas redes sociais e pelos serviços on-line cada vez mais acessíveis. Nem mesmo que assistissem a alguns dos numerosos bons espetáculos apresentados pelas novas gerações de cancionistas nos pequenos teatros de muitas capitais do país.

Talvez ambos quisessem dizer que já não se faziam mais canções como antigamente. Sim, as condições de composição haviam mudado bastante. Passou a ser comum a criação de melodias e letras no interior do estúdio, a partir de *riffs* e arranjos instrumentais (ou eletrônicos) que já determinavam previamente a carga emocional das futuras canções. Algumas vezes, a atitude física dos intérpretes em cenas de palco acabava por definir a inflexão melódica proposta pelo autor e o próprio conteúdo da letra. Outras, o interesse pela condução melódica e harmônica da composição pedia a dessemantização dos versos para que não houvesse dispersão do foco musical: na letra, apenas algumas imagens da natureza com vagas referências ao tema amoroso para que o assunto soasse quase irrelevante. Outras vezes ainda, pelo contrário, a necessidade de passar mensagens sociais e pragmáticas precisas, distantes das alusões afetivas, exigia a neutralização das curvas melódicas que poderiam desvirilizar o impacto das denúncias e afirmações verbais. Estava incluída nesse último caso a produção rap.

Fosse qual fosse a opção dos compositores, o resultado trazia uma proposta de associação entre melodia e letra conduzida pela voz, ou seja, uma proposta cristalina de canção. Assim como algumas canções da bossa nova ou do jazz subsistiam na fronteira da criação instrumental, algumas produções do universo do rap beiravam a linguagem oral pura, como aliás certos fragmentos do nosso antigo samba de breque. Não significava portanto que a canção estivesse ameaçada, mas que, ao contrário, a fecundidade dessa linguagem mantinha-se intacta, justamente por sua maleabilidade e capacidade de adaptação à evolução tecnológica que é a mola crucial do nosso tempo.

Na verdade, Chico Buarque não decretou o fim de nada. Apenas externou uma impressão que vinha tendo a cada novo disco lançado: a expectativa dos ouvintes, os apelos musicais, o modo de produção, os canais de divulgação, tudo lhe parecia estar em outro lugar. A mudança era incontestável. Mas claro que isso não ressoou na imprensa como simples cogitação. Era a voz de um dos maiores compositores brasileiros de todos os tempos e a declaração já chegava no formato de manchete: o fim da canção.

O século XX, talvez por ter sido o último do milênio, foi pródigo em "juízos finais", principalmente nas áreas artísticas, científicas e acadêmicas de modo geral. Tivemos o fim do romance, o fim da música erudita, o fim das vanguardas, o fim dos movimentos estéticos, o fim da crítica etc. A novidade estava no fato de a profecia incidir sobre um domínio pop, como se pudéssemos prever o fim do futebol ou do carnaval com as arquibancadas repletas de torcedores.

O fim do estruturalismo eu já tinha vivido intensamente quando nem bem iniciara, em 1975, minha pesquisa universitária na linha da semiótica. Essa ciência dava continuidade ao pensamento estrutural, alterando seus postulados fixistas (considerados estáticos), temporalizando seus modelos espaciais, graduando as oposições extremas, analisando as paixões contidas nas ações narrativas e os fenômenos de enunciação verbais ou não-verbais, sempre com o intuito de chegar ao sentido construído nas obras de arte e nas numerosas linguagens sociais. Lembro-me que para a maior parte da intelectualidade brasileira esse progresso não existia pois se tratava de uma ciência natimorta, totalmente estéril como modo de reflexão. E essa rejeição já vinha da própria França, terra de consolidação da inteligência estrutural, quando, em 1968, seus principais representantes foram tachados pelo movimento estudantil de intelectuais "de gabinete", insensíveis aos clamores da rua.

Apesar de tudo isso, a semiótica prosperou nas pesquisas individuais e no âmbito de pequenos grupos em diversas universidades europeias e latino-americanas e posso dizer que foi decisiva nos meus estudos sobre a canção no Brasil, desde a década de 1980. Evidente que, hoje, seus fundamentos e práticas analíticas mudaram tanto que poucos saberiam reconhecer suas bases e perspectivas estruturais. Começo a desconfiar que o fim do estruturalismo foi adiado alguns decênios sem muita divulgação.

*****

Mas o que me interessa aqui é o fim da canção que virou ponto de partida quase obrigatório para se comentar as novas formas de produção e difusão cancional no novo século. Funcionou como uma *boutade* bem-vinda para alimentar uma ficção histórica que trazia certa fecundidade. Em primeiro lugar, passamos a falar ainda mais de canção e de tudo que ela significa para o Brasil. Afinal, é nela que está nossa grande experiência estética, sentida em todas as classes sociais, em todos os níveis de escolaridade e em todas as faixas etárias. Era o país no divã, à espera da oportunidade de se conhecer melhor. Em segundo lugar, criou-se uma lenda que pôde ser traduzida em novas composições. Fiz uma que reproduz em parte a fábula da cigarra e da formiga: *Quando a Canção Acabar*. Uma personagem disperdiça canções por aí, cantando a esmo, sem qualquer preocupação em poupá-las para enfrentar os períodos de escassez. Outra, mais precavida, "guarda as canções pra se um dia faltar". A simples possibilidade de extinção da nossa principal linguagem comunicativa representa um perigo cultural que certamente abalaria nossa perspectiva de futuro. Seríamos um povo fadado a perambular sem destino ou tendo que negociar com um destino dotado de vontade própria. É dentro desse panorama geral que compus também a canção *Sem Destino* que deu nome ao CD lançado em 2010.

Ainda no interior desse quadro, um tanto pressagioso, fiz uma letra de cunho geracional para uma melodia composta por Marcelo Jeneci, então representante da novíssima geração: *Por que Nós?* Tal pergunta poderia ser feita tanto por ele quanto por mim, independentemente do número de pessoas compreendido nesse "nós". Cada geração arca com suas escolhas e nem sempre os escolhidos sabem dizer por que o foram, "só mais ou menos". Marcelo gravou essa canção no seu festejado disco de estreia e eu também, no meu veterano álbum de carreira solo.

Outras experiências também foram registradas em *Sem Destino*. Letrei uma melodia composta para piano e melodizei um texto escrito para comentar propostas de artes plásticas. Em ambos os casos, mudei um pouco o destino que os autores previam para as suas criações. O compositor pernambucano Capiba havia homenageado Ernesto Nazareth com um belo choro, em estilo quase "erudito", chamado *Relembrando Nazareth*. Apesar da vasta extensão de tessitura, bastante adequada ao piano (mas não à voz), da música, preparei uma letra que menciona 36 títulos das peças do célebre compositor carioca e pedi à Ná Ozzetti que executasse comigo as difíceis linhas melódicas de Capiba. Essa versão cancional tinha sido encomendada e já gravada pelo cantor recifense Gonzaga Leal há alguns anos. No segundo caso, Alice Ruiz escrevera um texto para ser inserido num livro de desenhos de Edith Derdik. A construção das frases me impressionou e, sem que ela soubesse, criei um modo de dizer melódico para aquelas palavras e mantive o título original: *Sem Palavras*. Gostei do texto transformado em letra e, com a anuência da parceira, também incluí mais essa canção no disco.

Esse álbum ainda teve outras parcerias (com Dante, Jonas e Itamar) e, claro, mais um conjunto de canções que formam meu repertório de autoria exclusiva.

Um ano antes (2009), Zé Miguel Wisnik e Arthur Nestrovski também preparavam seus respectivos álbuns, mas, ao lado disso, vinham realizando aulas-show em que vislumbravam para além do fim da canção tradicional uma "canção expandida", compatível com os sítios eletrônicos e com as aspirações estéticas e cotidianas do novo milênio. Sempre que podiam, montavam espetáculos maiores acompanhados por músicos da envergadura de Marcelo Jeneci, Márcio Arantes, Sérgio Reze e ainda convidavam Celso Sim para um expressivo reforço vocal. Esse time completo já havia participado do festival internacional de artes cênicas "Porto Alegre em Cena", na capital gaúcha, e precisava alterar um pouco o seu formato para se apresentar agora na nova edição (16ª) do mesmo evento.

Pelas parcerias com Wisnik e pelas afinidades musicais consolidadas ao longo dos anos, fui convidado para triangular a dupla e diversificar o repertório que ambos já vinham tocando habitualmente. Levei o Jonas comigo, o que significou um ponto de partida violonístico para os arranjos de banda das minhas canções. Mas o Jonas ainda completou, na medida do possível, as linhas instrumentais do repertório já existente, integrando-se às bases delineadas pelo Arthur. Este, por sua vez, incorporou-se rapidamente aos nossos arranjos prévios, favorecendo a sensação de unidade da banda como um todo.

Montamos um roteiro de show com 23 canções de autoria do trio, algumas inéditas, outras mais conhecidas, algumas compostas solitariamente, outras em colaboração recíproca, mas todas devidamente alinhavadas pela ação da banda, o que motivou o excelente registro em DVD feito pelo Sesc-SP, com o título irônico *O Fim da Canção – Tatit Wisnik Nestrovski*, lançado em 2012. Mesmo considerando as limitações de agenda de tantos músicos envolvidos, esse espetáculo foi reapresentado diversas vezes ao l'ongo de pelo menos cinco anos.

*****

Como mencionei anteriormente, a releitura do livro *Primeiras Estórias*, de Guimarães Rosa, em meados da década de 1990, logo após minha defesa de Livre-Docência, foi providencial para a continuidade da reflexão semiótica desenvolvida na tese. As preocupações do romancista com as questões do tempo, espaço, ritmo, andamento e mesmo da memória, transcendência, substância e tonicidade me levavam a compará-las com os desafios semióticos apontados por Greimas no final da vida e com as reformulações de base propostas por Zilberberg em momento crucial de sua lucidez teórica. Cheguei a fabricar uma espécie de motivação morfológica, pois enxergava as iniciais do escritor brasileiro nas primeiras letras do nome GReimas.

Foi então que esbocei uma *Semiótica à Luz de Guimarães Rosa*, cujos conceitos explicavam a passagem do enfoque narrativo ao ponto de vista tensivo. Escolhi os contos "Nada e a Nossa Condição", "As Margens da Alegria", "Os Cimos", "A Terceira Margem do Rio", "Substância" e "Nenhum, Nenhuma". Nessas "estórias", o contista fala sempre de um sentido latente que regula a interação das personagens independentemente de suas ações concretas. Tal sentido surge cifrado por velocidades puras, como no caso de Sionésio (em "Substância") e do Moço (em "Nenhum, Nenhuma"), caracterizados ambos pela ansiedade e sofreguidão, em oposição explícita a seus pares amorosos, respectivamente, Maria Exita e Moça, claramente identificadas com a serenidade e a lentidão. O ajuste tensivo desses andamentos díspares são, para o escritor, mais decisivos que o fazer pragmático dos atores. Outras vezes, o sentido surge como alternância entre esvaziamento (sentimento de falta) e preenchimento (liquidação da falta) subjetivos e a simples compreensão dessa lei rítmica que governa a vida humana mostrou-se suficiente, por exemplo, para recuperar a sanidade mental de um personagem que se sentiu à beira da extinção (é o caso do Menino, em "Os Cimos"). Outras ainda, o sentido vinculado a um projeto de espera, típico da semiótica padrão, vê-se, em Guimarães Rosa, constantemente abalado por fatos inesperados que, em geral, anulam por algum tempo a capacidade de reação do sujeito, deixando-o à mercê dos acontecimentos. E o acontecimento nem sempre é pontual, pode demorar anos e até décadas para se constituir plenamente, chegando a exaurir no decorrer desse tempo as faculdades ativas do sujeito que o observa. O hiperacontecimento do canoeiro minando as forças do filho devotado, em "A Terceira Margem do Rio", é o exemplo modelar dessa construção semiótica.

A linguagem figurativa de Guimarães Rosa, repleta de modos de dizer regionais e paródias proverbiais, parece querer alcançar as instâncias profundas do sentido, mais abstratas que as operações narrativas, fazendo com que suas aparentes historietas sejam, na verdade, pretextos para um equacionamento refinado das propriedades tensivas da significação. Não é por outra razão que o Menino, protagonista de "Os Cimos", chega a enumerar as cinco razões pelas quais não conseguimos desfrutar os bons acontecimentos, articulando critérios explicativos baseados na aceleração/desaceleração, surpresa/espera, completude/parcialidade e na alternância entre abertura-incoativa e fechamento-terminativo. Em outros momentos, encontramos delicados oximoros, como "soência de sobrevir", para indicar um costume que tem o dom de surpreender ou, ainda, formulações concessivas, aquelas que realizam o que parecia irrealizável, em frases como "Aquilo que não havia, acontecia", que sintetizam importantes núcleos de interesse da semiótica do século XXI. Pude tratar de temas dessa natureza no decorrer das análises que compuseram esse volume.

Considero que, nesse livro, concebi minha principal versão até agora da teoria semiótica, mas, por outro lado, meu método de pesquisa ao longo do trabalho tornou-se um tanto dependente do conhecimento aprofundado dos contos rosianos, o que não é uma realidade nem mesmo entre os bons leitores do escritor. Quase todos já leram *Primeiras Estórias*, mas são poucos os que penetraram nos labirintos de seus enredos, tentando extrair dali os critérios para a compreensão do sentimento humano. São poucos, ainda, os que trazem essas obras na memória (com exceção, talvez, de "A Terceira Margem do Rio"). Portanto, esse estudo dos contos, que a princípio me parecia ser um elemento facilitador para a compreensão da teoria, acabou se convertendo numa etapa a mais para se chegar à semiótica.

Não bastasse isso, alguns contratempos pragmáticos também afetaram o projeto. Estamos vivendo, neste início do século, um período de descontrole na arrecadação dos direitos autorais de personalidades consagradas. Com receio de não receber o que lhes é devido nas vendagens dos livros, alguns herdeiros se recusam sistematicamente a autorizar toda e qualquer reprodução das obras de seus parentes, a menos que sejam compensados com valores quase sempre desproporcionais às possibilidades de venda do produto. No caso de publicação acadêmica, com interesse meramente científico (se é que podemos dizer assim), essa condição se torna ainda mais esdrúxula. Os valores exigidos só servem para encerrar antecipadamente qualquer tentativa de negociação. Os próprios representantes das editoras a que recorri já me alertaram que nada conseguiriam dos herdeiros de Guimarães Rosa. Sendo assim, ainda tive que publicar os capítulos sem seus respectivos preâmbulos ficcionais, contentando-me em citar os fragmentos dos contos que me ajudavam a conduzir o raciocínio.

Mas nada disso diminuiu minha confiança no teor do texto que consegui completar e lançar em 2010. Tenho alguns importantes retornos de pesquisadores em semiótica que se valeram das ideias ali registradas para desenvolver seus respectivos trabalhos, quase todos acadêmicos, dentro da área. Sinto, porém, que ainda estou longe de escrever sobre isso para um número maior de leitores e me refiro a leitores acostumados com textos exigentes. Não me conformo com o fato de a semiótica oferecer tantos recursos para a compreensão do sentido e, ao mesmo tempo, não fazer sentido para a maioria esmagadora dos pensadores e intelectuais do mundo inteiro. Culpo, sem dúvida, sua linguagem altamente especializada, fundada numa tradição pouco compartilhada com outras disciplinas, e sua prática de esconde-esconde conceitual, justificada como necessária elaboração metalinguística. É difícil ter de reconhecer, ao final de cada trabalho, que eu também escrevo assim e, com isso, contribuo para que a semiótica persista em suas atividades intramuros acadêmicos. Meu único consolo nesse sentido é que, pelo menos, consigo esclarecer minha visão teórica quando me sirvo da linguagem oral, direta, durante as aulas expositivas.

*****

No início de 1997, em nome da *Folha de S. Paulo*, o jornalista Marcos Augusto Gonçalves me convidou para debater o tema "Diversidade e Volta à Canção Marcam a Música dos 90" com os artistas Arnaldo Antunes, Chico

César, Fred Zero Quatro e Zélia Duncan (matéria publicada em 21 de março). Participei como professor (ou crítico) especialista no assunto, embora todos já me conhecessem também como músico do Rumo. Eu já acompanhava Arnaldo e sua sede inesgotável de criação desde os tempos em que cursava o Colégio Equipe, em São Paulo, nas turmas dos meus irmãos mais novos. Lembro-me que ele estava sempre idealizando uma nova revista de literatura mesclada com artes gráficas e outras formas artísticas. Mais tarde, depois que encerrou o seu ciclo com os Titãs, Arnaldo montou estúdio com meu outro irmão, o Paulo, que, à época, iniciava o projeto Palavra Cantada ao lado de Sandra Peres. Ouvíamos em primeira mão nesse estúdio os repertórios, sempre muito singulares, que o compositor concebia para os seus primeiros discos-solo. Chico César, por sua vez, despontava como autor de canções altamente populares e me surpreendeu dizendo que estava, naquele momento, lendo *O Cancionista*. O músico paraibano já morava e atuava em São Paulo há alguns anos, de modo que sua produção me era bastante familiar. É dos poucos compositores que preferem partir da letra para criar a melodia. Fred Zero Quatro representava o Recife que, naquele instante, ainda vivia o trauma da morte estúpida do principal expoente do Manguebeat, Chico Science, há menos de um mês. Conheci Fred nesse encontro.

Outra figura que estava em evidência no período era Zélia Duncan. Não a conhecia pessoalmente, mas já tinha visto algumas de suas participações em programas de tevê. Ela, ao contrário, conhecia muito bem o meu trabalho com o Rumo e sabia que estava para sair o meu primeiro disco-solo (*Felicidade*). Muito simpática e acolhedora, pediu para que lhe enviasse o disco assim que fosse lançado. Captei uma sinceridade naquele pedido que só fui compreender anos mais tarde. Não deu outra, assim que saiu o álbum, enviei-o ao seu endereço, no Rio de Janeiro. Ligou-me agradecendo e destacou canções que a impressionaram de imediato.

Depois disso, sempre que vinha fazer shows em São Paulo, Zélia me convidava para as estreias e, ao final, conversávamos um pouco sobre a força dos seus espetáculos. Suas canções eram interessantes e, ao vivo, adquiriam um poder de sedução que nem sempre transparecia nas execuções avulsas, um tanto quanto descontextuadas, das emissoras de rádio. E ainda, de repente, surgia no repertório um Itamar Assumpção cristalino, despido dos acontecimentos simultâneos (vocais e instrumentais) que enriqueciam os arranjos das versões originais, mas nem sempre favoreciam a compreensão auditiva da fusão entre melodia e letra. Parecia, então, que ouvíamos a música pela primeira vez. Foi assim com *Vou Tirar Você do Dicionário*, mas também com *Código de Acesso* e a espetacular *Porque que Eu Não Pensei Nisso Antes*. Não era só a atuação de uma grande cantora, mas o olhar da artista para uma sonoridade paulistana, cheia de segredos, que fora tristemente desprezada por um período de sucessivas crises econômicas (anos 1980 e início dos 1990) e de insensibilidade empresarial, quando justamente todas as carreiras dependiam do endosso das gravadoras. Esse olhar abrangia também o talento de Arnaldo Antunes, de quem revelou a vibrante *Alma* (parceria com Pepeu Gomes) num de seus espetáculos de 2000.

Quatro anos mais tarde, Zélia começa a desenvolver um projeto pessoal à margem do padrão já conquistado em sua carreira anterior. Compreendia a interpretação de sambas cariocas ouvidos na infância, muitas vezes pela voz de sua mãe, mas também novas versões pinçadas no repertório de São Paulo. Além de Itamar (*Quem Canta seus Males Espanta*), Zé Miguel Wisnik (*Presente*) e Tom Zé (*Tô*), o mais paulistano dos baianos, Zélia insere pela primeira vez uma de minhas canções (*Capitu*) e me comunica por e-mail que seu sucesso foi imediato nas apresentações do Rio. Esse trabalho virou CD e DVD, lançados por seu próprio selo (Duncan Discos) e amplamente distribuídos pela gravadora Universal. O título foi extraído de um verso da canção de Itamar: *Eu Me Transformo em Outras*.

Era só o começo. Em 2008, Zélia aceita o desafio de cantar *A Companheira*, canção de letra quilométrica, num espetáculo em dupla com a cantora Simone, também registrado em CD e DVD com o título *Amigo É Casa*. Em 2011, inclui *Felicidade* na versão ao vivo do seu disco *Pelo Sabor do Gesto*. Suas interpretações eram sempre mais teatrais que as minhas, como se as personagens internas deixassem o interior das letras e adquirissem vida concreta nas emissões vocais da cantora. Em outras palavras, como se as personagens tivessem agora em quem se encarnar. Algo estava em gestação nessas execuções pois havia um sabor especial nesses gestos da artista.

Zélia convidou-me para participar de um de seus shows em São Paulo (Sesc Pinheiros), compartilhando comigo o canto de *A Companheira* e *Ca-*

*pitu*. Ao deixarmos o palco, ainda ouvindo a plateia que ovacionava intensamente os últimos números e pedia o bis de praxe, a cantora revela-me de súbito que estava concebendo um espetáculo só com minhas canções... mas teve que voltar ao palco. Ao término do show, tentei extrair mais elementos sobre o projeto. Era só aquilo mesmo: uma decisão ainda sem plano de ação. Se me contava a ideia nessa fase era apenas para que a notícia não me chegasse por terceiros.

Mas, com Zélia, as intenções nunca ficam vagas por muito tempo. Logo soube que, para comemorar seus trinta anos de carreira em 2011, a cantora preparava, além do lançamento do seu disco *Pelo Sabor do Gesto – Em Cena*, um outro CD dedicado exclusivamente a Itamar Assumpção (*Tudo Esclarecido*) e, ainda, um espetáculo fronteiriço, entre o teatro e a música, que teria por título *Tô Tatiando*. Para isso, já havia selecionado quinze canções de minha autoria, às quais acrescentava mais uma, de Zé Carlos Ribeiro, e um poema de Mário de Andrade. O trabalho teatral dessa última iniciativa só se concretizou a partir de um feliz encontro da intérprete com a atriz e diretora Regina Braga.

Quando vi, já estava tudo pronto. Zélia conhecia muito bem o repertório e só precisou de músicos competentes que tirassem aquelas harmonias flutuantes e lhe permitissem "dizer" as letras com o máximo possível de naturalidade melódica. A escolha de Webster Santos e Tércio Guimarães não poderia ter sido mais acertada. Regina, por seu turno, mergulhou nas minhas composições e nos meus livros sobre a linguagem da canção e, com sua experiência dramatúrgica, logo encontrou uma linha de construção da personagem que daria unidade a todas as execuções do espetáculo. Acabaram criando um roteiro e uma obra totalmente inusitados, mesmo para mim. Algo que comovia, envolvia, chamava a atenção ao mesmo tempo para a letra e para a encenação, fazia rir, ouvir, refletir e tudo acontecia em apenas uma hora. Impecável!

*Tô Tatiando* foi registrado em DVD e lançado ao final de 2013. Seu ciclo ainda não terminou, mas já experimento a grata sensação de ter vivido uma homenagem que normalmente se oferece a quem já não está mais entre nós. Pela emoção que sinto, porém, acho que ainda estou!

*****

Em novembro de 2011, o Sesc promoveu um show de tributo aos cem anos dos compositores Assis Valente e Nelson Cavaquinho. Além de um excelente time de instrumentistas (Fábio Tagliaferri, Swami Jr., Mário Manga, Tiago Costa, Adriano Busko), os produtores convidaram Ná Ozzetti, Renato Braz, Arrigo Barnabé e eu próprio para cuidarmos das interpretações vocais. Minha função era um pouco diferente: colaborava em alguns cantos, mas tinha, sobretudo, que descrever as características principais desses compositores para a plateia. Correu tudo bem.

No período de ensaio, Arrigo me passou uma valsinha que acabara de compor para que eu a letrasse. Tudo fazia sentido naquele momento. Chegávamos, ambos, a sessenta anos de idade, tínhamos uma história com a música (o)culta produzida em São Paulo e, claro, já estava distante a época em que cultivávamos apenas nossos jardins particulares. Havia, ainda, um triângulo a fechar. Tanto Arrigo como eu já tínhamos composto com Itamar Assumpção. Faltava a parceria nossa.

Mas eu tinha também uma curiosidade, digamos, técnica: seria possível vislumbrar intenções entoativas em sequências melódicas concebidas sob a ótica eminentemente musical? A valsa parecia simples, quase singela, mas seus caminhos melódicos desfaziam essa primeira impressão. Na verdade, a caracterização do gênero durante a peça e as finalizações das duas partes asseguravam o efeito de simplicidade, mas os intervalos reais entre as notas e as dessemelhanças dos motivos alimentavam uma estranheza de falsa-valsa. Mas era verdadeira, apenas seus traços de identidade vinham carregados de alteridade, ou seja, os motivos melódicos nunca eram exatamente aqueles que nosso ouvido interno gostaria de ouvir arredondados. As entoações da nossa linguagem oral também se comportam assim, mas estamos acostumados a "consertá-las" com os padrões diatônicos das escalas tonais. Arrigo evita esses padrões, mesmo quando atua na esfera de uma tonalidade definida.

Esse contraste, ainda que leve, entre aspectos sensíveis já modulados pelo gênero (valsa) e aspectos conscientemente imprevisíveis, me sugeriu a famosa oposição "coração-cabeça", que normalmente norteia os atos de criação, como tema da letra. Recebendo o título final de *De Cor*, a canção foi parar imediatamente no repertório de um show que o compositor acabara de montar com uma nova (e exuberante) cantora, recém-formada na Unicamp. Era

Lívia Nestrovski, filha do nosso amigo Arthur, capaz de cantar com extrema naturalidade os intervalos musicais mais improváveis no âmbito da canção.

O resultado era estimulante e, logo, fizemos outra baseada numa personagem feminina que cria para si um "sertão" como cenário de vida. Ao longo de sua história, ela, "Luci Leão", "sai de si", fica "fora de si", até que "cai em si" e se torna "dona de si", para finalmente viver em paz "dentro de si". Toda essa saga, embalada por contornos melódicos que lembram a evolução de um choro, me fez pensar que concebemos ali o primeiro chorinho épico.

Desde a parceria inicial, o autor de Clara Crocodilo já enxergava a possibilidade de criação de um repertório maior que culminasse num CD dedicado a esse encontro. Meu ceticismo tradicional ainda não considerava essa hipótese até que, no início de janeiro de 2012, recebi por e-mail uma melodia especialmente instigante composta sobre a sequência harmônica de *Luz Negra* (Nelson Cavaquinho e Amâncio Cardoso), acompanhada da seguinte mensagem: "Luiz, fiz essa ainda em dezembro, melancólica como o natal. Veja o que você acha".

Achei que já estava pronta: de um lado, a melodia um tanto arestosa encaminhando-se para o refrão nitidamente catártico, de outro, a senha para a letra (melancolia do natal). Esse estado de espírito entrou em fase com a impressão que sempre tive da semana que conclui o ano: descreve uma finalização, desvela um início, mas ela própria não é nada, apenas um período que se espera passar. As famílias se reúnem porque todos precisam de ajuda para completar a travessia. E não é pequeno o risco de desaparecimento nesse vão.

*Ano Bom*, título definitivo da composição, fala disso, mas tem um encaminhamento mais otimista com seus votos de boas-festas. Virou mais uma pequena contribuição para evitarmos os abismos. A partir daí, comecei a acreditar no nosso fôlego para chegarmos ao disco e a dedicar o meu tempo disponível à elaboração dos versos. Arrigo transferiu aos meus arquivos diversas melodias que lhe pareciam "pedir" letras. Dentre elas, algumas vigorosas dotadas dos célebres ostinatos vocais que sempre tipificaram sua criação musical. À medida que chegavam, eu me punha a decifrar seus fraseados em busca de conteúdos que pudessem ser ditos com aquelas inflexões.

Lá pelas tantas, enquanto concebia a letra da futura *Desamor*, registrei mentalmente o momento em que a integração da parceria atingiu o ápice.

Arrigo me mostrava a gravação da melodia e me apontava o seu caráter entoativo: "Olha! Essas curvas estão querendo dizer coisas..." Estava explicada a sua atração por Lupicínio Rodrigues, Nelson Cavaquinho, Orlando Silva e pela canção brasileira em geral. Ele também havia encontrado a entoação, mesmo que por outros caminhos. Aliás, isso sempre me pareceu óbvio em suas performances radiofônicas – à maneira de Gil Gomes – realizadas no interior das músicas experimentais que o trouxeram à cena no alvorecer dos anos 1980. Agora, porém, eu podia constatar a presença do "dizer" no âmago da sua criação, pelo menos quando se tratava de projeto cancional.

Nosso ritmo de composição se consolidou ao longo do ano de 2012, de tal modo que chegamos a nove parcerias muito especiais e pudemos, assim, realizar a ideia do álbum. Além das canções citadas, compusemos *Dora Avante*, *Baiar um Baião*, *Frente a Frente*, *Tempo Meu* e *Babel*. Completamos o repertório com faixas ainda inéditas que se mostravam compatíveis com o espírito do disco. De minha autoria, incluí *Verde Louro*, *Impassível* (com Hermelino Neder) e *Doroti* (com Ná Ozzetti). Além de interpretar *Impassível*, Arrigo acrescentou *Valsa do Lago* (com Zeca Baleiro) e *Dedo de Deus* (com Mário Manga). Só esta última já havia sido gravada em outros tempos, mas o viço e a atualidade do seu formato musical e temático justificavam plenamente a recuperação.

A intérprete Lívia Nestrovski e o produtor musical Mário Manga abraçaram o projeto desde o início. Mas logo tivemos que rever a ideia de realizá-lo em estúdio pelo alto custo da produção. Como sempre, a velha "realidade" batia à nossa porta clamando por nova iniciativa independente. Por mais que enxugássemos o quadro de participantes, não podíamos prescindir de um quarteto de cordas, piano, violão, guitarra e percussão. Contamos, então, com a colaboração compreensiva de músicos do calibre de Luiz Amato (violino), Adriana Holtz (cello), Pedro Gadelha (baixo), Paulo Braga (piano), Edu Ribeiro (bateria), Fábio Tagliaferri (viola), Jonas Tatit (violão) e Mário Manga (guitarra). Os três últimos ainda escreveram arranjos para boa parte do repertório, ao lado do próprio Arrigo e de convidados como Gil Reyes e Hermelino Neder. Nosso amigo Gal Oppido – ex-Rumo, fotógrafo e artista plástico – cedeu-nos a capa e toda a programação visual do álbum. Por fim, a proposta que tornou viável a execução da obra: gravação ao vivo. O produtor

Guto Ruocco acertou o registro do evento com o teatro e o estúdio do Sesc Vila Mariana. A gravadora Atração se interessou então pelo projeto e assumiu os encargos ainda necessários para lançar e difundir o esperado disco. O show e a gravação foram realizados nos dias 30 e 31 de março de 2013, mas o produto final ficou para o ano seguinte.

*****

Em 2011, uma fã de Marcelo Jeneci tatuou no ombro os versos "Sempre tem gente pra chamar de nós / Sejam milhares, centenas ou dois", parte do refrão de uma parceria que fizemos para o seu disco de estreia, *Feito pra Acabar*. A canção aludida era *Por que Nós?*, incluída também no meu álbum *Sem Destino* e já comentada anteriormente. Essa inscrição na "carne" me impressionou por traduzir o elo visceral de boa parte dos ouvintes brasileiros com suas canções preferidas. Mas sei, guardadas as devidas proporções, que isso ocorre em todo o Ocidente desde os anos 1960, quando o canto passou a ser o grande veículo de expressão dos jovens e nunca mais os abandonou até a velhice. O sucesso interminável de nomes como Paul McCartney, Mick Jagger e, no Brasil, Chico Buarque, Roberto Carlos, Gilberto Gil, entre muitos outros, demonstra até onde vai a influência da canção na nossa época.

Por isso, ainda que dentro de uma faixa de atuação muito restrita, reconheço cada vez mais que as autorias em colaboração ajudam a expandir um pouco o alcance dessas criações pois permitem o envolvimento de gente de tribos que jamais ouviriam a produção do meu pequeno clã. Marcelo Jeneci, artista de ilimitados recursos musicais, com seu interesse especial pela profundidade que uma canção pode atingir e, ao mesmo tempo, com seu ouvido esculpido pela cultura pop, tem estabelecido essa ponte nos seus dois primeiros discos.

Gosto de seguir minhas letras vibrando em melodias alheias e chegando a outros ouvintes. Trazem uma fertilidade diferente das que são de autoria exclusiva. Os exemplos mais notórios vêm se materializando nos últimos discos de Ná Ozzetti, *Meu Quintal* e *Embalar*. Ambos contêm parcerias expressivas que fiz tanto com a própria cantora (penso especialmente em *Equilíbrio*) como com Dante Ozzetti (penso em *Musa da Música*).

*****

Claro que os sinais do tempo que passa já vêm aparecendo em mim e à minha volta, até agora, felizmente, com predominância das manifestações eufóricas desse processo inexorável. Homenagens, referências e até alguns prêmios sempre satisfazem, mas não deixam de assinalar para além das cerimônias a proximidade da fase crepuscular. Mas não para já. À espera, neste momento, do CD *De Nada Mais a Algo Além*, título final do trabalho feito com Arrigo Barnabé e Lívia Nestrovski, e concluindo o repertório para um novo álbum-solo (*Palavras e Sonhos*), tenho uma sensação boa de que tudo apenas se inicia e uma sensação desconfortável de que tudo que aqui foi dito não chegou a acontecer, senão todos já saberiam. Mas acho que consegui ao menos exorcizar o decassílabo quase heroico que sempre existiu em mim: vida rumo canção e semiótica.

Por enquanto, tem mais não.

SEÇÃO II

# Entrevista

# Entrevista coordenada por Arthur Nestrovski

Não foi por falta de tentativa, mas as agendas eram realmente incompatíveis. O jeito foi fazer a entrevista por escrito.

Com isso o elenco de entrevistadores pôde crescer muito, em todos os sentidos, inclusive geográfico – de Recife a Roma, de Buenos Aires a Belo Horizonte, de Portugal à Holanda e aos Estados Unidos. E também variar bastante de especialização: músicos (Arnaldo Antunes, Ceumar, Kristoff Silva, Suzana Salles, Zélia Duncan, sem falar nos ex-parceiros do grupo Rumo, Geraldo Leite, Hélio Ziskind, Ná Ozzetti e Paulo Tatit, e no próprio editor da Publifolha), professores (Carlos Ernest Dias, da UFMG; Carlos Sandroni, da UFPE; Charles Perrone, da Universidade da Flórida/Gainesville; Luca Bacchini, da Universidade de Roma; Lorenzo Mammì, da USP), outro editor (Bruno Bènard-Guedes, da revista *OP*, de Lisboa), um administrador cultural (Roberto "Mono" di Lorenzo, Subsecretário de Gestão Cultural do Ministério da Cultura da Cidade de Buenos Aires), um ensaísta e poeta (Francisco Bosco) – sendo que muitos exercem mais de uma função, a exemplo do entrevistado.

No total, foram dezoito pessoas, de oito cidades, de seis países, que enviaram nada menos que 36 perguntas – todas respondidas com bem-humorada serenidade, num tom muito rico de delicadezas e ironias, mas sempre disposto a encarar o assunto em pauta, sem fugir da raia e sem fugir de si. Vistas em conjunto, as respostas acrescentam mil e um pontos de luz ao brilho dos ensaios. Compõem também todo um acervo de informações e comentários - históricos, teóricos, pessoais - sobre a canção popular; e registram, por escrito, a entoação inimitável de um de nossos maiores cancionistas, em todos os sentidos dessa palavra que ele mesmo criou.

*Arthur Nestrovski*

Lorenzo Mammì – Muitas canções suas falam do ato de compor ou interpretar música (*O Meio, As Sílabas, Seios da Voz, Tom de Quem Reclama* etc.) e esse é também seu tema como teórico. Quanto pesam suas teorias quando você pega um violão para compor? Tatit semiólogo analisa as canções de Tatit?

Luiz Tatit – Começo pelo fim: nunca analisei minhas canções. Há vários motivos para isso. Inicialmente, não há distância para a gente poder formular hipóteses que são próprias da análise e não da criação. Depois, minhas canções, até segunda ordem, estão fora do mercado que ao longo do tempo selecionou a produção brasileira que realmente fez história; analisá-las seria dar muita importância a algo que ainda não teve importância de fato. Se vier a ter, essa incumbência fica para os estudiosos das próximas gerações.

Disso ainda decorre outra coisa. A prática de analisar canções não devidamente consagradas põe em dúvida o valor do modelo descritivo. Ou seja, ele serve para analisar aquilo que representa o repertório "espontaneamente" (claro que com a ajuda dos agentes comerciais), selecionado pelos ouvintes brasileiros, ou para analisar as experiências-limite que alguns insatisfeitos resolveram abraçar? Sem o conhecimento do repertório que instituiu a linguagem da canção não dá para avaliar a relevância das composições experimentais ou situadas à margem do consumo.

Quanto à primeira parte da pergunta, você tem razão, há rastros dos temas teóricos no conteúdo de algumas letras que faço. Acontece que as letras, mesmo sendo quase sempre fictícias, refletem as preocupações dos autores. As histórias de marginalidade frequentam as letras dos *rappers*, a relação entre as palavras e os objetos concretos é tema comum nas canções do Arnaldo [Antunes], o amor singelo e as namoradinhas no portão tinham presença infalível na produção da jovem guarda, "o amor, o sorriso e a flor" constituíram o lirismo básico adotado pelos bossanovistas, a sede de mistura de universos primordialmente heterogêneos vazava nas letras tropicalistas. Enfim: é difícil fugirmos da própria biografia. Então, na medida em que convivo cotidianamente com assuntos semióticos (referentes ao sentido construído nos textos), volta e meia eles emergem na superfície das letras, mas sempre recebendo um tratamento cancional e não teórico.

Em resumo, esses conteúdos surgem na letra como qualquer outra vivência de qualquer natureza. Mas é bom frisar que meus principais resultados de pesquisa, aqueles que estabelecem os mecanismos de compatibilidade da melodia com a letra, esses jamais se apresentam no momento da composição. Trabalho como a maioria dos compositores: fico cantarolando a melodia (que normalmente já está pronta) até extrair o que ela poderia dizer. Aí não há teoria alguma.

MAMMÌ – No samba tradicional havia um filão extraordinário de humor, misturando em doses iguais realismo e *nonsense* (Noel Rosa, Braguinha), que desaparecerá na geração seguinte. Suas canções e as do Rumo o trouxeram à tona novamente. Que importância tem o humor para você (essa tradição particular de humor)?

LT – A história do humor nas canções decorre diretamente da presença inevitável da fala cotidiana por trás da melodia e dos versos criados pelo autor. Se não sentíssemos a voz que fala por trás da voz que canta, não veríamos graça na canção. Uma ária operística, por exemplo, pode expressar encanto, tristeza, ansiedade, mas dificilmente expressa humor. O discurso musical quase sempre esmaga a voz que fala. O recitativo tenta restabelecê-la – e com isso recupera as possibilidades de humor –, mas jamais atinge a espontaneidade do discurso oral que há nas canções de consumo.

Noel, Lamartine, Wilson Batista, Assis Valente e outros deixavam a voz que fala correr solta no interior das canções, o que lhes permitia compor interpelações como "Quem é você que não sabe o que diz/ Meu Deus do céu que palpite infeliz" (Noel), ou mesmo verdadeiras piadas como "A Juju já sabe ler/ A Juju sabe escrever/ Há dez anos na cartilha/ A Juju já sabe ler /A Juju sabe escrever/ Escreve sal com ce-cedilha" (Noel e Lamartine), sempre seguindo os contornos melódicos sugeridos pela fala. Por isso, em nossa época, é mais fácil você ter humor em Jorge Ben Jor, que produz versos como "Tira essa escada daí/ Essa escada é pra ficar aqui fora/ Eu vou chamar o síndico", totalmente calcados na fala, do que em Edu Lobo ou Jobim, que seriam incapazes de proferir frases como essas em suas músicas.

Pois então, a voz que fala sempre ocupou um espaço enorme na minha produção, sendo que no tempo do Rumo era praticamente a pedra de toque que nos dava identidade. Nesse sentido, verifico, hoje, que o humor só poderia ser uma decorrência natural desse nosso primeiro gesto de composição. Mas confesso que, no calor da hora, não sabíamos disso e só aos poucos fomos compreendendo que o canto que deixa transparecer as entoações subjacentes da fala já é em si engraçado. Afinal, todos entoam. Tudo que se diz com esses contornos nos reporta a um eu-aqui-agora de alta ebulição. Descobríamos que as canções provocavam o riso durante as apresentações. Quanto menos polifonia, quanto menor o número de instrumentos incorporado pelo arranjo, mais a graça da canção sobressaía. Hoje percebo que, em quatro dos nomes da Vanguarda Paulista (Rumo, Arrigo, Itamar e Premê), o humor emanava das entoações.

Os conteúdos de nossas letras eram bem diferentes daqueles produzidos por Noel e companhia, mas a base entoativa talvez tenha sido a mesma.

Carlos Sandroni – Parece-me que o projeto do Rumo no final dos anos 1970 e início dos 1980 se inscrevia ideologicamente na rota da chamada "linha evolutiva da MPB". Em 1981 vocês lançaram o LP *Rumo aos Antigos*, ao mesmo tempo que o LP *Rumo*; ou seja, pareciam estar apontando um caminho, ou uma possibilidade de "avançar", em estreita conexão com uma tradição relida sob um crivo crítico específico. Hoje que a ideia de "linha evolutiva da MPB" parece irremediavelmente datada, gostaria de saber como você avalia este aspecto ideológico que julgo ver nos anos seminais do seu projeto artístico. E como esta avaliação informaria sua criação atual.

LT – É verdade. O próprio nome Rumo já acusava uma direção apontada pelos membros do grupo. Aliás, duas. Uma para trás, outra para frente. Era da audição dos antigos que extraíamos as diretrizes para criar novos modos de compor. Concordávamos nessa época com setores da vanguarda erudita que não viam razão para compor se não o fizessem com originalidade, falando a linguagem do seu tempo. Mas, por outro lado, não víamos sentido em importar recursos (seriais, politonais, aleatórios, eletroacústicos etc.) desse mundo musical para introduzi-los num universo – o da canção – pouco sensível a essas modificações. Daí nossa busca dos ingredientes específicos da canção de consumo, cuja história não era muito longa pois sempre esteve integrada à tecnologia da gravação e da transmissão radiofônica.

O período de formação do samba foi então crucial (assim como me parece que foi para você também)[1] para depreendermos o elemento entoativo como um recurso verdadeiramente cancional que, de um lado, distinguia o cancionista do músico e, de outro, fornecia uma matéria-prima inesgotável para a criação de canções.

Isso nos permitiu de imediato produzir canções com cara nova, simplesmente por explicitar o recurso que os compositores até então camuflavam: os contornos entoativos da linguagem oral. Mas esse "achado" nos levava bem além da mera novidade de produção de repertório. Ele nos indicava que no plano do artesanato cancional as composições se equivaliam. O trabalho de criação do Gilberto Gil não era muito diferente do trabalho do Roberto Carlos que, por sua vez, não se distinguia do trabalho da dupla Sullivan e Massa-

1. O livro *Feitiço Decente* [Rio de Janeiro, Jorge Zahar, 2001], de Carlos Sandroni, também aborda os anos 1930 como a fase de nascimento do samba moderno.

das ou do trio Tribalistas. Por isso uma grande canção como *Dia de Domingo* (da dupla citada) pode ser muito mais emocionante que *Matita Perê* (Tom Jobim), considerada uma obra de elite de nossa música por vir calibrada pelo pensamento musical. Adoro *Matita Perê*, mas não posso deixar de reconhecer que a relação melodia e letra, o artesanato cancional, que há em *Dia de Domingo* me comove mais. Ambas refletem as experiências de seus autores em unir melodia e letra. O acabamento harmônico mais refinado da primeira não a deixa melhor nem, muito menos, mais envolvente que a segunda.

O reconhecimento de que há um artesanato cancional equivalente, que alinhava os estilos mais diversos de composição, convalida a intuição tropicalista de que a nossa canção precisa de todas as vertentes (antigas e contemporâneas, nacionais e internacionais, chiques e bregas, experimentais e comerciais) para perfazer sua identidade brasileira.

Portanto, voltando à questão, aquilo que, num primeiro momento, serviu para dar um novo perfil às nossas criações foi se convertendo em consciência de que há um artesanato específico da canção, que apenas eventualmente é praticado por músicos ou literatos; e de que só muito treino em unir melodia e letra torna o cancionista capacitado para a sua atividade. Aliás, Jobim tornou-se o cancionista que conhecemos por praticar esse artesanato todos os dias e não por ter formação musical, como se costuma dizer. Sullivan e Massadas, para ficarmos nos mesmos exemplos, foram parar no *Guinness* por exibir o maior número de composições gravadas na América Latina num curtíssimo espaço de tempo. Imagine a intensidade de trabalho da dupla para atingir esse patamar. E não sei se conhecem mais do que três ou quatro acordes. Mas sabem fazer canções.

Pois então, até hoje faço uso explícito das entoações na hora de compor. Tornou-se parte da minha dicção. Mas quero usar esse recurso para dialogar com as canções "reais", aquelas que o consumo selecionou ao longo do tempo. Continuo fazendo "experiências", às vezes com canções longuíssimas ou de ritmo pouco ortodoxo, mas com isso estou testando limites e não propriamente pensando em algum tipo de evolução (como outrora). Também quero produzir canções mais ligeiras que tragam a marca entoativa, mas, hoje, não me importo de camuflá-la como sempre fez a maioria dos nossos cancionistas. Isso faz parte do tal artesanato que venho dizendo.

Essa extensão, digamos assim, veio também por conta das numerosas parcerias que passei a fazer (na época do Rumo quase não as fazia) com autores em geral especialistas em camuflar as entoações subjacentes. Quanto mais "músico", mais o compositor pratica esse gesto dificultando o trabalho do letrista. Passo horas, então, tentando depreender as entoações que foram disfarçadas. Quando as depreendo, a canção sai rápido.

Enfim, a "linha evolutiva" se transformou em consciência do artesanato cancional.

Charles Perrone – Gostaria que você comentasse a relativa insuficiência do termo "compositor" para quem compõe canções – letra e música – e as vantagens de outros termos, mesmo estrangeiros (por exemplo, *songwriter*).

LT – Não há dúvida, falta-nos um termo consagrado que defina não apenas o compositor de canção mas também o músico que sabe valorizar a canção em seus arranjos. Posso dizer que "fiz minha parte" quando, em 1983, escrevi o artigo deste volume, "Vocação e Perplexidade dos Cancionistas", e, em 1989, concluí o livro *O Cancionista: Composição de Canções no Brasil* (só publicado em 1996). Claro que essa denominação, "cancionista", não deixa de ser uma forma disponível em nosso léxico, mas jamais associada à produção de consumo.

Quando saiu a primeira edição do *Dicionário Musical Brasileiro*, de Mário de Andrade, em 1989, encontrei ali uma remissão ao emprego do termo, no século XIX, referindo-se a cantadores populares, ligados à música de raiz. Portanto, a palavra estava completamente fora da realidade cancional (hoje já se pode dizer assim) do século em que a canção se instaurou definitivamente (o século XX). No entanto, era uma forma de designação imprescindível para caracterizar o que venho chamando aqui de artesanato da canção. "Compositor" e "músico" são conceitos amplos demais para dar conta do *métier* de um Roberto Carlos, de uma Rita Lee ou de um Caetano Veloso. Esses artistas integram como ninguém melodia na letra, e vice-versa, coisa que nem todo compositor e raros músicos sabem fazer com maestria.

Hoje já observo o emprego em larga escala do termo "cancionista" e mesmo do adjetivo "cancional", pelo menos entre estudiosos e jornalistas de São Paulo. Mas também já constatei o uso da expressão em textos escritos em Porto Alegre, Belo Horizonte e mesmo no Rio. Acho que agora só tende a se generalizar.

Embora em geral eu me dê bem com as expressões estrangeiras que trazem maior precisão ao conceito, nesse caso não vejo vantagem, pois o problema permaneceria na hora da adjetivação: cancional. A forma "musical" não substitui com propriedade a expressão "cancional".

Enfim, o seu *songwriter*, em princípio, é o nosso cancionista, embora eu já tenha concebido esse conceito em termos mais abrangentes: todo o universo da canção está associado ao cancionista, mesmo no plano da recepção dos ouvintes. O ouvinte de canção pertence a uma linhagem muito própria que nem sempre se confunde com a do ouvinte de música. Não seria ele também um cancionista *lato sensu*? Afinal, se ele entoa, já dispõe de um pré-requisito fundamental para compor...

Kristoff Silva – Existem músicas que, embora apresentem uma fraseologia muito próxima à de uma canção, com espaços entre as frases e compatibilidade com a respiração humana, ainda assim ao receberem letra causam a sensação de não "cantarem" as palavras, desfazendo em nós a possibilidade de crer naquilo que é cantado. Que aspectos você considera importante observar na construção de uma melodia que está destinada a receber letra?

LT – A meu ver, o artesanato do cancionista compreende o trabalho do melodista e o trabalho do letrista, que podem ser realizados pelo mesmo compositor ou por uma parceria. Isso independentemente das propostas de arranjo, que em geral já vêm sugeridas na execução instrumental do melodista.

Muitas vezes, numa parceria, o melodista é "excessivamente" músico, no sentido de que considera fundamental preservar a forma musical tal como foi concebida em sua composição, sem levar em conta que o encontro com a letra funda outra linguagem, que torna desimportante o acabamento estritamente musical. Diga-se de passagem, é o mesmo que ocorre no domínio da letra, sobretudo quando foi criada antes da melodia. Quando o letrista é "excessivamente" poeta também luta para preservar detalhes que, no canto, às vezes perdem toda a razão de ser.

Para virar canção, mesmo que sobrem informações musicais e poéticas (e sobram bastante), é desejável que o melodista conceba suas frases não apenas como fragmentos musicais, mas sobretudo como modos de dizer, mesmo que ainda não saiba o que realmente será dito. E, na hora do acabamento, o encaixe entre melodia e letra tem que ser reavaliado, pois, nem sempre as soluções são audíveis e expressivas. O ideal é que ambos os autores sejam despojados, que suprimam, acrescentem ou troquem notas, figuras rítmicas, palavras, sílabas, o que for necessário para beneficiar a linguagem cancional, ou seja, aquilo que de fato será absorvido pelo ouvinte.

Há algumas observações práticas que normalmente dinamizam a proposta melódica. Por exemplo, as terminações das frases, conhecidas como "tonemas", são especialmente sugestivas para o trabalho do letrista. As afirmações, as dúvidas, as indagações, as hesitações, enfim, as intenções dos versos se configuram nesses tonemas. Por isso precisam ser nítidos e motivados. Um salto intervalar nessa terminação praticamente inviabiliza a criação de um verso que possa ser emitido com naturalidade. Também não é muito fácil trabalhar com sucessivos acentos na última sílaba do verso, pois exigem monossílabos ou palavras oxítonas e o português não é pródigo em unidades desse tipo. Notas isoladas por pausas longas também são difíceis de letrar. Quase que só admitem interjeições. Frases instrumentais que ignoram os tonemas, como ocorrem nos chorinhos mais ligeiros, também oferecem resistência ao letrista.

Agora, já tive experiência de pôr letra em todos esses casos e muitos deles considero bem-sucedidos. Isso significa que nada é impossível, apenas há uma transferência de dificuldades do melodista ao letrista. Se o primeiro não chegou a um modo de dizer mais confortável, cabe ao outro extrair o que pode ser dito com aquelas linhas sem muito artificialismo. Mesmo que não atinja um ponto excelente, a composição se torna ao menos cantável.

Hélio Ziskind – Em várias de suas canções, determinados perfis entoativos são repetidos em estrofes diferentes com letras diferentes. Esse procedimento revela, creio, uma "vontade" de realçar (ou aplicar) na melodia entoada o seu aspecto musical, uma vontade de poder realizar operações melódicas, mesmo no âmbito das melodias entoadas. Mas, tomando como referência a noção de desenvolvimento melódico que temos nas canções de Tom Jobim (motivos em expansão, células que se deslocam, invertem etc.), você não sente que as melodias entoadas são mais difíceis de desenvolver? Por outro lado, você encontrou, ao longo de suas canções, processos de transformação melódica específicos das melodias entoadas?

LT – Sempre tratei as soluções "entoativas" como soluções "musicais", com o mesmo valor que adquirem em qualquer canção de consumo. Aliás, como sempre fizeram Noel Rosa, Chico Buarque, Paulinho da Viola ou Caetano Veloso, sem por certo revelar a entoação subjacente. Costumo considerar uma relação entre "força entoativa" (aquela que contém os impulsos criativos procedentes da fala) e "forma musical" (aquela que estabiliza os contornos melódicos num quadro de reiteração de motivos e de gradação de alturas), ambas presentes e fundamentais na organização interna de uma canção. Nesses termos, toda força entoativa tem por meta se estabilizar numa forma musical que, por vezes, se torna uma verdadeira "grade" sonora para receber diversas estrofes da letra, como nos casos que você citou.

Tenho uma canção, da qual você deve se lembrar, que ilustra bem esse modelo: *O Rei*. Temos ali uma grade melódica que conduz a evolução da letra, exatamente como acontece, por exemplo, em *Coisas do Mundo, Minha Nega*, do Paulinho. A diferença é que, dentro da estabilidade musical de *O Rei*, deixo algumas "janelas" abertas para a manifestação da força entoativa. Isso significa que a grade geral se mantém na exposição das estrofes, mas suas "barras" (ou motivos locais) não são exatamente as mesmas, pois se adaptam a frases e palavras com acentuação diversa. A grade é fixa, mas suas barras são flexíveis, compreende? Os motivos flexíveis denunciam a força entoativa que os motivos fixos tentam esconder.

Claro que os motivos fixos são mais convidativos, no sentido de atrair a execução de outros intérpretes. Os instáveis são desencorajadores. Viram "aquelas coisas esquisitas que só o Luiz e a Ná conseguem cantar", como li outro dia na Internet.

Mas força entoativa e forma musical caminham juntas em toda canção de consumo, coisa que não acontece na ópera, por exemplo, em que o pensamento musical [muitas vezes] esmaga a expressividade entoativa a ponto de impedir até mesmo a compreensão do texto escolhido. O fato de deixar transparecer a força entoativa, como faço em algumas canções (não em todas), em nada prejudica o desenvolvimento da forma musical. Apenas demarca um estilo de composição. Assim como o interesse do Jobim pela linguagem musical em seu sentido mais amplo (incluindo a produção erudita) acabou determinando o seu estilo de composição, muitas vezes fundado em sutilezas harmônicas e em desdobramentos temáticos.

Só que esses recursos, torno a dizer, não seriam suficientes para que o maestro virasse o excelente cancionista que virou. Ele teve de assimilar a duras penas o artesanato da canção, treinando todos os dias a prática de combinar melodia e letra. Ele cansou de dizer que fazia isso para "pagar o aluguel", mas o que importa é que fazia e chegou aonde chegou. O seu caso é quase uma exceção, porque são raros os músicos que se tornam bons cancionistas, prolíficos e originais. Parece até que precisam treinar mais que os não-músicos, já que a linguagem é muito diferente e nem sempre se dão conta disso. Quando assimilam o artesanato cancional, a bagagem adquirida com a música pode contribuir para a configuração do seu estilo pessoal. Foi o que aconteceu com ele, com Edu Lobo (a despeito de não ter consciência disso), Ivan Lins e poucos outros.

PAULO TATIT – Até os anos 1960 a corrente mais influente da MPB era feita no Rio por compositores pobres, moradores dos morros, como Wilson Batista, Geraldo Pereira, Ismael Silva, Nelson, Zé Kéti, Ataulfo, Assis Valente; ou então por autores nordestinos, como Luiz Gonzaga, Jackson do Pandeiro, Dorival Caymmi. Essa gente toda, que foi quem estruturou a MPB, era negra ou mulata, e vivia dura, como a maioria dos brasileiros até hoje. O que aconteceu com essa linhagem da canção brasileira? Por que hoje nos morros, favelas, periferia – como quiser chamar os lugares menos favorecidos da zona urbana – só se faz uma música que não permanece, nem tem pretensão de permanecer, como o hip hop, o rap ou o pagode? Não será mais possível aparecer um Cartola?

LT – Bem, talvez essa questão deva ser modulada. Parte desses nomes que você cita praticamente participou da "invenção" da canção de consumo, numa época em que essa atividade não tinha qualquer prestígio, aliás nem era considerada atividade lícita. O Braguinha, que também participou intensamente dessa fase de formação, teve de se esconder atrás do pseudônimo João de Barro para fazer parte dessa turma que vivia às voltas com a polícia. Tudo porque era branco, rico e portanto não podia revelar sua aliança com o grupo dos desfavorecidos. Outros, como Lamartine Babo, Ary Barroso ou Noel Rosa se definiam à época como artistas do rádio, diretores de programas, locutores futebolísticos e, também, compositores sem maiores pretensões. O mais ambicioso, Ary Barroso, adorava fazer seus "sambinhas", mas queria mesmo atuar numa faixa mais erudita para ser reconhecido como um autor capaz de fazer uma espécie de hino brasileiro, uma *Aquarela do Brasil*, para ser executada lá fora.

Ou seja, esse esforço de se chegar à canção de consumo que hoje conhecemos foi empreendido por pretos e brancos, pobres e remediados, só que uns se entregando de corpo e alma à atividade porque não tinham outra fonte de renda (aliás, vendiam de bom grado suas composições aos cantores, aceitavam toda espécie de parceria), e outros pisando em ovos. Produziam, mas chegavam a ter vergonha de receber por esse trabalho. Até Noel Rosa, que precocemente tinha orgulho de ser sambista, assumiu o ponto de vista da elite em sua polêmica com o malandro autêntico Wilson Batista: "Deixa de arrastar o seu tamanco/ Que tamanco nunca foi sandália/ Tira do pescoço o lenço branco/ Compra sapato e gravata/ Joga fora esta navalha que te atrapalha".

Quero dizer que todos que produziram nessa época, sem levar em conta a procedência étnica ou social, foram mais tarde consagrados como os implantadores da canção de massa brasileira. Os mais pobres apenas sentiam-se mais dependentes da nova atividade e, nesse sentido, mais disponíveis às encomendas dos cantores, aceitando qualquer negócio. Mas todos os entusiastas da canção espontânea, dos registros fonográficos e da impressionante difusão radiofônica contribuíram para a consolidação do formato cancional.

Só a partir da bossa nova a canção passou a ser considerada "coisa fina", cultivada pela elite, e o meio de expressão mais determinante para traduzir a cultura brasileira, cuja base sempre foi a oralidade. Mas a esta altura a mistura de classes e de raças já era um fato consumado dentro do universo da canção. Tanto que, não demorou muito, tivemos o gesto de Nara Leão (símbolo máximo da bossa nova e da elite carioca) em direção ao samba do morro, quando convida Zé Kéti e João do Vale para fazer o show *Opinião*. Na mesma época, Jorge Ben aparece com o seu Samba Esquema Novo, impregnado de *rock* e da nova realidade sonora que tomaria conta do país no decorrer da década: samba-bossa-iê-iê-iê. Nos anos 1970, as cantoras Clara Nunes e Beth Carvalho dividiam a cena do samba com os compositores-intérpretes Paulinho da Viola e Martinho da Vila, que até hoje lançam *hits* estupendos.

Então, o que me espanta, na verdade, é que, em nenhum momento da história da canção brasileira, a elite (econômica e cultural) tenha deixado de trabalhar ao lado dos artistas de origem modesta. Nos anos 1990, a música tornou-se um campo de rápida ascensão social, quase tanto quanto o futebol. A recente onda do pagode, que na verdade começou com Os Originais do Samba ainda na década de 1970, abriu as portas para diversos grupos de sambistas e ritmistas, que finalmente puderam usufruir a herança dos seus antepassados. O valor de mercado desses pagodes era infinitamente maior que o dos primeiros sambas que implantaram a linguagem. A fase heroica de implantação tem sempre um sabor de coragem pioneira que nem sempre é verdadeira. Não tenho dúvida de que os grandes sambistas pobres dos anos 1930 trocariam de boa vontade o valor artístico que hoje lhes é atribuído pelo valor de mercado que transformou (para melhor) a vida de seus descendentes.

Volta a questão: o artesanato cancional das composições do passado não é muito diferente do artesanato dessas canções dos anos 1990, feitas em escala industrial. Quanto ao que vai ficar para a posteridade, isso é sempre imponderável e depende muito das escolhas dos próprios artistas de prestígio. Lembro-me bem que as canções do Roberto e do Erasmo Carlos, em confronto com a produção dos demais artistas da geração Record, já eram de antemão consideradas datadas. No entanto, hoje não param de sair discos de interpretação de canções do Roberto (só não saem mais porque ele não deixa) e quase não vemos discos sobre o repertório de Edu Lobo, Sidney Miller, Geraldo Vandré, Carlos Lyra etc. Não há nada mais condenado pela elite da música de consumo do que o repertório sertanejo, mas bastou a Maria Bethânia interpretar *É o Amor* (do Zezé di Camargo) para confirmarmos que o artesanato empregado na criação dessa canção é o mesmo de Cartola em *As Rosas Não Falam* e de toda obra de Lupicínio Rodrigues e que, provavelmente, ela também será reinterpretada à exaustão no futuro.

Por fim, o rap me parece reacender até mesmo o vigor de pioneirismo (e todo o *glamour* que isso gera) da época de configuração do samba de consumo. Acho até um contraexemplo da tese que você defende na questão, ou seja, a de que não há atualmente uma participação decisiva dos artistas desfavorecidos no universo da canção.

Esse formato a princípio norte-americano põe em destaque um dos mais expressivos ingredientes do samba brasileiro: a fala. Até diria que se o Rumo explicitou os contornos entoativos próprios da linguagem oral que já havia em nossa música de consumo tradicional, o rap explicita hoje os elementos rítmicos dessa mesma linguagem. Tornar esse gênero comercial, como tem acontecido em alguns casos, me parece um fato novo e altamente significativo, se considerarmos que seus agentes continuam representando a periferia e lhe dando uma dicção contundente que já deu mostras de fecundidade, mesmo entre artistas plenamente consagrados. Caetano, Gil, Zélia Duncan, Herbert Vianna são nomes que já se serviram do gesto rap para construir suas canções. Esse é um sinal da permanência e influência do rap na produção brasileira. Não podemos esperar que um formato tão próximo da fala e de sua instabilidade natural sobreviva como uma canção dos anos 1930 ou 1940, em que o refrão e as repetições eram produzidos justamente para facilitar a retenção das frases na memória. É uma outra forma de sobrevivência, que eu acho que já deu certo.

ROBERTO DI LORENZO – Na sua experiência, o que deve ter uma canção para ser "permanente" no gosto do público?

LT – O problema da sua questão é a palavra "gosto". Com ela entramos outra vez no imponderável. Se a pergunta fosse "o que deve ter uma canção para ser permanente?", eu diria que é o tratamento musical. Se as canções manifestassem suas entoações de base sem esse tratamento, correriam o risco de desaparecer como qualquer fala cotidiana que jamais sobrevive à comunicação dos conteúdos abstratos. Os recursos musicais tornam os motivos repetitivos, estabelecem leis de gradação, ordenam os refrãos, enfim, fazem a canção permanecer em nossa memória, independentemente de nossa avaliação de sua qualidade. Quantas vezes reclamamos que não conseguimos "tirar" uma música da cabeça. Sua organização musical penetra com facilidade em nossa mente, pois oferecem parâmetros compatíveis com nossa memória.

Agora, para permanecer no gosto do público, a canção, em algum momento de sua história, tem que ter tido a oportunidade de ingressar no mercado fonográfico e de ter marcado época. Esse sucesso mais saliente lhe permite voltar de tempos em tempos, ainda que viva períodos de desaparecimento. Até canções consideradas datadas (como *Caminhando* do Vandré) ou simplórias (como grande parte do repertório da Jovem Guarda), pelo fato de terem marcado época, constantemente são recuperadas em discos ou em shows, porque já contam com a cumplicidade do público.

Ter tido sucesso um dia é aval infalível para a permanência de uma canção. Mas para sabermos como essa canção entrou no mercado pela primeira vez, creio que os fatores são mais de ordem extracancional do que propriamente cancional. Em linhas gerais, pode-se dizer que ela atendeu às solicitações comerciais do momento: representou um gênero ou uma moda então prevalentes, foi símbolo de algum movimento estético, venceu algum concurso, esteve nas paradas de sucesso dos anos 1950 e 1960, foi interpretada por artista de destaque, foi tema de telenovela ou minissérie.

A única qualidade intrínseca à canção que talvez possa ser realçada como também responsável por sua permanência é, a meu ver, aquela já lembrada anteriormente pelo Kristoff: tudo aquilo que é cantado precisa ter lastro na fala. O ouvinte crê no conteúdo das letras cujas melodias deixam transparecer seu valor entoativo. Quando ele tem a impressão de que aquilo que é cantado poderia ser dito, com as mesmas inflexões, aumenta bastante sua cumplicidade com a composição.

Francisco Bosco – Você acha que há uma resistência do Rio de Janeiro à música paulista? Pergunto isso por algumas razões. Primeiro, noto que há uma certa rejeição de muitos críticos cariocas à alta teorização sobre a canção popular que se faz sobretudo em São Paulo. É curioso e contraditório, mas sinto que muitos, notadamente aqueles ligados à imprensa, não leem essa produção crítica e teórica de excelência, ou, se a leem, repudiam-na, sob a alegação pífia de que música popular é algo "simples" – o que em geral serve de álibi para uma reflexão não exatamente simples, porém medíocre.

Alguns dos maiores responsáveis por essa teorização são também músicos populares, como você, Wisnik e o Arthur Nestrovski, por exemplo. Isso não significa, evidentemente, que vocês façam "canções teóricas" (seja lá o que isso for), até porque souberam pensar como ninguém antes a lógica particular e irredutível da canção; pelo contrário: suas canções são prosaicas e com boa dose de humor, as de Wisnik costumam procurar "sua expressão mais simples", Nestrovski, como violonista, acaba de gravar um disco dedicado às harmonias originais de Tom Jobim, maestro e carioca soberano. E no entanto... você costuma dar poucos shows no Rio, Wisnik, que fez um dos maiores discos de canção da década, *Pérolas aos Poucos*, também, e Nestrovski, *idem*. Já São Paulo acolhe tanto os jovens quanto os consagrados cancionistas cariocas, que fazem parte da programação cultural da cidade.

Enfim, tenho a impressão de existir um certo provincianismo intelectual e estético no Rio, no contexto da canção popular. Estarei exagerando ou vendo mal as coisas? Gostaria de lhe ouvir falar um pouco sobre a relação São Paulo-Rio (para usar um convite à relação que é o título de outro disco de Wisnik – não por acaso um paulista...) no contexto da música popular brasileira atualmente.

LT – Realmente o disco do Zé Miguel, *São Paulo Rio* [2000], manifesta o que talvez todos nós, cariocas e paulistas, pelo menos como artistas, gostaríamos que houvesse: maior integração entre esses dois grandes polos culturais do Brasil. Mas o problema que você propõe, embora não possa ser questionado como fato atual, envolve condições totalmente extramusicais, o que nos deixa à mercê das análises improvisadas e, provavelmente, inconsequentes. O que eu posso fazer é cutucar alguns pontos que parecem sensíveis quando se trata de avaliar as oportunidades oferecidas pelos dois Estados.

O Rio detém indiscutivelmente o maior patrimônio cancional de nossa cultura, a ponto de a história de nossa música popular se confundir com a história da música carioca. Seu período de hegemonia como capital brasileira coincidiu com a formação do nosso samba até a intervenção da bossa nova. Além disso, o Rio abriga o maior império de comunicação do país, a Rede Globo, que a princípio pode fazer ou desfazer o sucesso de uma grande iniciativa, de um programa ou mesmo de um artista. Isso poderia dar impressão que todos nós dependemos do Rio e de que o Rio pouco depende do resto do Brasil. Afinal, tudo que pinta de novo, tem que pintar na tela da Globo e só nesse caso poderá adquirir projeção nacional.

Por outro lado, a impressão que se tem, e isso vocês podem diagnosticar melhor que nós, é que a economia do Estado do Rio encontra-se em frangalhos depois de sucessivos mandatos desastrosos e da verdadeira "guerra civil" que se trava nas ruas da cidade. A ação criminosa no Rio parece ter mais poder invasivo (e de infiltração) que a de São Paulo e a de outros Estados. Pelo menos é a impressão que nos passa. O noticiário divulga diariamente a falência dos setores básicos de saúde, educação, segurança etc. É fácil imaginar que, nesse contexto, as tentativas mais ambiciosas de implantação de projetos culturais permanentes e de amplo alcance venham sendo sistematicamente minadas pela falta de condição crônica das Secretarias de Cultura e pelo abandono compreensível dos possíveis investidores. Resultado: o Rio não tem condições de receber artistas de fora e, pelo que tenho observado, nem de oferecer condições dignas à grande maioria dos próprios artistas cariocas que não tem cacife para se apresentar no Canecão. Por isso, como você disse, os músicos do Rio procuram os bons esquemas "de médio porte" que já funcionam com grande eficiência nos auditórios paulistanos. E eles são tão bem recebidos aqui quanto nós também seríamos pelo público carioca (tenho experiência disso) se tivéssemos as mesmas chances de apresentação nas suas salas de show.

A rede de teatros do Sesc de São Paulo, responsável por muito da produção cultural de boa qualidade que circula pela cidade, vem montando e expandindo suas frentes de atuação desde os anos 1980. O sucesso desse empreendimento encorajou instituições de mesma natureza (como o Sesi), os centros culturais financiados pelos bancos e as secretarias culturais do Estado, entre outras. Hoje, creio, a cidade de São Paulo está compatibilizada com o modelo contemporâneo de produção cancional. Há espaço para quase (e será sempre "quase") todos os segmentos ou, se preferirmos, para todas as pequenas pedras que compõem o arco da canção brasileira, mesmo aquela que às vezes chega à Globo. Como teria dito Marco Polo a Kublai Khan, segundo Italo Calvino, "sem pedras o arco não existe".

Não acredito em nenhum tipo de rivalidade entre as duas capitais que pudesse cercear a participação dos artistas em suas respectivas terras. A todo instante, artistas, amigos e representantes do público carioca me perguntam se eu não vou pelo menos fazer um lançamento de disco no Rio. E eu sempre devolvo a questão: "Mas onde?"

Na verdade, não basta um único lugar, seria uma concorrência selvagem. Precisa haver dezenas de pontos de shows e eventos para se instalar uma política de intercâmbio entre artistas de ambas as cidades e, no final das contas, de todas as importantes cidades brasileiras que tenham produção expressiva.

Quanto à primeira parte da sua questão, o fato de você, um carioca, sentir falta de uma reflexão mais apurada no domínio da canção já demonstra que a falta de profundidade não é uma característica carioca. Talvez seja mais uma questão de geração. Minha geração, pós-bossa nova e pós-tropicalismo, se viu diante de uma canção de consumo interessantíssima, historicamente consolidada, mas ainda distante de um reconhecimento acadêmico, mesmo porque o modelo europeu que sustentou o formato de nossas universidades até os anos 1970 jamais poderia prever que um país pudesse dispor de um meio de expressão mais influente que a literatura, as artes plásticas, a dramaturgia ou mesmo a música erudita. Não estava nos planos da universidade brasileira analisar canção de consumo. Isso exigiu dos estudantes e dos novos professores um equacionamento especial da matéria para justificar sua introdução, pelo menos, nas áreas de pós-graduação dessas escolas. Por outro lado, a primeira reflexão de peso sobre o valor estético da produção cancional brasileira já tinha sido realizada, fora do âmbito acadêmico, pelo poeta paulistano Augusto de Campos no seu famoso *Balanço da Bossa*[2], que, a meu ver, abriu as comportas da pesquisa sobre o tema em São Paulo. Com a colaboração de nomes como Júlio Medaglia, Brasil Rocha Brito e Gilberto Mendes, Augusto apresentou um modo novo de tratamento ensaístico da canção. Wisnik, Celso Favaretto, Gilberto Vasconcellos e eu próprio nos sentimos especialmente

2. *Balanço da Bossa e Outras Bossas*, 1974 e reeds., 2ª ed., ampliada, São Paulo, Perspectiva, 1968.

tocados por essa forma de abordar a "música de rádio", embora nossas pesquisas acadêmicas específicas corressem em áreas distintas.

Isso me parece justificar o início dos trabalhos de reflexão sistemática em São Paulo. Mas é claro que, no mesmo período, alastraram-se muito as abordagens da canção em todas as frentes artísticas, intelectuais, jornalísticas, todas estimuladas pelo desempenho especial dos compositores e dos cantores na formação dos brasileiros. Essas abordagens eram históricas, biográficas, sociológicas, críticas ou reuniam depoimentos dos próprios artistas, enfim, eram documentos importantes que, mais tarde, serviram de base tanto para os trabalhos acadêmicos como para os dicionários, as enciclopédias e mesmo para as reflexões sobre a linguagem cancional.

Ou seja, entre muitos que foram marcados pela canção de consumo na minha geração, alguns poucos se aventuraram em construir um pensamento sobre a linguagem e seus vínculos com outros lugares de nossa cultura, outros se detiveram nos fatos históricos, outros na reportagem e elaboração de artigos opinativos, enfim, todos contribuíram para ampliar o campo de influência dessas pequenas obras na visão de mundo brasileira.

Mas existe uma questão delicada que diz respeito a todas as áreas do conhecimento e que só com a experiência a gente consegue vislumbrar. Não é comum a leitura recíproca entre autores de mesma geração. Normalmente o estudioso organiza o seu pensamento a partir de obras de autores consagrados, muitas vezes já falecidos, que já foram de algum modo aprovados pelo crivo da História. E quando há por acaso a leitura dos pares, quase nunca esta mexe com as convicções já enraizadas na mente do leitor. Certa vez, sob os efeitos do impacto que um importante livro de semiótica havia me causado, indaguei de seu autor se os seus colegas (da mesma geração) já tinham se manifestado sobre o teor daquele trabalho. Ele me respondeu que não esperava que fosse lido por eles e que escrevia pensando nos estudantes e nas gerações posteriores. Via de regra, ninguém muda de opinião depois de uma certa fase da vida, ainda mais quando a leitura exige conhecimentos prévios sobre a matéria. Sei que isso é custoso e geralmente não vale a pena.

Mas, em compensação, quando participo de seminários sobre o tema – e aí no Rio já houve duas edições do evento "A Palavra Cantada", por exemplo – encontro dezenas de leitores dos meus livros, claro que das gerações mais novas, desenvolvendo teses interessantes e ampliando o alcance que eu mesmo imaginava para a matéria. Ou seja, a efervescência é sempre bem depois do lançamento das ideias.

Zélia Duncan – Você já respondeu em parte; mas a que mais você atribui isso que pra mim é um mistério: o fato de o Rio não absorver o que se faz em São Paulo. São Paulo tem uma produção musical intensa. Você mesmo, Itamar, Zé Miguel, Ná e Dante Ozzetti e tantos outros, com trabalhos brilhantes, que praticamente nunca reverberam por aqui.

LT – Bem, das condições atuais das duas cidades, acho que já tratei na resposta anterior. Agora, esses artistas, entre os quais você me inclui, apresentam um perfil difícil de veicular na escala do mercado aberto.

O Itamar sempre foi consciente e cioso do seu talento como compositor e homem de palco, a ponto de criar inúmeros empecilhos toda vez que era convidado a participar de projetos com outros artistas, sobretudo quando havia grandes produtoras ou grandes veículos de comunicação envolvidos no processo. Ele não aceitava exploração, mesmo quando aquilo era necessário para se passar a um patamar superior no mercado de consumo. Nesse sentido, ele contribuiu para o seu próprio confinamento no cenário da música comercial dos anos 1980 e 1990. Quem conhece suas canções não compreende como pôde ficar de fora das produções de consumo que fizeram a efervescência desse período. Precisou, aliás, da intervenção de cantoras como você, que já tinha conseguido ingressar no mercado e que conhecia intrinsecamente o valor da sua obra, para, finalmente, trazer a público composições que jamais poderiam ter sido desprezadas. O seu último disco[3] vem com nada menos que quatro composições do Itamar (com parceiros), abrindo uma oportunidade que infelizmente ele não pôde presenciar.

O Zé Miguel só resolveu encarar de vez sua projeção musical no início dos anos 1990, depois de já ter consolidado o seu trabalho como ensaísta na área da literatura e da música. Mas, assim como eu, ele é professor de uma

3. Zélia Duncan, *Pré Pós Tudo Bossa Band* (Universal, 2005).

universidade que exige intensa participação acadêmica e não pode se ausentar sistematicamente para investir na divulgação de seus discos, nem disputar um mercado com jovens que se entregam total e exclusivamente ao mundo dos shows e das excursões pelo país e que podem atender a todos os convites dos programas de rádio, televisão ou transmissões digitais. Ele tem que selecionar com bastante critério o que vale a pena fazer para poder conciliar as atividades musicais, a universidade e suas peregrinações de conferencista.

O Dante ganha sua vida como arquiteto e, gradativamente, vem passando para a área musical, às vezes como compositor, às vezes como produtor ou instrumentista. Seus compromissos impedem que jogue tudo para cima e passe a viver de música de uma hora para a outra, embora já tenha demonstrado fartamente o seu talento como compositor e arranjador.

Só a Ná vive de música e tem uma atuação mais regular no nosso meio musical. Durante muito tempo, aliás, foi nossa única porta-voz para um público menos restrito. De todo modo, fez toda a sua carreira fora das gravadoras e acabou assumindo um ritmo de produção do tipo "devagar e sempre", conservando alta qualidade artística, mas num andamento todo próprio para não dar saltos maiores que a perna (ela banca os próprios discos).

Eu mesmo sinto tanta necessidade da música quanto da pesquisa, preciso estar com um pé em cada canoa. Minha vida se estabilizou desse jeito, com as vantagens e desvantagens da escolha: nunca precisei me adaptar às demandas do mercado, mas também devo ter produzido bem menos canções do que poderia se vivesse só disso. É a negociação que cada um faz com a própria vida.

O que eu quero dizer é que, para além das relações Rio-São Paulo, também não é muito fácil trabalhar com essa turminha que dispõe de pouquíssimo tempo, segue ritmo próprio e não abdica das outras atividades. Acho que precisaríamos de umas dez Zélias para difundir o trabalho que nós mesmos não conseguimos.

ZÉLIA – Uma pessoa de gravadora me disse, outro dia, que nunca se ouviu tanta música no mundo como hoje; no entanto, artistas e pessoas ligadas ao meio da música têm observado a queda de vendagens, as mudanças bruscas do mercado etc. Por que o Brasil não tem encontrado saídas significativas para uma coisa que sempre foi motivo de orgulho, como a música feita aqui?

LT – É isso, Zélia, as duas coisas são verdadeiras: cada vez mais se ouve e cada vez menos se compra. A mudança nas leis do mercado é inexorável, embora nem sempre as profecias sobre o desaparecimento do "álbum" como trabalho fonográfico me convençam plenamente. Evidente que a antiga situação de se comprar um LP ou um CD por causa de apenas uma música não mais existirá. Todo ouvinte poderá providenciar o seu próprio "CD" ou mini-iPod apenas com os *hits* que lhe são significativos e descartar as demais faixas que a esta altura só terão sentido para o próprio artista. Mas boa parte desses ouvintes sempre terá interesse justamente na proposta integral do artista de sua preferência, pelo menos até o momento em que esse artista também abandone o formato das canções encadeadas em faixas sucessivas.

Para quem conheceu a época do "homem da gravadora", do "dono da voz", do proprietário dos meios de produção e difusão, enfim, a época em que o aspirante a artista precisava bater à porta de uma grande empresa para pedir uma oportunidade de trabalho, essa "revolução" pelo quase repentino controle dos meios de produção é algo que superou todas as expectativas cultivadas desde os anos 1980.

Não acho que essas transformações relativamente bruscas prejudiquem de algum modo as relações entre artistas e público. Pelo contrário, essas só tendem a prosperar pelo poder multiplicador dos meios eletrônicos. O prejuízo fica para os agentes intermediários da cultura, que terão de reinventar o seu papel comercial. É toda uma estrutura industrial, construída em décadas, que se desmorona a olhos vistos, depois de ter sido uma senhora poderosíssima capaz de definir tendências musicais, carreiras artísticas, quem fica, quem sai e, no final das contas, até a sonoridade própria do país durante certo período. Isso sim acabou.

Sobra a questão dos direitos autorais, que neste exato momento deve estar tirando o sono do ministro Gil. Como artista, ele enxerga lá na frente, como sempre foi sua característica, e tenta argumentar que o avanço da informática é irreversível e que o mercado deve criar outras formas de convivência com a nova realidade. Mas como ministro ele tem que ser mais conservador e resolver os problemas do presente. Entre os mais espinhosos estão os direitos autorais.

Para os autores que fazem shows, turnês e numerosas participações ao vivo, o impacto financeiro talvez não seja tão significativo. Mas para os autores, digamos, passivos, que se dedicam apenas à criação, estes se veem repentinamente sem chão e até com dificuldades de sobrevivência. Vão tirar de onde? Isso sem entrar na faixa das sociedades de arrecadação, totalmente concebidas para esse ofício de fazer chegar os direitos à mão do autor, mediante remuneração de uma pequena parte desses rendimentos. O que fazer com tudo isso aqui-agora, independentemente dos prognósticos – às vezes apocalípticos, às vezes catastróficos – que veem na Internet uma espécie de big brother do futuro?

Felizmente este não é um problema exclusivo do Brasil, longe disso. O mundo todo espera soluções para no mínimo fazer uma transição menos traumática entre era analógica e era digital. Estamos agora no olho do furacão, daí a perplexidade diante dos fatos. Mas creio que, aos poucos, os ajustes serão assimilados e o Brasil também adotará as soluções da aldeia global. Deixa estar ou deixa sangrar.

ZÉLIA – E em relação à Internet, você consegue dar um palpite de como vai ser daqui a alguns anos a relação do artista com sua obra e com esse consumidor, que já anda viciado em se apoderar das produções?

LT – Escrevi um pequeno artigo chamado "Música para Reouvir", incluído neste volume, que trata um pouco disso. Entre as consequências do controle dos meios de gravação e difusão por todos os interessados, está a possibilidade de, no limite, não haver mais o consumidor puro. Aumenta assustadoramente o número de ouvintes que tem o seu próprio trabalho musical. Aquilo que acontecia de tempos em tempos, um colega assistia ao seu show e, no final, além de cumprimentá-lo, trazia um CD recém-lançado para que você ouvisse, torna-se cada vez mais frequente. O público é formado de "colegas" de trabalho. Quase todos já fizeram o seu disco e, portanto, querem ser ouvidos. E como o tempo livre desse novo ouvinte é agora utilizado para produzir e gravar as faixas de seu disco solo (e sempre há um novo trabalho em andamento), não há mais tempo para ouvir música dos outros. Daqui a pouco, todas as composições produzidas estarão disponíveis na Internet, mas o público estará ocupado demais com sua própria produção para poder ouvi-las.

Essa concorrência desmedida e esse perigo de saturação absoluta do sistema fonográfico talvez já estejam provocando nas pessoas atitudes inconscientemente defensivas, como o culto à música conhecida e, de preferência, consagrada. Afinal, é ela que garante o nosso sentimento de pertencer a uma comunidade com a qual compartilhamos nosso gosto pessoal. Quando ouvimos nossa música preferida e ainda a cantamos com o artista, estamos afastando temporariamente a ameaça do caos sonoro que a Internet e a mídia nos impõem se quisermos manter sintonia com o momento musical.

Portanto, além de se apoderar das produções dos artistas, como você disse, esse novo consumidor também está apto a se apoderar dos meios e da prática de produção, gerando produtos que dificilmente serão consumidos, pois seus eventuais consumidores também preparam os seus trabalhos e assim indefinidamente. Sei que muita coisa no caminho pode impedir essa situação extrema, mas pelo menos alguns sinais dessa tendência se configuram: já não é possível absorver a oferta diária de novos trabalhos musicais, sejam eles em formato de CD, DVD, show, MP3, Youtube, e, enquanto isso, nós mesmos, autores, não conseguimos deixar de pensar em nosso próximo trabalho, mesmo sabendo que ele será lançado no mesmo dia em que sairão algumas centenas de outros, só aqui no Brasil.

Não posso deixar de reproduzir a observação de João Gilberto, tempos atrás, a respeito da prática desenfreada de composição que, antes da Internet, já assolava os autores. Ele achava uma grande irresponsabilidade ficar compondo a torto e a direito quando havia centenas ou milhares de boas canções à espera de intérpretes e de audição concentrada.

ARNALDO ANTUNES – Luiz, gostaria que você falasse um pouco sobre como se deu a sua percepção de que a canção, de uma maneira geral, efetua uma radicalização (ou uma cristalização) dos processos entoativos da fala (ou das falas, em suas muitas modalidades – da conversa cotidiana aos discursos em palanques, do anúncio na feira à locução na rádio, dos telefonemas aos sussurros de amor etc.), e de como isso vem se expressando em sua produção musical.

LT – Você conhece bem toda essa trajetória por tê-la acompanhado desde os tempos do Rumo e, portanto, foi direto ao ponto: as relações entre a fala e a canção constituem o núcleo criativo e reflexivo que mobilizou tanto o meu trabalho musical como minhas indagações sobre o sentido emanado das canções.

Todos nós, falantes da língua, produzimos "canções" (entoações + frases verbais) que em geral não merecem ser fixadas. Ao contrário, tendem a ser esquecidas logo após a comunicação. No entanto, alguns de nós, provavelmente levados por ímpetos artísticos, consideramos que vale a pena perenizar trechos dessas falas de modo que possam ser repetidos e até cantarolados em coro pelas pessoas. É quando nos pomos a compor. Claro que essa atividade envolve também uma certa habilidade musical, não no sentido instrumental do termo (ninguém precisa tocar bem para compor), mas no sentido de capacidade de fixação dos contornos entoativos para que esses não desapareçam juntamente com nossas falas cotidianas. Envolve, simultaneamente, uma capacidade de fixação das frases linguísticas que, na maior parte das canções, também são criadas na tangente da linguagem oral. Por isso, "como é bom poder tocar um instrumento!" Ele ajuda a estabilizar o que é naturalmente instável.

Se o compositor tem como referência os encaminhamentos dissonantes explorados pelos bossanovistas certamente fixará sua melodia em bases mais cromáticas, com diferenças expressivas nos acordes de acompanhamento. Se tem como referência os acordes perfeitos usados no rock ou nas baladas românticas, seus contornos melódicos serão mais diatônicos, mais escalares. Se tem como referência levadas percussivas, suas melodias podem reproduzir motivos rítmicos que pouco (ou nada) evoluem harmonicamente.

Em todos esses casos, a originalidade do contorno me parece sugerida pela entoação, por sua maneira de falar uma determinada frase (nem que a frase linguística em si somente se configure mais tarde), o que explica que um compositor possa fazer excelentes canções independentemente de sua formação musical ou sua virtuosidade instrumental. Todos os níveis de formação musical terão de encontrar um "modo de dizer" melódico que seja suficientemente persuasivo. É nesse momento, em busca da entoação específica, que o autor mostra que domina o artesanato do cancionista.

O primeiro capítulo deste volume é em grande parte um esforço de resposta a essa questão.

Posso acrescentar aqui, por curiosidade, que antes do projeto do Rumo, iniciado em 1974, eu já havia composto cerca de duzentas canções que considero irrelevantes como produção "de carreira", mas que me ajudaram a ingressar no artesanato cancional. Nelas eu também me servia das entoações, sem ter qualquer consciência desse procedimento. Aliás, como qualquer compositor, pois ninguém precisa saber que faz uso de entoação para compor. Esse uso é espontâneo. O tempo todo, formulamos frases com sujeito, predicado, objeto, complementos etc. e também não precisamos ter consciência disso. É a linguagem operando em nós. A linguagem da canção também opera em nós sem que tenhamos consciência de seus processos. É mais fácil acharmos que estamos desenvolvendo uma atividade "musical" e "literária", quando na verdade o que há de música e literatura na canção é mais um acabamento do que o essencial. O essencial é buscar a entoação que confere originalidade àquela obra particular e que se compatibiliza com a letra.

Pois então, imaginei, nesse início dos anos 1970, que deixar os indícios da entoação assinalados nas curvas melódicas das novas composições poderia inaugurar um estilo de criação que soaria como algo inusitado e, ao mesmo tempo, estaria vinculado à tradição da linguagem cancional. Foi aí que eu desprezei as tais duzentas canções (que eram, de resto, totalmente imaturas) e passei a compor dentro da proposta do Rumo. Quando deixou de ser necessária a explicitação das marcas entoativas, o procedimento já estava incorporado na minha dicção. Até hoje, é fácil identificar o componente entoativo que subjaz às minhas melodias.

Lorenzo Mammì – Suas primeiras canções tinham contornos muito fluidos, tanto na linha melódica quanto na estrutura estrófica. Eram quase prosas musicais. As mais recentes parecem recuperar formas mais definidas, com estrofes, refrão etc. As linhas melódicas também têm arcos mais marcados, são mais cantáveis no sentido tradicional do termo. É correto dizer isso? Há uma busca consciente nesse sentido?

LT – Em meados de agosto passado [2007] houve um evento no Sesc Pompeia, denominado "Era Iluminada: Vanguarda Paulista", coordenado pelo Dante Ozzetti, em que participei com representantes do Premê, o próprio Arrigo e artistas posteriores como Chico Cesar, Arnaldo Antunes e a Banda Dona Zica, entre outros. A graça estava em os artistas cantarem músicas do repertório dos outros. Muitos executaram músicas minhas da época do Rumo e, segundo o Dante, alguns, como os amigos Wandi Doratiotto e o Maurício Pereira ficaram espantados em saber que aquelas músicas "faladas" tinham melodias totalmente definidas. Eles achavam, a princípio, que era só interpretar o texto como se fosse uma declamação. O trabalho do Dante foi então executar no instrumento aquilo que parecia falado a esmo para que eles aprendessem a "dizer" com notas fixas, ou seja, aprendessem a cantar.

Quero dizer que todas as músicas do Rumo tinham melodias bastante precisas, embora acusassem a entoação que as haviam gerado. E, de fato, havia uma clara intenção de desestabilizar métricas, compassos e outros tipos de regularidades para justamente demonstrar mais afinidade com os comportamentos livres da fala do que com as quadraturas musicais ou mesmo poéticas (decassílabos, alexandrinos, redondilhas etc.). Esse modo de agir tinha a ver com o que o Carlos [Sandroni] chamou de busca da "linha evolutiva" da canção brasileira, que caracterizava naquela época o pensamento da vanguarda.

Aos poucos, como já disse, isso foi deixando de ser importante, mas os recursos entoativos permaneceram como dicção ou estilo de compor, mesmo nas produções que dialogam mais com a música pop. Digo "dialogam com a música pop" porque não sei fazer uma música pop pura e simples. Se soubesse, e esses resultados não parecessem artificiais, comporia diretamente para o mercado, como o Sullivan e Massadas. É que não sei fazer isso tão bem quanto eles.

Acho que todo compositor está condenado ao seu estilo, com as vantagens e desvantagens dessa condição.

MAMMÌ – Você diz que sempre compõe a música antes das palavras, como aliás quase todos os outros cancionistas. Mas fala pouco dessa primeira fase, quando as palavras ainda não existem, tanto nos textos teóricos quanto nas canções. E na canção *O Meio* você se refere justamente à dificuldade de falar do começo. Mas eu queria que você falasse agora: o que vem primeiro? Um giro harmônico, um ritmo, uma melodia? Que importância tem sua relação com o instrumento? Tem harmonias de que você gosta mais?

LT – Como componho ao violão, algumas direções de melodia são sugeridas pelo manejo do instrumento. Considero que essas direções são boas quando definem um modo de dizer, mesmo que eu ainda não saiba (e geralmente não sei) o que exatamente direi; ou seja, quando já posso dizer "frases-monstro" (frases verbais que não serão aproveitadas) que servem para testar a naturalidade da entoação. Tudo isso antes de ter ideia do tema, mas já lançando fragmentos linguísticos que poderão ser embriões de possíveis temas definidos mais tarde. Os breves encadeamentos harmônicos ou mesmo uma determinada batida rítmica podem contribuir bastante para a estabilização desse material que, nessa fase, é muito pouco consistente.

À época do Rumo, até a levada instrumental eu extraía da instabilidade entoativa, pelo menos na hora de criar a matriz básica que, depois, poderia ser repetida. Mas agora não me importo que um arpejo ou uma condução harmônica qualquer sirvam de grade para o cantarolar da melodia. Talvez isso explique as atuais "formas mais definidas" que você formulou na questão anterior.

De todo modo, essa combinação de batida harmônica do violão e melodia ainda meio entoativa, dizendo frases-monstro, pode durar dias, ou meses, até que uma letra coerente comece a sair. Se a coerência só se configurar na parte final da canção, então refaço toda a etapa inicial à luz do tema que deu certo.

É comum para mim permanecer dias cantarolando uma melodia quase totalmente definida sobre a base de um acompanhamento também estruturado até conseguir chegar a uma letra interessante.

NÁ OZZETTI – E as personagens das canções, como Ivone, Cristina, Sofia, Matilde, Odete, Carlão... – elas surgem depois da ideia musical? Sempre tive essa curiosidade de saber onde e como elas aparecem.

LT – Sim, Ná, sempre depois da ideia musical, como qualquer outro tema. Nós mesmos temos uma parceria, *Doroti*, cuja melodia você fez e nem imaginava que essa "mulher" poderia surgir como desencadeadora do tema da letra. O mesmo aconteceu com todas as outras em que eu mesmo fiz a parte melódica. Fiquei por um tempo executando a melodia, como um vocalise, escorado por um arpejo de acordes encadeados até que a conversa, ou a história, com um personagem fosse aparecendo – geralmente a partir de frases soltas. Uma das últimas coisas que eu "fecho" na composição é o nome da personagem.

GERALDO LEITE – Luiz, mesmo que eu lhe seja eternamente grato por haver criado o *Carnaval do Geraldo*, que como você sabe, é muito mais do que uma música para mim, confesso que eu sempre fui vidrado mesmo é nessas tuas personagens femininas. Entre as de nome explícito nas canções, anotei pelo menos sete: Vera, Cristina, Aurora, Odete, Ivone, Matilde e Sofia. Isso sem contar aquelas que nem precisa falar o nome, mas com quem a relação é sempre arrebatante, como a gordinha do *Diletantismo*, a meio velha (mas tão bonita) do *Bem Baixinho*, a *Velha Morena*, a moça da novela, a do *Rodopio*, chegar na dose exata de paixão com o *Amor e Rock*. Tenho duas questões sobre isso: primeiro se já não está na hora de você fazer um espetáculo só com elas, completando o repertório com novas personagens, é claro. E depois, lembrando até do teu jeito de ser e estilo de vida, se de todas as que podemos comentar não seria *A Companheira* aquela que mais se aproxima do teu modelo ideal, de procura, relação ou paixão?

LT – Puxa! Bem mais que uma questão, essa é uma grande ideia. Acho mesmo que se eu reunisse só as canções que envolvem essas personagens femininas já teria um show completo com esse gancho que você destacou. Creio que até comportaria uma curta temporada num teatro pequeno. Como sempre, só falta um produtor que abrace a ideia.

Então, tenho que reconhecer que *A Companheira* talvez seja a música dessa temática que mais me satisfez. Interessante que ela agora está dando pano pra manga. O Arthur me contou que já acompanhou a Suzana e a Zélia cantando essa música. Eu mesmo assisti recentemente a uma execução impecável do Arnaldo no teatro do Sesc Pompeia. Tudo isso me agrada muito.

NÁ OZZETTI– E sobre o cantonovela *Aurora*: como foi o processo? Você já tinha a ideia do enredo e das personagens antes?

LT – No caso específico de *Aurora*, fiz uma fusão de duas melodias que, a princípio, deveriam corresponder a duas canções independentes. Cheguei até a concluir a letra de uma delas com um conteúdo completamente diferente. Lembro-me que era uma espécie de detetive indagando a quem poderia interessar um determinado comportamento de alguém. De repente, quando fazia a letra da outra canção, começaram a surgir as frases ciumentas da Aurora em relação à Débora, ou Dinorá, nome que me lembrava "devorar". Daí veio a frase entoativa central: "Ai que ódio dela / Eu sinto que foi ela...".

Não tive mais dúvida, desenvolvi esse tema no restante da melodia e ainda refiz a letra da outra (que não estava mesmo me agradando), concebendo dois personagens masculinos que dialogavam com Aurora. Como estávamos ainda na fase do Rumo, eu sempre pensava em você, no Geraldo e no Pedro como personagens que executariam esses diálogos. Eram os mesmos personagens de *Carlão*, de *Trio de Efeitos* e mesmo de *O que É que Você Fazia*, do Hervé Cordovil e Noel Rosa. E eu adorava assistir a esses números de fora da cena. Por isso, nunca participava dos arranjos, para poder curti-los da plateia ou dos bastidores.

ARTHUR NESTROVSKI – Nos textos escritos sobre sua música, desde os tempos do Rumo, pouco ou nada se fala sobre o que você faz com o violão. Mas isto me parece crucial para a identidade das canções. Não só a harmonia e a levada, mas também a disposição dos acordes e o uso de texturas propriamente violonísticas, como (para dar um exemplo concreto) o emprego de arpejos só em três cordas do instrumento, que se escuta em *A Companheira* e outras músicas. O quanto da composição começa nesses achados instrumentais? O quanto do violonista influencia o compositor?

LT – É. Acho que "eu tenho um companheiro inseparável/ Na voz do meu plangente violão", como diriam Francisco Alves e Horácio Campos. Talvez meu violão não seja plangente, mas sua companhia é fundamental para que eu componha. Aliás, confesso a vocês que só pego em violão para compor e, contra a vontade, para fazer shows e, evidentemente, prepará-los nos ensaios. Mas posso ficar meses sem tocar, como já aconteceu muitas vezes no passado, que não sinto a mínima falta. Hoje em dia, toco com mais constância por causa dos shows.

Mas, na hora de compor, jamais concebi uma melodia sem o manejo do violão. Sei, no entanto, que faço um trabalho de violão pouco habitual mesmo entre violonistas de verdade. Acho que isso tem duas origens.

A primeira fez parte da busca inicial de novos recursos para a composição empreendida, digamos, nos dez primeiros anos de Grupo Rumo. Por isso, posso dizer que o projeto Rumo rendeu um estilo que transcendeu em muito o período de atividade do grupo (que também não foi curto: dezoito anos). Até no uso do violão, isso pode ser comprovado. No início, eu queria que o violão sustentasse a condução entoada da voz, apoiando os acentos naturais da fala cotidiana, desprezando qualquer regularidade de compasso e mesmo qualquer orientação harmônica. São dessa época canções como *Minha Cabeça*, *Fundação da Cidade* e, até certo ponto, *Época de Sonho* e *Canção Bonita*. O violão era mais solado que "harmonizado", justamente para apoiar uma entoação que só parecia ser instável.

Eu conseguia fechar a música no violão, mas na hora de fazer o arranjo com o resto da banda era uma verdadeira luta: os instrumentistas precisavam de algum ponto de apoio e minha intenção era exatamente abolir esses apoios. Partitura, nem pensar. Seria uma complicação inútil. Nada era registrável nos moldes convencionais. Nem as cifras, pois boa parte das notas eram isoladas enquanto os acordes mais faziam textura do que harmonia. Resultado: só a Ná [Ozzetti] e eu mesmo conseguíamos cantar as músicas e só eu conseguia executá-las ao violão. Às vezes, o Paulo [Tatit] ficava desesperado com a falta de balizas musicais e refazia o arranjo na guitarra, conservando a melodia, mas criando pontos de pulsação mais regulares para a integração da banda. Assim foi feito com *Canção Bonita*, por exemplo. Me puseram para escanteio, e a banda executou a música com a voz da Ná. Hoje me vingo cantando essa música nos shows, só ao violão.

Pois então, essa é uma das origens desse estilo de violão que se tornou quase irrealizável pelos próprios violonistas que estão acostumados a tocar por cifras ou partituras. Mas felizmente não fiquei só nessa busca, digamos, meio autista de um som exclusivo. E também não fui especialmente influenciado pelo violão de João Gilberto, como havia acontecido com praticamente toda a geração da Record dos anos 1960. O violão que me deixou realmente transtornado foi o do outro Gilberto, o Gilberto Gil. Muito jovem ainda, eu estava no famoso show da Poli em que o Gil, recém-chegado do exílio, no início dos anos 1970, tocou e cantou durante mais de duas horas, exibindo um modo de tocar violão completamente desnorteante para quem, como eu, achava que sabia tocar alguma coisa. Era uma total independência de instrumento e voz. A impressão que a gente tinha era a de que ele chegou em Londres, sentou num banquinho e ficou tocando por quase dois anos até a hora de voltar. Ele falava com o público e cantava sem interromper o violão como se não houvesse qualquer descontinuidade entre essas duas situações. Eram sambas antigos, músicas inéditas, hits e bate-papos, tudo ao som de uma mobilidade rítmica impressionante, percorrendo todo o braço do instrumento, usando às vezes uma só corda, às vezes três e de repente batia as seis para obter mais intensidade. Parecia outro instrumento.

Pois bem. Esse show foi gravado em rolo pelo grêmio da Poli. Imediatamente providenciamos algumas cópias tanto em rolo como em cassete. Tirar essas músicas passou a ser nossa meta de vida. Aquele que primeiro conseguia tirar de ouvido, passava para os outros e, de repente, começamos a assimilar esse som inusitado que ele próprio, o Gil, nunca deu muita importância. Durante todo o período em que dei aulas de violão, na década de 1970, deixava esse repertório do Gil como o ponto culminante do curso só para aqueles que acusavam um progresso notável no instrumento. Note-se que a questão não era só tocar. Era tocar e cantar como um só acontecimento. O trabalho do Gil era o de um cancionista superdotado e não propriamente o de um instrumentista virtuoso. O violão-gil aparece nas minhas canções claramente em *Mestres Cantores* (parceria com Wisnik), *No Decorrer da Madrugada* (do CD *Felicidade*) e em *Amor e Rock* (*O Meio*), entre outras.

*A Companheira* já é um arpejo mais tranquilo que eu situaria entre essas duas tendências. Há o uso de apenas três cordas, como você disse, e isso é herança do toque do Gil que só usa os elementos necessários para o seu efeito violonístico (e não as habituais quatro ou cinco cordas dos acordes), mas elas perseguem as inflexões entoativas, procurando sustentá-las, e só viram acordes, digamos, cifrados, no refrão (que não é bem um refrão porque a letra vai mudando).

Enfim, não sei criar melodias sem esse auxílio providencial do meu companheiro inseparável de composição.

Luca Bacchini – A cidade de São Paulo é a protagonista de muitas das suas canções. Queria saber em quais termos a sua visão urbana foi influenciada pela literatura. A atenção linguística que nos seus textos se percebe em cada verso e através da qual você edifica o retrato rítmico da cidade mostra, a meu ver, vários pontos de contatos com a poesia modernista. Quanto da *Pauliceia Desvairada* de Mário de Andrade, por exemplo, é distante da sua São Paulo que "deu pane"?

LT – Tenho uma admiração especial por Mário de Andrade, com todas as suas idiossincrasias e seu tom professoral empregado nas cartas enviadas aos seus contemporâneos. Sua grande erudição jamais lhe impediu de desenvolver uma reflexão original sobre seus numerosos temas prediletos e, acima de tudo, jamais lhe impediu de abordar diretamente seus objetos (em música, folclore, artes plásticas, literatura, cinema etc.) como se fosse o primeiro a tratar do tema.

Nesse sentido, acho que ele fez aqui o que Paul Valéry fez na França exatamente na mesma época (ambos faleceram em 1945). Seu pensamento era desenvolvido em conexão direta com o fenômeno analisado. Nada de partir de Aristóteles e passar pelos santos medievais e pelo pensamento filosófico cartesiano ou kantiano para explicar um traço qualquer de prosódia, como normalmente se faz na reflexão acadêmica sistemática. Mário de Andrade trazia questões palpitantes retiradas diretamente do objeto que analisava, sem rodeios. Isso numa época em que o pensamento brasileiro em ciências humanas era todo atrelado ao modelo francês e referendado pelos grandes mestres, àquela altura novatos, que vieram oficialmente da Europa para implantar a Universidade de São Paulo.

Mário fez até mesmo algumas reflexões importantes sobre canção numa fase em que a elite pouco se interessava pelo tema. O máximo que havia então era o aproveitamento de motivos folclóricos para a criação de músicas realmente "dignas" de análise por serem propostas como obras eruditas.

Aliás, "música popular" para os intelectuais dessa época era uma expressão empregada para se referir à música de raiz, como aliás ainda o é, até hoje, para os europeus. O Carlos Sandroni escreveu um texto interessante sobre isso[4]. A música de Sinhô, Noel, Ismael Silva, Assis Valente etc. era um repertório executado nos programas de rádio, e ainda não tinha sido devidamente categorizado. Só não era música popular, pois já tinha visivelmente um comprometimento comercial. É o que chamamos hoje de canção de consumo, canção midiática, mas também de "canção popular", uma vez que, no Brasil, esse repertório foi adquirindo um *status* bastante valorizado.

Pois então, mesmo se deparando com um tipo de produção cancional que apenas dava seus primeiros passos nas emissoras de rádio dos grandes centros urbanos, Mário de Andrade comprava esses discos e fazia anotações perspicazes em suas capas sobre a linguagem que começava a surgir, para, provavelmente, instruir trabalhos futuros que, nesse caso, não teve tempo de realizar. A pesquisadora Flávia Toni já publicou um livro sobre esse assunto, chamado *A Música Popular Brasileira na Vitrola de Mário de Andrade*[5].

Esses, digamos, pequenos gestos de Mário de Andrade sempre me impressionaram e despertaram o meu interesse por tudo que ele fez.

Mário também foi um paulistano assumido, como também sou, desses que jamais morariam por muito tempo em outro lugar. Nesse sentido, sempre falou com carinho sobre esta cidade, sob muitos aspectos inóspita, coisa que também faço constantemente, embora não com o mesmo talento. Além disso, o Movimento Modernista, do qual ele é um dos principais frutos, foi responsável pela primeira reviravolta literária genuinamente brasileira que fez do registro

4. "Adeus à MPB." Em B. Cavalcante, H. Starling e J. Eisenberg (orgs.), *Decantando a República*, vol. 1, Rio de Janeiro e São Paulo, Nova Fronteira e Fundação Perseu Abramo, 2004.
5. São Paulo, Senac, 2004.

coloquial um grande trunfo para a produção de seus artistas. Claro que essa presença da fala na literatura modernista não deixa de sugerir certa correspondência com o que viria acontecer cinquenta anos depois, no projeto do Rumo.

Não duvido que surjam trabalhos num futuro bem próximo que identifiquem o tom coloquial do Modernismo com a dicção entoativa do Rumo, como já há aproximações entre essa nossa escolha e o *Sprechgesang* [canto falado] de Humperdinck [1854-1921] e Schoenberg [1874-1951]. Sei bem que o fato de termos chegado às soluções entoativas quase que unicamente a partir das reflexões sobre a canção de rádio (dos anos 1930 aos anos 1970) não chega a abalar os enfoques que fazem tais associações, porque as teorias criam uma coerência (ou verdade) interna que independe de como as coisas transcorreram historicamente. Como também opero no âmbito da pesquisa, sei como funcionam essas coisas.

E como a importância do Rumo ainda é muito restrita, em comparação com iniciativas consagradas nacionalmente, como o Modernismo, ou internacionalmente, como o *Sprechgesang*, essas associações, mesmo que desproporcionais, só podem beneficiar a compreensão de nossas propostas lançadas na passagem da década de 1970 para a de 1980.

Respondendo mais diretamente a sua questão, como compositor e membro do Rumo, posso dizer que, apesar desses pontos de identidade, as propostas modernistas jamais inspiraram nossas criações. Nosso horizonte sempre foi a canção tocada nas emissoras de rádio. Já como pesquisador e interessado especialmente em Mário de Andrade, reconheço que canções como *Deu Pane em São Paulo*, *Pro Bem da Cidade*, ou mesmo *Esboço*, podem muito bem fazer ressoar alguns trechos da *Pauliceia Desvairada*.

Bacchini – Poderíamos afirmar que esta condição de perene enlouquecimento, de uma cidade que a cada dia se reinventa, através de um processo antropofágico de ingestão e transformação dos elementos externos, seja o traço mais marcante da identidade de São Paulo?

LT – Antes de conhecer outras cidades brasileiras, São Paulo me parecia um modelo de cidade moderna e eficiente, e não a "realidade", no sentido de crueza cruel que, segundo os versos de *Sampa*, precisa ser decifrada. Depois de visitar as outras capitais do país, cada qual com sua fisionomia própria representando fatias diversificadas de um Brasil homogêneo, é fácil compreender que só da cabeça de um paulistano poderia surgir um herói sem nenhum caráter, parecido com a cidade que também não tem traços etnológicos, sociais ou geográficos facilmente caracterizáveis. Uma cidade pouco apegada às tradições justamente porque só olha para a frente.

A convivência altamente produtiva de seus habitantes demonstra todos os dias que pouco importam as nacionalidades, as feições estrangeiras ao lado das interioranas, os poucos símbolos tradicionais, as formações intelectuais ou religiosas sempre muito variadas. Tudo faz parte de um caldeirão de atividades efervescentes que articulam profissionalismo, cultura, técnica, serviços, indústria, arte, finanças, patrocínios, mídia e agitação... muita agitação! O que antes estimulava a imigração, hoje afugenta os que não querem participar da fervura interminável e da concorrência explícita geradas aqui dentro. Minha canção *Deu Pane em São Paulo* imagina um desarranjo no motor paulistano que acaba resultando num "outro sonho feliz de cidade" que, sei bem, jamais teremos.

Carlos Ernest Dias – Como você vê a participação da universidade e do ambiente acadêmico como um todo em relação às discussões sobre música popular brasileira na sociedade? Na sua opinião, qual a melhor forma de a universidade interferir e contribuir para este debate?

LT – Vejo na universidade, em tese, um núcleo estupendo de reflexão sobre nossa música. Principalmente nas universidades públicas, que financiam pesquisas e não apenas aulas dadas. Creio que a instituição das faculdades de música já foi um avanço em meados do século passado. Depois, alguns departamentos de música popular vieram para arejar esses cursos, tornando-os mais compatíveis com os interesses brasileiros na área da sonoridade. Apesar desses avanços, o que se chama de "música popular" nessas faculdades está longe de contemplar a vocação da maioria esmagadora dos jovens brasileiros, que é a de trabalhar com canção, ou seja, com a relação entre melodia e letra, com a prática de arranjo instrumental de acompanhamento, com a interpretação vocal e ainda com as técnicas cada vez mais refinadas de gravação. Nenhuma faculdade oferece isso e, pelo andar da carruagem, dificilmente oferecerá a curto ou médio prazos. Aqui mesmo, neste volume, há um artigo já citado sobre essa carência ("Vocação e Perplexidade dos Cancionistas"), que escrevi no ano de 1983 [e continua atual].

Acontece que o peso de influência que as universidades francesas exerciam sobre os estudos brasileiros dos anos 1930 aos anos 1960 foi transferido quase integralmente para as universidades norte-americanas, nas quais já se pratica há muito tempo, em suas faculdades de música, uma análise das performances jazzísticas. Era natural que esses currículos, bastante sintonizados com a realidade sonora dos EUA, servissem de base para a criação de cursos brasileiros dedicados à "música popular". Nada contra as disciplinas previstas por esses currículos. Não duvido que os instrumentistas aproveitem muito as complexas propostas da linguagem jazzística e que algumas dessas disciplinas possam de fato participar de um currículo consagrado à canção. Mas certamente essas técnicas estão muito distantes do que venho chamando aqui de artesanato da canção. Com elas nem se produz, nem se analisa canções.

Na verdade, houve um progresso no sentido de reconhecer uma música popular instrumental ao lado da tradicional música erudita de origem europeia, mas ainda falta muito para se chegar a um currículo verdadeiramente cancional.

Daí o meu pessimismo. O Brasil teria de liderar essa iniciativa de criação de um departamento, ou até uma faculdade, dedicados à canção. Afinal foi aqui que a linguagem se desenvolveu ininterruptamente, como se fosse a única forma de expressão sonora do país. A tradição anglo-americana também exibe uma produção cancional invejável, mas mesmo essa não chegou a atingir o grau de elaboração e de tratamento de conteúdos encontrados na nossa.

No domínio da letra, por exemplo, autores como Caetano Veloso, Chico Buarque ou Arnaldo Antunes já se aventuraram em temas e configurações nunca sonhados por um *lyricist* do melhor calibre possível. No entanto, a exemplo do campo das ciências naturais e exatas, a área de humanidades de nossas universidades se adapta continuamente aos critérios estabelecidos pelos cursos norte-americanos, como se prosperar fosse sinônimo de seguir o modelo de ciência do país "que deu certo". A rigor, nossas principais universidades deveriam ter seu currículo de canção, independentemente dos estudos das técnicas musicais e jazzísticas. Enquanto isso não for uma realidade, estaremos distantes das aspirações dos milhares de cancionistas que todo ano procuram as universidades para dar continuidade aos seus estudos.

PAULO TATIT – Fala-se muito hoje em *música de qualidade*, quando se pretende fazer referência a um trabalho que não visa o mercado imediato. Mas, em se tratando de canção popular, um gênero que nem sequer existe sem o mercado, o que é uma *música de qualidade?*

LT – Concordo que essa questão não tem sentido. O samba foi praticamente "inventado" ou "reinventado" nos anos 1930 para servir ao mercado. Todas as canções são compostas para fazer sucesso e não há autor que não fique contente quando esse objetivo – explícito ou não-declarado – é atingido. Mesmo a evolução de nossa música é toda ela calcada nas solicitações do mercado. Alguns artistas, mais audaciosos, estão sempre arriscando lançar composições inusitadas, mas é interessante que só emplacam as que se mostram fecundas, ou seja, as que geram outras com recursos semelhantes (nem que seja da lavra do mesmo autor), justamente porque sensibilizaram de algum modo o público consumidor.

Acho que quem melhor demonstrou, desde o começo da carreira, que canções consideradas "sem qualidade" ou "de qualidade insuficiente" podem se converter subitamente em obras primas foi Caetano Veloso, com suas interpretações de Peninha, Roberto Carlos ou mesmo Vicente Celestino. Ele ilustrou na prática a tese de que o artesanato das canções, ligadas às mais heterogêneas faixas de público, é praticamente o mesmo.

O que se pode depreender atualmente talvez seja uma distinção entre música "de autor" e música "desautorizada", aquela pela qual ninguém responde pessoalmente. De quando em quando, surgem algumas usinas de produção em larga escala de um determinado estilo cancional, para mantê-lo na moda durante o máximo de tempo possível. São equipes de produção que traçam metas comerciais e pouco se importam com a procedência autoral das canções. Elas precisam vingar no mercado para atingir os lucros programados.

No terreno do rock, são conhecidas as usinas de produção de canções em inglês em vários cantos do Brasil, voltadas a um público americanófilo que pouco se importa com o que está sendo dito. Ou ainda, há pouco tempo, as empresas especializadas em música axé, que se dedicavam à fabricação de alegria e/ou sensualidade. Em todos esses casos, o que menos importa é a figura do autor. Aliás, muitas vezes, ninguém quer assumir a autoria, sobretudo quando o produto é de gosto duvidoso. Mesmo nesses casos extremos, os responsáveis pelas canções conhecem o seu artesanato e até podem fazer coisas interessantes, ainda que sem intenção artística.

Suzana Salles – Luiz, caso o convidassem a compor uma novela cantada, ou uma ópera... O que é que você faria?

LT – Já compus um cantonovela (*Aurora, o Cantonovela*), citado aqui pela Ná. Mas não tenho isso como projeto. Na verdade, por incrível que pareça aos que conhecem canções como *A Companheira* ou *O Rei*, prefiro histórias menores, que fiquem na casa dos três ou quatro minutos. Só que às vezes não consigo abreviá-las. Se me propusessem uma ópera, acho que eu declinaria.

Kristoff Silva – Você aponta as singularidades das dicções de Ná Ozzetti e Carmen Miranda como exemplos de intérpretes que valorizam o aspecto entoativo de cada canção. Quando não há alteração melódica, é no eixo das durações que trabalham estes cantores que nos fazem "crer que aquilo que é cantado poderia estar sendo dito"? Em que consiste, na sua opinião, a atuação destes intérpretes no parâmetro tempo/durações?

LT – Sim, exatamente, é no plano das durações que esses traços são mais notórios. Carmen Miranda resvalava as notas, o suficiente para que fossem reconhecidas no seu canto, mas sem valorizar os estágios em pontos do percurso melódico e muito menos as fermatas. Nesse sentido, era uma antidiva, pois as divas são cantoras de clássicos que normalmente fazem da canção um pretexto para exibir a voz.

Quase todas as boas cantoras têm seus dias de divas, isso é inevitável, mas algumas só têm vocação para isso. "Melodizam" as entoações para transformá-las em linhas quase instrumentais em cujas durações, bem estabilizadas, podem demonstrar todo o seu rendimento vocal. Em vez da expressividade figurativa inscrita na canção, resta apenas a expressividade técnica da intérprete. Estou evidentemente caricaturizando para me fazer entender. É raro uma diva que não tenha também recursos figurativos e não é difícil identificar momentos "técnicos" tanto na Carmen Miranda como nas interpretações da Ná. São poucas as cantoras que pendem para um lado só desses estilos.

A duração da nota é um recurso essencial para inserir a composição num âmbito passional, emotivo, em que aquele que canta incorpora aspectos do conteúdo descrito na letra. Muitas canções do Milton Nascimento ou do Djavan, por exemplo, já fazem dessas durações parte integrante e indispensável de suas criações. Nesses casos, a duração (sem excesso) é providencial, ela sustenta os sentimentos de falta, de saudade, de desilusão ou, às vezes, de alívio e esperança. Cabe aos intérpretes dosar essa paixão que já está inscrita na canção, justamente para não deixar de retratá-la, mas, ao mesmo tempo, não hipertrofiá-la.

João Gilberto, como sempre, é o mais exímio cantor de músicas passionais (e de todas as outras). Basta ouvirmos suas versões de *Ave Maria no Morro*, *Eu Sei que Vou Te Amar* ou *Estate*. Quando a Ná canta *Adeus Batucada* [no disco *Show*], à maneira de Carmen Miranda, temos uma ilustração exemplar de como as duas tratam os conteúdos passionais já inseridos na canção: a emoção aparece plenamente sem precisar camuflar as entoações.

Hélio Ziskind – Você já manifestou algumas vezes que suas gravações de suas próprias canções são só registros, tendo deixado para os cantores a tarefa de uma interpretação, digamos, "mais emocionada". Ouvindo os discos de Tom Jobim, Chico, e até mesmo João Gilberto, podemos observar um envolvimento da voz com a interpretação, um certo aumento na dramaticidade do canto que se acentuou com a idade. A sensação que tenho ao ouvir as suas gravações é de que você tem evitado a expansão da voz que canta. Exagerando um pouco na pergunta, parece que você não vê muito sentido em soltar a voz. Como você vê isso?

LT – Bem, esses artistas são mais velhos que eu, por isso estão tão emocionados. Daqui a alguns anos eu também vou começar a soltar a voz nas estradas.

Acho que compreendo o que você quer dizer no caso do Jobim e do Chico. No caso de João Gilberto, confesso que nunca o vi soltando a voz no sentido dos dois exemplos anteriores. Noto, ao contrário, que ele tende a fazer a voz desaparecer, de modo que fique só a intenção. Algumas sílabas já são inaudíveis nos shows e, como ele mantém o mesmo comportamento vocal nas gravações, não duvido que ele tenha um projeto de extinguir o som do canto e atingir, assim, a canção absoluta, aquela que nem precisa soar. Digo isso sem qualquer ironia, pois, em se tratando dele, acredito piamente nessa proposta.

Quanto a mim, na verdade, não creio que soltar a voz venha a fazer parte da minha dicção. Aliás, nem sei se teria voz para soltar. Há composições passionais que permitem uma exploração da intensidade vocal sem perder a pertinência interpretativa. Podemos pensar em *Travessia*, *Oceano* ou *Força Estranha*, canções em que há transposição brusca de registro na segunda parte. Assim mesmo, o intérprete precisa dosar seu modo de intensificação, para não ultrapassar o que a composição pede e para não virar Pavarotti ou o nosso Agnaldo Rayol. Claro que isso agrada a maioria da população cujo grande fetiche é a potência de voz do cantor, mas rompe comunicação com um público mais exigente. Já um cantor de rara competência e sensibilidade como o Caetano, quando interpreta *Oceano*, faz a segunda parte em falsete para não quebrar a delicadeza da canção. São essas soluções que me interessam.

Gosto geralmente de fazer o percurso inverso, como até já fiz no Rumo com a canção *Conceição*. Enfatizar as entoações que foram camufladas na versão oficial. Adoro, por exemplo, o trabalho que a Ná fez, em seu primeiro disco-solo, com *Rancho Fundo* e *Sua Estupidez*. Portanto, prefiro a direção contrária que, diga-se de passagem, nada tem a ver com "prender a voz".

KRISTOFF SILVA – Sua obra dentro e fora do grupo Rumo se distingue em vários aspectos, embora mantenha o foco na compatibilidade letra/melodia.

Uma das distinções que me chama atenção é com respeito à harmonia. Se antes, orientando-se pelas melodias derivadas diretamente da fala, as suas canções apresentavam um texto harmônico mais expandido, hoje são em geral mais concisos. Como a harmonia participa (ou pode participar, mesmo que não no seu trabalho) da relação letra-e-música numa canção?

LT – A harmonia sempre foi mais um fato dado do que um fato inventado nas minhas canções. Quero dizer que sempre esteve presente, claro, mas nunca foi pensada como um recurso de composição. Ela decorre do gesto violonístico, como já foi enfatizado pelo Arthur. Ele falou de texturas, arpejos, e eu acrescentaria as articulações dos próprios dedos no braço do violão: tudo isso tem um poder criativo muito maior no que faço do que o pensamento harmônico.

Tenho diversas canções – você sabe bem disso pois é um especialista em tirá-las – que decorreram de uma exploração minuciosa de quase todas as regiões do braço do violão, sempre fazendo uso de cordas soltas, e que, no entanto, do ponto de vista estritamente harmônico, talvez possam ser reduzidas a três ou quatro acordes. Mas elas só têm sentido se forem tocadas com as firulas violonísticas que valorizam suas entoações. Claro que também faço uso de acordes cristalizados, como todo mundo, mas não está aí a base das minhas soluções mais, digamos, criativas.

Embora esses recursos sejam fecundos para a produção, não o são para a divulgação. Muita gente me pede cifras das canções que gosta. Em muitos casos, não adianta nada passar funções harmônicas. Os ouvintes violonistas não vão reconhecer a sonoridade da música. A rigor, ela precisaria ser executada com as minhas firulas. Infelizmente, isso não contribui para a divulgação cancional, sempre baseada em cifras que permitem diversas execuções dentro da mesma ordem harmônica.

Em resumo, o que me é importante é o gesto violonístico, pois é ele que me sugere percursos melódicos. Esse mesmo gesto vai deixando uma harmonia da qual só tomo consciência quando me pedem as cifras.

Resta dizer ainda que os acordes cristalizados, sobretudo os mais dissonantes, também oferecem boas ideias para as direções melódicas do canto. Observo que a maioria dos compositores, quando não se pauta por levadas percussivas, encontra no encadeamento desses acordes a melhor fonte possível de sugestões melódicas. Mas nunca acreditei que a habilidade com a harmonia pudesse melhorar a canção. Pode apenas virar um estilo de composição, como as levadas percussivas também viram estilo de composição de autores como Lenine, Gilberto Gil ou João Bosco.

KRISTOFF – Fale um pouco da sua experiência com o sucesso: como você vive a aclamação, o reconhecimento, os aplausos ao fim dos shows, comumente incessantes e insistentes?

LT – Quando apresento shows em condições ideais (teatros ou auditórios fechados, boa aparelhagem de som e plateia envolvida) reconheço que consigo criar uma boa sintonia com o público e, por vezes, os espetáculos são vibrantes. Entretanto, basta que a apresentação seja ao ar livre, que a sonorização não tenha qualidade ou até que a plateia seja inabitual para que esse sucesso diminua significativamente. Ou seja, esse sucesso é muito relativo.

É difícil ser um artista de sucesso quando não se tem diversas canções conhecidas do público. Às vezes, basta uma que tenha alcançado difusão nacional. Minhas composições mais conhecidas se restringem a um público muito pequeno e não tenho disponibilidade – nem temperamento e talvez nem mais idade – para tentar ampliar esse público com excursões ou visitas aos meios de comunicação.

Pois bem, quando é assim, e sempre foi assim desde o Rumo, a gente precisa cativar o ouvinte na primeira audição, o que não é próprio do mundo da canção. Um público mais amplo gosta de reouvir e não tanto de ouvir, pelas razões aqui mencionadas [ver o ensaio "Música para Reouvir"]. Minha solução, descoberta por acaso, mas depois incorporada à minha dicção, foi cantar entoando histórias ou situações inusitadas que atraem a atenção do público, sobretudo a parcela que presta atenção em letras. Essas pessoas contagiam o restante da plateia e a canção, mesmo desconhecida, acaba tendo uma acolhida incomum, que decorre de um tipo de escuta atenta também pouco frequente nos auditórios de shows. É como se esse repertório "historiado" compensasse a ausência de canções de sucesso. Daí a necessidade de condições ideais (não dispersivas) que garantam a cumplicidade do público.

De todo modo, não há dúvida de que essa demonstração de interesse, carinho e fidelidade do público me estimula não só a compor (acho que isso eu faria de qualquer jeito), mas principalmente a me apresentar, já que não seriam necessárias muitas adversidades para que eu deixasse de vez os palcos. Até agora, tenho sentido que vale a pena manter esse ritmo – pouco intenso – de apresentações, ainda mais neste momento em que o Jonas, meu filho, tem dado uma feição mais musical a essas exibições. Mas lhe confesso que assistir aos shows da Ná, do Dante, da Ceumar, da Zélia, quando cantam minhas músicas, com ou sem parceria, me estimula ainda mais. Sempre me senti mais "autor" do que "artista".

Arthur Nestrovski – Nas entrevistas, no DVD novo, e até, também, nos shows, você muitas vezes encarna o personagem do compositor ou letrista a contragosto, do sujeito que só escreve por obrigação, atendendo a pedidos, com prazo definido. O quanto dessa figura é real?

LT – Você pergunta se estou fazendo charme quando digo que não faço esses trabalhos artísticos por gosto? Já imagino, pelas entrelinhas, a continuação natural dessa questão: por que então não vai fazer outra coisa que lhe dê mais prazer...?

Na verdade, eu gosto da autoria do trabalho quando ele está pronto ou, pelo menos, muito bem encaminhado. E sinto que iniciar uma nova canção é sempre uma tortura e, ao mesmo tempo, o preço que você tem que pagar para depois sentir a satisfação da autoria. Acontece que há uma visão consensual que concebe a atividade artística (musical, literária, teatral etc.) como constantemente prazerosa, só pelo fato de ser artística. Quem trabalha numa repartição pública, vende peças de automóvel, exerce atividades burocráticas e, para não ir muito longe, dá aulas numa universidade, como é o meu caso, imagina que quem trabalha com música é feliz porque vive num mundo fantasioso, sensível, belo, pautado pelas emoções. Tenho colegas que, dominados pelo aborrecimento natural das reuniões acadêmicas, voltam-se para mim e dizem: "você que é feliz, você tem a música...".

Finjo que concordo para não esticar a conversa no meio da reunião. Mas gostaria de dizer: "Aqui pelo menos estou sossegado, sem as angústias de ter que descobrir um novo assunto que se compatibilize com uma determinada melodia e que esse resultado já possa ser gravado até o final da semana...". Ora, iniciar um trabalho é difícil em qualquer área, mas nas atividades "autorais" isso ainda tem um peso maior. Aquela canção sempre será sua e, portanto, lhe solicita um vínculo envolvido.

Nesse sentido, inverto a proposta. Não consigo deixar de desconfiar de quem veste a carapuça e diz que de fato fazer música é um privilégio e que está sempre disposto a iniciar um novo trabalho. Como assim? Só se essas pessoas não sentem as dificuldades que sinto. Se sentem, só posso pensar que são masoquistas ou – daí minha inversão – são elas que estão fazendo charme, compreende? Como posso gostar de algo que normalmente vem acompanhado de tantos empecilhos (técnicos, estéticos, estilísticos etc.). Mas por que faço? Porque depois, quando dá certo, é extremamente compensador. É prevendo isso que a gente encara os desafios iniciais.

Nesse sentido, acho que as encomendas, os prazos e outras injunções que caracterizam as atividades profissionais (entre as quais figuram as atividades artísticas) são decisivos para o trabalho, para que você passe rapidamente do começo ao meio e possa vislumbrar logo o fim do... "suplício". Você sabe, tenho até uma música sobre esse tema:

> Por isso que sempre no início
> A gente não sabe como começar
> Começa porque sem começo
> Sem esse pedaço não dá pra avançar
> (*O Meio*)

Dito isso, posso concordar que o artista não vive sem fazer charme, por gosto ou contragosto. Por gosto, quando diz que faz suas composições por um impulso incontrolável que flui naturalmente em suas veias e que "morre" se não produzir. A contragosto, quando revela que o fazer artístico depende de uma luta incessante contra as resistências, as dificuldades de se começar um novo trabalho e que se for seguir seus impulsos naturais jamais produziria. Me dou melhor com esse segundo tipo de charme.

Hélio Ziskind – Uma pergunta sobre os Beatles: lembro de você dizer, em nossas antigas conversas sobre eles, que muito da força de suas canções estava no arranjo. Depois de ouvir os CDs *Anthologies*, com rascunhos de gravações, pudemos acompanhar a contínua elaboração das canções até atingir um "andamento ideal", sobre o qual os elementos do arranjo entravam para confirmar ou transformar esses andamentos. Há inclusive um diálogo interessante em que o produtor George Martin, falando com Paul sobre o disco *Abbey Road*, na etapa de concepção, sugeriu pensarem num disco "mais sinfônico". Paul traduziu essa ideia de sinfônico como algo relacionado com os andamentos, e de fato, o disco acabou por trazer uma série de canções emendadas, propositadamente, em andamentos contrastantes, com passagens de transformação do tempo especialmente compostas. Ou seja, sinto que o Beatles estavam muito atentos ao tempo como motivador de sentido. A força dos arranjos dos Beatles não decorre de uma exuberância de efeitos, mas de uma consciência da sua relação com o estabelecimento de um tempo adequado à expressão do texto. Como você encara essa relação entre arranjo e canção, hoje em dia?

LT – Bem, Hélio, com esse tema você me instiga a tratar de um assunto mais complexo, que tentarei resumir assim: toda visão estrutural da música é marcada por uma supervalorização das formas temáticas (ou motívicas), que organizam o seu componente rítmico, e das orientações de altura, que dão sentido (direção) aos percursos melódicos. Deixemos de lado os aspectos harmônicos, para nos centrarmos na ordenação estrutural. A impressão que tínhamos era a de que esses traços de forma musical constituíam a medula da obra, enquanto a intensidade, o andamento, os acentos etc. eram sobrepostos a essa forma.

Dentro de uma perspectiva tensiva, comum ao plano da melodia e da letra, o andamento e a intensidade são considerados mais profundos que as estruturas rítmicas e melódicas.

A escolha de um regime acelerado, no plano da sonoridade, levaria a movimentos repentinos, bruscos, que poderiam ocasionar descontinuidades indesejáveis. No plano do conteúdo, isso é mais óbvio: a aceleração dos acontecimentos provoca as surpresas, que nada mais são que descontinuidades, também indesejáveis. As surpresas fazem nosso tempo interno saltar, comprometendo nossa continuidade natural de vida. É da reação a essas descontinuidades que surgem as reiterações melódicas no plano do som e nosso esforço mental para restaurar as etapas temporais omitidas pelo sentimento de surpresa, no plano do conteúdo (na letra). Por isso as canções mais rápidas estão sempre mais sujeitas às repetições de motivos ou de partes, como o refrão por exemplo. É para refrear o tempo demasiadamente ágil.

A escolha de um regime desacelerado, ao contrário, poderia levar, no plano sonoro, a uma espera interminável, contínua, sobretudo se os movimentos melódicos forem graduais, às vezes seguindo os graus das escala, às vezes evoluindo com motivos iguais, mas ascendentes ou descendentes, como acontece, por exemplo, em *Eu Sei que Vou Te Amar*. Esse comportamento melódico se compatibiliza, no plano do conteúdo da letra, com a noção de espera, ou seja, uma programação que preserva a continuidade sem rupturas. Do mesmo modo, as canções apresentam uma reação a esse excesso de previsão contínua que se manifesta, na melodia, com saltos intervalares e com o que chamo de transposição de registro. É o que acontece, por exemplo, na melodia dos versos "Eu sei que vou sofrer/ A eterna desventura de viver" da canção citada, ou nas segundas partes de *Travessia* ou *Vingança*. Do ponto de vista da letra, essa descontinuidade se expressa por todos os efeitos de ruptura: separação entre amantes, saudades do amor, da terra natal, do passado, sentimentos de solidão e assim por diante.

Quero dizer com isso que, por outros caminhos, os Beatles tocaram no próprio ponto de equilíbrio das canções: o seu andamento. É o andamento (as acelerações e as desacelerações) que determina o valor das estruturas rítmicas e melódicas e não o contrário. Como desconfio (mas não tenho certeza) que essa banda não era formada por semioticistas, essa nova hierarquização de parâmetros deve ter soado ao Paul como concepção sinfônica, mais próxima da música erudita, ou seja, como recurso empregado por uma música "superior". Claro que sem se dar conta que suas canções e seus arranjos eram superiores a tudo que se fazia na época, em qualquer escala de sonoridade.

ZISKIND – Já se escreveu que Schoenberg, depois de anos no dodecafonismo, sentiu saudades da tonalidade. Você "sente saudades" das melodias completamente afinadas? Você acha que o universo das melodias entoadas acabou por criar, nas suas composições, uma relação de exclusão em relação às melodias afinadas?

LT – Considero que minhas melodias sempre foram afinadas. Nunca foram declamações *ad libitum*. Na época do Rumo, em função do nosso projeto de explicitação da base entoativa existente em qualquer canção, eu investia mais nas melodias figurativas, aquelas que expressavam falas quase puras, mas sempre afinadas. Hoje, não sinto mais necessidade de salientar a diferença na maneira de compor; no entanto, sei que preservo boa parte daqueles recursos como próprios do meu estilo. O repertório dos meus seis discos solos traz melodias muito bem definidas que poderiam ser interpretadas por qualquer cantor. As gravações de Ney Matogrosso (*Depois Melhora*), Clara Sandroni (*Quase*) e Zélia Duncan (em torno de duas dezenas) são exemplos disso. Então, acho que jamais excluí as tais melodias "afinadas", muito menos nos trabalhos pós-Rumo.

ZISKIND – Há algum aspecto relacionado com a inovação no campo da composição (não apenas na sua obra) que chame sua atenção hoje em dia?

LT – Embora não creia que "inovação", no sentido que empregávamos nos anos 1970, seja um parâmetro muito importante para a avaliação nos dias de hoje, acho que vivemos uma fase decisiva de busca de boa convivência com os meios eletrônicos de produção e divulgação dos trabalhos. A grande inovação é de ordem técnica e esta obriga que todos encarem a nova era sob pena de serem alijados do processo.

Ao lado disso, e por consequência, temos a música descentralizada, aquela que se faz nos pequenos auditórios, em teatros afastados e mesmo a forte música da periferia que às vezes segue a linha do rap, outras, do reggae ou do sambão. Todos os artistas já começam com discos gravados e difusão gratuita. Não há mais problemas de produção nem de "colocação" das canções isoladas na Internet. O problema está na outra ponta da linha: quem terá interesse de ouvir esse trabalho em meio a milhares de outros? É preciso que haja algum apelo que desperte a curiosidade, uma imagem insinuante, uma irreverência brutal, palavrões mais agressivos, enfim, coisas que chamam a atenção, mas não fazem uma linguagem.

De todo modo, essa descentralização permite que os artistas com propostas consistentes possam trabalhar e viver do que fazem, desde que se organizem para conceber seus projetos e oferecê-los aos patrocinadores e às entidades que cada vez mais apoiam a cultura, como as unidades do Sesc de São Paulo, por exemplo, às quais agora se somam, entre outros, o Auditório do Ibirapuera, o espaço Tom Jazz, a CPFL de Campinas. Nem sempre há espectadores suficientes para conferir cada um desses espetáculos (a oferta de eventos é sempre maior que o contingente de público disponível), mas garanto, pelo que já pude ver, que quase todos são de excelente qualidade.

Os shows me surpreendem pelo nível das composições, dos arranjos e da interpretação. Aliás, os compositores e instrumentistas de hoje são via de regra muito melhores que os de antigamente, até porque já começam no ponto em que aqueles pararam e, normalmente, abraçam a carreira quando já são mais maduros. Kristoff Silva e Manu Lafer, para citar dois compositores que estão chegando ao mercado e que tenho acompanhado de perto, são autores de grande originalidade, cujos discos não devem nada às gerações passadas merecidamente incensadas pela imprensa. Mas quase tudo que ouço ou que vejo me impressiona. Não tanto a inovação, mas a beleza das canções.

BRUNO BÈNARD-GUEDES – Em 1994, entre o final do trajeto do Grupo Rumo e o início de sua carreira solo, você defendeu sua tese, "Por uma Semiótica da Canção – Fundamentos para uma Reconstrução do Sentido Melódico e Linguístico", publicada em livro com o título *Semiótica da Canção: Melodia e Letra*. Depois disso, você continuou aprofundando seu interesse teórico e prático nessa matéria, tanto em suas canções quanto em seus livros e ensaios (como amplamente demonstrado neste livro mesmo), e também em sua atividade como professor universitário. Você diria que houve alguma evolução nessa "reconstrução do sentido melódico e linguístico" ao longo do último decênio e meio, não somente em sua personalidade criativa mas também no cenário musical brasileiro? Quais as principais ideias que mudaram entre aquele seu primeiro livro e um trabalho mais recente, como os últimos ensaios à frente ou o livro *O Século da Canção* (2004)?

LT – Bem, "reconstrução do sentido" é um modo de definir o conceito de semiótica. Uma vez que as linguagens verbais e não-verbais constroem sentidos, a ciência que se propõe a estudá-las deve elaborar uma reconstrução metódica daquilo que já foi construído por elas. Assim, os fundamentos propostos em *Semiótica da Canção*, ou seja, a formulação de valores tensivos gerando os regimes de velocidade (aceleração e desaceleração) que ocasionam continuidades e descontinuidades tanto na melodia como nas evoluções narrativas e discursivas da letra, e que podem explicar os níveis de compatibilidade entre texto melódico e texto linguístico, esses fundamentos não mudam muito, pois se baseiam no próprio progresso da semiótica enquanto teoria voltada para a descrição do sentido gerado por todas as linguagens de uma cultura.

A última grande guinada de fundamentos dentro da teoria foi dada, a meu ver, em 1988, quando da publicação, na França, do livro *Razão e Poética do Sentido*, escrito por Claude Zilberberg, e que fiz questão de traduzir recentemente, com a ajuda de dois colegas (trato disso no primeiro texto deste volume). As conquistas dessa obra me foram fundamentais para dar prumo às ideias que estão em *Semiótica da Canção*.

O que pude aprimorar, depois disso, foi a aplicação dessa teoria em canções específicas. Apresento essas evoluções nos cursos de pós-graduação que ofereço todos os anos na USP. Mostro, por exemplo, como os três principais modelos de composição, que resultam nas canções "temáticas", "passionais" e "figurativas", se interpenetram na configuração do sentido de uma mesma canção. Ao mesmo tempo, sob encomenda de alguns semioticistas franceses, escrevi em colaboração com um amigo, Ivã Carlos Lopes, seis análises de canções brasileiras: duas do Caetano (*Terra* e *Fora da Ordem*), duas do Chico (*Olê, Olá* e *As Vitrines*) e duas da dupla Jobim/Vinicius (*Eu Sei que Vou Te Amar* e *A Felicidade*). Esses artigos, publicados de modo avulso na França e na América do Norte, agora saem aqui num volume chamado *Elos de Melodia e Letra*. O livro de que participei com o Arthur e o Lorenzo, *Três Canções de Tom Jobim*[6], também traz um exemplo de análise desse tipo com a canção semierudita *Gabriela*.

6. São Paulo, CosacNaify, 2004.

No que diz respeito à atividade de composição, creio que, nesse período, passei a fazer canções mais "cantáveis" por outros intérpretes, pois com o término do projeto Rumo, não havia mais razão para assinalar a presença entoativa como fator de diferenciação musical. Essa presença virou apenas um recurso que se incorporou ao meu estilo. Também mergulhei nas criações em parceria, o que me proporcionou inúmeras oportunidades de leitura das entoações subjacentes às melodias apresentadas pelos parceiros. Fiz grande quantidade de letras, mas também algumas melodias para letras prontas. Tem sido uma experiência e tanto.

Roberto Di Lorenzo – E agora, depois de tantas experiências, como é para você compor em parceria?

LT – É um desafio bem maior do que compor sozinho, mas tenho como "regra" ir sempre até o fim de uma proposta inicial e entregá-la ao parceiro. Se ele gostar, ótimo. Se não gostar, e a música for boa, tento fazer outra vez. Se vier com outras sugestões, eu as incorporo imediatamente. Não me apego muito às letras, posso modificá-las quantas vezes precisar até virar algo satisfatório. Aliás, acho que isso também diferencia letra de poesia. A letra é mais mundana, mais funcional e, muitas vezes, mais volúvel e até sem-vergonha. Ela já é, por natureza, uma "adaptação" (à melodia). Portanto, deve estar sempre preparada para se transformar em outra coisa. A poesia se apresenta muitas vezes como obra imaculada, com acabamento definitivo. Os letristas que se acham poetas não gostam que mexam em seus versos nem que deem palpites. Essas atitudes quebram a dinâmica cancional que, como disse o Paulo, sempre esteve voltada para o mercado. Parceria é concessão desenfreada.

Di Lorenzo – No Brasil, a composição de canções segue intensa; mas como você vê o futuro da canção na música popular de outros países da América Latina?

LT – De fato, o vigor e a diversidade da música de consumo no Brasil nos deixam um pouco ofuscados. Pouco conheço da música atual hispano-americana, como também não consigo acompanhar como deveria a evolução da música de consumo anglo-americana, que sempre me pareceu muito rica. Nesse último caso, ainda temos alguma informação pela mídia, pelos clipes, por amigos e mesmo pela imprensa escrita. Da música hispano-americana, quase não me chega nada. Quando estive na Argentina com o Zé Miguel, a Ná e o Dante, cheguei a ouvir alguma coisa que ganhei, mas ficou nisso. Tenho a impressão de que só há contato realmente da música argentina e uruguaia com o Rio Grande do Sul, pela proximidade, pois não ouço nada pela mídia regular. Portanto, sem conhecer o presente musical desses países, não posso arriscar uma previsão para o seu futuro. Acho que esse tema seria desenvolvido com maestria pelo meu amigo Carlos Sandroni, que eu sei que mantém intenso contato com o som dos nossos vizinhos.

CEUMAR – No CD *Achou!*, eu canto com toda alegria do mundo as letras que você fez em parceria com o Dante Ozzetti. Para mim, elas têm o sabor das boas histórias: nos levam a viajar com elas pelo presente e o futuro. Queria saber, então, o que você leu na sua infância. Quais autores, depois, lhe inspiraram em especial? E você já ouvia música quando tinha sete, oito anos?

LT – Como boa mineira, você quer saber de que "sertão" vêm todas essas coisas que você tão bem interpretou!

Pois então, como para toda criança da minha geração, o universo de escolha era restrito. Só me lembro de Monteiro Lobato, não apenas de suas criações originais, como os personagens do Sítio do Picapau Amarelo, mas também de suas adaptações de Peter Pan, Robinson Crusoé, Robin Hood etc. Ele era o nosso Walt Disney na literatura infantil. Todos passaram por ele. Mas acho que minhas histórias de infância mais marcantes eram as dos discos da Continental, aquelas compostas ou adaptadas pelo Braguinha (*Chapeuzinho Vermelho, História da Baratinha, Papai Noel e Pai João* etc.). Essas eu ouvia mil vezes.

Um pouco depois, durante toda a adolescência, entrei no repertório do meu pai, que adorava pôr música na vitrola. Aliás, foi o seu único verdadeiro entretenimento, ouvir canções interpretadas por Silvio Caldas, Ângela Maria,

Titulares do Ritmo, Luiz Gonzaga, Chico Alves, Mário Reis, até que, a partir da bossa nova, ele migrou para Tom Jobim e nunca mais o largou. Comprava sempre as mesmas músicas desse compositor em versões diferentes. Alternava Jobim com Nat King Cole, Sinatra e muita orquestra do Glenn Miller. Nunca mais vi alguém ouvir discos com tanto prazer durante tantas horas, toda vez que dispunha de tempo. Eu nunca fui assim, mas, querendo ou não querendo, tive que ouvir muita música popular só por estar em casa.

SEÇÃO III

# Ensaios

# Vocação e Perplexidade dos Cancionistas

A categoria dos cancionistas surge, ainda hoje, completamente indefinida e imprevisível enquanto profissão, mas já com características bem particulares pelo menos no que se refere à vocação, aos dotes e às preferências de seus aspirantes.

Os cancionistas são, em geral, pessoas sintonizadas com a modernidade, sensíveis às questões humanas, às relações interpessoais e com grande pendor para mesclar fatos de diferentes universos de experiência num único discurso: a canção. Essa propensão à mesclagem pode ser observada também em nível técnico. Os cancionistas compõem bem, tocam bem, cantam bem, mas não se consideram músicos nem poetas nem exímios instrumentistas ou vocalistas. Misturam um pouco de tudo. Entediam-se com o aprimoramento técnico e com as especializações e, frequentemente, se frustram nas escolas de música. Preferem batalhar sozinhos (ou em grupo) esperando oportunidades ou tentando criá-las a todo custo. Têm em mente cancionistas de sucesso como Chico Buarque, Gilberto Gil, Bob Dylan, Rita Lee etc., e não os músicos, também de sucesso, que as escolas tentam instituir como modelos: Beethoven, Schoenberg, Bartok, Webern, Villa-Lobos etc.

Cancionistas são todos aqueles que exercem a arte de bem cuidar de uma canção desde sua feitura (então chamamos este cancionista de compositor) até sua veiculação em show ou em disco. Passamos assim pelo arranjador, pelo intérprete e, no limite, até pelo "mixer" e pelo produtor, quando se mostram envolvidos com o trabalho de salvaguardar os conteúdos que só a canção pode transmitir ao ouvinte.

A categoria dos cancionistas é evidentemente muito vasta, reunindo pessoas das mais díspares proveniências e de todos os graus de formação intelectual. Por questão de limite desta matéria, faço referência especial aos estudantes de curso regular que, em fase pré-universitária, vivem um dilema com relação à profissão a ser escolhida. Em geral, esses jovens cancionistas sentem atração por inúmeras áreas do conhecimento. Gostam de arquitetura, de filosofia, de física... e até de música, mas não querem, em absoluto, se aprofundar demais. Querem saber das coisas, mas, em termos de atividade, preferem canalizar tudo para a produção de canções (claro que em tese, não estamos considerando as nuanças individuais). Aqui se realizam parcialmente, pois fazem o que gostam mas não esperam nada do que fazem, pelo menos enquanto perspectiva profissional. São dotados de brio e altivez no sentido de não submeterem suas produções ao julgamento do pessoal de gravadora ou dos programadores de rádio, quase sempre despreparados e desatentos às produções fora da escala padronizada (salvo honrosas exceções).

## Uma situação ambígua

E a grande ironia de toda essa situação vivida pelo cancionista é que ele próprio, apesar de intuir suas metas e sentir seus desejos, não tem elementos para se definir como tal. O cancionista não sabe que é cancionista. Se se trata de um nome de sucesso, ele não precisa se definir pois o sucesso é um aval que dispensa apresentação. Mas se o cancionista é ainda iniciante, não sabendo exatamente como desenvolver sua aptidão, fica à mercê das mais absurdas orientações. As mais comuns são aquelas que o conduzem às faculdades de música (não há nada de mal nessas faculdades de música, a não ser o fato de nada dizerem a respeito da canção de consumo), aos conservatórios – onde vão se alfabetizar musicalmente, aprendendo harmonia, contraponto e a escrita em partitura, sem levar em conta que suas canções são compostas com melodias da própria fala, suas harmonizações são elaboradas de ouvido e suas canções, depois de prontas, são registradas em suportes sonoros (fitas, discos etc.) e não em partituras (sem contar o fato de que jamais conseguirão escrever as próprias composições pois são, geralmente, imprecisas e refratárias a um padrão único de execução) – ou, ainda às oficinas de música popular, onde a orientação é eminentemente instrumental e ligada à concepção de jazz (improviso e virtuosidade).

Tudo, evidentemente, enriquece o estudante em termos de aquisição cultural e de maiores recursos técnicos, além de propiciar um bom convívio com a linguagem musical. Mas, infelizmente, nada disso contribui diretamente para sua formação de cancionista. Não é à toa que examinando a formação universitária dos cancionistas de sucesso, quando eles a têm, encontraremos de tudo, de filosofia a administração de empresas, e teremos dificuldades em localizar aqueles que, além de outros cursos, fizeram também música.

Ora, uma prática não definida, nem aos próprios praticantes, está por certo longe de ser reconhecida institucionalmente. Durante muito tempo ainda teremos cancionistas aspirantes angustiados com a própria vocação.

Se ultrapassam essa fase inicial de indefinição e hesitação profissional, sabemos que não há o que lastimar. Um cancionista bem-sucedido no Brasil goza de muito prestígio e reconhecimento público. Mas sabemos também que isso é reservado a pouquíssimos e que de maneira alguma podemos argumentar com esses dados de exceção para avaliar a condição de um cancionista iniciante.

## Configurando a prática do cancionista

No momento, creio ser importante ao menos sensibilizar os setores educacionais para um tipo de talento que não se enquadra nos percursos das carreiras profissionais oferecidos pelas escolas e que, no entanto, corresponde a uma das atividades de maior penetração em quase todos os meios de nossa sociedade. Creio ainda que uma definição mais precisa de canção poderia trazer aos próprios cancionistas e a todos os interessados maiores condições de reflexão sobre o problema.

A título de exemplo, sugiro aqui alguns procedimentos que ajudam a pensar a canção no que ela tem de singular e, por extensão, ajudam também a configurar melhor a prática do cancionista. Se lanço mão de um certo tom teórico é porque considero necessário, nesta fase, trazer subsídios para um possível enquadramento institucional da carreira de cancionista.

Um cancionista só se satisfaz quando consegue tirar o melhor partido possível, em qualquer de seus estágios, da relação entre letra e melodia, relação esta que confere à canção sua identidade. No estágio de composição, por exemplo, já tenho verificado inúmeros sinais indicando o esforço (espontâneo) dos cancionistas no sentido de criar compatibilidades entre as inflexões melódicas e as funções narrativas geradas pela letra.

Apenas como ilustração, trago aqui alguns dados: os estudos que hoje em dia recaem sobre a narratividade têm demonstrado, entre outras coisas, que a ação de um sujeito de narrativa, núcleo de qualquer relato linguístico, pressupõe a aquisição de algumas modalidades que tornam esse sujeito habilitado ou competente para levar a cabo sua ação. Tais modalidades podem ser sintetizadas pelos verbos "poder", "saber" e "querer" (às vezes, opera-se também com o "dever"); o sujeito portador dessas modalidades está apto a "fazer" (modalidade de ação e transformação) algo ou, simplesmente, realizar sua ação. Por exemplo, quando observamos a letra de uma canção como *Queixa*, de Caetano Veloso, notamos que o sujeito em primeira pessoa (eu), apesar de sofrer uma série de imposições do outro sujeito em segunda pessoa (você), acaba por reunir as modalidades suficientes para desfechar a ação proposta: queixar-se. Se a própria existência desta canção significa que o sujeito realizou sua queixa (ou seu "fazer"), supõe-se que ele "quis", "pôde" e "soube" realizá-la, caso contrário teria fracassado e nem ouviríamos essa faixa no disco.

Pois bem, correndo o risco de simplificar demais as coisas, podemos dizer que um exemplo da compatibilidade entre as duas faces desta canção está na transferência dessas modalidades, depreendidas da letra, para a melodia, na forma de insistentes descendências designando irrefutável afirmação. Nesta canção, todas as frases melódicas possuem um contorno final descendente típico do movimento distensivo que, de acordo com os estudos entoativos, acompanha as mensagens que não precisam deixar as coisas em suspenso (ver diagrama abaixo).

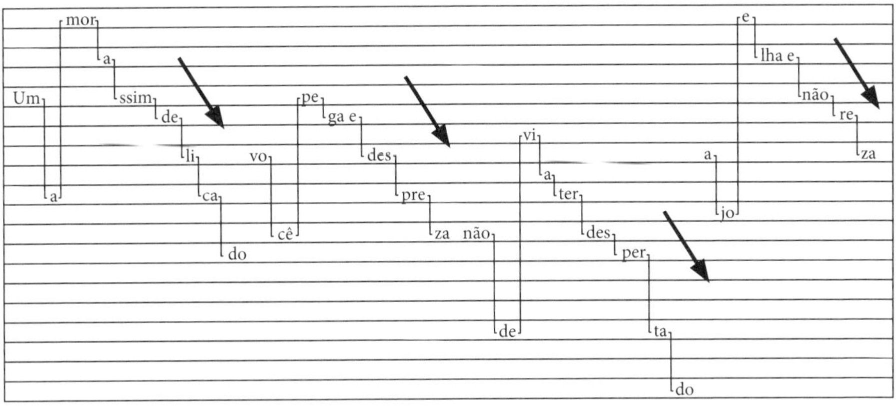


Ou seja, as modalidades "querer", "poder" e principalmente "saber" são as mesmas pressupostas pelo ato da asseveração na melodia. Nenhum sujeito poderá consumar um "dizer" se não possuir as modalidades que lhe dão competência para isso. Portanto, o fenômeno das descendências melódicas nesta canção é compatível com a trama narrativa desenvolvida pela letra, entre outras coisas, pelas modalidades comuns a ambas as faces.

## Relação letra/melodia

Pois então, essa é uma das formas de pensar a relação letra/melodia em seus mecanismos de compatibilização. É pensar a canção dentro de seus próprios recursos, dentro daquilo que o compositor realmente (e naturalmente) concebeu. Trata-se, como se pode ver, de um procedimento diferente daquele que tenta avaliar uma canção pela qualidade dos versos tomados de um ponto de vista literário ou pela qualidade da melodia sob um enfoque musical. O que o compositor nos apresenta é uma proposta de integração e não uma proposta de justaposição de linguagens paralelas.

Vejamos mais um exemplo: podem-se constatar tendências que surgem na composição quando o cancionista, no momento de contrair a relação entre letra e melodia, privilegia a estabilidade e regularidade musical em detrimento da gramática e da mensagem direta da letra. O resultado é quase sempre a instauração de uma outra gramática, parecida com a poética, em que a recorrência fônica passa a ser um dos critérios mais importantes de escolha das palavras que integrarão a letra. Tom Jobim é o patrono desta tendência, principalmente com *Águas de Março*, mas João Donato (*A Rã*, *Lugar Comum*), Baden Powell (*Apelo*) e muitos outros confirmam o estilo (independentemente dos parceiros).

Quando o cancionista privilegia a intelecção linguística, sacrificando a regularidade musical melódica, saltam aos olhos as nuanças entoativas da fala coloquial ao lado de uma mensagem verbal assegurada pela gramática linguística que, como tal, dispensa a exaustiva reiteração dos motivos melódicos (da qual depende a inteligibilidade musical). Esses motivos se expandem ou se contraem conforme o número de palavras que precisam ser ditas. É o caso das canções de Jorge Ben Jor (*Charles Anjo 45*, *Xica da Silva* e quase todas as outras de seu repertório), Cartola (*Acontece*), Dorival Caymmi (*João Valentão, Você já Foi à Bahia?*), algumas de Gilberto Gil (*Preciso Aprender a Só Ser, Super-Homem – A Canção*), Peninha (*Sonhos*) etc. Lembramos que essas tendências devem ser verificadas em canções específicas e não nos autores, pois esses, em geral, compõem nas duas tendências. Os nomes citados são casos de cancionistas que adotam essas tendências como verdadeiros estilos.

Num estágio de arranjo, o cancionista prefere aclimatar instrumentalmente as impressões que lhe causa a relação letra/melodia proposta pela composição, ao invés de enxertar virtuosidade instrumental que nada tem a ver, em geral, com as informações da canção. Essa virtuosidade só é benvinda quando representa uma solução para explicitar algo já contido na composição. Por isso, o arranjo depende de inúmeras repetições até que o instrumentista se sinta no interior da canção como se fosse um de seus personagens. Daí o fato de o próprio gesto do instrumentista fazer parte do arranjo e da ligação entre os membros da banda durante a execução. Eles são os próprios personagens de que fala a canção. No caso das canções românticas, todos parecem se sincretizar num só – e os gestos revelam isso. No caso da canção dançante, cada instrumentista se sente mensageiro dos apelos corporais ali contidos. Em todos os casos, a questão está em obter o máximo possível de integração timbrística, rítmica e melódica para dar luz ao produto da relação letra/melodia concebido na composição. Os Beatles representam com perfeição esse tipo de arranjo.

## Sujeitos insubstituíveis

Nos shows, os cancionistas-intérpretes exploram todos esses traços destacados acima, travestindo-se das mais distintas identidades para incorporar a posição de sujeito de todas as canções que interpretam. Afinal, os cantores são os últimos responsáveis pela transmissão da letra dita de uma maneira específica (esta maneira é a melodia). Nessa busca incansável da interpretação ideal, alguns intérpretes se cristalizam como sujeitos insubstituíveis de uma canção. É o caso de Cauby Peixoto com *Conceição*, Dick Farney com *Marina* ou João Gilberto com *Desafino*. Outros, então, chegam a inverter o processo: atingem uma performance tão plena num determinado tipo de canção que os compositores passam a produzir em função desta performance. Podemos lembrar aqui Roberto Carlos e Maria Bethânia. Enfim, todos esses são fatos consequentes de um trabalho com a canção.

Mesmo o responsável pela mixagem de um disco, se não estiver afinado com os propósitos do cancionista, inclusive no sentido de ser um cancionista naquele momento, pode simplesmente destruir todo o trabalho realizado até então, jogando para um segundo plano auditivo os canais que contêm a parte fundamental da mensagem, e isso frequentemente acontece com a voz principal ou com um instrumento de efeito básico no arranjo. É só conferir.

Como todas essas características aqui levantadas estão distantes dos parâmetros reconhecidos pelas escolas de curso regular (incluindo os conservatórios e as oficinas de música), ainda resta ao cancionista, como no tempo de Noel, o autodidatismo: continuar tocando de ouvido, exercitando suas composições, ensaiando com outros que curtem mais ou menos as mesmas soluções de arranjo, ouvindo discos de cancionistas antigos, novos, brasileiros, ou de qualquer parte do mundo, ouvindo rádio FM e AM, tirando de ouvido a harmonia das canções para se munir de exemplos, apresentando-se ao público sempre que houver oportunidade, gravando se for possível e, fundamentalmente, buscando seu estilo pessoal, que é um produto não apenas do desenvolvimento de sua própria atividade, mas também do *feedback* de seu contato com o público ouvinte.

Gira em torno disso a prática possível de um cancionista de hoje. Aos que gostam de teorizar – são poucos – há todo um horizonte ainda por ser desvendado no universo de significação da canção, mas não me proponho a falar disso aqui. Quanto às faculdades, qualquer uma pode ser aproveitada pelo cancionista, uma vez que para sua profissão não há curso específico. E se o cancionista detesta solfejo, estudos de harmonia e transcrições em partitura, não há por que se afligir, estas são matérias de musicistas.

*Folha de S.Paulo*, "Folhetim", 20/02/1983.

# Obscurantismo e Efervescência Cultural

A efervescência cultural nos porões, nos estúdios de música ou salas de espetáculos improvisados em fundo de quintal, nas casas de praticantes e aficionados da arte, esta efervescência nunca estanca. Sua revelação sim está condicionada às regras conjunturais da política, das finanças e da visão mercadológica da mídia.

Em outras palavras, este contínuo ebulir das artes tem, no mínimo, uma existência virtual em qualquer período que a comunidade esteja vivendo. Em época de obscurantismo político (da qual estamos saindo) inúmeras tendências deixam de se manifestar em virtude da famigerada ação castradora da censura. Em época de obscurantismo econômico (na qual estamos entrando) escasseiam-se as verbas e a luta pela sobrevivência física acaba por se sobrepor aos anseios de manifestação artística. E em época, ainda, de obscurantismo de comunicação (aquele que mais detectamos no momento), a mídia se retrai e perde a audácia do risco, tentando preservar, com todas as forças, aquilo que já foi testado e consagrado. Ficam a um passo da atrofia, pois constituem sério obstáculo à passagem da efervescência virtual da cultura à efervescência manifesta.

Nada disso, porém, determina um extermínio ou uma inibição do veio criativo. A produção continua, às vezes na forma de uma expansão horizontal (ou seja, de proliferação dos porões culturais), e permanece à espreita de uma brecha que dê vazão, pelas vias normais, a um verdadeiro arsenal-iceberg de produtos e ideias estéticas contidos.

## Um funil estreito demais

Já podemos imaginar que tal brecha, funcionando como um funil estreito demais, certamente ocasionará uma saturação quantitativa e qualitativa nos espaços da cultura de efervescência virtual, provocando focos emergentes que desejam a todo custo se manifestar. Mais ou menos nessa linha podemos compreender os atuais grupos de produção independente: emergem mais à cata de um respiradouro que imbuídos de opção ideológica.

O aparecimento de grupos independentes, hoje, está diretamente ligado à incapacidade de absorção, pela indústria cultural e pela mídia, de parte significativa da produção artística que, apesar de tudo, continua criando e desenvolvendo o trabalho à margem do centro de difusão. No caso da canção, por exemplo, a situação nos parece bem delineada. Tudo se passa como se os grandes meios, rádio e televisão principalmente, tivessem criado um "monstro" que agora não conseguem controlar (leia-se: dar vazão a todas as tendências).

Ora, sabe-se que a canção de mercado nasceu com os processos de reprodução fonográfica e se desenvolveu *pari passu* ao rádio e, mais tarde, à televisão, muitas vezes à revelia dos interesses oficiais (conforme já foi proposto, com argúcia, por José Miguel Wisnik)[1]. Isso fez da canção um produto eminentemente comercial e comerciável, pois ela adquiriu a fisionomia de seus veículos: não tem caráter, é rápida, versátil, consumista, romântica, engraçada, insinuante, sensual e tudo que precisa para um uso descartável. A canção tem o dom de ser perpetuamente descartável e os meios de comunicação de massa necessitam disso.

Aliás, isso nos faz lembrar de episódios que ratificam a plasticidade da canção junto aos veículos. É o caso de Noel Rosa (segundo relado de Almirante)[2]

1. José Miguel Wisnik, "Getúlio da Paixão Cearense". Em E. Squeff e J. M. Wisnik, *O Nacional e o Popular na Cultura Brasileira: Música*, São Paulo, Brasiliense, 1982, p. 175.
2. Almirante, *No Tempo de Noel Rosa*, São Paulo, Francisco Alves, 1963, p. 92.

criando ou corrigindo versos dos intérpretes que estavam prestes a entrar no ar, no famoso *Programa Casé*, versos que jamais avistaria novamente. É o caso das músicas de encomenda para festivais, que só funcionavam naquela situação específica e depois desapareciam. É ainda o caso extremo e caricatural de um ensaio para o *Programa do Chacrinha* em que este pedia a Chico Buarque (em começo de carreira) para que seu trem chegasse mais rápido no samba *Pedro Pedreiro* ("que já vem, que já vem...") pois o tempo do programa era precioso.

Em época de pujança cultural, como os anos 1960, rádio, televisão e canção cresciam juntos numa salutar interdependência em que havia espaço para o risco e tempo para o erro, pois a passagem de uma efervescência cultural virtual para uma efervescência cultural manifesta estava praticamente aberta. Isso equivale a dizer que os valores surgiam naturalmente em seu despontar vertical e permaneciam ou decresciam de acordo com o grau de talento exibido. Pois foi no interior da televisão e com o endosso das empresas de gravação que surgiu a canção dinâmica de hoje com toda a sua fúria ambivalente que vai do cafona ao experimental. Foi ainda, substancialmente, o trinômio gravadora-rádio-TV que avalizou e viabilizou a bossa nova, jovem guarda, tropicalismo, instaurando na sociedade uma inquietação perene no que diz respeito às inovações e às imprevisibilidades que a qualquer momento podem ressurgir da canção de consumo. Esta tornou-se, então, um dos únicos redutos onde se pode engendrar novos dados culturais e ainda ser bem-sucedido no que se refere à aceitação ampla de diversos setores sociais. É compreensível, pois seu caráter multifacetado – como já dissemos, uma canção pode ser, ao mesmo tempo, experimental, romântica, satírica, nostálgica, lírica, sensual etc. – tende a entreter o ouvinte, se não pela informação considerada mais importante pelo autor, ao menos, por alguma de suas facetas menos conscientes. Daí a compatibilidade com o veículo de comunicação de massa, cujo principal recurso é seduzir pela rapidez e pela heterogeneidade de sensações, informações e entretenimentos.

Isso tudo nos faz pensar que a grande diversidade de linhas e condutas, dominante entre os novos artistas e os novos grupos (e aqui, principalmente, entre os de produção independente, responsáveis por uma grande efervescência virtual nos dia de hoje), constitui uma resposta aos investimentos mercadológicos que antes impulsionavam as iniciativas de risco, mas que agora se retraíram. Esses grupos e esses artistas podem ser vistos como estilhaços de uma bomba arremessada pela própria mídia e pela indústria cultural/musical na década de 1960, bomba que explodiu na hora certa, mas cujos estilhaços saíram foram de controle.

## Os independentes e o mercado

Sabe-se que não há nada na produção desses novos grupos que fira as leis do mercado. Pelo contrário, este se revitalizaria lançando ao público inúmeras outras alternativas de consumo que a médio e longo prazo significariam lucro certo, entre outras razões, pelas que já sugerimos: 1) as novidades contidas nas obras dos grupos independentes, quando as contêm, são muito menos provenientes de outros domínios considerados não comerciais, como a música e a literatura eruditas, que fruto da própria dinâmica de mercado instaurada pela indústria cultural aliada à mídia; portanto, dificilmente esses produtos seriam incompatíveis com os veículos que os geraram; 2) já há uma expectativa social (entre os que se preocupam com isso no Brasil) de que as mudanças estéticas de repercussão venham pela canção popular; 3) a diversidade de linhas propostas pelos novos artistas – uns são basicamente satíricos, outros líricos, outros sutis, outros românticos, outros ritmados, e assim por diante – constituiria um prato cheio às edições de programas, tanto de rádio quanto de TV, tão afeitas ao heterogêneo-descartável (sem conotação pejorativa).

Estamos vivendo, porém, um obscurantismo de comunicação. As emissoras de rádio e televisão, mancomunadas com as empresas de gravação, veem na padronização uma fórmula eficiente de conservar uma audiência fixa e, acima de tudo, controlar seus números. Cabe lembrar que a padronização aqui não significa homogeneidade. A programação é até desbragadamente diversa. O que não se permite é o risco, o investimento em artistas ou grupos que não tenham sido devidamente testados e consagrados. Não é à toa que os artistas de hoje aparecem com bem mais idade que os artistas de antigamente. Tudo pode ser sinal dos tempos, um obscurantismo econômico bate às nossas portas. De qualquer modo, parece-nos contraditório as empresas perderem o próprio espírito de empreendimento, embora não pretendamos enveredar por esse terreno espinhoso.

Interessa-nos ficar de olho nas alternativas que começam a surgir em decorrência do fechamento das vias normais de manifestação. Vemos os tais artistas e grupos independentes pululando aqui e ali no sentido de anunciar a alguns poucos na comunidade que há uma efervescência virtual pronta a irromper. E, dentro disso tudo, o teatro Lira Paulistana sai com uma proposta concreta no sentido de lançar uma nova ordem mercadológica entre empresa e artista dando a este, entre outras coisas, a dignidade de posse do seu próprio fonograma. E essa proposta foi acatada por uma empresa nacional (a gravadora Continental) em contrato já divulgado por este jornal. Um fato como este, vingando ou não, abre um precedente importantíssimo no mercado cultural para todas as vertentes artísticas.

Só podemos dizer que, mais uma vez, a indústria cultural e a mídia geram um fato novo que não podem controlar, até porque há interesse em manter uma válvula de escape para propiciar uma efervescência manifesta, lugar em que os artistas possam ser testados e consagrados, para depois serem consumidos em larga escala. Só não sabemos se, depois da experiência "independente", sobretudo com essas novas leis de mercado em que o artista aprende todas as etapas de produção de seu trabalho, com seus respectivos custos, as grandes gravadoras ainda oferecerão atrativos (dentro das mesmas leis), ou se, ao contrário, haveria uma evasão incontrolável das grandes estrelas, muitas vezes declaradamente insatisfeitas com o regimento interno das respectivas empresas, para essa nova saída, também empresarial, porém mais justa (isso é mera especulação).

*Folha de S. Paulo*, "Folhetim", 20/03/1983.

# Antecedentes dos Independentes

*Todos os povos da terra conhecem a canção; nela expressam os seus sentimentos íntimos e às vezes também os coletivos.*

Kurt Pahlen

## Influência e desenvolvimento das técnicas de gravação

A memória foi a única partitura da canção popular durante os séculos que precederam a gravação fonomecânica. Tratava-se, então, do que hoje conhecemos como canção folclórica, um legado que perpassa as gerações, desenhando o seu *ethos*, sem qualquer intento específico de transgressão. As "grandes" artes, estas sim cuidavam da estética da época e faziam História, pois dispunham de um recurso por si só dignificante: a possibilidade de inscrição ou de registro, asseguradora de sua perpetuação. A pintura, a música e a literatura reinavam, assim, absolutas, carreando para si todas as atividades críticas e reflexivas destinadas à arte.

O surgimento das técnicas de reprodução de imagem e som que, num primeiro momento, prometiam apenas trazer maior alcance operatório às artes já existentes, acabou por fundar novas linguagens (como o rádio, o cinema e, mais tarde, a TV) e transfigurar completamente a participação de algumas manifestações artísticas até então mais modestas (como a história em quadrinhos e a canção de consumo). No Brasil, os compositores, intérpretes e músicos populares praticamente anônimos viram-se, de súbito, diante de um eficiente meio de registro e, ainda mais, de reprodução, em escala impensável, de suas "pequenas" obras criadas ao sabor da espontaneidade. Como tudo ainda estava por se fazer, uma vez que as produções existentes traziam um valor propriamente afetivo ou de estimação, mais que um valor artístico, aqueles primeiros cancionistas não tinham nada de consenso a preservar e passaram imediatamente a produzir em função do disco e das rádios que representavam, no mínimo, uma nova frente de trabalho. Resultou disso grande variedade de estilos e formas, num jogo de verdadeiro *brainstorm* de busca da música ideal para o rádio e para o deleite dos consumidores. Todos queriam fazer uma música que "pegasse", que caísse no gosto do público quer pelo ritmo, quer pela letra relatando situações cúmplices ou anedóticas, quer pelo contorno melódico com suas modalidades líricas e românticas, enfim, tudo foi experimentado visando obter um êxito fácil de comunicação através dos veículos recém-chegados. Os sambas e as marchinhas de situação (sobretudo as de carnaval) foram os vencedores dessa primeira fase (década de 1920 e 1930) de formação da linguagem radiofônica no Brasil, sempre paralela à formação da linguagem cancional.

A importância e a influência do disco e do rádio na canção brasileira levou a uma supervalorização dos intérpretes que emprestavam sua voz para a condução da mensagem central da canção (o canto da letra e da melodia unidos pela voz). Quanto mais possante a voz, menos se perdia durante o rudimentar processo de gravação até 1925. Não é por outra razão que o cantor passou a ser o todo-poderoso do meio artístico, uma espécie de ponto de confluência de todas as canções da época. Afinal ele sincretizava uma função técnica e uma função artística: melhorava a qualidade da gravação e minimizava, embora de maneira *kitsch*, o sentimento de inferioridade que o músico popular desta primeira fase (alguns o conservam até hoje) apresentava com relação à "grande" música, já que seus cantores lembravam de alguma forma os intérpretes do canto lírico (exemplo notável: Vicente Celestino).

A função técnica e a função artística sincretizadas pelo cantor daquela época continuaram existindo, mudando evidentemente as necessidades, os valores e os anseios que as determinavam. O primeiro aperfeiçoamento significativo dos aparelhos de gravação, quando da implantação definitiva dos processos elétricos no Brasil, em 1927, possibilitou a convivência de uma voz sem potência natural como a de Mário Reis com as outras grandiloquentes que ainda dominavam a cena. A função artística de equiparação aos modelos eruditos era suficientemente forte para manter, ainda por muitos anos, a predominância da voz cheia e possante sobre a voz apenas graciosa que se assemelhava ao discurso coloquial.

O aparecimento do microssulco e a consequente proliferação dos *long playings* de 33 RPM da década de 1950 trouxe um segundo aperfeiçoamento técnico e uma nova modulação do comportamento artístico. Gravar um LP passou a significar não apenas a apresentação de um opúsculo para sucesso rápido e passageiro, mas de um repertório de oito a doze canções cuja unidade fundamental era a voz do cantor e a implantação de seu estilo. Mais que nunca o consumidor haveria de comprar a voz do cantor, pois sua música de preferência seria apenas uma das faixas que poderia ser adquirida, em avulso, nos discos de 78 rpm. Esta fase (de 1948 a 1958) foi o auge da era do cantor e marcou a coexistência dos velhos intérpretes ainda na ativa (como Francisco Alves, até 1952, Orlando Silva, Silvio Caldas, Moreira da Silva, as irmãs Batista) ao lado de outros em pleno apogeu de carreira (Dick Farney, Agostinho dos Santos, Ângela Maria, Cauby Peixoto, Lúcio Alves) e ainda alguns estreantes (Agnaldo Rayol, Pery Ribeiro etc.), todos desempenhando função artística de mesma natureza, ou seja, todos cultivando, com as respectivas nuanças, a estética da voz. É a época do "cantor de voz" e do "cantor sem voz", avaliação primeira estabelecida pelo público. A função técnica não existia mais, dado que os novos aparelhos de gravação já dispensavam a potência das cordas vocais, no entanto, a função artística permanecia em sua plenitude como se fosse uma resultante fetichista das décadas anteriores. Tratava-se, enfim, da preservação e do culto de uma retórica (nacional) cujo valor utilitário já desaparecera.

## O reajuste da bossa nova

Entre outras coisas, a bossa nova representou um reajuste entre a função artística e a função técnica desempenhadas pelo cantor popular. A incumbência de graduar a potência e o timbre da voz foi definitivamente transferida do pulmão e das cordas vocais do artista para o microfone, amplificador e equalizador de frequências, deslocando, consequentemente, o desempenho da função artística para outras facetas da canção ainda pouco exploradas.

Ora, esta simples correção de tendência, por se proceder no centro nevrálgico da produção cancional da época, ou seja, no domínio da interpretação (João Gilberto foi e é, antes de tudo, um intérprete) mudou a própria concepção de música popular brasileira:

A) A eliminação do canto retórico recuperou a atenção do ouvinte para aspectos mais delicados e sutis da canção que se remetem imediatamente à prática de composição, cada vez menos lembrada a partir dos anos 1940. Até a era das marchinhas, na década de 1930, o compositor de sucessos também era enaltecido moralmente embora quase não usufruísse dos lucros financeiros. A era do cantor obscureceu completamente, para o público, a figura do compositor: a música era de Ivon Cury, Jamelão ou Cauby e não de Lupicínio, Monsueto ou Jair Amorim.

B) A nova adequação do canto às condições técnicas retomou a intimidade entre canção e os meios de gravação, reprodução e difusão que marcou o início da trajetória desses dois setores: a canção e o disco (e, por extensão, o rádio). Pode-se observar que toda vez que esses setores se distanciam e perdem a sintonia ocorre o fenômeno, hoje muito lembrado, da estereotipagem (ou pasteurização). As gravadoras precisam operar com numerosas intermediações (diretor de produção, diretor artístico, diretor comercial, técnico, engenheiro de som etc.) para fazer chegar seus sofisticados recursos de gravação e difusão aos artistas, e estes, sem conhecimento direto das possibilidades técnicas e comunicativas ao seu alcance, acabam engendrando um produto pouco econômico do ponto de vista da informação, isto é, passam a repetir soluções que já deram certo outrora, mas que são muitas vezes dispensáveis diante do ininterrupto progresso eletrônico. É o caso da voz possante que perdurou muito além de sua operacionalidade.

C) Sem ser esta a sua intenção explícita, a bossa nova trouxe, pelas mesmas razões, o compositor para o primeiro plano do meio musical. A possibilidade de vir a cantar sem ser dotado de um aparelho fonador excepcional encorajou não apenas cantores com voz fora de padrão, mas principalmente os compositores que, intérpretes virtuais de suas próprias canções, eram sumariamente excluídos dos quadros de produção. Desde então, são pouquíssimos os compositores que não cantam e que não tentam sua própria gravação.

D) Importante notar que uma alteração tão acentuada no foco de atenção da música de consumo trouxe dupla implicação: de um lado, inaugurou uma série de tendências até então dormentes como que à espera de um precursor e, de outro, instou a releitura da tradição do nosso cancioneiro popular sob outra ótica, dispensando totalmente o ranço da "grande" música e da "grande" literatura que sempre fez fundo, com maior ou menor intensidade, ao repertório anterior. Foi uma fase de definição e consolidação de linguagem. O reajuste entre função técnica e função artística ocorreu como um retorno etimológico (de resto, completamente dispensável) ao conhecido radical grego *tekhne* que vincula à mesma origem a noção de arte e de ofício técnico.

Evidente que a noção de função artística e de função técnica – sincretizadas outrora pela voz do cantor – a partir da bossa nova tornou-se muito mais complexa. O artístico ganhou uma personalidade dentro da canção popular, se desgarrando por completo da nostalgia erudita e o técnico se estendeu da gravação propriamente dita para o domínio da difusão e da comercialização.

## As três faces da canção de rádio pós-bossa nova

A configuração de uma fisionomia própria para a canção, no início dos anos 1960, atraiu a atenção de toda uma elite artística e intelectual que passou a ver nesta linguagem um canal eficiente e contagiante para se transmitir as ideias. Isso ocorreu com pessoas ligadas à música erudita (Duprat), ao teatro (Boal, Guarnieri), ao cinema (Glauber) e à literatura (Augusto de Campos).

Muitos universitários, das mais distintas áreas, revelaram-se compositores e cantores, abandonando de vez suas futuras profissões. Uma vertente desses novos interessados se esmerou na preservação da autenticidade da MPB utilizando-a, por vezes, como condutora de denúncias sociopolíticas. O trabalho de preservação não foi preservado e por isso mesmo se tornou pouco significativo. As mensagens de denúncia sobreviveram, de modo menos concentrado, nas obras de compositores mais prolíficos e amplos como Chico Buarque.

Outra vertente, imbuída de modernidade, se abriu inteiramente às novas conquistas eletrônicas e, a partir delas, exerceu a maior miscelânea de influências e tendências que se teve notícia até então. De fato, o tropicalismo não alimentou qualquer natureza de preconceito. Simultaneamente à incorporação da guitarra, dos efeitos sonoros de estúdio, das encenações televisivas, sua música voltou-se para a produção contemporânea estrangeira, para a poesia concreta, para a bossa nova, para o canto cafona pré-bossa nova e até para algumas experiências, sobretudo timbrísticas, da música erudita de vanguarda.

Mas, além desses grupos de elite, outros jovens, também "autorizados" a cantar pela bossa nova, enveredaram por um caminho mais fácil e mais atraente do ponto de vista comercial. Fizeram a jovem guarda. Esta sim tomou de assalto as emissoras de rádio desalojando os antigos sambas-canções, a própria bossa nova, as músicas de denúncia (o tropicalismo viria um pouco depois) e fez frente às baladas italianas e ao rock inglês e norte-americano (que vigorava na forma de iê-iê-iê). Pudera, a jovem guarda foi um movimento que se rendeu incondicionalmente aos ditames da música pop internacional cuja expressão mais arrebatadora era sem dúvida os Beatles. Tudo que essa banda (e outras que vieram em sua esteira) produzia era instantaneamente convertido para o português, adaptado às nossas condições técnicas e lançado em disco para concorrer com o original. Em meio a tudo isso, a dupla Erasmo e Roberto Carlos se encarregou de abrasileirar e dar feição própria a todas essas influências, compondo um grande número de obras que proporcionavam um misto de rock norte-americano (no ritmo), balada italiana (na melodia, principalmente dos estribilhos) e samba-canção (no tema das letras). Da bossa nova ficara apenas o modo de cantar (Roberto Carlos colocava a voz de maneira próxima ao João Gilberto do início).

Estamos situando a bossa nova como um marco didático de retomada do contato íntimo entre o artista e os meios de gravação e difusão. Mas, como se sabe, não há uma linha divisória que impeça a coocorrência de todas as vertentes musicais numa mesma época histórica. De fato, toda uma linha de produção de canções especialmente comunicativas atravessou incólume o período bossa nova e pós-bossa nova e veio parar na década de 1980 sem transformação substancial. Trata-se da velha "música de cantor" que, desamparada dos impulsos criativos recebidos até os anos 1950 (quando toda música popular praticamente era "música de cantor"), adquiriu características estáticas de composição e de canto. Em compensação, manteve sempre bem circunscrito o seu espaço de atuação, bastante significativo em termos numéricos, reservando para si várias estações de rádio. Trata-se da produção que hoje vimos chamando pejorativamente de brega, mas que já fora seresta, trova, moda, balada, bolero, samba-canção, todas contendo especificidades dentro de um modo de produção homogêneo: o contato com a gravação é apenas do cantor e há diversas intermediações artísticas e comerciais (diretor disso, diretor daquilo, técnicos etc.). Ainda como modo de produção, se assemelha à indústria da música sertaneja de alta prosperidade comercial no Brasil.

No decorrer da década de 1970, convivemos com um espectro musical que ia do brega até os descendentes do tropicalismo, passando pelos remanescentes e instigadores da velha jovem guarda. Cada uma dessas linhas desenhou nas rádios o seu território e só admitia concorrência com a música estrangeira.

O brega e a música sertaneja dominam uma grande faixa de emissoras AM, algumas delas de longo alcance por todo o Brasil (Record, Globo etc.). Seus artistas, hoje, têm pouco acesso às TVs e quase nenhum à imprensa escrita de prestígio, mas, em compensação, a veiculação de suas músicas pelas rádios é tão contundente que seus discos atingem pontos de vendagem extraordinários. Permanecem, via de regra, à margem do processo de produção e quase não aproveitam as inovações técnicas em suas gravações, pois as canções e os arranjos obedecem a parâmetros muito antigos e conservadores. A temática é conduzida necessariamente de maneira linear, com narrativas transparentes e personagens sentimentais e pseudourbanizados.

A música jovem, ou rock/iê-iê-iê, um prolongamento mais vasto da jovem guarda, domina o restante das estações AM e parte significativa das emissoras FM. Essas canções não possuem qualquer caráter (por isso mesmo, muito brasileiras) e oscilam entre a flagrante adaptação do repertório estrangeiro até as produções mais genuínas e também mais singelas que chegam à fronteira do brega. Exatamente pela influência de fora, o rock brasileiro é mais sintonizado com os recursos técnicos contemporâneos e os artistas participam mais das gravações. No que diz respeito à posição estética, entretanto, os músicos não possuem autonomia. Precisam reproduzir, com maior ou menor ênfase, as práticas em voga: o uso de novidades eletrônicas, a assimilação do ritmo percussivo do momento, o desempenho de funções extramusicais (música para dançar, para fazer ginástica, para curtir solidão etc.), o comentário de situações do cotidiano jovem (distinguindo-o do cotidiano "careta"), a valorização das emoções, do prazer, o uso de gírias e inúmeras outras práticas que sirvam para singularizar o universo da moçada. A temática, em geral amorosa, admite umas justaposições de imagens desde que constituam apelos sinestésicos. Não lhe é peculiar (ou talvez nem permitida) uma poesia mais arrojada ou, simplesmente, mais personalizada.

Por fim, canções convencionais do ponto de vista melódico-musical, mas audaciosas pela construção poética (onde se permitem justaposições insólitas entre palavras ou versos), completam a faixa mais elitizada das FMs, como uma herança viva e bem-comportada do tropicalismo. São músicas "de autor" na voz deste ou de grandes intérpretes, todos gozando uma certa liberdade de escolha, de interferência na gravação e na produção e até no exercício das próprias ideias e da própria individualidade. Apenas paira um bom-senso, sem maiores coerções, sobre como deva ser uma canção destinada ao mercado. Esses artistas não são os campeões de vendas (embora vendam muito), em compensação, contam com grande prestígio na imprensa e na televisão como se houvesse uma identificação do jornalismo inteligente ou de elite com a música mais elaborada.

Esse panorama geral da canção que atualmente toca em rádio revela algumas posições estereotipadas e não traduz nuanças de composições que misturam versos pós-tropicalistas com embalo de rock ou, às vezes, com narrativas de brega, nem compreende os compositores que fogem um pouco a esta classificação e que, no entanto, frequentam, de algum modo, as programações das rádios (notadamente os sambistas de sucesso como Martinho da Vila, Beth Carvalho e outros, assim como Chico Buarque que transita pelos estilos e produz como e quando quer). Serve, entretanto, para mapear os territórios radiofônicos rigorosamente delimitados e cultivados pelos programadores e para entendermos melhor o propalado pacto entre empresas de gravação e emissoras de rádio.

Tomando conta de toda a técnica de produção e difusão, essas grandes empresas podem estabelecer um cálculo quase exato de seus investimentos e de seus retornos financeiros. Atendendo às três mais expressivas (numericamente) faixas do mercado, podem estabelecer alguns padrões econômicos para a produção de música em série. A maior parte do público, pouco interessada em cogitar sobre como deveria ser a sonoridade de sua época, acaba se acostumando e gostando da música praticada na mídia. Quanto à relação com os artistas, as gravadoras se dão ao luxo de poder penetrar em seu domínio e manter um tratamento diferenciado. De posse de todas as condições técnicas de viabilização do disco, as gravadoras invadem o espaço dos artistas e passam a exercer também suas funções. Tudo, evidentemente, visando a um maior controle do produto artístico enquanto produto comercial. Em vez de o artista estabelecer o ajuste entre função artística e função técnica (como na ocasião da bossa nova e do tropicalismo), tornando sua obra econômica do ponto de vista estético, são os homens da empresa que realizam o ajuste e assumem a função artística tornando a obra econômica do ponto de vista comercial. Resultado: padronização da maneira de compor e dos arranjos instrumentais para que possam ser processados em escala industrial. As rádios, mancomunadas, só tocam se as músicas trouxerem as características recomendadas pela gravadora.

Quanto à diferenciação no trato com os artistas, pode-se notar uma variação correspondente às faixas musicais mapeadas acima.

No domínio do brega e da música sertaneja a interferência da gravadora é total; os cantores emprestam a voz e depois são dispensados até o momento da divulgação, quando são reconvocados para trabalhar o disco. Função técnica e função artística exclusivamente desempenhadas pela gravadora, os cantores se contentam com o reconhecimento do público e a porcentagem retirada das vendas e dos shows.

Na faixa do rock, os próprios músicos se mantêm atualizados em relação às novidades do rock internacional. Há um amplo consenso entre artistas e gravadoras sobre como o disco deve ser produzido e veiculado. O artista (compositor, cantor ou banda) colabora nas soluções técnicas e a gravadora participa ativamente no acabamento artístico do disco (desde arranjos instrumentais, até a capa, passando mesmo pela apresentação física, a fachada, dos músicos). Evidente que quanto mais consagrado o artista, maior é sua autonomia estética. Os meninos que se iniciam na carreira não têm qualquer poder decisório.

Com a elite pós-tropicalista o tratamento é todo especial. Cada um cuida de seu setor: o artista compõe, canta, instrumentaliza, produz musicalmente o disco, opina no resultado, refaz o que não aprecia, enfim, responde pela função artística; a gravadora, por sua vez, se aplica em reproduzir tecnicamente os anseios do artista, ativando todos os recursos operatórios e todos os canais de divulgação para garantir o sucesso. Dentro dessa liberdade e desse respeito mútuo há um consenso tácito sobre a diversificação das músicas que compõem o LP. Para cada música mais audaciosa do ponto de vista experimental, inúmeras outras bem digeríveis compensam e amaciam o disco em busca do êxito comercial. Sem muito alarido, empresa e artista concordam sobre isso.

## A PRODUÇÃO INDEPENDENTE

É claro que o funil de aparecimento de novos valores é tanto mais estreito quanto maior o grau de autonomia entre artista e gravadora. Participar da elite musical exige uma longa trajetória artística ou pelo menos uma recomendação de peso suficiente para queimar as etapas.

Marginalizados por este panorama fortemente cristalizado e rendoso para os grupos financeiros e, ao mesmo tempo, cômodo e farto para os artistas já eleitos, alguns novos compositores e músicos, depois de muito tempo de trabalho (alguns com mais de dez anos) sem a possibilidade de registro e divulgação, iniciaram um processo de contra-ataque à ação das gravadoras. Assim, como essas empresas invadiram o domínio artístico assumindo também suas funções (visando maior controle do produto), esses artistas, embora em proporção infinitamente menor, passaram a acumular em ampla escala a função técnica, território inviolável das gravadoras. Claro que isso sequer arranhou o poderio das empresas, porém, abriu um precedente significativo que se transformou numa alternativa natural até para os grupos recém-formados.

Daí decorre a noção de artista independente. Ao invés de permanecer à espreita de oportunidades ou de se submeter a julgamentos, quase sempre humilhantes, por parte dos empresários-produtores, o artista percorre toda a trajetória da produção e da divulgação do disco, enfrentando toda a sorte de obstáculos, pagando todos os custos, para no final concluir que o preço de seu LP não saiu tão caro (principalmente se comparado a produções de áreas vizinhas como o cinema, por exemplo), a técnica empregada não foi tão complexa e a distribuição e divulgação em escala modesta foram suficientes para o reembolso do capital inicial.

Esses dados não são insignificantes se verificamos que com isso o artista pode dar vazão e continuidade ao seu trabalho independentemente do julgamento das empresas. E mais: conhecendo as dificuldades reais que cercam a produção, os seus custos, os recursos eletrônicos disponíveis, os canais de divulgação, enfim, desempenhando em sua plenitude a função artística e a função técnica, desta feita com total integração, os grupos independentes não se enquadram mais nos termos de contrato de uma gravadora (sabe-se que o artista recebe menos de 10% do lucro auferido da vendagem de seus discos). Tornam-se, de antemão, artistas caros que podem exigir, no mínimo, a divisão equânime dos lucros obtidos com sua gravação.

Como isso não convém às gravadoras e o contingente de músicos em condições de gravar cresce assustadoramente, a saída possível é a formação de pequenos núcleos de produção independente (exemplos atuais: Lira Paulistana e Som da Gente), que se especializam em inventar encaminhamentos adequados a esse modelo de produção livre. Tais núcleos estão a todo momento trazendo para o mercado projetos alternativos de baixo custo financeiro e de alto teor estético e criativo. Não é difícil entender. Trabalhando com recursos econômicos limitados o músico independente dosa seus anseios estéticos de acordo com a técnica disponível e, reciprocamente, seleciona, de todo o arsenal eletrônico e de todo canal de comunicação, aquilo que teria função artística em seu trabalho. Não pode haver excedente nem carência. Toda a função técnica necessária à realização plena da função artística, acaba sendo, de algum modo, conquistada. Por outro lado, não sobra recurso sem função artística. Essas limitações de produção acabam, por força das circunstâncias, gerando um produto enxuto que, dificilmente, germinaria numa grande empresa de hoje. Sim, pois a tendência das produções gigantes, avalizadas por gravadoras e patrocinadores de porte, tem sido a de proporcionar grandes eventos calcados em parâmetros quantitativos: inúmeros artistas renomados, acompanhados por grandes orquestras, em estádios monumentais etc. Por incrível que pareça, além de um excedente técnico (alguns artistas poderiam dispensar a orquestra ou o sintetizador, por exemplo, por questão de incompatibilidade com suas músicas) há também alta carência, pois para viabilizar a apresentação de tantos é necessária a redução e até a eliminação dos detalhes acústicos ou eletrônicos que poderiam constituir variáveis de difícil controle na boa continuidade do espetáculo (no entanto, esses detalhes, por vezes, particularizam qualitativamente o trabalho de um músico).

Em suma, a retomada do ajuste entre função artística e função técnica que, de tempos em tempos, corrigia a trajetória de nossa música de consumo, socorrendo-a de uma padronização total iminente, ocorre hoje pelo lado de fora do sistema de produção industrial, não podendo, portanto, atingi-lo diretamente. Mas é fácil observar que já é incontrolável a padronização generalizada no interior das gravadoras.

Dentro desse impasse, a experiência independente, por pouco que represente do ponto de vista quantitativo, é um exemplo vivo de autossuficiência no percurso de produção, embora, ainda esteja às voltas com seu último e mais sério entrave: a penetração nas programações das emissoras de rádio. Mas isto é questão de tempo. Se as grandes gravadoras, e por extensão as rádios, quiserem asfixiar a produção independente (e tem recursos de sobra para isso) por meio de insistentes bloqueios estarão, num prazo maior, afetando seus próprios negócios financeiros investidos na canção de consumo. A vendagem de disco está caindo e apenas um dos fatores é a crise financeira desses anos 1980.

Até o consumidor comum, um dos últimos preocupados com a renovação estética, acaba se incomodando com a sensação de *déjà vu* e, simplesmente, suspende mais este gasto.

Alguns sinais de mudança despontam aqui e ali embora sem qualquer alcance definitivo. Já temos artistas de renome e de peso comercial que bandeiam para a produção independente, conquanto em molde bastante diverso dos iniciantes (Tim Maia, Maria Bethânia etc.). Temos também artistas independentes procurados por gravadoras para assinarem contratos especiais (Arrigo Barnabé). Temos ainda renovações em termos contratuais entre empresa nacional (Continental) e núcleo de produção independente (Lira Paulistana).

O que prevalecerá ninguém sabe. Alguma solução, entretanto, precisa reatar os laços de conjunção entre as funções artísticas e técnicas já há tempo dissociadas no interior das empresas. Se não for em nome de um benefício estético, pelo menos para salvaguardar seus próprios lucros.

*Arte em Revista*, Ano 6, nº 8, outubro de 1984.

# Os Paralamas Paradiscursivos da Canção

A canção de consumo contemporânea cada vez mais sai de si mesma e contempla o seu intérprete. Este movimento se constata nos trajes dos artistas, nas encenações de palco, nos efeitos especiais de luz e som e, desbragadamente, nos clipes.

Voltar-se para o intérprete significa reconstituir, o máximo possível, o momento presente da comunicação (que, de fato, jamais será reconstituído) atribuindo-lhe um valor de destaque ao lado do tradicional canto dos versos melodizados.

Hoje, não se trata mais de avaliar a qualidade de uma canção pela riqueza de seus versos, pela originalidade do seu perfil melódico ou, ainda, pelo tratamento harmônico-instrumental que recebe nos shows ou nos discos. Esses valores continuam sendo importantes, sem dúvida, desde que incorporem o estágio pré e paradiscursivo da canção ou, em outras palavras, sua situação de comunicação.

Uma canção que não cuide de reavivar de algum modo o seu momento interpretativo, fazendo com que este também acompanhe a sua história, certamente encontrará dificuldades para se impor no cenário musical. A implacável evolução dos recursos tecnológicos nos domínios do som e da imagem praticamente exige do músico popular um investimento especial nesse aspecto que antes ficava apenas sugerido no interior de seu discurso cancional.

Do mesmo modo, para se apreciar uma canção, é inócuo fragmentá-la com opiniões setorizadas (que melodia repetitiva!, esta letra não diz nada! etc.). Mais razoável seria verificar que rendimento comunicativo uma canção obtém quando associa seus versos e suas melodias aos indicadores que acusam a presença viva do intérprete e de sua situação discursiva. Estaríamos assim um pouco mais próximos daquilo que realmente foi produzido. Os cancionistas não produzem letras ou músicas ou arranjos, produzem uma integração e esta integração é que chega aos ouvintes.

Portanto, a pertinência de uma indagação sobre a canção de hoje está exatamente no reconhecimento de uma compatibilidade entre uma letra, uma melodia e, ainda, uma situação de comunicação (um clipe, por exemplo, sempre simula, com grande êxito informativo, uma situação de comunicação possível), já que tudo isso concorre para a formação de um sentido homogêneo e natural.

## Presença difusa

Os indicadores do intérprete e da situação de comunicação sempre estiveram presentes na canção como, de resto, em qualquer outro discurso estético. Só que, até a década de 1950, sob a égide quase exclusiva do rádio, a canção dispunha de recursos por vezes eficientes, mas nunca decisivos para a reconstituição de sua situação de comunicação. A letra fornecia os *dêiticos* (indicadores) linguísticos, ou seja, caracterizava o sujeito da canção num espaço e num tempo presentes (eu-aqui-agora) através de seus pronomes, advérbios, demonstrativos, imperativos etc. A melodia apresentava suas figuras entoativas correspondentes às inflexões da fala do dia a dia e oferecia um suporte, em suas durações, para a configuração do timbre de voz do cantor ou da cantora. Isso era o bastante para que o ouvinte reconstituísse a imagem de seu intérprete favorito e de sua situação de comunicação, um pouco pelo estímulo inicial desses indicadores, mas, muito mais, pelo poder de sua própria imaginação.

Ocorre que tais indicadores, nesse período de pré-tecnologia visual, não exerciam tanta influência e nem tanta modificação no sentido final produzido pela canção. Permaneciam ali como testemunhas de uma intenção sorrateira e de uma presença difusa do intérprete. O maior poder de persuasão das canções dessa fase estava centrado na ordenação dos versos, na ordenação da melodia e, finalmente, na relação entre estas duas ordenações.

A ordenação dos versos respondia por uma persuasão cognitiva do ouvinte: eram constituídos os temas linguísticos através da reiteração dos significados das palavras e das frases. O leque de possibilidades de construção desses temas não se apresentava tão aberto quanto poderíamos a princípio imaginar. Grande parte das tematizações manifestava o protótipo da *exaltação* (do amor, do samba, da cidade, do malandro, da mulher, do balanço, da vida cotidiana etc.).

A ordenação dos motivos melódicos, também pelo processo de reiteração desses mesmos motivos, respondia principalmente por uma persuasão somática ou pragmática, tanto faz. A combinatória dos motivos melódicos geravam igualmente as tematizações, desta vez sonoras, que iriam identificar os ritmos e, por extensão, os gêneros. Mais uma vez, as variáveis eram pouco numerosas, tanto que já estavam previstas nas designações: samba, valsa, bolero, samba-canção, guarânia, foxtrote etc.

A ordenação dos versos ou da letra, portanto, atingia o intelecto do ouvinte, enquanto, paralelamente, a ordenação melódica atingia ou massageava o seu corpo com as pulsações rítmicas e com os sentimentos descritos pela curva entoativa. Mais que isso, o reconhecimento de uma compatibilidade entre essas duas ordenações, naquele sentido de que tal texto nasceu para tal melodia e vice-versa, trazia um alto grau de euforia e configurava de vez a persuasão. (Entre os elementos que asseguram essa compatibilidade, mencionaremos apenas a linguagem coloquial implícita ou explícita em toda canção.)

## Teatralidade

Hoje em dia, todos esses fatores continuam agindo na formação de sentido de uma canção. Aqueles indicadores, porém, que serviam para manter a presença importante mas discreta do intérprete no interior do discurso, agora se agigantam e fazem deste intérprete um personagem vivo e público com a personalidade da própria canção. Quando se monta um videoclipe, que é a forma mais acabada de se retratar uma situação de comunicação, o intérprete participa, reforça e representa a narrativa do texto; movimenta-se, dança e gesticula traduzindo corporalmente o gênero musical desenhado pela melodia; e, por fim, se transforma em todos os personagens, mesmo aqueles apenas aludidos pelos indicadores discursivos.

Resultado: o intérprete encarna a própria compatibilidade entre os elementos da canção, tornando-se parte integrante da criação. Não é à toa que Herbert Viana faz um sucesso estrondoso quando ostenta na face os óculos tematizados em sua letra, a Blitz faz de cada composição uma história em quadrinhos interpretando seus personagens, e os Titãs, por sua vez, ensaiam uma coreografia especial para cada uma de suas músicas. Mesmo os grupos independentes que, por motivos óbvios, nem sempre podem produzir seus próprios clipes, primam por montar situações de comunicação na teatralidade dos shows ou pelo menos na exacerbação dos recursos entoativos.

Enfim, uma das tendências que mais se destacam na atual música de consumo é a de compatibilidade cada vez maior entre intérprete (e sua situação de comunicação), temas linguísticos e temas melódicos da canção. Uma avaliação que tente remover este intérprete de suas considerações pode, assim como uma fita adesiva que forçamos descolar do papel, inutilizar o produto.

*Folha de S. Paulo*, "Folhetim", 28/04/1985.

# Canção, Estúdio e Tensividade

## Era do estúdio

Quase não há ensaios dedicados à canção popular consumida no Brasil. Nem à canção de rádio ou de televisão (canções de novela) e nem à canção marginal criada nos pequenos teatros alternativos. Para os textos de reflexão, toda essa produção simplesmente não existe ou, pelo menos, não atingiu ainda um estágio de qualidade digno de ser abordado.

No final dos anos 1960 – talvez em função do alastramento de fenômenos internacionais de amplo alcance ideológico, mercadológico e comportamental, como a consolidação do rock e a sintetização promovida pelos Beatles – alguns ensaístas brasileiros, em geral poetas, músicos ou sociólogos, constataram um deslocamento do foco de ebulição criativa e de transformação estética, de um domínio predominantemente literário, para uma esfera muito mais popular e dinâmica do ponto de vista da comunicação: a canção.

Esse fato mereceu análises, conferências, teses e inúmeras celeumas incidindo sobre a questão da renovação no nível da "forma" (fonológica, tonal, serial...), do "conteúdo" (estruturas narrativas reproduzindo estruturas sociais) ou da "enunciação" (engajamento ou alienação do compositor e do intérprete).

Dois movimentos destacaram-se, então, como representantes maiores desta nova posição ocupada pela canção: 1º) a bossa nova, modelo de maturidade musical enriquecida pela convivência com o alto padrão da música popular instrumental norte-americana e 2º) o tropicalismo, modelo de contemporaneidade poética e, sobretudo, enunciativa (o modo de ser do cantor e do compositor e sua circunstância de produção tinham tanta ou mais importância que a própria canção).

No transcorrer da década de 1970 a canção fez a "mixagem" de todas as conquistas dos anos anteriores e foi, aos poucos, adquirindo uma feição moderna do ponto de vista tecnoeletrônico, mas controvertida do ponto de vista ético e mesmo artístico.

Os artistas consagrados passaram por uma reciclagem no sentido de planejar sua carreira à luz das novas leis do mercado fonográfico, enquanto outros, igualmente consagrados, desistiram do páreo, trocando a vida atribulada do *show business* por uma participação mais discreta e esporádica. Quanto ao surgimento de novos valores, o processo praticamente se inverteu: o novo artista deixou de ser o estímulo inicial para o investimento das empresas de gravação e se tornou o resultado, repentino aos olhos do público, de uma cadeia de diligências mercadológicas e promocionais, quase infalíveis, que produzem os artistas com características já preestabelecidas para assegurar o mínimo de sucesso necessário ao retorno do capital investido.

E no centro deste novo estado de coisas formou-se igualmente uma nova competência: o homem de estúdio. Aquele que, sendo ou não músico, sabe converter uma composição, por mais simples que seja, num produto expressivo e agressivo que invade a sala do ouvinte com a mesma exuberância de um som ao vivo. Chamado de produtor, diretor, técnico ou engenheiro de som, este personagem oculto, cuja habilidade é completamente desconhecida do grande público, está por trás de inúmeros êxitos do mercado do disco. Sem esse respaldo de qualidade sonora, caminhando *pari passu* com as convenções eletrônicas e assegurando um acabamento técnico impecável, de nada adiantariam as mais perfeitas estratégias de *marketing*.

Hoje vivemos o auge desse processo. O mercado fonográfico aumenta o seu poder de penetração em todas as camadas sociais, enquanto sua principal instância de produção de canções, ou seja, o estúdio de gravação, está cada vez mais distante do conhecimento (ou mesmo da imaginação) do público em geral. Para este, os estímulos que advêm de uma equalização, de uma distribuição dos timbres no espaço sonoro, de uma relação entre plano da voz e plano dos instrumentos, de um emprego da câmara de eco e da reverberação – sem contar a manipulação das próprias ondas sonoras, sintetizando sons inusitados – confundem-se, ainda, com o trabalho artesanal de composição, arranjo e interpretação.

Enfim, o ensaísta que já encontrava dificuldade em descrever a canção enquanto totalidade de sentido composta por melodia, letra e arranjo, hoje nem se arrisca a analisar um produto que torna sua verdadeira forma nas salas esotéricas dos estúdios pelas mãos de profissionais cuja competência ainda permanece fora de registro.

## O mercado do disco

Hoje, a ascensão de um artista deve ser fulminante (uma vez que a soma dos investimentos é muito expressiva), mesmo que o seu fôlego não resista às demandas posteriores e o seu lugar tenha que ser imediatamente preenchido por outro colega produzido com a mesma fúria.

Essa corrida que invade muitos setores do mundo moderno provoca inevitavelmente avaliações defensivas. A sensação de impotência diante do avanço tecnológico, a sensação de desrespeito humano e, no limite, a perda do controle físico e mental da situação ocasionam verdadeira repulsa aos que tomam primeira consciência do fato. A reação mais comum, então, é o desprezo por esse novo modo de produção e, em contrapartida, a exaltação nostálgica dos tempos em que a criação dependia dos artistas e as obras eram resultado direto do talento e da espontaneidade...

Mais que uma reação às novas leis de produção e de mercado, esta repulsa manifesta uma atitude de defesa daquilo que presumivelmente é mais profundo e essencial à preservação dos valores humanos.

Assim, como panorama atual da literatura sobre canção brasileira temos, no plano da imprensa, alguns articulistas proclamando o "lixo" musical desta era de rock; no plano dos ensaios pouco mais descritivos, algumas retomadas eufóricas dos anos 1960, em comemoração aos vinte anos da bossa nova e do tropicalismo e, finalmente, no plano biográfico, diversos volumes dedicados a personagens da era de ouro do rádio e da canção (ao trabalho pioneiro de Almirante a respeito de Noel Rosa, seguiram-se outros sobre Ary Barroso, Pixinguinha, Lamartine Babo, Sinhô, Braguinha, Cartola, Nelson Cavaquinho, Carmen Miranda etc.).

A indústria fonográfica do Brasil vai muito bem. Nunca se vendeu tanto disco no país e se as condições financeiras não fossem tão deploráveis, certamente essa atividade bateria todos os recordes de movimentação financeira. Tivemos uma pequena amostra disso no período de 1986 a 1989, durante o Plano Cruzado.

Isso significa que a repulsa dos críticos e de parte da intelectualidade não corresponde à retração do consumo. Pelo contrário, o consumo explode e a versão simplista que justifica tudo pela eficácia das investidas mercadológicas e dos meios de comunicação massiva já não convence com a mesma facilidade de antes.

Os efeitos da atuação do mercado cultural são inegáveis e irreversíveis. Mas a própria canção, enquanto tal, possui elementos constitutivos que podem ou não servir aos projetos de venda. É comum um empreendimento de *marketing* desistir de um produto (leia-se, de um artista) e se reprogramar inteiramente em função de outro considerado mais rentável.

No plano ensaístico, vale a pena encaminhar a atenção para esses elementos constitutivos da canção e tentar compreender os traços comuns a todas as fases de sua produção e, sobretudo, localizar em que nível e em que medida as transformações sociais e as inovações tecnológicas e mercadológicas incidem sobre as obras e sobre os seus autores.

A regra básica de toda atividade crítica é conhecer o produto criticado e os parâmetros que nortearam sua produção. Por exemplo, do ponto de vista de uma utilização equilibrada das mais recentes conquistas eletrônicas, em função de uma transparência cristalina das informações musicais, qualquer rock de hoje supera a mais clássica canção do repertório brasileiro das décadas anteriores. E não devemos menosprezar esta qualidade pois ela responde, em grande parte, pelo aumento de consumidores que as enquetes registram na atualidade. Ao não levar em conta a relação entre os propósitos da produção de um disco e o resultado obtido, o crítico corre o risco de avaliar o que não foi feito. Daí a constante defasagem entre criação e avaliação que gera polêmicas infindáveis pela imprensa. O artista e a empresa apresentam uma coisa e a crítica comenta outra.

## Tensividade somática e tensividade passional

O engendramento dos sons pela programação digital, os sintetizadores que superam o efeito dos instrumentos acústicos, as câmaras de eco e o aprimoramento geral das gravações estão inaugurando um novo tipo de economia (artística e financeira) e um novo critério de pertinência.

Se na era do rádio imperavam os intérpretes e nos anos 1960/1970 foram valorizados os compositores, hoje é a fase do homem de estúdio. Ele sabe o que deve ser gravado, conhece os recursos disponíveis, prevê o que vai soar com nitidez no final do processo de produção técnica do disco e tudo isso em sintonia com os parâmetros de seleção das rádios de grande audiência, o que já garante, de antemão, a viabilidade comercial do produto.

E aí está o lado positivo da padronização. Com um repertório reduzido de digitações eletrônicas pode-se produzir um número incalculável de efeitos sonoros, todos de invejável qualidade técnica. Controlar a padronização significa estabelecer critérios de pertinência muito precisos com relação ao que funciona ou não funciona, do ponto de vista auditivo, numa canção preparada para o mercado.

Hoje verificamos que poucos critérios serviriam, ao mesmo tempo, para analisar uma canção antiga, uma canção da década de 1960 e uma canção de hoje. Um deles, todavia, parece-nos concentrado da noção de "tensividade".

As canções de todas as épocas sempre operaram com dois tipos de tensividade: 1º) a "tensividade somática" que configura precisamente um ritmo, uma pulsação e uma periodicidade, ou seja, um gênero bem delineado (um samba, uma marcha, uma valsa, um rock, um bolero...) e 2º) a "tensividade passional" que corresponde aos estímulos afetivos e cognitivos desenhados pela melodia e apoiados pela harmonia, acarretando, sobretudo, a valorização de cada um de seus contornos.

O primeiro tipo de tensividade se processa exatamente com a redução de frequência e duração. Aqui não importam tanto os contornos isolados, mas sim a sua reiteração produzindo encadeamentos, os chamados temas melódicos. Em função de sua pulsação regular esses temas produzem estímulos corporais que entram em sintonia com nossa pulsação somática. Daí o efeito da dança, ou pelo menos, das marcações com a cabeça, com os pés ou com as mãos. Nem a letra dessas canções escapa a essa conformação temática. Em compatibilidade com a melodia, os versos produzem personagens ou temas de exaltação que se definem por uma série de qualidades ou atividades automaticamente identificadas aos temas melódicos.

A tensividade passional, ao contrário, depende da ampliação de frequência e duração. Isso repercute na expansão do campo de tessitura e na valorização de cada uma das vogais. As canções tornam-se assim, naturalmente, mais lentas, de forma que as tensões concentram-se nos contornos individuais e na permanência da voz em cada frequência emitida. Este tipo de canção provoca uma introspecção solene compatível com sentimentos passionais decorrentes dos processos afetivos de disjunção e conjunção. Trata-se das músicas românticas nas quais a tensão das separações amorosas transfere-se para os prolongamentos vocálicos e vice-versa. Assim são geradas as paixões como "ciúme", "despeito", "desespero", "esperança", "frustração" etc.

Essa oscilação entre tensividade somática e tensividade passional marcou a história da canção brasileira desde a era de ouro do rádio. Naquele tempo, duas fases de criação eram nitidamente estabelecidas: a fase de produção de tensividade somática, durante o período carnavalesco, e a fase restante de trabalho com a tensividade passional, com as chamadas canções de meio de ano. Eram, de um lado, as marchas e sambas marcados e, de outro, os sambas-canções.

## A neutralização da tensividade

Desde então já despontava uma outra característica que, no fundo, revelava a grande afinidade entre a canção de consumo e o rádio que a veiculava: a fala. O locutor de rádio e o cantor quase sempre estiveram na iminência de se fundirem. Como ocorre com nossa linguagem cotidiana, a melodia das "canções faladas" são de natureza entoativa, isto é, não possuem uma clara identidade sem a presença da letra. Ao contrário dos outros dois tipos de canção, este não se estabiliza nos contornos e nos encadeamentos melódicos. Praticamente neutraliza a tensividade dando a impressão de que se trata de uma situação efêmera cuja duração não ultrapassa o tempo de execução da própria música. É a reprodução do colóquio na canção. Por isso os textos são impregnados de elementos enunciativos (pronomes, advérbios, aspectos, interjeições, expressões cristalizadas, gírias), responsáveis pelo efeito de presentificação, e as melodias reproduzem a instabilidade e o caráter passageiro de qualquer entoação. Na época em que os tipos de canção eram bem discriminados, essas características pertenciam apenas ao samba de breque.

Hoje em dia, uma mesma canção pode transitar por todos os estilos, desautorizando qualquer classificação unilateral. Seja como for, as tensividades somática e passional, juntamente com o processo de neutralização da tensividade (canções de situação), podem ainda servir de base para a compreensão daquilo que orienta o pensamento musical do homem de estúdio.

A esta altura não será difícil delinear o principal objetivo desse produtor. Possuindo uma formação oriunda da própria canção de consumo e acumulando, ao mesmo tempo, larga experiência com os recursos de gravação, o homem de estúdio visa dominar os efeitos de tensividade, bem como os de des-tensividade, por intermédio dos recursos ininterruptamente aprimorados da eletrônica. Já o fez, com êxito, no que tange à tensividade somática, durante toda esta fase que já nos habituamos a chamar de "era do rock". As soluções básicas de contrabaixo e percussão são programadas com alta eficácia pelos processos de digitação. Quanto à tensividade passional, que depende mais da ordenação harmônica e da riqueza timbrística, as possibilidades oferecidas pelo sintetizador superam em muito os recursos orquestrais. E o produtor opera essas máquinas como um verdadeiro maestro regendo o equilíbrio tensivo: nem só o passional, nem só o corporal.

No momento em que escrevemos este ensaio, os produtores estão às voltas com o *rap*, tentando dominar a neutralização da tensividade. Com o controle da instabilidade da fala, entraremos, provavelmente, numa nova era da canção popular cujas pistas principais permanecerão por muito tempo perdidas. Pelo menos no nível da reflexão e do ensaio, pois que no âmbito da produção de mercado as conquistas não param e estão sempre muito adiante de nossa capacidade de pensá-las.

Para terminar, lembramos um trecho premonitório de um pequeno artigo de José Lino Grunewald que, em 1974 (em outra era, portanto) já trazia o problema que retomamos aqui:

> Hoje, quando o disco já traduz intensa realidade cultural, [...] a canção merecia atenções mais alentadas no plano ensaístico. Não é preciso assustar ninguém com novo estruturalismo, mas detectar elementos concretos no âmbito de um processo. (Grunewald, *O Estado de S. Paulo*, 3/2/1974.)

*Revista* USP, fevereiro de 1990.

# O Momento de Criação na Canção Popular

A comparação de linguagens estéticas e de seus respectivos efeitos de sentido reatualiza o debate sobre a necessidade de critérios descritivos adequados ao objeto de pesquisa. Já foi tema de muitas considerações o fato de não podermos extrair da área musical ou da área literária um modelo de análise apropriado às particularidades da canção popular. A junção de melodia e letra pede critérios que deem conta, não tanto dos subprodutos resultantes (a música, a poesia etc.), mas da compatibilidade entre os dois componentes aferida a partir de um quadro teórico comum.

Deixando de lado por ora o núcleo desta questão (já que vimos tratando disso ao longo de toda a nossa produção teórica), propomos, aqui, uma breve reflexão sobre a prática de composição popular e os processos que são desencadeados no momento da criação. Embora não possamos contar com nada definitivo nesse campo, a forma de surgimento de uma obra suscita alguns níveis de pertinência que podem ser considerados com proveito sobretudo quando estão em jogo as diferenças entre as linguagens.

Nesse sentido, é interessante pensar que as letras mais festejadas da canção brasileira brotaram de suas respectivas melodias e não de um assunto geral previamente escolhido ou de uma vivência pessoal da compositor. O conteúdo vai surgindo dos acentos e das divisões melódicas em forma de palavras isoladas, frases desconexas, rimas puras, tudo isso conduzido por uma ordenação sonora, geralmente apoiada em acordes instrumentais.

Evidente que, em algum momento, o compositor terá que concluir sua letra, atribuindo-lhe um mínimo de coerência discursiva, mesmo que num plano totalmente metafórico. Nessa etapa, certamente contará com a colaboração de sua experiência de vida e de seus sentimentos internos para organizar o sentido global do texto. Quase sempre, porém, esta é a última etapa de composição. Tudo começa com um modo melódico de dizer e, só no final, o autor define aquilo que de fato será dito.

A experiência mais valiosa para desencadear uma composição é, sem dúvida, a própria experiência com o material sonoro. Tudo aquilo que o cancionista já tocou, já cantou, já ensaiou, isoladamente ou em conjunto, constitui matéria-prima fecunda para motivar as fases iniciais da criação. O artista sente que alguma coisa começa a se configurar quando encontra um segmento melódico com potencialidade para gerar outros motivos de mesma natureza, dentro de uma base harmônica e rítmica assegurada pelo instrumento.

Ao contrário, um artista de posse de um assunto geral para desenvolver em forma de canção encontra-se muitas vezes na estaca zero da composição. Caso tenha uma letra pronta, poeticamente definida, seu ponto de partida é um pouco melhor, mas ainda nem se compara com o do compositor que já descobriu um sentido melódico. Até porque uma letra pronta mais restringe que sugere contornos musicais, exigindo do autor um verdadeiro malabarismo para encontrar um percurso melódico atraente e, ao mesmo tempo, afeito à métrica e à acentuação prefixadas pelos versos.

As letras que mais admiramos foram geradas a partir de fragmentos incompreensíveis, nascidos de contornos musicais e de sons linguísticos sem qualquer vínculo direto com o sentido final do texto ou com o próprio título da canção. É o som que, em geral, produz o sentido e não o contrário.

Os primeiros cancionistas do século passado já haviam batizado essa fase inicial de gestação da letra com o nome de "monstro", ou seja, a fase do texto desconexo em que as palavras articulam a melodia apenas de um ponto de vista fonético e, no melhor dos casos, sugerem zonas de conteúdo que serão elaboradas posteriormente. Noel Rosa, por exemplo, ia à casa de Vadico, seu principal parceiro, que lhe apresentava, ao piano, uma nova melodia. Não tendo como registrá-la (ainda não havia o gravador portátil e os cancionistas, em geral, não sabem escrever em partitura), o poeta de Vila Isabel produzia imediatamente um monstro, um texto instantâneo cujo principal objetivo era assinalar os recortes silábicos e os pontos de acento que deveriam orientar a criação do texto definitivo. Noel mapeava linguisticamente a melodia e, nesse gesto, deixava algumas sementes que por vezes germinavam durante a confecção final da letra. Não tendo qualquer compromisso com um tema predeterminado, os elementos linguísticos oferecem uma flexibilidade quase ilimitada para o entrosamento com a melodia.

Chico Buarque, autor tradicionalmente valorizado pelo tratamento especial que dispensa às letras, é o primeiro a reconhecer que seu processo natural de composição jamais parte do conteúdo:

> A palavra não aparece antes da música e sim depois, mesmo quando eu faço uma música sozinho. Nunca escrevi uma letra de música antes da música existir. [...] Muitas vezes a palavra aparece antes do sentido da letra. As vezes uma letra bonita começa por uma palavra, uma palavra que é puxada pela melodia. É muito comum os parceiros cantarolarem a música, e quase que existe uma onomatopeia no que eles cantam. Cada som muda uma palavra. Essa palavra é a chave para o verso, que pode ser a chave para a letra toda (entrevista concedida a *Qualis*, ano 3, ed. 12, 1993, p. 14).

Há algum tempo, início dos anos 1990, a rádio Eldorado AM apresentou um programa especial com Chico Buarque, dirigido por Geraldo Leite, no qual o escritor Humberto Werneck revelou a existência de uma fita contendo a gravação das primeiras ideias – ideias sonoras, evidentemente – que deram origem ao samba-enredo *Vai Passar*. Chico está ensaiando uma outra canção criada em parceria com Edu Lobo para a peça teatral *Dr. Getúlio* de Dias Gomes e Ferreira Gullar. Ensaia à capela e, depois, acompanhado do violão. Numa das finalizações do refrão, insistentemente repetido, o compositor introduz um acorde de passagem e desmembra dali um segmento melódico que nada tem a ver com a música ensaiada. Cantarola o trechinho e se detém como quem avalia algo que escapou do controle.

Em seguida, o programa apresenta outro momento da fita, quando Chico já praticamente definiu a melodia do refrão e começa assim a esboçar alguma coisa da letra. Os primeiros sinais daquilo que conhecemos hoje como "O estandarte do sanatório geral vai passar" aparece então numa versão surpreendente que diz: "O cordão da lira da Vila Carrão vai passar". E, no entanto, esse monstro, ainda por ser recriado, já contém, não apenas a expressão "vai passar" que encabeçará o tema geral da canção, mas também a imagem do desfile que depois será reelaborada com novas palavras. Fala-se também nos "grandes artistas do passado" que, depois, serão reduzidos a "nossos ancestrais". A modulação para "Num tempo..." começa a se configurar, mas antes de chegar a "página infeliz da nossa história", o compositor arrisca provisoriamente algo como "em que o nordeste..." (a articula qualquer coisa incompreensível).

Ora, *Vai Passar* é um samba cuja criação da letra parece estar solidamente enraizada numa experiência de vida pessoal e social (movimento pelas eleições diretas). Isso é verdade apenas na fase de acabamento da obra. Sua gênese artística é eminentemente melódica e o surgimento do sentido que hoje conhecemos vem de palavras esparsas que não eram mais que expressões em busca de um conteúdo.

Isso tudo não aumenta nem diminui o feito do letrista que, numa determinada fase da criação, teve que concluir seu trabalho, dando-lhe a forma final que conhecemos. Apenas nos faz refletir sobre as orientações opostas que conduzem, de um lado, as atividades práticas e, de outro, as atividades artísticas: nos processos de comunicação do dia a dia, utilizamos a sonoridade da voz para expressar nossos conteúdos internos; o compositor usa esses mesmos conteúdos para expressar suas experiências sonoras.

Anais do IV Congresso ABRALIC: Literatura e Diferença, São Paulo, agosto de 1994.

# Rita Lee e a Era das Cantoras na Canção Popular

Vivemos no Brasil o auge da era das cantoras e, gradativamente, vem ampliando também o número de cantoras compositoras. De fato, um curioso fenômeno tem caracterizado nossa tão rica e festejada canção brasileira: há mais de trinta anos praticamente só surgem cantoras que dividem com os compositores-cantores a linha de frente do estrelato nacional; há muito tempo não assistimos ao lançamento bem-sucedido de um intérprete masculino que não apresente simultaneamente as credenciais de autor musical.

Claro que essas afirmações precisam ser devidamente matizadas. Surgem duplas sertanejas, *crooners* de banda e mesmo cantores restritos a uma faixa de consumo menos exigente, mas nada que se assemelhe ao surgimento de artistas como Francisco Alves, Mário Reis, Orlando Silva ou João Gilberto cuja produção erigiu a própria linguagem da canção brasileira. O bastão de João Gilberto foi entregue aos compositores que, interpretando as próprias canções, vêm fazendo da música brasileira um dos principais artigos de exportação.

Mas se cada um cuida basicamente de sua obra, as cantoras, que brotam sem cessar de todo canto do país, encarregam-se de aproximar as tendências e de estabelecer uma coerência panorâmica de todos estilos presentes na canção brasileira. São elas as profissionais do canto que encomendam composições aos autores, escolhem repertório concentrado ou diversificado, transitam pelos gêneros e exibem seus dotes vocais ou interpretativos.

Palco das grandes mudanças do século XX, a década de 1960 também testemunhou a atuação crepuscular dos cantores *stricto sensu* e o nascimento da era dos compositores-intérpretes e das vozes femininas. Realmente, foi na TV Record de São Paulo que nomes como Jair Rodrigues, Agnaldo Rayol, Wilson Simonal e quase toda a turma de intérpretes da jovem guarda (Ronnie Von, Eduardo Araújo, Wanderley Cardoso etc.), que não deve ser confundida com os compositores Erasmo e Roberto Carlos, viveram sua última fase de grande sucesso. O espaço desses cantores começava a ser ocupado por compositores-intérpretes como Chico Buarque, Edu Lobo, Caetano Veloso, Paulinho da Viola, Milton Nascimento, Gilberto Gil, Jorge Ben Jor etc. E para estabelecer elos entre esses estilos havia as cantoras que apenas iniciavam uma carreira cuja fecundidade pôde ser avaliada nas décadas seguintes: Elis Regina, Nara Leão, Maria Bethânea, Gal Costa e Rita Lee. Esta última com particularidades que comentaremos adiante.

O que teria acontecido aos cantores que sempre figuraram como verdadeiros proprietários do cancioneiro popular pré-bossa nova? E por que essa "crise" atingiu apenas o universo musical masculino?

A primeira resposta – superficial mas necessária para situar o problema – deve esclarecer que não se tratava, evidentemente, de uma ineficácia repentina da interpretação daqueles cantores que protagonizaram momentos extraordinários da canção dos anos 1960. Cada vez mais, porém, os autores se sentiam capacitados a conduzir a própria obra até a gravação e a apresentação ao público. Claro que essa decisão artística vinha acompanhada por uma recompensa financeira nada desprezível numa época em que os autores já pretendiam viver exclusivamente da música.

Lembremos ainda que essa crise só poderia mesmo atingir o universo masculino uma vez que as mulheres, à época, praticamente não compunham. Só esse fato já baixava consideravelmente o grau de concorrência no mercado dos intérpretes. Se o autor precisasse de uma voz e de uma execução totalmente distintas das suas, propendia naturalmente para o canto feminino.

O início desse avanço dos compositores no terreno dos intérpretes pode ser localizado nos anos 1966 e 1967, por ocasião dos famosos festivais de música promovidos pela TV Record. A apresentação de *A Banda*, composição que lançou Chico para o grande público, já deixava claro que havia uma extrema hesitação por parte dos organizadores do evento: o êxito da marcha dependeria mais da intervenção direta do compositor ou do desempenho de uma intérprete consagrada? Não conseguindo solucionar o dilema, os promotores escalaram Chico Buarque (o compositor) e Nara Leão (a intérprete) para uma dupla execução da mesma música, a primeira mais intimista, só ao violão, e a segunda (pouco) mais expansiva com o acompanhamento de uma pequena fanfarra, tudo como se a voz do compositor ainda não fosse suficiente para sustentar a própria canção e, por outro lado, somente a voz da cantora já não fosse mais suficiente para caracterizar o trabalho integral do autor. A canção *Disparada* que fora programada apenas com o intérprete Jair Rodrigues, e que dividiu com *A Banda* o prêmio máximo do festival, encontrou ainda novo fôlego quando recebeu a interpretação envolvida de um de seus autores, Geraldo Vandré, que passou então a repartir com Jair Rodrigues a glória obtida pelo trabalho.

Essa fase de transição ainda permaneceria no festival do ano seguinte, quando Edu Lobo, compositor da vitoriosa *Ponteio*, defendeu sua canção ao lado de Marília Medalha (a cantora), em vozes uníssonas, como se um precisasse compensar eventais insuficiências do outro. Em terceiro lugar, mais uma vez, Chico Buarque compareceu como compositor de *Roda Viva* para interpretar sua obra escorado pelos cantores do MPB4. Nesse mesmo festival, Gilberto Gil (com *Domingo no Parque*) e Caetano Veloso (com *Alegria Alegria*), segundo e quarto lugares respectivamente, já haviam assumido em definitivo a condição de compositores-cantores, abrindo a rota que todos seguiriam mais tarde.

Dos anos 1970 em diante, ao lado de novos compositores-intérpretes como Morais Moreira, Ivã Lins, Gonzaguinha, João Bosco, Fagner, Alceu Valença, Djavan etc., surgiriam cantoras de grande sucesso como Simone, Joana, Beth Carvalho, Clara Nunes, Elba Ramalho, Zizi Possi, Fafá de Belém, Baby do Brasil e, pouco depois, essa tendência viria a se consolidar com a aparição de Marina Lima, Marisa Monte, Tetê Espíndola, Leila Pinheiro, Paula Toller, Ná Ozzetti, Vânia Bastos, Adriana Calcanhoto, Daniela Mercury, Cássia Eller, Zélia Duncan... e teríamos que nos satisfazer com um inventário permanentemente aberto para acompanharmos a velocidade dos lançamentos de vozes femininas. Tudo isso sem contar que o mercado comporta uma impressionante convivência de veteranas com estreantes, todas abocanhando uma boa fatia do sucesso da música popular.

Sabe-se que o universo da canção tem o seu centro na voz. Pela voz inflete-se a melodia e articula-se a letra, preenchendo as condições básicas para a concepção de uma obra. A voz não é nada mais que a extensão metonímica do corpo do intérprete, como se a materialidade do som substituísse a materialidade fisiológica que caracteriza o sujeito da execução musical. Numa analogia simplista, a voz está para a canção assim como o corpo está para a dança. Quando se diz que a voz carrega valores sensuais, eróticos ou, simplesmente, ideológicos, que cativam a fidelidade do ouvinte, há como que um deslocamento das sensações táteis e visuais para as sensações auditivas.

Antes da expansão da TV, durante a era do rádio, os artistas desenvolviam suas carreiras apoiando-se inteiramente nesses valores impressos na voz. Assim, cantores e cantoras tornavam-se célebres sem muita participação dos compositores. As canções eram do Francisco Alves, do Sílvio Caldas, da Carmen Miranda, da Emilinha Borba e compositores como Ismael Silva, Orestes Barbosa, Assis Valente ou Haroldo Barbosa permaneciam desconhecidos do grande público. A presença da voz, e por extensão do corpo do executante, era suficiente para definir o vínculo dos ouvintes com o que estava sendo dito (a letra) e com a maneira de dizer (a melodia). O corpo na voz compreende não apenas a materialidade sonora, o timbre, que pode ser por si só atraente, mas também um modo de articulação já dependente da decisão do intérprete e, por fim, todos os conteúdos abstratos, ideológicos, eufóricos ou disfóricos, que são transmitidos pelas vias musicais. Ao se constituir necessariamente como presente enunciativo – eu/aqui/agora – a voz pode assegurar ao intérprete uma identidade instantânea com o conteúdo veiculado, dispensando qualquer remissão a uma fase anterior de criação.

Essa camuflagem do compositor tornou-se impraticável a partir da década de 1960. O canto do intérprete João Gilberto, durante o período da bossa nova, acabou desnorteando o próprio conceito de execução vocal da canção. João eliminou o timbre abaritonado, volumoso e impostado que imprimia um tom solene (às vezes dramático) mesmo em composições singelas e adotou um registro e uma intensidade próximos da fala do dia a dia. Esse gesto intuitivo do cantor baiano, que provocou a ira e o desprezo de alguns de seus pares da velha guarda (Moreira da Silva, Sílvio Caldas etc.), entrou em sintonia imediata com o projeto geral dos compositores da bossa nova (Tom Jobim, Carlos Lira, Roberto Menescal etc.), marcado justamente por uma intenção de desdramatizar o samba-canção. Nesse sentido, a interpretação se aproximou bem mais da composição e, portanto, da própria figura do autor.

Além disso, de maneira involuntária, João Gilberto estava enviando uma mensagem inédita aos intérpretes e sobretudo aos compositores: todos os timbres e todas as potências de voz podem em princípio cantar. O êxito da execução depende bem mais da forma de infletir a melodia e de articular a letra que da espessura das cordas vocais. Cantores como Roberto Carlos, Silvinha Teles e Nara Leão decorrem diretamente do gesto gilbertiano. E, cada vez mais, ao longo das décadas de 1960 e 1970, essa mensagem foi sendo captada pelos novos compositores.

A televisão como principal meio de divulgação da música brasileira nesse período também teve sua participação direta na revelação do compositor como o sujeito insubstituível da canção. A substituição só era tolerável, aliás, quando plasmada numa voz feminina que funcionava como espécie de simulacro de sujeito da canção sem concorrência frontal com o verdadeiro autor. Programas da Record como *O Fino*, liderado por Elis Regina, ou *Bossaudade*, liderado por Elizeth Cardoso, entre outros, primavam pela valorização do compositor. Revelavam as faces desconhecidas dos autores e jamais dispensavam o seu canto autêntico, mesmo quando este estava fora das cogitações do artista. Os festivais levaram ao extremo o culto aos compositores, não só pelas premiações, mas, justamente, pelo incentivo às carreiras como intérpretes. Os cantores puros foram então desaparecendo enquanto os compositores e as cantoras tomaram de vez a cena artística, dominando-a até nossos dias.

Para compreendermos um pouco mais a respeito da atual situação convém recuperarmos outra das singularidades de João Gilberto: sua atuação altamente requintada como instrumentista. Nunca, até então, a canção popular havia conhecido um intérprete tão hábil, competente e original no manejo do instrumento. Sua maneira de harmonizar e sua forma de articular o texto na melodia eram verdadeiras recomposições que acabaram por influenciar a dicção da nova geração de compositores, sobretudo daqueles que tinham o violão como instrumento básico (Chico, Caetano, Gil etc.). Desde então, outros valores passaram a alimentar a voz do intérprete, reavivando todas as fases de criação. Não bastava mais um canto profissional puro e simples. Havia necessidade de uma proposta global de execução, em que melodia, letra e instrumentação constituíssem um só corpo, uma só voz, dando suporte material aos conteúdos subjetivos do artista. O grau de persuasão de uma obra passou a depender de todo esse conjunto de fatores, mais a presença física do autor (pela voz e pela imagem no vídeo), para obter o "efeito de verdade" necessário: através do reconhecimento da voz, o reconhecimento de uma sensibilidade, uma inteligência e uma habilidade.

Tudo isso refletia um pouco a tendência internacional de esvaziamento dos modelos de execução vocal em proveito dos artistas mais "completos" que compunham, tocavam, cantavam e conduziam espetáculos. Não se tratava apenas do final de uma era em que brilharam vozes com as de Frank Sinatra ou Matt Monro. O fenômeno era mais amplo pois até no mundo do rock os ídolos cantores como Elvis Presley começavam a perder terreno para os ídolos compositores-cantores como Bob Dylan e a dupla Lennon / McCartney. Do rock brasileiro, representado pela jovem guarda, só sobrariam Erasmo e Roberto Carlos que sempre conjugaram os trabalhos de composição e interpretação.

Essa hegemonia absoluta dos compositores-cantores teve como consequência direta uma considerável ampliação do campo de atividade das vozes femininas. Todas as funções desempenhadas pelos intérpretes, masculinos e femininos, que precederam a bossa nova foram transferidas às cantoras: escolha de repertório, cruzamento de gêneros e de estilos, lançamento de novos autores, concentração de sensualidade (a voz como extensão do corpo) e até um certo grau de fetichização da voz em si.

Todo esse equilíbrio das funções vem sofrendo por certo constantes alterações e, quando falamos em período atual, não nos referimos a um estado de coisas em funcionamento, mas a um processo que abriga vestígios de épocas passadas e indícios da nova fase que está por vir. Se até agora a atividade das cantoras estava assegurada pela forte retração da voz masculina descompromissada (os compositores mantêm um compromisso básico com a própria obra), começam a despontar os primeiros sinais de um mercado inflacionado que logo deve exigir de suas artistas outras especificidades. Visando justamente ir além da já difícil arte de interpretação, as cantoras das últimas três décadas vêm gradativamente se apoderando das demais etapas de criação. Marina Lima, Zélia Duncan, Ná Ozzetti, Marisa Monte e Wanessa da Mata, entre muitas, já se apresentam como autoras de grande parte de suas produções. Para tanto, dedicam-se também à prática instrumental (violão, guitarra elétrica ou teclado) e aos novos recursos eletrônicos (sequenciadores, sintetizadores) que auxiliam diretamente a composição e a concepção do arranjo de base.

Essa nova personagem feminina da canção brasileira – que compõe, canta, executa o acompanhamento, concebe arranjos para a banda, dirige o próprio espetáculo e responde pelo disco enquanto produto final – possui uma precursora de peso que, felizmente, ainda está em plena atividade: Rita Lee. Outras figuras de destaque como Chiquinha Gonzaga (compositora que viveu entre os séculos XIX e XX e que precedeu a própria implantação do mercado de discos), Dolores Duran e Maysa (compositoras de canções passionais nos anos 1950 e 1960) merecem ser lembradas pelo talento e pela audácia exibidos em suas épocas, mas nenhuma chegou a traçar, com consistência, o perfil da nova artista da música popular. Pelo tempo de atividade (desde 1968), pelo volume de produção (muitas dezenas de composições), pela consagração popular obtida, enfim, pelo currículo repleto de duras conquistas, Rita Lee inaugurou a nova era da mulher na canção brasileira.

Rita começou a compor, a constituir sua própria banda e a realizar espetáculos depois de ser "expulsa" dos Mutantes, grupo no qual havia se revelado durante o movimento tropicalista do final dos anos 1960. Bons instrumentistas, amantes das bandas norte-americanas de rock progressivo e músicos sintonizados com os recursos eletrônicos de última geração, seus companheiros de conjunto dispensaram-na sob a alegação de "incompetência" musical.

Depois de vencer um compreensível sentimento de frustração, a ex-Mutante foi percebendo que a atividade do cancionista nem sempre passa pelo virtuosismo musical e instrumental. O talento para composição e interpretação requer certo grau de musicalidade intuitiva, certa perícia em conjugar melodias e versos, mas já se sabe hoje em dia que o cancionista pode prescindir totalmente da formação musical teórica ou técnica (basta que se analise a história dos maiores ídolos da canção brasileira).

Ao lado de outra mulher – a compositora, instrumentista e cantora Lúcia Turnbull – Rita Lee reiniciou sua carreira desenvolvendo aquilo que realmente sabia fazer, ou seja, canções bem-humoradas com elementos do rock, da jovem guarda e do espírito tropicalista. Foi a época do grupo Tutti Frutti que se estendeu até que outro golpe ameaçasse sua trajetória. Em 1976, ainda em plena ditadura militar, Rita foi detida por policiais sob a alegação de porte de entorpecentes, passando quinze dias numa penitenciária e outros seis meses em prisão domiciliar (precisando requisitar licença especial até para ir à maternidade por ocasião do nascimento do seu primeiro filho).

Superou a segunda crise com um estrondoso show ao lado de Gilberto Gil (*Refestança*) e partiu, finalmente, para o período supremo de sua carreira quando se tornou um fenômeno de vendas e de popularidade com as composições *Mania de Você*, *Lança Perfume*, *Doce Vampiro* e com praticamente todas as faixas gravadas nessa época. Sua união pessoal e artística com o músico Roberto de Carvalho parece ter sido decisiva no que diz respeito à organização profissional de sua carreira. Foi uma fase de farta produtividade, em que Rita Lee cantou ainda com Caetano Veloso, João Gilberto e virou estrela de primeira grandeza no concorrido cenário da música brasileira.

Desde então, apesar das sucessivas crises e recuperações que caracterizaram sua vida pessoal e artística até os anos 1990, Rita Lee manteve estável o seu prestígio e, sobretudo, consolidou um trabalho musical cuja abrangência é inusitada no meio musical feminino. Mais que uma variedade de recursos técnicos, sua voz comporta um estilo visceralmente forjado nos pontos de cruzamento da canção brasileira com o rock internacional, dos anseios pessoais com as leis do mercado e do mundo dos intérpretes com o mundo dos autores. Sua voz é sua composição, sua visão de mundo, seu humor, e não está a serviço de nada. Nem do rock, nem da música brasileira, nem de seus autores. Seu espaço de compositora-cantora adquiriu luz própria e se tornou um modelo pioneiro para grande parte das novas artistas "completas" que despontaram por aqui na virada do século.

Hoje, há um pouco de Rita Lee tanto na música "sai do chão" de Ivete Sangalo quanto nas experiências sonoras da banda Dona Zica, passando pelo rock de Pitty ou o pop cancional de Zélia Duncan. Todas essas artistas cuidam bem do aparato musical, mas sabem dirigi-lo ao foco da voz. É ali que está o olhar e os ouvidos do público. Quanto mais profundidade tiver esse foco – profundidade aqui significa engajamento do artista com tudo que está envolvido na canção interpretada – mais sucesso terá a execução. Os compositores-cantores tendem a aprofundar o foco naturalmente, afinal, carregam consigo a voz da criação. O mesmo acontece com as atuais compositoras-cantoras, como a própria Rita Lee. Pode-se até cogitar que essa foi uma das razões não aludidas que provocaram o cisão entre a artista e Os Mutantes nos anos 1970. As interessantes experiências sonoras e técnicas da banda já não soavam em favor do canto de sua principal *crooner*. Rita saiu e levou o foco da voz.

São as mulheres da canção que há muito se dispõem a aprofundar o foco da voz e a valorizar os conteúdos das composições que ainda, em sua maioria, são criadas pelos homens. Tudo ocorre como se esses homens entrassem no mercado fonográfico, entre outros motivos, para mostrar cada uma de suas composições, enquanto as mulheres, encarnando as personagens das canções que interpretam, mostrassem a Composição em si, ou seja, a densidade dos afetos contida no foco da voz.

*Revista da Biblioteca Mário de Andrade*, nº 54, Secretaria Municipal de Cultura, 1996 [rev. 2007].

# Música Popular Urbana

Três canções da década de 1930 representam bem as vertentes musicais que estão na origem do que hoje conhecemos como música popular brasileira urbana: *O que É que a Baiana Tem* (Dorival Caymmi), *Agora É Cinzas* (Bide e Marçal) e *Conversa de Botequim* (Vadico e Noel Rosa).

A primeira, com melodia recorrente e letra centrada na configuração de um símbolo brasileiro – a baiana –, mostra até que ponto a invariância atende aos anseios de união que definem o elo entre sujeito e objeto. Mais que um refrão (que já representa em si um mecanismo de refreamento das canções aceleradas), os temas melódicos da música de Caymmi constituem uma ancoragem no rito de celebração da plenitude, como se o desejo jamais ultrapassasse a esfera daquilo que já se possui. Deseja-se, no fundo, que o tempo de celebração não passe e que a união com os valores seja eterna. Esse modelo de canção, cujo perfil melódico se apoia na concisão das vogais brevíssimas e nos ataques consonantais, representa a série rítmica que tanto se prestou à celebração do samba, da marchinha, do baião e que, atualmente, está na base de outros gêneros como o pagode, o reggae e os diversos tipos de rock. Todos operam com recorrências rítmico-melódicas e com a correspondente euforia dos encontros.

Nesse sentido, *O que É que a Baiana Tem* ressoa em *Samba da Minha Terra* do mesmo autor, em *Brasil Pandeiro* de Assis Valente, em *Escurinho* de Geraldo Pereira, em *Balanço Zona Sul* de Tito Madi, em *Alegria Alegria* de Caetano Veloso, em *Águas de Março* de Tom Jobim, em *Sina* de Djavan, em *Lavagem do Bonfim* de Gilberto Gil e outras inúmeras canções que, em todas as épocas, exaltaram (e continuam exaltando) os valores adquiridos. As próprias marchinhas de carnaval, com seus refrãos inesquecíveis, podem ser melhor compreendidas à luz dessa relação entre recorrência e satisfação conjuntiva: todo o material musical está a serviço do refrão, lugar onde se realiza o rito de identidade entre sujeito e objeto. O movimento bossa nova, por sua vez, também apresenta como elemento deflagrador a necessidade de recuperação dos valores eufóricos (o amor, o sorriso e a flor) e da série rítmica preterida nos anos 1950, durante a hegemonia do bolero e do samba--canção.

*Agora É Cinzas* é o reverso da celebração de *O que É que a Baiana Tem*. De um lado, melodia construída com o alongamento das vogais e a consequente dilatação dos motivos em nome da desaceleração geral do percurso musical; de outro, letra versando sobre a desunião, o desencontro amoroso, enfim, o distanciamento entre sujeito e objeto: "você partiu / saudade me deixou / eu chorei...". A valorização da trajetória melódica corresponde, em boa parte, à necessidade de restabelecimento do laço afetivo, da continuidade rompida e do próprio equilíbrio interno do sujeito (o personagem carente da canção). *Agora É Cinzas* representa a consolidação do estilo passional na música popular brasileira. Tudo que veio antes ou depois está, de algum modo, contido em seu projeto melódico e linguístico. Não é difícil identificar a presença dos elementos desta canção em quase toda a obra de Lupicínio Rodrigues, em grande parte da produção da dupla Erasmo e Roberto Carlos, mas também em canções de todos os tempos como *O Ébrio* de Vicente Celestino, *Caminhemos* de Herivelto Martins, *A Noite do Meu Bem* de Dolores Duran, *Nossa Canção* de Luiz Ayrão, *Olhos nos Olhos* de Chico Buarque, *Oceano* de Djavan, *Me Chama* de Lobão ou *Sonhos* de Peninha.

Além de demarcarem um estilo exemplar de composição, essas criações de Caymmi e de Bide/Marçal exibem os principais recursos de estabilização sonora – rítmica e melódica respectivamente – desenvolvidos para a fixação musical das canções, já que todas elas brotam do universo instável da fala cotidiana. Longe de qualquer alfabetização musical, os cancionistas chegam à música por outro caminho: vão abstraindo as funções utilitárias da linguagem oral e convertendo as entoações que acompanham suas conversas em melodia estável e regular. Camuflam, assim, a imprevisibilidade entoativa com os processos de recorrência, acentuação e identificação precisa das alturas melódicas.

Há, porém, todo um estilo de composição que se consagrou justamente por revelar a origem entoativa da melodia brasileira e a fecundidade dessa origem que sempre reaparece nos momentos de evolução da linguagem. *Conversa de Botequim* é o protótipo dessa série. Criada na tangente da linguagem coloquial, a canção de Vadico e Noel faz um simulacro da sonoridade que não deve ser preservada, ou seja, da sonoridade da fala. Esta é musicalmente imprecisa e instável porque deve desaparecer tão logo veicule sua mensagem. O poeta Paul Valéry escreveu um ensaio brilhante sobre esse tema ("Poesia e Pensamento Abstrato" em *Variedades*, Iluminuras). Para ser conservada na qualidade de manifestação artística a canção precisa se desprender desse caráter provisório da fala e adquirir leis próprias que assegurem sua estabilização sonora. Entretanto, ao mesmo tempo, o compositor parece querer correr o risco da instabilidade entoativa para dinamizar o seu processo de criação.

Com seu perfil melódico pouco recorrente (para o âmbito popular), em função das quebras irregulares da letra, *Conversa de Botequim* é a matriz (lógica e não cronológica) do samba de breque e, portanto, do canto de Moreira da Silva, de Jorge Veiga ou de Germano Mathias; é a matriz das entoações de Carmen Miranda e das articulações de Mário Reis; é a base da dicção de Jorge Ben Jor; reaparece em inúmeras canções como *Estatutos da Gafieira* de Billy Blanco, *Diz que Fui por Aí* de Zé Keti e H. Rocha, *Sinal Fechado* de Paulinho da Viola, *Ouro de Tolo* de Raul Seixas, *Acorda Amor* de Chico Buarque, *Aquele Abraço* de Gilberto Gil etc. Sua inflexão para a fala corresponde também à moderação do volume vocal reintroduzido na bossa nova e, no limite, à própria decomposição das canções *Questão de Ordem* (Gil) e *É Proibido Proibir* (Caetano) em gritos e pronunciamentos no auge do tropicalismo.

As reinterpretações de João Gilberto em seus últimos discos (*João*, em especial), que compreendem uma redistribuição dos tempos e das pausas no contínuo melódico de cada composição, são comentários explícitos sobre a presença inerente das instabilidades de *Conversa de Botequim* nas regularidades rítmico-melódicas de *O que É que a Baiana Tem* e *Agora É Cinzas*. Basta ouvirmos *Sampa*, na versão do album citado, e concluiremos que o cantor baiano é o melhor analista da música popular brasileira urbana.

*Livro Aberto*, Ano II, nº 7, março/abril de 1998.

# Da Tensividade Musical à Tensividade Entoativa

## Introdução

Uma pesquisa sobre canção popular jamais poderá abolir o fator entoação. Os cancionistas – peritos na técnica de integrar melodia e letra – não se atêm a um pensamento propriamente musical. Sua habilidade, como já propusemos em trabalhos anteriores, está em converter os discursos orais, cuja sonoridade é por natureza instável, em canções estabilizadas do ponto de vista melódico e linguístico, de modo que o próprio autor e seus intérpretes-cantores possam reproduzi-las conservando a mesma integridade. Se esse processo de conversão prevê necessariamente a incorporação de leis musicais (ritmo e reiterações de toda ordem), a motivação dos contornos melódicos selecionados para cobrir os segmentos linguísticos funda-se num hábito eminentemente entoativo.

O cancionista, como de resto todos os seus compatriotas, é, antes de tudo, um praticante da língua materna. Isso já implica uma perícia natural para estabelecer relações coerentes entre melodia e letra, dado que a escolha de uma entoação adequada ao que se vai dizer faz parte dos aprendizados mais elementares de toda comunidade. Apesar de os contornos entoativos constituirem um universo aberto de possibilidades, o hábito cultural restringe bastante as escolhas do falante, disciplinando-as de acordo com o conteúdo linguístico a ser transmitido.

Assim como um aprendiz de língua estrangeira manifesta propensão natural para transferir os fonemas, o vocabulário e mesmo a sintaxe de sua língua de origem para o novo idioma, o cancionista, ao propor uma integração de melodia e letra em suas composições, reproduz involuntariamente as mesmas técnicas empregadas em sua fala de todos os dias, apenas sobrepondo a elas os já mencionados recursos musicais de estabilização. A grande diferença entre o aprendiz de idioma estrangeiro e o cancionista está no critério de apreciação dos dois comportamentos semelhantes: o ideal para o iniciante é que possa articular a nova língua sem a interferência insistente das estruturas da língua materna. Para o cancionista, ao contrário, a influência das leis entoativas que regem o discurso coloquial é um processo desejável, pois garante ao ouvinte uma rápida, ou até automática, conversão intersemiótica, do sistema da canção para o sistema da língua natural. Mais do que isso, o cancionista geralmente adota – voluntária ou involuntariamente – a estratégia persuasiva de estabelecer equivalências entre os dois sistemas, para tornar mais fluente sua comunicação com o ouvinte. É o que chamamos de *figurativização enunciativa*.

O impulso de figurativização, tratado como recurso eufórico, distingue o trabalho do cancionista do trabalho do estudante de língua estrangeira e, de certo modo, do trabalho desenvolvido pelo musicista. Quando este último se põe a produzir canções, nos motetos, nas cantatas ou nas óperas, a figurativização muitas vezes funciona como elemento perturbador e vulgarizador da sintaxe musical. Mesmo nos recitativos, em que, a pretexto de criar figurações próximas à fala, permite-se um desenvolvimento melódico menos comprometido com a estrutura geral da obra, o resultado é muito aquém do processo de figurativização que caracteriza qualquer canção popular. Aqui, a intersemioticidade com a língua natural é uma fonte de sentido que compensa o frequente abandono de leis e de riquezas técnicas especificamente musicais.

Essa intersemioticidade garante, em última instância, o estatuto popular da canção. De fato, em virtude desse lastro entoativo e linguístico, cuja integração na fala do dia a dia todos estão aptos a fazer e a reconhecer, a canção apresenta uma tendência ao popular que justifica, de um lado, sua produção intuitiva (não alfabetizada do ponto de vista musical) e, de outro, sua enorme penetração e eficácia nos meios de comunicação.

Propomos, assim, que o ponto de vista da entoação seja observado como fator preponderante na avaliação do grau de tensividade investido no contorno melódico da canção popular. Os conteúdos construídos no componente linguístico compatibilizam-se com os perfis melódicos porque contam com a mediação dos recursos entoativos para assegurar um certo nível de familiaridade entre o que é dito e a maneira de dizer.

As conformações puramente musicais também contribuem para esse processo mas em outra medida. Os movimentos harmônicos de distanciamento e aproximação da tônica principal, que obedecem a imperativos canônicos do sistema tonal, fazem oscilar a tensividade mas não podem assumir um papel de destaque, à frente da entoação, pois todas as canções brasileiras são manifestações da tonalidade, o que torna, até certo ponto, neutralizado esse parâmetro de avaliação. O que varia de canção para canção e responde, portanto, por sua identidade, é o contorno melódico em si, criado para revestir um determinado texto linguístico, e, sobretudo, a combinatória desses contornos no discurso final da canção. Mesmo que o contorno melódico não seja completamente original, sua combinação com os demais deverá assegurar um perfil inusitado, reconhecido como tal pelo ouvinte.

## Tensividade na música

### *Harmonia funcional*

No início dos anos 1980, Marcello Castellana publicou um pequeno artigo em que considerava o princípio de tensividade como parâmetro privilegiado para a inauguração de uma semiótica musical[1]. Seu ponto de partida foi o conhecido quadro de harmonia funcional proposto por Arnold Schoenberg, em que os acordes são tratados como regiões funcionais que gravitam em torno

1. Marcello Castellana, "L'espace et les structures harmoniques", *Actes sémiotiques* (Bulletin), VI, 28. Paris, EHESS, CNRS, 1983, pp. 36-43.

de um polo de atração tonal (o acorde de tônica). O semioticista demonstra que os movimentos de distanciamento e aproximação da tônica, demarcando, respectivamente, um aumento e uma diminuição de tensividade, pressupõem uma estrutura topológica prévia com toda uma hierarquia de disposição dos acordes. A própria concepção do acorde como "região" tonal já acusa a adoção de uma metalinguagem topológica para dar conta de uma comunicação auditivo-temporal. Castellana chega a falar de uma "cartografia" do espaço harmônico global para retratar a mencionada estrutura topológica.

Do ponto de vista da tonalidade, a própria definição de música está associada a um processo de tensividade[2] ou de afastamento da tônica. Mais precisamente, o jogo de afastamento e aproximação da nota fundamental - sem contudo atingi-la, pois significaria conclusão e término de tensividade - constitui o desenvolvimento harmônico-musical. O trabalho de Castellana destaca dois estágios de afastamento tonal: aquele cujos acordes transitam pelos sete graus da escala diatônica (dó, ré, mi, fá, sol, lá, si), modulando para a dominante (SOLM), para a subdominante (FAM ou FAm), para as relativas menores (LAm, MIm, REm), mas sempre no interior do mesmo eixo tonal; e o estágio mais complexo, de abandono da escala diatônica e projeção modulatória para regiões harmônicas distantes (por exemplo, de DOM para SIM ou FA#M).

Para semiotizar esses estágios de movimentação tonal, o autor sugere a superposição das noções de asserção / negação articuladas no quadrado semiótico[3]:

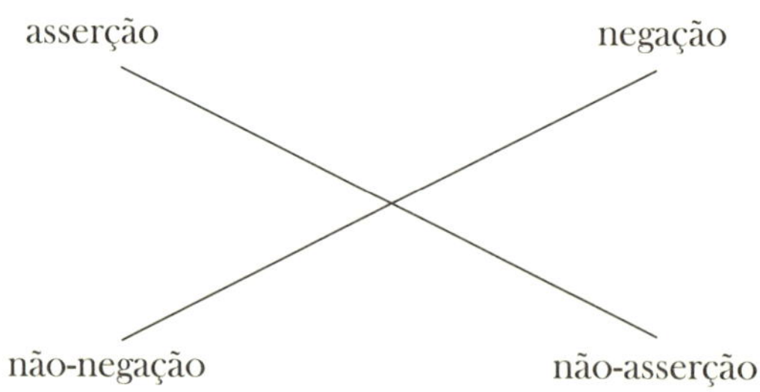


2. Marcello Castellana assinala literalmente que "tout procès peut être tensivisé", *op. cit.*, p. 36.
3. Para recordar a representação (topo)lógica do quadrado semiótico, ver Algirdas Julien Greimas e Joseph Courtés, *Dicionário de Semiótica*, São Paulo, Contexto, 2008, pp. 400-402.

A *asserção* da região harmônica da tônica, por meio dos acordes centrípetos (acordes sobre a escala diatônica sem acidentes de modulação) acusando continuamente o seu polo de atração, corresponderia à confirmação do paradigma tonal. A *negação* da tônica representaria um processo incoativo de busca de um novo tom. Os tópicos *não-asserção* e *não-negação*, finalmente, definiriam os estágios intermediários de transição tonal.

O texto de Castellana traz um enfoque sugestivo mas não vai muito longe. Para extrairmos daí considerações mais consequentes, precisamos dar prosseguimento à investigação.

## *TONALIDADE E DODECAFONIA*

A tensividade surge a partir do abandono do acorde de tônica, mesmo que o trajeto percorrido seja o da cadência perfeita (movimentos sobre os graus IV, V e retorno ao I da escala diatônica) que, a princípio, não nega e nem sequer deixa de afirmar a tonalidade de origem. A razão de ser da cadência está justamente em gerar uma força centrípeta, uma tensão que só se desfaz com o advento da tônica, daí as noções de "cadência evitada" ou de "cadência interrompida", cujo propósito é acirrar o grau de tensividade.

O trítono incluso em toda escala diatônica é a prova viva de que não há necessidade de negação da base tonal de uma música para que tenhamos relações tensivas. A simples exposição das sete notas já está impregnada de tensividade, embora seja um caso de tensão dirigida para a própria tônica. A música renascentista, construída sobre a configuração harmônica do acorde perfeito, ilustra bem essa forma de desenvolvimento musical com um grau mínimo de tensividade.

Já nos períodos Barroco, Clássico e Romântico, nessa ordem, a tonalidade foi atingindo sua plenitude enquanto sistema musical. Então, cada vez mais, a oposição asserção / negação (de tonalidade) tornou-se procedente. Quanto mais distante da tônica inicial, maior o grau de tensividade investido na modulação. Do ponto de vista técnico, esse processo resulta dos recursos que o compositor desenvolve no sentido de, ao mesmo tempo, negar a tonalidade de origem e afirmar uma nova tonalidade. Entre esses dois momentos surge justamente o que de mais tenso a música ocidental conseguiu produzir com o parâmetro altura, já no auge do romantismo: movimentos de transposição de escala e de polo de atração.

A pujança da tonalidade deu-se no século XIX, quando alguns compositores, como Wagner por exemplo, extraíram quase tudo que esse sistema poderia render, esvaindo-o pelo excesso de cromatismo[4], mas, ao mesmo tempo, revelando uma elasticidade técnica para a modulação até então inconcebível. Em suas altas digressões musicais, Wagner chegava a sequenciar os doze tons da escala cromática num limite de seis compassos[5], e, mesmo assim, estava em pleno exercício da tonalidade, dando demonstrações de um completo domínio da prática de negação e asserção das regiões de polarização. Por mais que Wagner utilizasse cromatismos e explorasse os efeitos de uma modulação contínua, sua música nunca deixou de demarcar as regiões tonais próprias da hierarquia de uma estrutura topológica harmônica. Ou seja, embora levasse o sistema tonal às últimas consequências, jamais chegou a superá-lo[6]. Chegou, isto sim, a expandi-lo até o limite máximo de suas potencialidades, respondendo ao principal desafio musical do seu século. Exemplificou, com suas composições, toda a grandeza do sistema tonal. Aliás, a exata dimensão desse sistema, que veio se edificando na Europa no decorrer de pelo menos quatrocentos anos, pode ser avaliada na dobra da primeira metade do século XX: todos os movimentos de renovação musical passaram a se definir em oposição à tonalidade. Não se tratava mais da negação da tônica, mas de todo o sistema tonal de composição.

Duas grandes escolas então se revelaram: a politonalidade e a dodecafonia. A primeira pode ser definida, de acordo com o quadrado semiótico, como promotora da *não-asserção* da tonalidade, pois seus temas são elabora-

4. O cromatismo opõe-se ao diatonismo que percorre os sete tons que caracterizam a escala tonal. O cromatismo introduz, sistematicamente, o intervalo de meio tom, desfigurando a escala e desencadeando a modulação. Portanto, o cromatismo está na base da articulação asserção/negação da tonalidade. Não há como se libertar de uma tônica sem o uso do cromatismo, que amplia o inventário das sete notas para doze. A série dodecafônica, por exemplo, é eminentemente cromática. Quando falamos de "excesso de cromatismo" não nos referimos à obra em si, do compositor, mas à saturação do sistema tonal.

5. Henry Barraud cita um trecho de *Morte de Isolda* no qual pode ser observado esse procedimento do compositor em *Para Compreender a Música de Hoje*, São Paulo, Perspectiva, 1975, p. 41.

6. A. Schoenberg, o músico e teórico que mais se preocupou com a tonalidade, considera a modulação contínua como apenas uma das formas de manifestação da monotonalidade. Ver *Structural Functions of Harmony*, New York, W.W. Norton & Company. Inc., 1969, p. 19.

dos em tonalidades díspares sucessivas, sem passagem modulatória, e, por vezes, em tonalidades díspares em linhas melódicas simultâneas. Porém, como cada tema exposto possui a sua tonalidade, podemos dizer que a *não-asserção* alterna-se com a *não-negação* do tom. Igor Stravinsky talvez seja o exemplo mais significativo da politonalidade (pensamos especialmente em *Petrusca* e *Sagração da Primavera*), mas a técnica foi desenvolvida também por Milhaud, Falla, Prokofiev e até por Ravel (*Concerto em Sol*).

A posição diametralmente oposta à tonalidade foi ocupada pela dodecafonia. Aqui, houve o propósito deliberado de ultrapassar as coerções impostas pelo tom. Seu principal artífice foi o já citado A. Schoenberg seguido de seus ilustres discípulos A. Berg e A. Webern. A dodecafonia foi concebida como um sistema, a partir do cromatismo, cuidadosamente calculado para evitar os polos de atração tonal. A serialização dos parâmetros musicais (altura, duração, intensidade e timbre) funcionou como uma espécie de regra de ouro contra todos os princípios do antigo sistema fundados na reiteração explícita. No que concerne ao parâmetro altura, o procedimento obstinado de *não-asserção* de qualquer tonalidade redundou, de fato, na negação programada desta.

Façamos, neste instante, a projeção das diferentes posições, com relação à tonalidade, sobre o mesmo quadrado semiótico já citado acima:

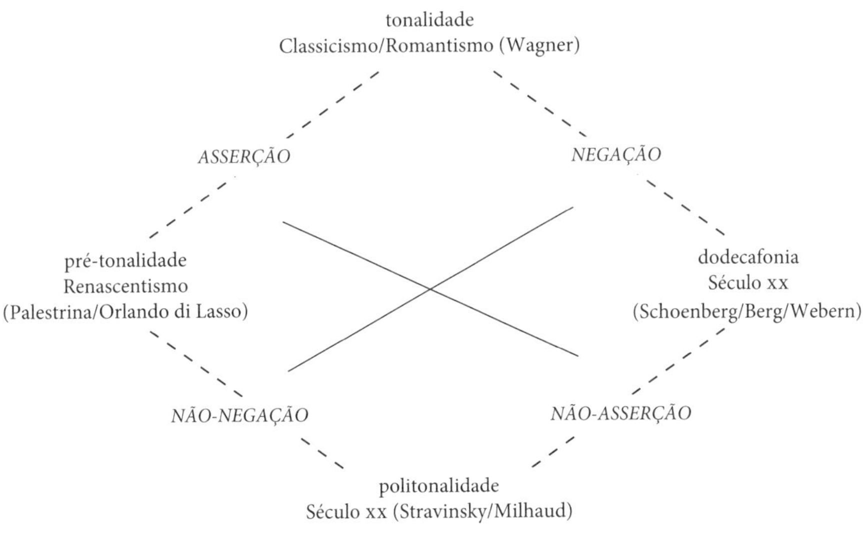

O que garante ao sistema tonal o auge da exploração de tensividade com o parâmetro altura é o percurso modulatório. A característica principal desse percurso é fazer com que a passagem de um tom a outro pareça um contínuo sem qualquer ruptura brusca. A maestria desse procedimento está em produzir esse efeito.

A pré-tonalidade funcionou, historicamente, como um ensaio preliminar para o exercício da tonalidade. O grau de tensividade era, então, controlado nos limites do tom principal. A politonalidade, por sua vez, elimina as passagens modulatórias, concentrando as tensões de altura nos contrastes paradigmáticos de tom. Daí a evasão para outros parâmetros (duração, intensidade e timbre), buscando novos recursos para a disseminação de tensividade ao longo do percurso sintagmático da obra.

A dodecafonia também se serve dos demais parâmetros para compensar a supressão da categoria tensão/distensão que incidia sobre a altura, entretanto, em virtude da radicalidade assumida pela Escola de Viena, no sentido de praticar sistematicamente a *negação* e a *não-asserção* do tom, não podemos deixar de considerar ao menos duas vastas dimensões de tensividade contidas nas obras musicais: (1) de um lado, a tensividade investida na criação do sistema concebido por Schoenberg, em que a série original de doze tons funcionava como elemento de estabilidade expandida (diferente da estabilidade nuclear do sistema tonal). As leis de "inversão", "retrogradação" e "transposição" eram, então, os modelos de desenvolvimento tensivo da série. A harmonia decorrente das concomitâncias polifônicas – da qual foi eliminada a categoria consonância/ dissonância – mais a serialização dos demais parâmetros, completavam o quadro tensivo, preenchendo as lacunas deixadas pelo afastamento da modulação. (2) De outro, a tensividade de escuta do ouvinte. Apesar da inegável riqueza e genialidade do sistema dodecafônico, sobretudo por ter sido inventado e sistematizado *a priori* por um músico – lembrando que todas as sistematizações teóricas do tonalismo foram elaboradas *a posteriori* –, e talvez por isso mesmo, o dodecafonismo teve vida curta e nunca chegou a se implantar como música de penetração popular, ou mesmo, no meio de uma elite numericamente expressiva de não-músicos. Portanto, ainda hoje, a música dodecafônica é ouvida como música que não possui tom (atonal, e que não apresenta regularidade em qualquer dos parâmetros), em vez de se impor, como gostaria Schoenberg, como um sistema com leis próprias. Nesse sentido, o grau de tensividade de escuta é absoluto e, a tal ponto, que rompe a categoria *tensão / laxidão*[7], pois desaparece a *laxidão*, comprometendo assim a relação *tímica*[8] do ouvinte com a obra.

Podemos retomar aqui o texto de Castellana mencionado no início deste artigo. Outro aspecto interessante de sua abordagem é a identificação da tensividade não apenas com os movimentos harmônicos de afastamento e aproximação do tom mas, também, com a categoria tímica e com o potencial *axiológico*[9] que o enunciador investe na obra. Se considerarmos que, segundo o autor, a euforia e a disforia do ouvinte com a obra é regulada pelos espaços harmônicos tensivos percorridos pela música, a supressão desses espaços pode eliminar também o interesse do ouvinte.

Vemos com bons olhos a ideia de uma tensividade disseminando a timia no discurso musical. Entretanto, não cremos que essa mesma tensividade só se restrinja ao aspecto harmônico da música pois isso equivaleria a dizer que a música depende da tonalidade para existir. Talvez dependa da tensividade – portadora dos valores tímicos –, pois é por seu intermédio que os homens manifestam sua presença emotiva nos discursos, mas o princípio da tensividade tem que ser proposto como um dispositivo flexível, aplicado sobre o ponto mais pertinente do sistema semiótico em questão. Na dodecafonia, por exemplo, com certeza não se pode incidir sobre o tom, uma vez que este foi suprimido. Não nos compete, aqui, promover essa pesquisa. O nosso problema é orientar o princípio de tensividade para a análise da canção popular.

7. Claude Zilberberg, *Essai sur les modalités tensives*, Amsterdam, J. Benjamins, 1981, p. 7.
8. A *timia*, no sentido de "disposição afetiva fundamental", é uma categoria semiótica que resulta do contato do homem com o mundo e que se manifesta pelo sentimento que vai da *euforia* à *disforia*. Ver Greimas e Courtés, *op. cit.*, p. 505. Em busca de maior motivação morfológica, esse conceito vem sendo substituído pelo de *foria*.
9. A *axiologia* corresponde ao "modo de existência paradigmática dos valores". Ver Greimas e Courtés, *op. cit.*, p. 48.

## Tensividade na entoação

### *ANÁLISE DA MELODIA*

Se fôssemos classificar o componente melódico da canção, à luz do quadrado semiótico que articula a categoria *asserção / negação*, provavelmente permaneceríamos numa região intermediária entre a pré-tonalidade e a tonalidade. Não podemos dizer que a canção atenha-se aos acordes perfeitos que se acercam da tônica, num plano de estrita consonância, porque, a partir da bossa nova, a dissonância foi introduzida com fartura em quase todas as composições brasileiras por influência direta da música popular instrumental norte-americana. Não podemos dizer tampouco que os elementos musicais da canção pratiquem a tonalidade, conforme sua definição no quadrado, pois só há uma utilização discreta do cromatismo, quase nenhuma modulação (no sentido musical erudito do termo) e, decididamente, a canção popular brasileira jamais se preocupou em negar o tom.

Se a canção tivesse um fundamento musical realmente determinante, soaria estranho ainda não ter atingido, no alvorecer do século XXI, o apogeu (e até mesmo a saturação) da tonalidade obtido pela música erudita no século XIX. Ora, já temos visto que o problema do músico não é o problema do cancionista. Com certeza, tudo que Castellana propôs como tensividade harmônica serve de pano de fundo para a canção, uma vez que seu componente melódico opera normalmente com as leis tonais, mas o grande fator de tensividade deve ser investigado no domínio das próprias curvas e dos perfis melódicos. Aqui estão concentradas as variações pertinentes da composição.

Ainda no artigo publicado nas *Actes sémiotiques*, encontramos um tópico inicial dedicado às categorias *eidéticas* que "definem o contorno de um ou de vários fragmentos do espaço tonal" (Castellana, 1983: 37). Considerando que uma melodia só pode ascender ou descender, o autor propõe a homologação do espaço superativo com o espaço tensivo em oposição ao espaço inferativo com o espaço distensivo. Em seguida, deriva para as categorias harmônicas, nas quais já conta com um quadro de estruturação topológica consagrado pelos musicistas. De fato, é um bom começo para o estabelecimento de uma semiótica musical, porém, no que respeita à canção, seria necessário aprofundar a análise da categoria *ascendência / descendência* e o estudo do próprio contorno melódico em si, para localizarmos os pontos de tensividade relevantes. Para nós, o lugar dessa pesquisa está na entoação.

Infelizmente, os estudos entoativos são muito mais recentes que os estudos musicais e não contam, ainda, com uma sistematização no mesmo nível. Além disso, o fato de não haver qualquer pesquisa entoativa dedicada à canção popular causa uma dupla deficiência: à canção, por permanecer desconhecido o seu principal recurso de criação melódica, e à própria entoação, cujos estudos conheceriam um progresso inédito se trabalhassem também sobre um *corpus* estável como o da canção popular.

De qualquer modo, já há alguns ensaios bem elaborados analisando o sentido dos contornos entoativos. Para que se tornem realmente operativos e econômicos na abordagem da canção, entendemos que esses trabalhos devem de ser semiotizados tanto em termos de desprendimento do enfoque linguístico como em termos de redução das numerosas variáveis previstas na fala a um corpo limitado de noções, gerais e funcionais, que possam atrelar os contornos melódicos às suas respectivas regiões de sentido.

Compete-nos, aqui, tecer alguns comentários quanto a possíveis linhas de pesquisa entoativa que nos auxiliariam muito na construção de um modelo adequado à canção.

### *ANÁLISE DOS "TONEMAS"*[10]

Como princípio geral concordamos mais uma vez com Castellana no que diz respeito à tensividade harmônica vinculada diretamente ao ato enunciativo. Só que, para nós, não se trata apenas da tensividade harmônica, mas, principalmente, da tensividade do perfil entoativo-melódico.

O sujeito último de todas as inflexões melódicas apresentadas numa canção é o enunciador. A ele deve ser atribuída, em última instância, a modalidade de sentido investida nas curvas entoativas, mesmo que, em simulacro, tais inflexões sejam delegadas a outros personagens criados na letra.

10. Os "tonemas" são as finalizações das frases entoativas que concentram o núcleo do sentido melódico. Ver Navarro Tomás, *Manual de Entonación Española*, 3ª ed., México, Malaca, 1966, p. 69.

É pelo cantar que o enunciador sempre "diz" alguma coisa com o texto linguístico e melódico, à maneira do discurso coloquial. Esse "dizer" do enunciador pressupõe, no mínimo, um *saber* em sua competência. Mesmo que o "dizer" revele uma dúvida ou uma pergunta, ambas dependem de um *saber* para serem formuladas.

Assim, as modulações de altura emitidas pela voz do enunciador correspondem às oscilações de seu *saber* com relação à temática escolhida pelo componente linguístico. Todo o grau de tensividade investido na letra deve comparecer, da mesma forma, no componente melódico, caso contrário não apreenderíamos uma compatibilidade. Ora, para se iniciar uma análise da melodia, temos que partir de sua categoria de articulação mais elementar, *descendência / ascendência*, para depois considerar as nuanças de todo o contorno, incluindo os efeitos de duração.

A descendência em oposição à ascendência e em oposição à permanência do tom constituem as diretrizes básicas para a formulação das unidades entoativas da canção. Mas só conseguimos estabelecer a pertinência de uma unidade entoativa, em seu contexto geral de sentido, quando levamos em conta, paralelamente, as segmentações linguísticas produzidas pela letra. Em outras palavras, a distribuição dos elementos linguísticos sobre o *continuum* melódico pressupõe a existência quase virtual de algumas unidades entoativas prévias, mas ao mesmo tempo é esse procedimento que define de uma vez por todas os limites dessas unidades. Para completar, as tematizações melódicas e as pausas entre segmentos ajudam também na identificação das unidades.

Uma unidade entoativa, no domínio da canção, não pode ser definida apenas por critérios acústicos baseados na distribuição interna dos acentos. Em contato com a letra, esses segmentos sonoros perdem a autonomia e passam a depender das sequências linguísticas para uma exata definição de cada unidade. De todo modo, uma vez determinada a unidade, sua região acústica mais importante em termos de concentração de tensividade é a terminação. Trata-se do componente que Navarro Tomás chamou de *tonema*.

Façamos uma primeira projeção da categoria descendência / ascendência sobre o quadrado semiótico:

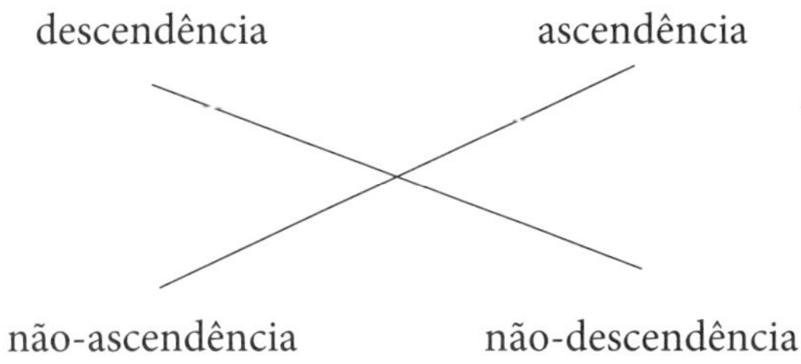


(1) *Descendência / não-ascendência*

Tomemos, mais uma vez, a segunda geração dos termos complexos, que subsumem, aos pares, os termos simples dispostos acima, como base para os nossos comentários. A categoria que articula *descendência / não-ascendência* constitui um ponto de partida fundamental, por sua universalidade e abrangência, para a análise do comportamento de uma curva melódica que traduz um sentido preciso. Numerosos linguistas e estudiosos de entoação já tiveram oportunidade de verificar um princípio universal (pelo menos, no que se refere às línguas já descritas) ligando a descendência entoativa à noção de finalização ou de terminatividade. Pierre Léon e Philippe Martin, por exemplo, expuseram em 1969 o resultado de seu levantamento sobre os universais da entoação nos seguintes termos:

> W. F. Trojan (1957), D. Bolinger (1962), B. Malmberg (1966), K. Hadding-Koch (1965) e Ph. Lieberman (1967) chamam a atenção para as semelhanças dos grupos acentuais e para o grande número de línguas em que a entoação descendente significa a finalidade, a entoação ascendente a continuidade. Bolinger observa, além disso, que o acento é caracterizado por uma proeminência da altura que parece ser um elemento comum a todas as línguas do mundo[11].

11. Pierre Léon e Philippe Martin, *Prolegomènes à l'étude des structures intonatives*, Montréal, Didier, 1969, p. 80. Os autores fornecem as seguintes referências bibliográficas: W. F. Trojan, "General Semantics: A Comparison Between Linguistic and Sub-linguistic Phonic Expression", em *Manual of Phonetics*, Amsterdam, Kaiser, 1967, pp. 437-439; D. Bolinger, "Intonation as a Universal", Proc.

A mesma universalidade é confirmada no texto de Eric Buyssens:

> Na verdade, parece que, em todas as línguas, uma descida final caracteriza uma asserção que não exija comentário algum, que não preveja nenhuma objeção ou adição. Uma subida final, ao contrário, parece de fato caracterizar falas após as quais esperam-se outras: um suplemento de informação, uma resposta ou uma objeção. Se tais são os fatos, a descida final tem um significado intrínseco: a voz volta ao nível de repouso, porque a comunicação está terminada. [...] Parece assim que a subida inicial, quando há, é apenas um artifício que permite a descida final: é desprovida de significado próprio[12].

(2) *Ascendência / não-descendência*

No caso do termo complexo que subsume *ascendência / não-descendência*, entram em cena outras variantes. Cumpre constatar, primeiramente, que não há como falar de *descendência* sem considerar o seu termo simetricamente complementar, a *ascendência*. Na realidade, o princípio universal é a oposição dessas inflexões. O rendimento da descendência indicando finalização é tanto maior quanto mais acentuada for a ascendência anterior. Assim, o termo complexo em exame produz o efeito contrário à finalização. Na falta de uma denominação melhor, propomos a noção de *prossecução*, no sentido de algo que exige continuidade, ou prosseguimento complementar.

A universalidade desse modelo permite-nos uma aproximação dos fenômenos fisiológicos que por certo acompanham a emissão dos contornos melódicos, traduzindo anatomicamente as oscilações de tensividade.

Sabe-se que as cordas vocais emitem suas frequências por meio de vibrações. Para produzir o som agudo, as vibrações são aceleradas, as cordas esticadas e, nessas condições fisiológicas de alta tensividade, o som é expressado. Ao contrário, o som grave é produto das cordas vocais distendidas

9 th. Int. Congr. Ling. Cambridge, Mass., 1962, pp. 833-849; B. Malmberg, "Analyse des faits prosodiques – problèmes et méthodes", *Cah. Ling. Théor appl.*, Bucarest, 1966, pp. 99-107; Hadding-Koch, "On the Physiological Back-ground of Intonations", *Stud. Ling Lund* (1-2), 1965, pp. 55-60; P. Lieberman, *Intonation, Perception and Language*, Research Monograph n. 38, the M.I.T. Press Cambridge, Mass, 1967.

12. Eric Buyssens (1974), *Semiologia & Comunicação Linguística*, São Paulo, Cultrix, 1974, p. 127.

e da redução da frequência de vibrações. No caso das inflexões melódicas, temos sempre um percurso contínuo ligando a região grave à região aguda, e vice-versa, de maneira que estamos sempre vivendo um processo de tensividade. Tudo ocorre como se as cordas vocais não pudessem resistir, por muito tempo, o estado agudo de tensividade e tivessem que procurar um repouso na região grave. Essa necessidade de acomodação física no plano da expressão corresponderia à necessidade de conclusão e finalização no plano do conteúdo. Navarro Tomás retrata esse princípio de tensividade nos seguintes termos:

> A inflexão tônica ascendente acrescenta o efeito expressivo já que agudiza e aviva a atenção. A impressão do tom que se eleva é semelhante àquela que produz o corpo lançado para cima no espaço. O interesse aumenta à medida que a atividade vibratória torna-se mais rápida e a nota se eleva. Com a inflexão descendente, o esforço muscular diminui e a tensão expressiva atenua-se. A descendência compensa e equilibra o impulso tensivo da elevação. A atenção descansa do estímulo chamativo dos tons altos nas depressões e caídas da voz (1966: 20).

### (3) *Não-ascendência / não-descendência*

De acordo com o que vimos formulando, podemos constatar um núcleo de tensividade centrifugal no termo do quadrado semiótico correspondente à *não-descendência*. Ou seja, não havendo descendência, há tensão centrífuga pois a *não-descendência* conduz à *ascendência* – isto é, a um aumento de tensão e consequentemente a uma urgência de resolução – ou à *não-ascendência*, cuja combinatória (*não-descendência / não-ascendência*) pode ser designada pela noção de *suspensão* (Tomás, 1966: 70). De fato, trata-se de um som que "pende" no alto e se interrompe antes de definir o rumo de sua trajetória.

Esse caráter suspenso do tom repercute no plano do conteúdo como algo inacabado, cuja complementação virtualizou-se em outro lugar. Daí decorrem as hesitações (virtualização na instância do enunciador), as insinuações (virtualização na instância do enunciatário), as reticências (cumplicidade entre ambos quanto às virtualizações) que, em geral, são cobertas por suspensão melódica.

(4) *Ascendência / descendência*

Por fim, a distribuição equilibrada do fluxo de tensão processa-se pelos movimentos – alternados com certa simetria – de *ascendência* e *descendência*. Para denominar esse procedimento universal de tensão e distensão entoativa, presente ao mesmo tempo na fala e na canção, adotamos mais uma vez o termo de N. Tomás: *asseveração* (1966: 78).

A asseveração representa uma espécie de hábito fonológico geral, que pode ser exacerbado em suas frequências agudas ou graves de acordo com as exigências do momento enunciativo. De qualquer forma, com a tensão depositada no primeiro segmento ascendente, o enunciador pretende manter acesa a atenção do destinatário, de modo que a distensão do segmento descendente seguinte possa satisfazer o interesse despertado. Por isso, é comum o encadeamento de várias elevações melódicas como forma de o enunciador prolongar o estado de atenção cativa em que se encontra o enunciatário, valorizando, por acúmulo de tensão, a descendência final.

O enunciador, por vezes, pode graduar o nível de tensividade dos contornos, produzindo uma sucessão de tonemas com alturas desiguais e causando com esse procedimento um efeito de aumento ou diminuição progressiva da tensividade. Para o êxito dessa transmissão, basta que o enunciatário apreenda, no contexto entoativo global, os pontos extremos atingidos pelas inflexões ascendentes e descendentes. Obterá, assim, as medidas relativas ao máximo e ao mínimo de tensividade investida pelo enunciador. Evidente que as inflexões intermediárias significarão as gradações tensivas estabelecidas para a comunicação.

(5) *Projeção no quadrado semiótico*

Inserindo os termos complexos com seus respectivos tonemas determinantes, podemos obter a seguinte solução no quadrado semiótico:

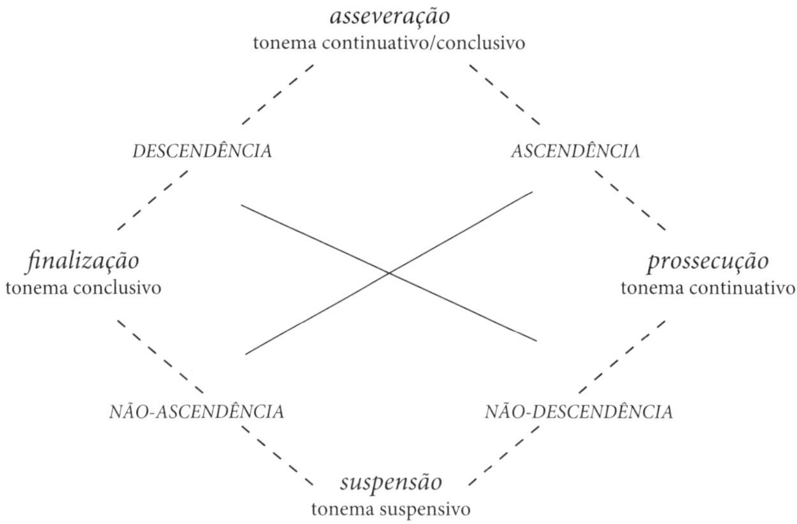


Esses quatro termos complexos (asseveração, finalização, prossecução e suspensão) servem para descrever a enunciação entoativa do enunciador. Seus diferentes graus de tensividade funcionam como um mapeamento de competência, sobretudo no que se refere às diversas facetas do *saber* manifestadas pelo "dizer".

Vejamos alguns casos de comportamento entoativo no domínio da canção brasileira. Uma constatação apenas declarativa, por exemplo, pode ser expressa por um contorno distensivo, sem a presença de tonemas ascendentes. Isso significa pouco envolvimento do enunciador com sua mensagem. O seu *saber*, entretanto, está estampado na finalização descrita pela descendência.

(1) *Camisa Listada* (Assis Valente):

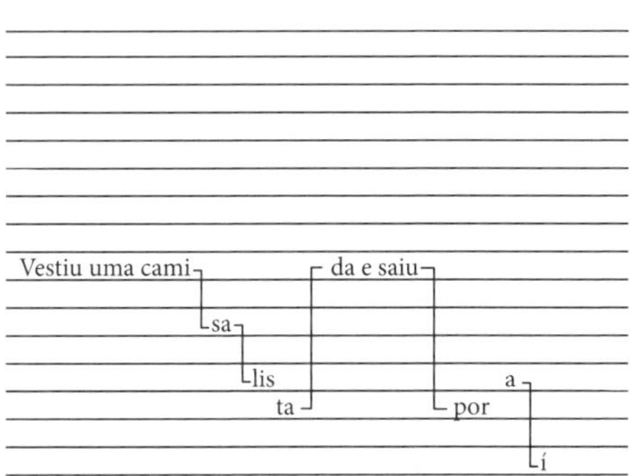

Por meio da ascendência, o *saber* do enunciador manifesta-se de maneira incompleta, clamando por algum tipo de continuidade. A tensividade depositada na ascendência pode atingir limites bastante incômodos quando, por exemplo, desempenha a função de tonema continuativo numa asseveração:

(2) *Procissão* (Gilberto Gil):

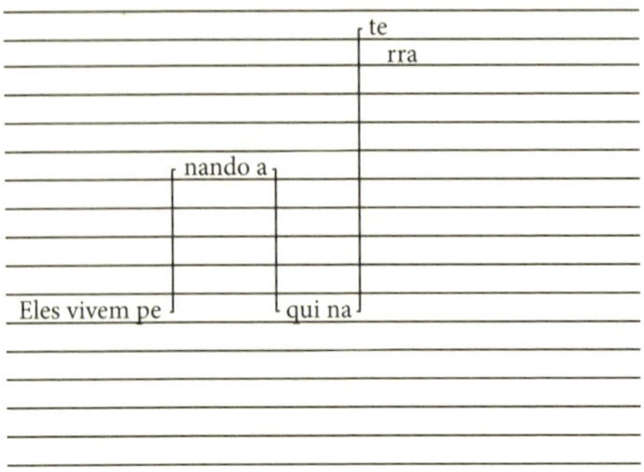


Mas pode também, em outras circunstâncias, funcionar como interrogação[13], com um grau de tensividade controlado pelo enunciador, no sentido de antecipar, prorrogar, ou até mesmo eliminar a urgência da resposta.

(3) *Com que Roupa?* (Noel Rosa):

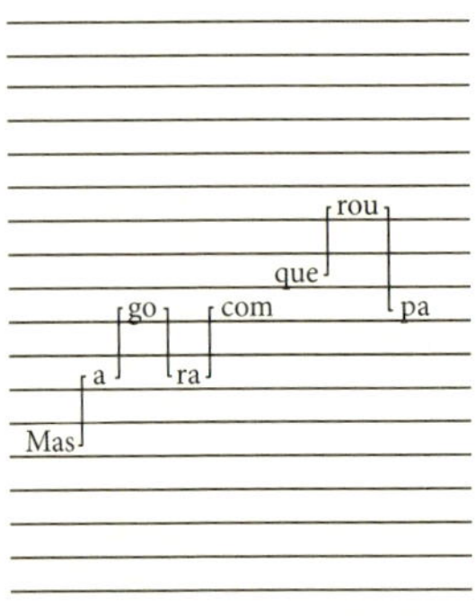


13. A interrogação, ao funcionar como indagação afetiva sobre algo, é sempre ascendente, na medida em que exige complementaridade. Nem sempre, entretanto, incide sobre a curva melódica como um todo. Pode recair apenas sobre a palavra em pauta, pode ser descendente se o enunciador já conhece a resposta, enfim, a interrogação permite muito mais variedades que a asseveração. Mas a marca de interrogação, aquela que solicita resposta, é a mesma de qualquer ascendência prossecutiva. A variação diz respeito ao seu ponto de incidência.

A asseveração completa expressa, com a máxima fidelidade, as convicções do *saber*, por meio das alternâncias entre *ascendências* e *descendências*. Esse é o processo mais equilibrado de oscilação no eixo da tensividade. O enunciador acende a atenção do enunciatário – ver ex. (2) – e lhe satisfaz o interesse. Em geral, esse procedimento é auxiliado, paralelamente pelo movimento harmônico de dominante / tônica.

(4) *Procissão.*

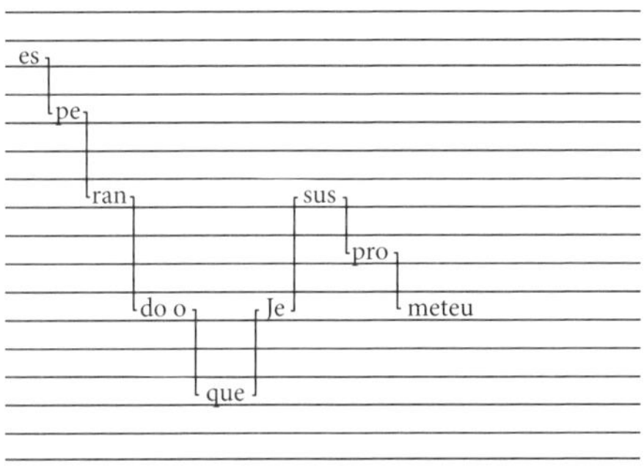


Quando o enunciador vacila ou simplesmente não vê conveniência em manifestar o seu *saber*, o comportamento mais comum da melodia é a suspensão. Corresponde à preservação da tensão em níveis bem toleráveis:

(5) *Sei Lá, Mangueira* (Paulinho da Viola / Hermínio Bello de Carvalho):

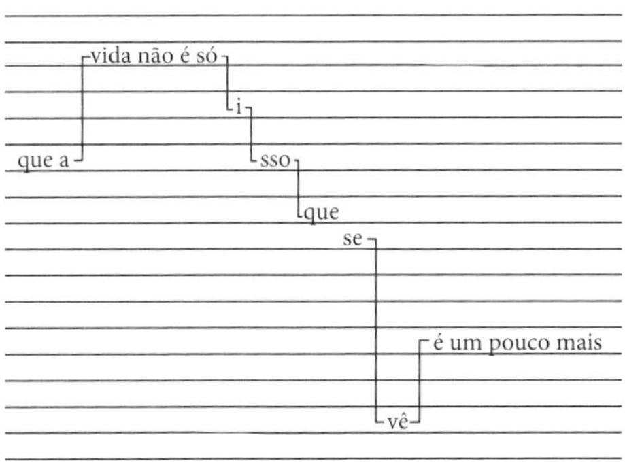

## Conclusão

Essas constatações a respeito da tensividade entoativa não suprimem jamais a presença simultânea da tensividade musical em qualquer segmento melódico. É comum verificarmos que a opção por esta ou aquela terminação melódica decorre bem mais de uma condução harmônica que de uma resposta entoativa natural do falante. Mas isso também não significa que o encaminhamento musical elimine os influxos prosódicos dos contornos emitidos pela voz. Ambas as tensividades estão sempre atuantes, às vezes de forma dominante, às vezes de forma recessiva. Se chamamos a atenção para as intervenções dos contornos da fala é porque estes são os menos conhecidos no domínio da canção. Além disso, a simplicidade desse quadro geral sobre as unidades entoativas presentes em qualquer composição não deve ofuscar sua importância em termos de pertinência e economia conceitual.

Os tonemas conclusivo, continuativo e suspensivo, que recaem sobre a região mais sensível da curva melódica, sua terminação, constituem um padrão lógico de articulação do *saber* do enunciador quase inalterável. Mesmo quando o investimento emocional é intenso, produzindo modificações acentuadas em todo o contexto melódico, as noções de finalização, prossecução e suspensão são preservadas como pontos de ordenação indispensáveis para que o enunciatário se oriente no discurso melódico.

Ocorre que o percurso que vai da *descendência* à *não-descendência* melódica (cf. quadrado semiótico), iniciando um processo crescente de tensividade, pode ser atingido por numerosos "incidentes" emotivos, que vão ampliar a tensividade e, sobretudo, torná-la bem mais complexa. Isso significa que, ao lado da *ascendência* e da *suspensão*, outros desvios, incidindo sobre outras regiões da curva e sobre outros parâmetros melódicos (a duração e a intensidade, por exemplo), estarão concorrendo para a formação do sentido final da melodia.

É improvável que a complexidade criada por essas intervenções seja passível de padronização. O desenho completo do contorno está exposto a variáveis sociais e psicológicas que estão fora de controle. P. Léon, em seus *Essais de phonostylistique*, arrisca, a partir de pesquisas laboratoriais, uma interpretação para explicar o parentesco de perfil entre três contornos que correspondiam a três estados passionais diferentes: a timidez, o medo e a surpresa. No seu entender, a timidez pode ser vista como uma espécie de medo ou de surpresa em estado permanente[14].

Não há dúvida que algumas identificações dessa natureza podem ser aceitáveis, mas daí a formular um modelo estável, prevendo uma norma de comportamento para os contornos emocionais, resta um bom caminho a percorrer. No que concerne à canção, consideramos útil examinar, em cada caso, alguns parâmetros melódicos que acusam um maior engajamento passional do enunciador com o seu discurso: (1) a amplitude do campo de tessitura explorada pelo enunciador: quanto maior o campo, mais espaço para o aumento de tensividade; (2) a inclinação superativa (do grave ao agudo) das alturas melódicas como forma de acúmulo de tensividade; (3) os saltos intervalares para a região aguda, produzindo tensões setorizadas; (4) a duração dos tons.

No que se refere ao último ponto, quanto mais se estendem as durações, mais se torna passional o perfil melódico. Como toda frequência pressupõe investimento tensivo, alongar a nota significa automaticamente uma intensificação desse investimento. Se, além do alongamento, o tom resultar de movimento ascendente, a produção de tensividade melódica será ainda maior. Ao revestir a letra de uma canção, a duração proporciona imediata valorização das vogais e, consequentemente, instaura um andamento desacelerado compatível com os conteúdos emocionais.

Dado que a intensidade de emissão do canto não vem indicada na composição popular, somos inclinados a reservar esse parâmetro à fase de interpretação do cantor, que poderá imprimir maior ou menor potência vocal ao sentimento já descrito pela curva. Assim, o contorno melódico como um todo constitui, no nosso entender, o resultado da verificação dos tonemas fundamentais do processo entoativo mais esses quatro parâmetros incidindo sobre o restante do contorno. Se os tonemas articulam o *saber* do enunciador, podemos acrescentar agora que os demais parâmetros, à medida que traduzem um universo passional, articulam o seu *crer*.

14. Pierre Léon, *Essais de phonostylistique*, Montréal, Didier, 1971, p. 49.

Ambas as modalidades – o *saber* e o *crer* – pertencem ao mesmo universo cognitivo, mas o *crer* parece-nos cobrir melhor as inquietudes fiduciárias que levam o enunciador a alterar, em vários pontos, o comportamento da curva melódica.

*Revista da* ANPOLL, nº 6/7, São Paulo, Humanitas, 1999.

# A Duração Estética

*Alegre era a gente viver devagarinho, miudinho, não se importando demais com coisa nenhuma.*

J. Guimarães Rosa

Greimas escreveu *De l'imperfection* [*Da Imperfeição*][1] nos interstícios da semiótica como pesquisa de método. Permitiu-se, assim, uma atuação direta sobre certas zonas do texto pouco frequentadas pelos analistas, o que contribuiu para revelar pontos essenciais de vibração do sentido em recônditos até então fora do alcance das abordagens sistemáticas.

Na época do lançamento, em 1987, do pequeno e bem cuidado volume, surgiram, por parte daqueles que sempre acompanharam a produção do grande semioticista, numerosas indagações – quando não conclusões apressadas, classificando a obra como capitulação da semiótica diante da sedução estética dos textos literários, ou como uma ruptura com o passado "científico" do autor, ou até como uma adesão tardia à "escritura" barthesiana – sobre as noções e as intenções que teriam norteado um trabalho cuja concepção passava ao largo da sequência metódica estabelecida, para ficarmos apenas nas produções imediatamente anteriores à obra, pelos textos reunidos em *Du sens II* ou pela paciente investigação mitológica de *Des dieux et des hommes*[2].

1. Obra citada à p. 62, nota 20. Vamos nos reportar às páginas da edição brasileira.
2. Algirdas Julien Greimas, *Du sens II* (Paris, Seuil, 1983) e *Des dieux et des hommes – études de mythologie lithuanienne* (Paris, PUF, 1985).

Superada a fase de impacto de *Da Imperfeição*, alguns semioticistas puderam recompor as etapas teóricas que teriam sido omitidas por Greimas, demonstrando que o reconhecimento da estesia, tema geral do trabalho, nada mais era do que decorrência natural e contínua dos estudos da paixão desenvolvidos no início da década de 1980. Mesmo aceitando em parte essa interpretação, não se pode negar que pelo menos a forma adotada para a abordagem descritiva dos textos – e este livro parte da descrição de textos concretos – difere de tudo o que o autor (e seus continuadores) já havia produzido até então.

Greimas declarou, mais de uma vez, que trabalhou nessa obra por puro prazer. Quis falar de seus textos prediletos e, com isso, agradar aos leitores. Daí, provavelmente, a constante exposição das análises ao risco. Ao risco de dizer o que (ainda) não poderia ser dito, ou, mais drástico, ao risco de querer dizer o indizível[3]. De qualquer modo, é certo que o escritor, pela primeira vez, não rejeitou uma inflexão mítica e isso deu à sua escritura uma feição enigmática.

Dentre os pontos enigmáticos contidos em *Da Imperfeição*, destacaremos neste artigo o tratamento que Greimas dispensa à *duração*, chamando-a por vezes de "realidade oculta", ou de "ser oculto"[4], num contexto de "paralisação do tempo"[5], durante a qual surgem os sinais da estesia na forma de "esperança de uma vida verdadeira" ou "de uma fusão total do sujeito e do objeto"[6]. Queremos sublinhar, desde já, que o conceito de duração como tal não chega a se manifestar na escrita do semioticista, talvez por constituir mais uma realidade oculta, desta feita pela ênfase atribuída à noção de *fratura* que serve de tema geral a toda a primeira parte da obra.

Cumpre reconhecer, primeiramente, que o termo fratura está a serviço da distinção de duas acepções de *sentido* elaboradas pela semiótica em diferentes fases de sua investigação. Nas abordagens iniciais, ao final dos anos 1960, a noção de sentido estava ainda de tal modo vinculada à dimensão utilitária da linguagem verbal, que as conclusões só contemplavam a capacidade intelectiva da compreensão humana. Nesses termos, o texto fazia sentido por

3. *Da Imperfeição*, p. 91.
4. *Idem*, p. 42.
5. *Idem*, p. 64.
6. *Idem*, p. 70.

ser composto de elementos recorrentes – que asseguravam nossas condições mentais de estabelecer previsões e de operar com uma memória imediata –, responsáveis pelo engendramento das chamadas isotopias (iterações sêmicas). Essas, por sua vez, surgiam fortemente estruturadas por uma gramática narrativa que concebia o percurso do sujeito como uma sequência linear, com um ponto de partida (a manipulação), um desenvolvimento calculado por progressos narrativos (a ação do protagonista suplantando a ação do antagonista) e um ponto de finalização (a sanção). Tal linearidade, evidentemente, estava estabelecida no âmbito do modelo descritivo e não no nível da ocorrência discursiva. Esse sentido, formulado na esteira do pensamento de V. Propp, constituía-se de suturas semionarrativas que "corrigiam" os acidentes do texto – quase sempre atribuídos às forças antagonistas –, na passagem das estruturas superficiais às estruturas profundas.

A primeira coisa que salta aos olhos do semioticista, ao proceder à leitura de *Da Imperfeição*, é justamente o fato de o sentido (seria um outro sentido?) resultar de uma fratura – do discurso, da narrativa, do cotidiano, da espera, do devenir... – e não mais da sutura anteriormente proposta pelo mesmo autor. É bem verdade que este "novo sentido", descrito na obra de 1987, está mais condizente, se quisermos retomar a antiga oposição consagrada por P. Valéry, com a dimensão artística do que com a dimensão utilitária da linguagem. Em outras palavras, o Greimas "proppiano" concebia uma previsibilidade na constituição do sujeito que, apesar de acidentes passageiros, confirmava-se ao longo do texto. O Greimas que examina os textos de M. Tournier, de I. Calvino, de R. M. Rilke e de outros escritores desse calibre, mostra-se fascinado com a imprevisibilidade do percurso estético e com a quase anulação do sujeito no âmbito do objeto. Claude Zilberberg, em artigo altamente esclarecedor sobre o assunto, afirma que Propp dá conta do espaço drômico, do tempo cronológico e do devir socioletal, enquanto *Da Imperfeição* trata do sobrevir idioletal[7].

Esta obra de Greimas detém-se, realmente, na espessura da fratura[8], no intervalo de tempo em que o sujeito depara com um acontecimento extraor-

7. Claude Zilberberg, "Le schéma narratif à l'épreuve", *Protée*, vol. 21, n. 1, 1993, p. 84.

8. A espessura da fratura corresponde à duração da parada. Para Greimas, esse objeto de valor sincrético (funcional, mítico e estético) "insere-se na vida de todos os dias agregando-lhe a espessura" (*op. cit.*, p. 84).

dinário que o retira de seu universo de previsibilidades e o encanta a partir de possibilidades (ou promessas) juntivas. Não se trata de uma parada como demarcação mas como segmentação, como continuação da parada, nem que seja por um lapso mínimo de tempo. A configuração dos termos "continuação" e "parada" no quadrado semiótico pode, certamente, auxiliar na definição do lugar teórico que Greimas reserva à apreensão estética:

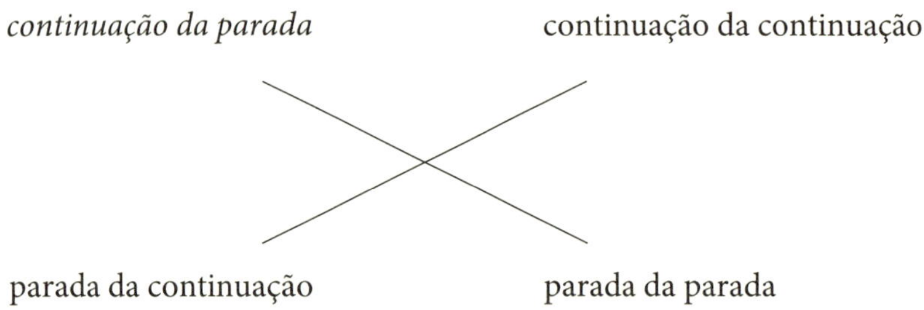


Com efeito, nessa disposição dos termos, a demarcação aspectual é assinalada pelos elementos subcontrários (localizados embaixo). Estes seriam, a rigor, representantes diretos da fratura sob o aspecto da descontinuidade: início (parada da parada) e fim (parada da continuação). Os termos contrários (localizados em cima), por sua vez, perfazem a segmentação aspectual. Constituem continuidades que podem ser de estado (continuação da parada) ou de evolução (continuação da continuação). Esta última corresponde tanto ao progresso narrativo proppiano quanto à noção de "cotidianidade"[9], invocada constantemente no *Da Imperfeição* como fundo para a emergência do sentido estético. A anterior, como já deixamos entender, é a base essencial que assegura uma duração aos estados emocionais de modo geral e à apreensão estética em particular. A continuação da parada constitui, portanto, o lugar teórico privilegiado por essas últimas descrições greimasianas: não é propriamente a surpresa (parada da continuação) que provoca o efeito estético, mas sua desaceleração, ou seja, o restabelecimento de uma duração mínima, ao

9. *Idem*, p. 30.

longo da qual flexibilizam-se as funções de sujeito e objeto e vislumbra-se a possibilidade de plenitude juntiva. Raul Dorra define esse tempo-limite como próprio de uma "experiência insuportável" em que "o sujeito, vencido pela investida de suas próprias sensações, sente-se conduzido a um estado – oscilação, incerteza, alegria – que dura somente o tempo que pode durar a parada da respiração"[10].

Basta recordarmos, sob esse enfoque, as duas primeiras análises do livro de Greimas para que essas pequenas durações possam ser apreciadas com o seu devido alcance.

## "O Deslumbramento" e "O *Guizzo*"

No primeiro capítulo, "O Deslumbramento", Greimas descreve alguns traços da apreensão estética retirados de fragmentos de um romance de Michel Tournier[11]. O instante selecionado contém a sensação refinada do personagem Robinson que reconstrói sua experiência recém-vivida como um acontecimento efêmero, microscópico, mas grandioso por resvalar na perfeição estética.

Tudo ocorre a partir do estado contínuo em que se encontra Robinson (continuação da continuação), ao ordenar seu tempo de vida e de atividade pelo ritmo das gotas de água que caem regularmente de uma clepsidra. A interrupção inesperada dessa periodicidade (parada da continuação) figurativiza a parada do tempo cotidiano e, simultaneamente, a cristalização do espaço da "ilha" (do mundo) de Robinson. O "silêncio insólito" que suspende a expectativa da gota seguinte, funciona, nesse texto, como uma pausa de distensão (a partir do rompimento com um cotidiano considerado massacrante) e de preparação para o acontecimento extraordinário da apreensão estética (continuação da parada). Não se trata de uma simples ruptura isotópica, nos

10. Raul Dorra, "Le souffle et le sens", em Eric Landowski (org.), *Lire Greimas*, Limoges, Pulim, 1997, p. 200.
11. *Vendredi ou les limbes du Pacifique*, Paris, Gallimard, 1972. Edição brasileira, *Sexta-Feira ou Os Limbos do Pacífico*, trad. de Fernanda Botelho, Rio de Janeiro, Bertrand Brasil, 2001.

termos canônicos de troca de iteratividade. É esse tipo particular de ruptura, responsável por um sentido decorrente da parada, que Greimas denomina *fratura*. A dupla aparição da palavra *soudain* ["repentinamente"] demarca pontualmente a fratura tanto no texto de Tournier como na vida nele representada. Entretanto, mesmo com essas precisões, o conceito de fratura não dá conta da extensão – que compreende um mínimo de duração e de espaço – necessária ao estabelecimento de uma apreensão estética. É sintomático que Greimas tenha citado, para caracterizar o êxtase vivido pelo personagem Robinson, o trecho *un bref instant d'indicible allégresse* ["um breve instante de indizível alegria"], deixando de lado a palavra *pendant* ["durante"] do texto original, que seria suficiente para converter a noção de corte, ou fratura, em duração: *pendant un bref instant d'indicible allégresse*[12].

A suspensão da gota seguinte também é relatada em dimensão visual. Nesse caso, a "gota", objeto do mundo, é subjetivada dando origem a duas narrativas aspectualizadas no espaço: (1) ela surge (incoativamente), alonga-se, arredonda-se, adquire forma de pera, cristaliza-se momentaneamente e (2) retrai-se, tomando o percurso inverso. Esta última imagem insinua a própria reversão do tempo. Tal ativação do objeto, peculiar à experiência estética, confere um estatuto particular à relação sujeito/objeto nesse texto. Robinson vê-se atingido por uma ofuscação procedente do mundo exterior e inclina-se perturbado. Sua visão é transformada e preparada para a experiência estética. As coisas do mundo (da ilha) abandonam, por um instante, o sentido funcional do movimento oblíquo (inclinado), participando da pausa geral que toma conta de toda a ilha com suas formas imóveis, distendidas e justificadas por sua própria essência. Silêncio no tempo, imobilização no espaço, ruptura do cotidiano, da espera, da tensão, tudo isso compõe o quadro propício e antecipador da perfeição estética. Em termos pouco mais técnicos, diríamos que os elementos fundados na parada da continuação dão condição ao surgimento da apreensão estética durante a continuação da parada.

A esteticidade da experiência aparece, no texto de Tournier, como resultado de uma reconstrução posterior. Encaixada no discurso da cotidianidade, a apreensão estética compreende um breve lapso de tempo e uma inesperada

12. *Vendredi ou les limbes du Pacifique*, *op. cit.*, p. 94.

cristalização do espaço, sentidos como um instante de distensão que dura entre duas sucessões de programas meticulosos e banais que, por sua vez, traduzem a tensão da rotina diária. Refletindo sobre sua experiência passada, Robinson reelabora cognitivamente o acontecimento extraordinário, surpreendendo-o na forma de recordação nostálgica.

O comentário nostálgico da experiência parece ter um estatuto especial em Greimas. A nostalgia refaz a experiência, completando-a. Daí a noção de *perfeição*: alguma coisa que se completa – embora também se deprecie – durante o comentário[13]. Nesse sentido, a nostalgia projeta o acontecimento no futuro e lhe oferece o acabamento necessário[14].

Para tecer seu comentário, o sujeito é obrigado a se disjuntar do objeto, mas em sua reconstituição nostálgica permanece a esperança de uma conjunção total futura.

No segundo capítulo, "O *Guizzo*", partindo de uma breve passagem de Italo Calvino (*Palomar*), Greimas aborda, mais uma vez, o instante da apreensão estética. Entre os diversos pontos comuns com a descrição anterior estão o enquadramento do evento pela cotidianidade, a fratura isotópica (a descontinuidade sobre um contínuo) e a tendência recíproca de conjunção entre sujeito e objeto. Desta vez, o momento crucial é figurativizado pela visão de um seio nu exposto ao sol numa praia deserta.

O enquadramento da cena se dá (1) pela imobilização do sujeito (o personagem Palomar) entre duas locomoções (uma que antecede e outra que sucede o acontecimento), e (2) pelo englobamento da visão pela "objetividade imparcial"[15] das coisas ordinárias. A visão extraordinária destacando-se da visão geral homogênea.

Com a descrição do seio nu entrando no campo visual do sujeito, Greimas chama a atenção novamente para o caráter pregnante do objeto. Quanto

13. Ao explicar que, para M. Tournier, não se trata de considerar a beleza da gota d'água em si, mas sua função de preparação para o acontecimento estético, Greimas salienta a importância do comentário no processo: "apresentada como *antecipação* do evento estético, a gota, como toda parábola, reclama um comentário que, apesar de consolidá-la, talvez a enfraqueça um pouco". *Op. cit.*, p. 30.

14. "A nostalgia dirigida ao porvir comporta conotações eufóricas... Trata-se, na verdade, de uma nostalgia da perfeição". *Idem*, p. 27.

15. *Idem*, p. 33.

ao sujeito, este delega ao seu próprio olhar o papel ativo de avançar ou recuar diante do objeto. De qualquer modo, essa ativação ou subjetivação do objeto manifesta um querer recíproco de conjunção entre os dois actantes, como se um tendesse ao outro encontrando-se a meio caminho. Dotado da função de sujeito, o objeto estético produz a descontinuidade do espaço visual, um brilho relâmpago figurativizado pelo *guizzo*. A partir dessa imagem, Greimas relaciona três exemplos de síntese figurativa da apreensão estética: instantaneidade do evento, elegância da gestualidade cintilante e o jogo da luz na superfície aquática.

A princípio, Calvino estabelece a experiência estética na dimensão visual. Greimas aproveita a oportunidade para hierarquizar essa ordem sensorial em três planos, do superficial (eidético) ao mais profundo (da luz), intermediado pelo plano cromático. Em seguida, porém, o autor engata uma isotopia tátil como extensão da isotopia visual: "O olhar avança até aflorar a pele estendida..."[16]. Atinge, nesse momento, uma ordem sensorial mais profunda. Tocar, para Greimas, representa uma exploração mais completa do espaço. Significa atingir os volumes e, nesse gesto, temos a forma figurativa do desejo de conjunção total.

Embora o olhar avance, toque e depois recue como se precisasse de uma distância mínima para proceder a um julgamento de ordem cognitiva, parece que mesmo a avaliação não abandona a isotopia tátil. O olhar sofre um ligeiro *tressaillement* ["estremecimento"], que o dicionário francês define como *ensemble de* secousses musculaires *qui agitent brusquement le* corps, *sous l'effet d'une* émotion vive *ou d'une* sensation inattendue ["conjunto de *sacudidas musculares* que agitam bruscamente o *corpo*, sob efeito de uma *emoção viva* ou de uma *sensação inesperada*"]. Na medida em que constitui um conjunto de vibrações ou estremecimentos musculares, o *tressaillement* atinge o ator "olhar" (de Palomar) em sua função de objeto. Na medida em que representa emoção viva e sensação inesperada, esse estremecimento atinge sua função de sujeito patêmico e sensorial.

Nesse sentido, *tressaillement* funciona como a própria concretização da estesia, sincretizando sujeito e objeto como se produzisse a fusão do homem

16. *Idem*, p. 33.

com o mundo ou mesmo do espírito com o corpo. Tudo ocorre como se um termo complexo, um elemento *jectal*, subsumisse sujeito e objeto num nível mais profundo, de tal maneira que tornasse irrealizável toda e qualquer solução de continuidade entre esses actantes.

Queremos chamar a atenção para o seguinte fato: a flexibilização das funções, ativa e passiva, entre sujeito e objeto regula a passagem da realidade presente à realidade oculta, o que tem por corolário a supressão das demarcações aspectuais em favor de uma duração dominante e onipresente. Em outras palavras, a possibilidade de haver uma determinação recíproca entre sujeito e objeto (este podendo assumir as funções daquele e vice-versa) reforça a continuidade que caracteriza a relação desses dois actantes, mas neutraliza a sua direcionalidade (um direciona-se ao outro indistintamente). Do mesmo modo, os estados de disjunção e conjunção são absorvidos pelo conceito de junção que, prevendo a coexistência de ambos, também elimina as transformações de estado. Desfaz-se assim a cronologia narrativa e com ela as demarcações da proxêmica temporal: começo, meio e fim dão lugar a uma duração profunda que os subsume na condição de simultaneidade. Nesse sentido, a aspectualidade de fato pertinente para Greimas é aquela que modula o distanciamento da ordem do parecer (realidade presente) e a aproximação – paciente ou impaciente – da ordem do ser (realidade oculta). O autor chega a formular de passagem a expressão "modulação aspectual da duração"[17].

*Da Imperfeição* amplia o enfoque semiótico à luz da "imanência do sensível"[18]. A figuratividade exposta nos discursos passa a ser, não apenas um revestimento superficial – e enriquecedor – das funções narrativas, mas sobretudo uma pista para se encontrar as instâncias de plenitude que subjazem às imperfeições e aos desequilíbrios responsáveis pela mobilização narrativa do nosso cotidiano. Daí o rompimento com o cotidiano (a fratura) e a concepção de um fragmento de tempo e espaço em que tudo se resolve à margem e independentemente do progresso narrativo. É o que estamos chamando de duração profunda, aquela que contém em si os termos polares, mas suspende sua manifestação. É a junção que se sobrepõe à disjunção e à conjunção.

17. *Idem*, p. 42.
18. *Idem*, p. 74.

## *A Banda*

Dispomos de exemplos mais didáticos, ainda que menos sutis, que os descritos por Greimas. A singela letra de *A Banda*[19], de Chico Buarque, opera justamente com a fratura da vida corriqueira de uma comunidade (1ª. parte: "Estava à toa na vida..."), com o transporte para uma outra dimensão dotada de outros valores e de um verdadeiro equilíbrio actancial (2ª. parte: "O homem sério que contava dinheiro parou...") e, finalmente, com o retorno das atividades do dia a dia (3ª. parte: "Mas para meu desencanto..."). As gotas de M. Tournier que ritmavam o cotidiano de Robinson, impondo-lhe uma disciplina de trabalho, correspondem ao universo sofrido criado como fundo para a passagem da banda de Chico Buarque: "A minha gente sofrida". Do mesmo modo, a repentina suspensão da queda de uma das gotas daquele texto equivale à chegada da banda na pequena cidade: "Despediu-se da dor / Pra ver a banda passar / Cantando coisas de amor". Por fim, a retomada das pequenas tarefas abandonadas durante o "breve instante de indescritível alegria"[20] pode ser relacionada, na letra do compositor brasileiro, ao restabelecimento das penas no dia a dia: "E cada qual no seu canto / Em cada canto uma dor / Depois da banda passar / Cantando coisas de amor".

A figurativização da banda, no nível discursivo da canção, corresponde precisamente à tematização do encanto que, por sua vez, circunscreve a duração de um momento sublime de suspensão das carências, dos desejos e dos conflitos actanciais, ou seja, dos desequilíbrios passionais que movem as narrativas. Embora conservem-se alguns sinais da situação anterior, unicamente para justificar a fratura (ex: "O homem sério que contava dinheiro parou / O faroleiro que contava vantagem parou"), no interior da nova condição não há descontinuidade: a moça sorri, a rosa se abre, a meninada se assanha, o velho fraco, em conjunção com a *mocidade*, dança, a lua cheia surge e todos, sem exceção, sentem-se vinculados diretamente à banda. Todos são sujeitos e, ao mesmo tempo, objetos da banda e essas funções, por vezes, misturam-se às

19. Essa letra integral pode ser facilmente acessada na internet. Evitamos transcrevê-la aqui já que nosso propósito, apenas ilustrativo, não justifica o valor requisitado pela editora como direito autoral.
20. Cf. a passagem: "Patiemment, il... reprit le jeu où il l'avait laissé...", M. Tournier, *op. cit.*, p. 95.

de destinador e destinatário. Note-se que os agentes causadores da "dor" e do "sofrimento" que caracterizam tanto a primeira como a última etapa sequer são considerados no decorrer da segunda. A *fraqueza* do velho, a *feiura* da moça da janela e outros elementos extremos continuam existindo, mas não se manifestam nesse nível de profundidade. Estão equilibrados com o vigor físico e com a beleza (ou seja, o velho é fraco mas dança, a moça é feia mas é homenageada), na medida em que participam da manifestação do termo complexo, cuja tensividade deve-se justamente ao fato de sustentar a coexistência de termos contrários. Se Greimas emprega a palavra "coalescência" para definir o poder das sensações que operam em sincretismo, C. Zilberberg lança mão do mesmo conceito para explicar, tangenciando V. Brøndal, a atuação simultânea de um programa e de um antiprograma narrativo que assegura o teor tensivo do termo complexo[21].

É forçoso reconhecer, por fim, que o espaço de tempo tematizado como "encanto", embora apareça emoldurado pelo cotidiano, não faz parte de seu nível de evolução. A partir da finalização do encanto ("Mas para meu desencanto"), as atividades habituais são retomadas do ponto em que foram interrompidas. Isso reforça a ideia de que a fratura é o signo de transporte do discurso para uma outra dimensão que requer medidas e parâmetros próprios de avaliação. Ao término do segundo capítulo, Greimas define a apreensão estética como uma "transfiguração do seio nu em uma visão sobrenatural", opondo a palavra "visão" à noção de "realidade"[22]. Tudo ocorre como se a diferença de nível teórico acabasse manifestando-se de forma mítica ao longo do texto. A profundidade (ou a complexidade), com suas tensões decorrentes de numerosos sincretismos, ostenta a duração do ser que não se confunde com as etapas aspectuais do parecer.

## Campo Geral

Outro texto brasileiro pode auxiliar-nos na compreensão dessas repentinas mudanças de nível de análise. Trata-se da novela "Campo Geral", pri-

21. C. Zilberberg, *op. cit.*, p. 66.
22. Cf. Greimas, *op. cit.*, p. 37.

meira parte do volume *Manuelzão e Miguilim* de João Guimarães Rosa[23]. Dessa notável história do garoto Miguilim e de seus familiares, pretendemos destacar apenas os momentos finais que retratam a euforia de Miguilim ao vivenciar duas situações inusitadas, uma que o permite enxergar bem melhor através das lentes dos óculos emprestados pelo doutor José Lourenço (um personagem que passa por sua casa no interior dos Campos Gerais) e outra que lhe abre a perspectiva de seguir com o doutor para a cidade, ganhar os óculos adequados, estudar e, finalmente, abraçar uma profissão.

A primeira define-se como um acontecimento inesperado que interrompe o cotidiano do garoto, à maneira dos eventos descritos em *Da Imperfeição*: "*De repente* lá vinha um homem à cavalo"[24].

Esse senhor, procedente do mundo citadino, repara que Miguilim é portador de um certo grau de deficiência visual que o leva a "apertar os olhos" para distinguir as coisas. Depois de tratar desse caso com a mãe do garoto, o doutor José Lourenço tira seus próprios óculos e ajeita-os na fronte do menino para fazer um teste:

> Miguilim olhou. Nem não podia acreditar! Tudo era uma claridade, tudo novo e lindo e diferente, as coisas, as árvores, as caras das pessoas. Via os grãozinhos de areia, a pele da terra, as pedrinhas menores, as formiguinhas passeando no chão de uma distância. E tonteava. Aqui, ali, meu Deus, tanta coisa, tudo...[25]

A evidente força estética que excita Miguilim comprova mais uma vez a mudança de nível no decorrer do discurso. Pôr os óculos figurativiza a passagem para uma outra dimensão, em que os sentimentos de perda, as tristezas e as provações, tão marcantes até então, diluem-se numa poderosa junção com todas as coisas do universo. Dos "grãozinhos de areia" até "tudo" impera uma perfeita continuidade que não se extingue nem mesmo com a retirada dos óculos: "O doutor tinha retirado dele os óculos, e Miguilim ainda apontava, falava, contava tudo como era, como tinha visto"[26].

23. João Guimarães Rosa, *Manuelzão e Miguilim*, Rio de Janeiro, José Olympio, 1972.
24. *Idem*, p. 100 (grifo nosso).
25. *Idem*, p. 101.
26. *Idem, ibidem*.

Diferentemente dos textos vistos até aqui, este não contempla o retorno da cotidianidade. Miguilim experimenta um êxtase de alegria profunda que se estende até o final da novela. Enxergar significou para ele vislumbrar a perfeição que subjaz ao mundo aparente e, ao mesmo tempo, superar o ritmo corriqueiro que alterna a alegria com a tristeza em proveito de uma alegria extensa que prevê a coexistência dos dois primeiros sentimentos como termos intensos. Cria-se assim uma pequena estrutura participativa, em que figura uma alegria profunda (termo complexo expresso abaixo em caixa alta) que se refere tanto a si própria quanto à tristeza complementar:

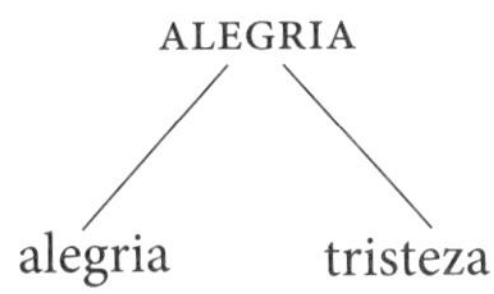


Ora, tal ordenação já vem expressa figurativamente nos ensinamentos do falecido irmão Dito que servem de guia para a vida de Miguilim: "*O Dito dizia que o certo era a gente estar sempre brabo de alegria, alegre por dentro, mesmo com tudo de ruim que acontecesse, alegre nas* profundas[27]".

A tristeza nada mais é, nesse contexto, que um aspecto concessivo ("mesmo com tudo de ruim que acontecesse") que participa da euforia geral determinada pelo termo complexo e profundo. Note-se que, a partir desse acontecimento extraordinário que transformou a visão (literalmente) de mundo do garoto, os sentimentos intensos perdem a pertinência que tinham anteriormente: "Miguilim... Nem sabia o que era alegria e tristeza"[28].

Por fim, como dissemos anteriormente, o doutor ainda promete levar o nosso personagem para a cidade, abrindo-lhe uma perspectiva de futuro incomensurável, que o obriga a rever todos os valores, todos os sentimentos e todos os projetos que possuía até então. Despreparado para um grau de emoção tão elevado, mas ao mesmo tempo estimulado, pelas ponderações

27. *Idem*, p. 100 (grifo nosso).
28. *Idem*, p. 103.

de sua mãe, a partir com o doutor, Miguilim manifesta, mais uma vez, sua perplexidade dentro da nova dimensão:

> Mãe, mas por que é, então, para que é, que acontece tudo?!
> Ao que a mãe responde:
> Miguilim, me abraça, meu filhinho, que eu te tenho tanto amor...[29]

Por trás da questão existencial irrespondível, pode-se detectar a preocupação explícita com as demarcações aspectuais: "por que é" indaga sobre a causa inicial, enquanto "para que é" pergunta pela finalidade. A resposta da mãe suprime a incoatividade e a terminatividade que teriam sentido na narrativa anterior ao acontecimento extraordinário – que, a esta altura, não é menos que "tudo" – e valoriza justamente a duração da parada que absorve seus extremos na profundidade. Importa, nesse nível, que "tudo" acontece, independentemente da causa ou da finalidade. Daí o apelo da mãe que quer preencher essa duração especial com uma junção plena ("me abraça, meu filhinho,...") que, como tal, incorpora a disjunção (Miguilim vai separar-se de seus familiares) e a conjunção (Miguilim vai ao encontro de um futuro promissor). A mãe fala em nome de uma alegria maior que, como já vimos, contém dentro de si alegrias e tristezas, todas injustificáveis.

## Conclusão

A expressão "alegre nas profundas", que figura num dos fragmentos citados acima, é a prova irrefutável de que as hierarquizações, e as indagações metódicas de maneira geral, não são prerrogativas exclusivas do pensamento teórico. A ordenação dos conteúdos humanos é uma necessidade inerente ao uso da linguagem que, em situações especiais (como no caso de qualquer obra de Guimarães Rosa), adquire contornos de pesquisa de método, sem perder – muito pelo contrário – um grau sequer do sabor mítico, próprio das elaborações estéticas mas também das produções coloquiais.

29. *Idem*, p. 102. Esse trecho foi-nos sugerido por uma passagem do artigo "Cajuína Transcendental" de José Miguel Wisnik (reeditado em José Miguel Wisnik, *Sem Receita* [São Paulo, Publifolha, 2004] ) que, por sua vez, revela que a primeira sugestão foi formulada pelo estudante Paulo César Carneiro Lopes.

Ao mudar seu registro de linguagem e mesmo os objetos de análise em *Da Imperfeição*, Greimas certamente esteve em busca dessas ordenações que refratam as previsões baseadas no esquema proppiano. Com isso, chamou a atenção não apenas para os textos escolhidos, mas principalmente para um setor de conteúdo, presente com maior ou menor intensidade em todo texto, sobre o qual a semiótica preferia não se pronunciar. Esses textos, ou esses momentos selecionados, abordam diretamente a força tensiva sem permitir sua resolução em elementos simples e articulados. Ao falar de "conjunção total", por exemplo, Greimas está forjando pouco a pouco o conceito de junção numa instância complexa que precisa ser melhor investigada. Ao falar de "tensividade aspectual", outro exemplo, o semioticista mostra-se, mais uma vez, em plena reflexão sobre o termo complexo, embora aborde-o como "espera", numa fase imediatamente anterior ao surgimento da ocorrência extraordinária, que, no nosso entender, constitui o centro de uma duração estética tensiva (ou complexa), esta sim digna de um esforço especial de análise:

> Em verdade, a espera é ao mesmo tempo paciência e impaciência, e é gradualmente que o termo complexo que as subsume se modifica, passando de uma dominância a outra. A tensividade aspectual assim instalada é, em seguida, traduzida figurativamente numa articulação da proxêmica temporal: "...amanhã..., esta noite... quem sabe aí...", e é ao aproximar-se do insustentável, ou seja, da conjunção total, que a realidade já presente se torna realidade oculta, que do "poder ser", passando pelo "pode ser", chega-se ao "ser" oculto[30].

Mas, de qualquer forma, já temos aí um esboço de estratificação da aspectualidade (tensividade aspectual no nível profundo e proxêmica temporal do nível discursivo) que sempre esteve ausente dos textos clássicos de semiótica.

*Da Imperfeição* é um livro que consegue isolar, com muita propriedade, algumas formulações míticas inestimáveis para um processo metódico de semiotização e constituição de uma teoria da tensividade. Consegue demonstrar, ainda, que uma semiótica do *ser* exige um tratamento especial dos sincretismos que não admitem articulação. A questão da apreensão estética é um bom pretexto para o avanço teórico que vinha sendo reclamado por diversos

30. Greimas, *op. cit.*, p. 42.

estudiosos da análise do sentido. Afinal, um pouco de estética sempre fará parte integrante de todo e qualquer texto.

Eric Landowski, Raúl Dorra e Ana Cláudia de Oliveira (orgs.),
*Semiótica, Estesis, Estética*, São Paulo, Educ / Puebla, UAP, 1999.

# Marchinha e Samba-Enredo

Dois gêneros musicais, todos sabem, mantêm laços indissolúveis com o Carnaval: a marchinha e o samba-enredo. O primeiro parece haver encerrado o seu ciclo, pelo menos o seu ciclo de glórias. Talvez precise ser reinventado em novo contexto. O segundo tem existência garantida como um dos quesitos avaliados nos desfiles das escolas de samba. Por vezes, um ou outro samba-enredo escapa das pistas, ganha o gosto do público mais amplo e entra na história da música brasileira. As marchinhas já são parte integrante dessa história, mas vivem do passado.

As marchinhas conviveram com os sambas carnavalescos nas décadas de 1920, 1930 e 1940, mas conquistaram a preferência popular dentro dos salões, dos clubes e das festas comunitárias no quesito animação. Eram velozes e, ao mesmo tempo, concentradíssimas: só refrão e segunda parte. Próprias para o cordão dos foliões que, sob sua inspiração, seguiam em fila até os limites do salão e voltavam ao ponto inicial, quando não giravam em círculos propondo brincadeiras em torno de um centro.

De fato, a marchinha é uma forma musical que não vai a lugar nenhum. Irradia para todos os lados, mas jamais perde o centro. Só conhece um caminho, que é o caminho de volta. Refrão, refrão e mais refrão. E a segunda parte é imprescindível para que se possa ter o gostinho de voltar ao refrão.

Já o samba-enredo é um "gênero-fluxo", com melodia que sai ao encalço da letra, suplantando toda a sorte de entraves silábicos para garantir a evolução de uma história preestabelecida. Sua sina é perseguir as palavras como fazem as entoações de nossa fala cotidiana. A melodia do samba-enredo também chega a um refrão, mas é como se o encontrasse por acaso ao final de longa jornada.

O andamento rápido das marchinhas é compensado pelas recorrências que tornam suas partes facilmente reconhecíveis. Ao lado de um estímulo corporal vibrante, o ouvinte dispõe de um nível de previsibilidade suficiente para moderar a velocidade física. Repetir é desacelerar, criar uma certa rotina no interior da canção.

Com o samba-enredo se dá o inverso. A partir de um ritmo cadenciado e ajustado pelo surdo e pela pulsação geral da bateria, o canto segue rotas melódicas pouco previsíveis, que escapam ao controle perceptivo do ouvinte. A sensação é a de que se passa muito rapidamente de um material a outro sem dar tempo à sua introjeção. Só a repetição exaustiva do samba-enredo durante o desfile pode contornar essa sua natureza produzindo outra instância de desaceleração.

Enfim, com a marchinha e o samba-enredo temos a música-centro e a música-itinerário. A primeira completa-se com letras que descrevem uma única situação e que, às vezes, se expandem em comentário, mas sempre voltam ao primeiro estágio: "Chiquita Bacana lá da Martinica / Se veste com uma casca de banana nanica" ou "Ei, você aí / Me dá um dinheiro aí / Me dá um dinheiro aí". A segunda assegura sua coesão com letras invariavelmente narrativas – histórias de personagens brasileiros, de povos, de artistas ou do próprio carnaval repletas de exaltações, que podem ir da fidedignidade histórica até o samba do crioulo doido.

O samba-enredo nos põe em contato direto com a imperfeição. A melodia parece defeituosa porque seus acentos nem sempre coincidem com os acentos naturais das frases linguísticas. Mas é aí que se manifesta a habilidade do compositor. A melodia, sustentada por intensa percussão, rompe a quadratura musical para se adequar às sílabas tônicas da letra, e essa letra está a serviço do enredo, que, por sua vez, se complementa com as imagens das danças, das fantasias e das alegorias que, por fim, integram o desfile na passarela.

Essa cadeia de dependências faz de cada elemento uma criação imperfeita que só ganha consistência ao cooperar com outro que já se encontra atrelado a outro e assim por diante. Portanto é próprio da linguagem do samba-enredo completar-se no desfile integral.

As marchinhas eram por demais autônomas. Eram, como já vimos, centralizadoras. Tinham o dom de atrair os foliões para o seu núcleo, para o seu refrão, no qual melodia e letra faziam a síntese da relação entre som e sentido. Animavam o Carnaval, mas o correto seria dizer que o Carnaval era organizado em torno das marchinhas do ano. As rádios iam buscá-las onde estivessem e as transmitiam com a máxima fidelidade. Se as televisões de hoje fossem divulgá-las, precisariam inverter seu procedimento habitual e submeter a imagem à sua sonoridade cristalina, sem cortes, sem truques e sem efeitos. Impossível! As marchinhas eram perfeitas em excesso. Não poderiam mesmo sobreviver.

*Folha de S. Paulo*, 06/03/2000.

# Abordagem do Texto

## Introdução

A passagem do estudo das frases ao estudo dos textos requer significativa mudança de enfoque. As gramáticas que nos explicam as construções frasais mostram-se inadequadas para a descrição da combinação dessas unidades num contexto mais amplo, o que fez o grande teórico Émile Benveniste considerar que a linguística perderia o seu lastro científico se tentasse integrar as frases num nível superior de análise[1]. Embora as frases façam parte do texto, a análise minuciosa de cada uma delas em nada contribui para a nossa compreensão do texto global.

Entretanto, há um modo, até certo ponto metafórico, de conceber a frase que despertou a atenção de alguns linguistas dos anos 1960 para a existência de um possível denominador comum entre as noções de frase e texto. Ambas podem ser contempladas a partir da figura do "espetáculo".

A centralidade do processo verbal numa frase simples como "O pai dá um presente ao filho" permite que identifiquemos uma pequena encenação com personagens ("pai" e "filho") e coisas ("presente") e que presenciemos uma

1. Cf. E. Benveniste, *Problemas de Linguística Geral*, São Paulo, Nacional/Edusp, 1976, p. 137.

transformação de estados. Ou seja, a frase indica, no mínimo, que o processo ("dar") fez do filho-sem-presente um filho-com-presente. Esse espetáculo altamente condensado poderia ser o esquema básico de um imenso romance que narrasse as incontáveis peripécias de um "pai" que, obstinado pela ideia de fazer o filho feliz, não poupasse esforços para conquistar um determinado objeto e entregá-lo ao jovem no final da história.

Esse foi um dos pontos de partida que fez o então lexicólogo lituano Algirdas Julien Greimas fundar um novo projeto de ciência, cuja principal indagação incidiria sobre o sentido construído no âmbito do texto (e não mais da palavra ou da frase), a que chamou "semântica estrutural" (1966)[2] e, logo em seguida, "semiótica".

Inspirando-se numa proposição do linguista Lucien Tesnière que, com finalidade didática, associara a estrutura de um enunciado simples à estrutura de um espetáculo, Greimas muniu-se ainda do sólido modelo de análise do conto maravilhoso russo, formulado por Vladimir Propp[3], e, depois de sucessivas adaptações, lançou sua própria teoria narrativa, cujos elementos conceituais demonstraram ser possível uma abordagem sintáxica do texto integral.

Assim, com essa solução, digamos, "horizontal", Greimas estendeu as perspectivas gramaticais à dimensão do texto e reconheceu imediatamente que, nesse salto, não estava mais operando com unidades linguísticas. As noções funcionais que ainda mantinham interseção com a abordagem frasal – como as de *sujeito* e *objeto*, por exemplo – estavam sendo então reprojetadas para definir papéis narrativos que só adquiririam seu verdadeiro alcance no contexto geral de um romance, um poema, um tratado, uma notícia etc. Portanto, em vez de noções linguísticas, o autor estava agora operando com noções *semióticas*.

Embora a sintaxe narrativa surgisse como um dispositivo engenhoso para explicar a organização sequencial da linguagem, jamais o pensador lituano a considerou suficiente como modelo semiótico, ou seja, como quadro teórico que pudesse descrever os diferentes estratos de sentido construídos no texto.

2. A. J. Greimas, *Semântica Estrutural*, São Paulo, Cultrix, 1973.
3. V. Propp, *Morfologia do Conto*, Lisboa, Vega, 1983.

Para que seu enfoque fosse mais abrangente, Greimas adotou também o que chamaremos de solução "vertical", ou seja, uma perspectiva "gerativa" segundo a qual as unidades manifestadas na superfície do texto seriam elementos já "enriquecidos", provenientes da articulação entre categorias mais simples e abstratas localizadas em patamares mais profundos que só o procedimento descritivo pode revelar.

Pensemos, por exemplo, numa composição de Lupicínio Rodrigues cujo texto faz alusão à *Torre de Babel*[4]. Essa figura reveste, no âmbito geral da letra, a noção mais abstrata (mas ainda manifestada textualmente) de "desentendimento".

A figura da *Torre de Babel* reveste, no âmbito geral da letra, a noção mais abstrata (mas ainda manifestada textualmente) de "desentendimento". Tal apreensão de superfície supõe que tenhamos captado, num plano mais profundo, indícios de que a comunicação entre os personagens está comprometida e que as relações predominantes são de ordem *polêmica* e, portanto, calcadas em funções *antagonistas*. Todo esse quadro pressupõe também um desarranjo no âmbito cognitivo do *crer* e do *saber* e, de fato, a descrição da letra confirma que se encontram abaladas tanto a confiança quanto a concordância entre seus atores-sujeitos. Finalmente, podemos dizer que, entre as categorias mais gerais selecionadas pelo enunciador do texto, predominam as de natureza *descontínua* e que, em última instância, essa descontinuidade é responsável pelos obstáculos narrativos e comunicativos disseminados em seus planos mais superficiais.

Essas "camadas" de sentido, por enquanto apenas mencionadas, revelam que há uma inspiração *gerativista* – associada ao nome de Noan Chomsky – no modelo de Greimas: o valor "descontinuidade", selecionado em nível profundo, gera funções antagonistas (entre sujeito e antissujeito, por exemplo) que, por sua vez, gera o *tema* do desentendimento, cuja principal *figura*, já na superfície discursiva, é a Torre de Babel. Mas as equivalências com a gramática gerativa limitam-se a essa concepção de modelo descritivo em níveis, dos elementos mais abstratos e gerais aos mais concretos e particulares. O projeto

4. Essa letra pode ser acessada na internet. Evitamos transcrevê-la aqui já que nosso propósito, apenas ilustrativo, não justifica o valor requisitado pela editora como direito autoral.

de Greimas tinha como meta a descrição daquilo de Louis Hjelmslev denominou "forma do conteúdo", uma espécie de estrutura geral da significação que subjaz aos textos, sejam eles verbais ou não-verbais[5]. Desde seus primórdios, portanto, a semiótica concebe uma teoria para a análise do conteúdo humano que se manifesta em dimensão transfrasal, independentemente da configuração textual escolhida para a sua organização e difusão. Esse conteúdo pode surgir como literatura, filme, pintura, música ou até como linguagem coloquial; tudo isso é passível de descrição semiótica.

Como vimos, a concepção de que um texto mantém seu conteúdo organizado em articulações narrativas trouxe um parâmetro sintáxico consistente para a pesquisa do sentido gerado por essas unidades que transcendem – e muito – o nível da frase. Numa primeira etapa, os semioticistas dedicaram-se ao estudo exaustivo das operações pragmáticas, que compreendem as atuações do sujeito em busca de seus objetos, e das operações cognitivas, que enfocam as comunicações do sujeito com seus pares, transmitindo informações e, principalmente, realizando persuasões.

Em seguida, já nos anos 1980, esses pesquisadores passaram a investigar as condições narrativas do sujeito, a partir de uma compreensão mais exata dos elementos que articulam seus desejos, suas obrigações, suas frustrações, suas esperanças, enfim, de tudo o que provoca, ou paralisa, as ações dos personagens. Nessa ocasião, os esquemas narrativos foram empregados para analisar também os conteúdos *passionais* que aparecem nos textos, como "ciúme", "desespero", "vingança", "indiferença", "vergonha" etc. Muito rapidamente verificou-se então que esses estudos da "paixão", centrados no *ser* do sujeito, complementavam com o máximo proveito os estudos da "ação", baseados no seu *fazer*, que deram origem ao modelo narrativo.

Como se pode notar, diferentemente das gramáticas frasais, a semiótica jamais deixou de acolher a dimensão semântica dos textos como parte essencial de seu objeto de estudo; entretanto, seu maior desafio sempre foi o de extrair o *valor sintáxico* desses elementos. Assim, uma noção como "vingança", por exemplo, pressupõe a existência de um sujeito prejudicado por narrativas anteriores – cujos efeitos desastrosos (ao ver da vítima) teriam

5. L. Hjelmslev, *Prolegômenos a uma Teoria da Linguagem*, São Paulo, Perspectiva, 1975, p. 59.

abalado suas crenças essenciais em seus semelhantes – que, agora, articula um programa narrativo de desagravo, com etapas de execução bem definidas, tentando com isso reequilibrar as porções de prazer e sofrimento do seu mundo emocional. Esses dados poderão ser ampliados ou restringidos, a depender dos termos de um texto específico. De todo modo, a busca de um coeficiente sintáxico é o que distingue a semiótica das demais teorias textuais ou discursivas.

## Níveis narrativo e discursivo

Passemos agora a comentar os dispositivos da análise semiótica a partir de um texto concreto (*Com Açúcar, Com Afeto*, Chico Buarque[6]):

Com açúcar, com afeto
Fiz seu doce predileto
Pra você parar em casa
Qual o quê
Com seu terno mais bonito
Você sai, não acredito
Quando diz que não se atrasa
Você diz que é operário
Vai em busca do salário
Pra poder me sustentar
Qual o quê
No caminho da oficina
Há um bar em cada esquina
Pra você comemorar
Sei lá o quê

Sei que alguém vai sentar junto
Você vai puxar assunto

6. Autorização de publicação: 100% © by MAROLA EDIÇÕES MUSICAIS LTDA. Todos os direitos reservados.

Discutindo futebol
E ficar olhando as saias
De quem vive pelas praias
Coloridas pelo sol
Vem a noite e mais um copo
Sei que alegre *ma non troppo*
Você vai querer cantar
Na caixinha um novo amigo
Vai bater um samba antigo
Pra você rememorar

Quando a noite enfim lhe cansa
Você vem feito criança
Pra chorar o meu perdão
Qual o quê
Diz pra eu não ficar sentida
Diz que vai mudar de vida
Pra agradar meu coração
E ao lhe ver assim cansado
Maltrapilho e maltratado
Ainda quis me aborrecer
Qual o quê
Logo vou esquentar seu prato
Dou um beijo em seu retrato
E abro os meus braços pra você

Podemos identificar, neste texto, três etapas narrativas nitidamente distintas. De início, os quatro primeiros versos indicam que um sujeito ("eu" ou o próprio narrador) pretendia fazer com que o outro sujeito ("você") não saísse de casa, ou seja, pretendia estabelecer com seu parceiro uma relação de *manipulação*, nesse caso, um *fazer não fazer*. Em seguida, do verso "qual o quê" até "pra você rememorar", temos a *ação* realmente praticada pelo sujeito "você" que, rejeitando a manipulação do primeiro, desenvolve seu percurso em sentido oposto ao desejado pelo narrador: passa a *fazer* justamente o que deveria *não fazer*. Por fim, a partir de "Quando a noite enfim lhe cansa", o sujeito recobra o contato com o "eu", reconhece seu desvio narrativo e se submete a um processo de julgamento que decide a sua sorte.

Temos, portanto, as etapas que caracterizam um esquema narrativo padrão: manipulação, ação e julgamento (ou *sanção*, nos termos da semiótica). Cada uma delas merece ser devidamente explicada.

### *MANIPULAÇÃO*

A manipulação supõe uma espécie de *contrato* entre as funções sintáxicas de *destinador-manipulador* e *destinatário-manipulado*. Empregamos essas noções sempre que houver uma situação de comunicação persuasiva envolvendo dois sujeitos, mesmo que, ao final do processo, a relação contratual não se consolide (como no texto ora examinado). O que importa é o esforço do destinador no sentido de despertar a confiança do destinatário (*fazer crer*) para, em seguida, completar a manipulação, fazendo-o *fazer* ou *não fazer*. No caso de um processo de manipulação bem-sucedido, o destinador praticamente suprime a liberdade de escolha do destinatário, deixando-o numa situação de *não poder não fazer* ou, em outras palavras, de não poder deixar de cumprir o contrato estabelecido.

Esse início de análise, como podemos observar, já se apoia em dispositivos conceituais que estão na base de constituição dos textos em geral. As funções de destinador / destinatário / sujeito / objeto, e outras que veremos adiante, perfazem a noção de *actantes* da narrativa. A articulação de verbos (em versão positiva ou negativa), como *fazer crer*, *fazer fazer*, *poder fazer* etc., representa a dinâmica *modal* que faz com que os predicados se modifiquem mutuamente e produzam as transformações necessárias à evolução narrativa. As *modalidades* são entidades que nos ajudam a definir a forma de relação do sujeito com seus objetos e com outros sujeitos.

A manipulação pode ser explicada tecnicamente como um caso de sobremodalização entre dois actantes, o destinador e o destinatário-sujeito (em geral, o destinatário manipulado transforma-se automaticamente em sujeito da ação). O primeiro tem como meta universal *fazer* o segundo *fazer*. Nesse sentido, em relação ao sujeito, o destinador-manipulador desempenha um papel inverso ao do antissujeito: enquanto este conspira para fazer o sujeito parar, aquele empreende todos os esforços para manter o sujeito em continuidade. Só que não há como pôr um sujeito em ação sem interferir em sua competência modal, ou seja, para realizar sua narrativa, o sujeito precisa *querer* (ou achar que *deve*), *saber* e *poder* desempenhar esse papel ativo. Cabe ao destinador muni-lo dessas quatro modalidades (ou parte delas) por meio das operações de sobremodalização. Algumas delas já fazem parte do quadro aplicativo padrão da semiótica. Lembremos aqui a noção de "sedução", em que o destinador manifesta um *saber fazer* o destinatário *querer fazer*, elogiando-o ou enaltecendo-o de tal maneira que qualquer sinal de recusa à manipulação significaria também a renúncia a todas as qualidades que lhe foram atribuídas. Do mesmo modo, já foi estudada a "tentação", domínio em que o destinador demonstra *poder fazer* o destinatário *querer fazer*, apresentando-lhe uma recompensa de algum modo irrecusável; a "provocação", caso no qual o primeiro actante obtém com o seu *saber fazer* o *dever fazer* do destinatário, já que o leva a agir como única forma de refutar a depreciação que lhe foi imposta; a "intimidação", processo que põe em cena um destinador dotado de um *poder fazer* (normalmente extradiscursivo) o destinatário *dever fazer* a partir de algum tipo de ameaça[7]. Pode-se notar, portanto, que as modalidades dão margem a operações sintáxicas especialmente úteis para a abordagem semiótica.

O acordo entre destinador e destinatário subentende que ambos os actantes compartilham, ou passaram a compartilhar, opiniões semelhantes a respeito do valor do objeto em pauta. Há maior chance de êxito quando a manipulação se processa no interior do mesmo quadro *axiológico*, ou seja, quando as duas funções operam sob um certo consenso sobre o que é desejável ou indesejável em seu ambiente cultural. Tudo indica que, no texto em exame, há um consenso apenas parcial entre destinador (eu) e destinatário (você). Este último, em sua atividade *interpretativa*, não chega a contestar os valores defendidos pelo primeiro. Ao contrário, ele necessita de um subterfúgio para poder manifestar sua concordância no nível cognitivo e, ao mesmo tempo, poder realizar sua discordância no nível prag-

7. Cf. D. L. P. Barros, *Teoria do Discurso – Fundamentos Semióticos*, São Paulo, Atual, 1988, p. 38.

mático. Simulando que só sai de casa para ir ao trabalho, o destinatário-sujeito deixa entender que, se não fosse por esse "nobre" motivo, poderia muito bem permanecer em casa. Trata-se de uma concordância no nível do *fazer saber* (cognitivo, portanto). Entretanto, ao realizar justamente o *fazer* (pragmático, portanto) implicitamente condenado pelo destinador, o destinatário está demonstrando que convive com um esquema de manipulação concorrente, cujos objetivos estão comprometidos com valores de natureza completamente oposta. Na hora de executar de fato o seu programa narrativo o destinatário-sujeito rejeita a manipulação do narrador e adere aos valores do "ócio" e do "lazer".

O trecho "Com açúcar com afeto / Fiz seu doce predileto / Pra você parar em casa" reproduz com clareza as intenções contidas num processo de manipulação. Para despertar o querer do destinatário, o destinador empenha-se na boa qualificação do objeto, ou seja, apresenta a seu interlocutor as vantagens de se "parar em casa". Note-se que o primeiro actante demonstra conhecer o universo de preferências do segundo ("doce predileto") e isso vai determinar sua estratégia de persuasão: associa o objeto ("parar em casa") com a oferta desejada (o doce) e aproveita o ensejo para inserir-se, metonimicamente, na composição desse universo de conteúdos atraentes. De fato, a expressão "com açúcar, com afeto" – que, na superfície do texto, representa os ingredientes do doce – acusa, no nível narrativo, a presença do "eu" também no âmbito do objeto, afinal, a doçura e a afeição são partes daquele que fala, servindo de "isca" ao sujeito.

Convém, desde já, distinguirmos os "fatos discursivos", que nos apresentam aquilo de que fala o texto, das categorias narrativas, que nos indicam como esses conteúdos estão organizados em *funções*, *direções* e *finalidades*. Aos primeiros pertencem, por exemplo, os liames entre "açúcar", "afeto" e "doce", que nos reportam ao mundo sensível sugerido pelo texto. Temos aí a impressão, ao mesmo tempo gustativa, tátil e visual, de que poderíamos deparar com esses fatos no mundo "real". Por isso, a semiótica denomina-os *figuras*. Pertencem também ao nível discursivo os chamados *atores* que, neste texto de Chico Buarque, aparecem sob as formas do "eu" e "você".

No nível narrativo, encontram-se (1) as dependências entre funções actanciais (só existe sujeito porque existe objeto, só existe destinador porque existe destinatário, e vice-versa), (2) as operações de manipulação, ação e sanção, (3) as oposições que criam embaraços ao desenvolvimento narrativo (que, no fundo, é mais um tipo de dependência: se há sujeito, há antissujeito), (4) as interações modais já comentadas e (5) o universo passional do sujeito.

O sujeito passional é aquele que sofre o efeito de ações anteriores que de algum modo o imobilizam pragmaticamente, na mesma medida em que o estimulam do ponto de vista sensível e afetivo. No nível narrativo, esse sujeito responde modalmente aos processos que o levam à perda ou à reaquisição do objeto, vivenciando estados de maior ou menor frustração, mas o que acaba definindo cabalmente suas grandes oscilações passionais são as criações de expectativa em relação a outros sujeitos. O não cumprimento dos acordos – que normalmente sequer estão explícitos – estabelecidos entre os actantes é a principal razão dos sentimentos de decepção e mágoa que levam muitas vezes a retaliações contundentes. Em outras palavras, para Greimas, a espera fiduciária (baseada na confiança) é o conceito por excelência que está na base das operações intersubjetivas que regulam o universo passional do sujeito. Do ponto de vista gerativo, a paixão resulta da conversão de modulações tensivas formuladas no nível profundo, conforme veremos à frente.

No caso específico da letra em exame, o universo passional dos sujeitos não é marcado por grandes "crises" que pudessem determinar impasses narrativos ou mesmo alterações substanciais nas relações entre os actantes. Não obstante, pode-se sentir sua presença constante na constituição dos atores e dos percursos temáticos (as manifestações de paciência do ator "eu" ou da vadiagem incorrigível do ator "você") da letra, bem como nas direções eufóricas e disfóricas assumidas pelo enfoque narrativo.

Resta-nos dizer neste item que, embora se encontrem completamente imbricados na superfície do texto, os níveis narrativo e discursivo podem e devem ser particularizados com toda a nitidez pela atividade analítica. É comum, por exemplo, um ator do nível discursivo assumir mais de um papel actancial no nível narrativo. O "eu" desta letra desempenha a função de *destinador manipulador* mas também projeta-se, como já vimos, na instância do *objeto*, identificando-se com os afetos prometidos. Do mesmo modo, o ator "você" é o *destinatário* da manipulação (ou persuasão) e, virtualmente, o *sujeito* convocado para "cumprir" a tarefa. Esses processos, conhecidos como *sincretismos*, proporcionam ao texto uma certa economia de personagens.

### AÇÃO

Tendo em vista o que sucede na sequência da letra, verificamos que as ações desenvolvidas pelo sujeito não correspondem ao projeto inicial do destinador. Mais do que isso, o sujeito acaba empreendendo um *fazer* que se opõe frontalmente àquele desejado pelo outro actante: em vez de ficar em casa, ele se entrega aos "prazeres" da rua. Ora, pela lógica do esquema narrativo, esse sujeito está na verdade executando um programa idealizado por outro destinador – pressuposto, mas ausente das manifestações desta letra –, representante de uma axiologia em todos os sentidos refratária à do primeiro destinador. Não é difícil detectarmos aí a função de antissujeito concorrendo com o programa inicialmente proposto ao sujeito. E quando o narrador, que dá voz ao "eu"-destinador, demonstra que conhece bem todo o ritual da trajetória cumprida pelo "você" ("sei que alguém vai sentar junto / você vai puxar assunto" etc.), fica claro que se trata de um "compromisso" antigo do sujeito com os valores antagonistas. Em outras palavras, o sujeito age na verdade como antissujeito, aceitando a persuasão de um antidestinador que, embora esteja oculto, configura-se plenamente, em oposição ao primeiro destinador, como guardião dos valores não-domésticos.

Entretanto, o fato de realizar esse antiprograma narrativo não confere ao sujeito "você" um estado de completa ruptura com a instância do primeiro destinador. Na realidade, o sujeito jamais manifesta claramente sua rejeição ao universo axiológico inicial. Faz de seu percurso uma espécie de desvio de rota que, ao final, se reintegra ao ponto de partida. Outro sinal importante de manutenção do vínculo inicial é a estratégia adotada pelo sujeito para camuflar seu acordo com o antidestinador. Seu disfarce – pouco convincente – de trabalhador é uma tentativa de criar uma razão para a saída, o que denota uma concordância de princípios com a esfera do primeiro destinador.

De todo modo, ao ganhar a rua, o espaço reservado ao mundo antagonista, o sujeito desenvolve diversos programas narrativos, diversos *fazeres*, que nada mais são que desdobramentos de um mesmo percurso (ou projeto) narrativo, caracterizado como "vadiagem". Assim, entrar nos bares, papear, olhar as mulheres, beber, cantar um samba constituem realizações narrativas da noção geral de "vadiar" ou "perambular". São ações parciais que definem o *papel temático* do sujeito (o vadio, o perambulante), desenvolvido em sentido oposto ao desejado pelo destinador, cuja intenção explícita, já vimos, era a de mantê-lo em casa.

Na realidade, quando depara com as situações típicas da "rua", o sujeito manifesta uma *competência modal* que certamente foi adquirida em outros universos de experiência. O desejo irrefreável que o leva a praticar as ações descritas acima, depois de haver simulado um papel temático de trabalhador, indica que sua disposição para esse gênero de atividade já está suficientemente estimulada por um *querer fazer*, na certa proveniente de vivências anteriores em que outros destinadores o convenceram das vantagens de se deixar atrair pelos valores do "bom"[8]. Não há dúvida também que, pelos mesmos motivos, sua competência é dotada de um *saber fazer* próprio do percurso da vadiagem. E, finalmente, como toda ação transcorre no campo da transgressão, ou seja, nas veredas traçadas pelo antissujeito, o actante sente-se ainda beneficiado por um *poder fazer*, desde que mantido sob algum disfarce.

Esta ação narrativa vem enriquecida, no plano discursivo, com outras figuras sensoriais cuja *isotopia* nos permite situar a cena na esfera do lazer. A isotopia é um processo de construção do sentido na dimensão sintagmática do texto oriundo de uma espécie de controle que os *sememas*[9] das palavras empregadas exercem uns sobre os outros. Por exemplo, a expressão "saias", no contexto: "E ficar olhando as saias / De quem vive pelas praias / Coloridas pelo sol", tem pouco a ver com a veste em si e muito com o fato de se referir ao corpo feminino e, particularmente, à região das pernas. São esses, no caso,

8. Empregado aqui no sentido *pulsivo* do termo: o sujeito tende a buscar o "bom", ou seja, aquilo que lhe causa prazer individual. Em nível social, porém, há uma dimensão *ética* que lhe impõe limites em nome de valores associados ao "bem" coletivo. A caracterização semiótica dessas noções está em C. Zilberberg, *Razão e Poética do Sentido*, São Paulo, Edusp, 2006, pp. 163-164

9. Os sememas, *grosso modo*, dizem respeito às acepções que as palavras podem ter, dependendo do contexto em que estão inseridas.

os sememas selecionados. Entretanto, no contexto mais amplo, em confronto com os termos "bar", "amigo", "futebol", "samba", "praia", "copo", tais sememas são submetidos a outras formas de controle que põem em destaque uma concepção de entretenimento tipicamente masculina. Ou seja, cada uma dessas palavras cede boa (ou a maior) parte de seus sentidos parciais em favor de uma categoria mais ampla situada num lugar (*topos*) onde todas convergem para o mesmo (*iso-*) sentido. Daí o conceito de isotopia.

Podemos dizer, mais precisamente, que esse tipo de entretenimento que caracteriza a atividade do vadio constitui uma *isotopia temática* formulada por diversas *isotopias figurativas* que, estas sim, mantêm o vigor discursivo do texto. Assim, a ideia de "pernas femininas", engendrada nos três versos citados acima, além de participar da *tematização* do entretenimento, mantém sua força figurativa de remissão visual ao mundo fora do texto. Do mesmo modo, a menção à bebida, pelo "bar" e pelo "copo", reforça a *figurativização* numa ordem sensorial gustativa. A conversa ("Você vai puxar assunto / Discutindo futebol"), o samba ("Na caixinha, um novo amigo / Vai bater um samba antigo"), numa ordem auditiva, e assim por diante.

## *SANÇÃO*

Cansado de perambular pelas ruas, o ator "você" regressa ao lar e à companhia do narrador que, desta feita, assume a função de *destinador julgador*:

> Quando a noite enfim lhe cansa
> Você vem feito criança
> Pra chorar o meu perdão

Ao pedir o perdão, o ator denuncia o seu papel de *sujeito destinatário* de um julgamento perante o qual já reconhece a própria incapacidade de cumprir os termos do contrato inicial, bem como a fragilidade de caráter que o faz desenvolver justamente o percurso narrativo do antissujeito. Dado por encerrado o percurso de ação do sujeito, inicia-se agora a atividade de *sanção* do destinador.

O destinador julgador é por assim dizer a versão terminativa do universo transcendente, de onde provêm as decisões sobre o valor dos valores que circulam numa comunidade. A versão incoativa (relativa ao começo) desse universo, já vimos, é o destinador manipulador. Para proceder ao julgamento, o destinador deve confrontar o seu *saber* a respeito do percurso do sujeito destinatário com o critério de "verdade" decorrente dos acordos estabelecidos entre os actantes implicados numa narrativa específica. Surge assim uma oposição entre o que "é de fato" (ou esquema de imanência) e o que "parece ser" (esquema de manifestação), de acordo com o citado critério. Como só se tem acesso à imanência através da manifestação, o cruzamento desses dois esquemas num esquema global, conhecido como *quadrado semiótico*, apresenta um bom rendimento para se compreender o critério de verdade.

Segundo esse modelo, portanto, *ser* e *parecer* são *modalidades veridictórias* que articulam esquemas contrários (imanência e manifestação), e que possuem, cada uma, o seu termo contraditório (*não ser* e *não parecer*). Projetando-as sobre o quadrado (cuja estrutura será exposta à frente), podemos extrair uma segunda geração de termos (termos complexos) que demonstram que um critério de verdade depende de algumas trajetórias que conjugam também as noções de ilusão, segredo e falsidade:

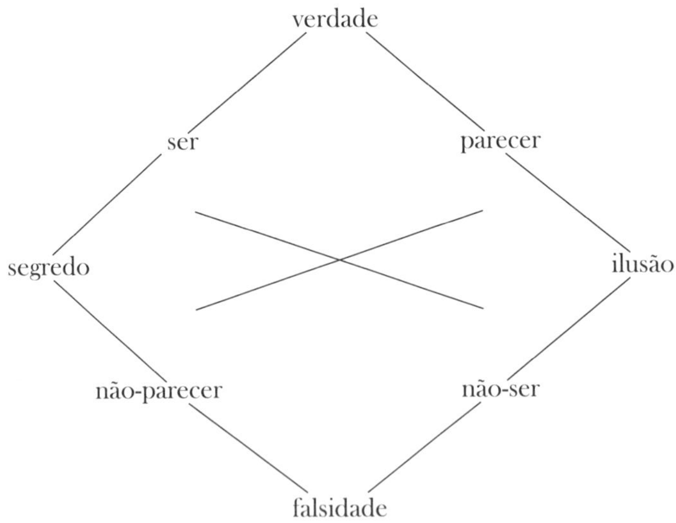

Ou seja, de acordo com os contratos assumidos pelos actantes do texto, algo será considerado verdadeiro quando puder, ao mesmo tempo, *ser* e *parecer*; será ilusório ao apresentar o composto *parecer* e *não-ser*; constituirá um segredo se articular simultaneamente *ser* e *não-parecer*. Por fim, não sendo e nem parecendo, corresponderá ao conceito de falsidade. Operando essas modalidades veridictórias, o destinador julgador pode distinguir o herói (aquele que, no conto padrão, pertence à esfera do "segredo": *é* mas *não parece*) do vilão (aquele que manobra a "ilusão": *parece* mas *não é*), e transferir o primeiro ao domínio da "verdade" (*ser* + *parecer*), com gestos de reconhecimento e retribuição, e o segundo ao âmbito da "falsidade" (*não-ser* e *não-parecer*), com gestos de denúncia e punição.

*Com Açúcar, Com Afeto* apresenta com nitidez as três fases típicas de uma narrativa completa: manipulação, ação e sanção. Entretanto, a forma de desenvolvimento de cada uma delas vem sempre introduzida por um dispositivo linguístico que anuncia o rompimento das expectativas previstas pelo modelo padrão: "qual o quê". A partir desse elemento, a manipulação inicial não se completa (o sujeito não para em casa), a ação não se desenvolve na orientação simulada (o sujeito não vai ao trabalho) e, finalmente, a sanção não se processa nos moldes canônicos (o sujeito que age como antissujeito não é punido). Cada texto constrói sua coerência interna. Cabe à teoria refinar seus instrumentos de análise para dar conta das particularidades que fazem dos textos objetos de estudo sempre singulares.

Na verdade, o ator "eu", que assume ambas as funções de destinador (manipulador e julgador), é também o narrador onisciente que descreve com profusão de detalhes todas as condutas do ator "você" e que não mais se espanta com o comportamento desviante do sujeito. Em outras palavras, o destinador já sabe que o sujeito não tem competência para cumprir um contrato que disponha sobre seus deveres domésticos ou sobre sua condição de trabalhador. O sujeito, por sua vez, embora reconheça que não contribui para o "bem"[10] do casamento (tanto que pede perdão), comporta-se como quem não responde por si e vive a mercê de destinadores circunstanciais que conduzam

10. Se o "bom" possui como cifra modal o *querer*, o "bem" funda-se no *dever*.

seus desejos imediatos. Assim, ao fazer seu julgamento, o destinador leva em conta o despreparo do outro actante para uma ação disciplinada e madura, fato que vem reforçado pela isotopia infantilista sutilmente construída desde os primeiros versos.

De fato, a simulação que "você" empreende no nível discursivo, vestindo-se como quem se dirige ao trabalho e tentando ludibriar justamente a pessoa que mais está a par de todos os seus estratagemas, configura desde o início um registro infantil de atuação: se conseguir impor seu jogo de disfarce, o sujeito sente-se liberado do contrato original. De volta ao lar, o ator reincorpora os traços infantilistas ("Você vem feito criança / A chorar o meu perdão") e, como um garoto que passou o dia fazendo traquinices, reaparece em estado lastimável ("Maltrapilho e maltratado"), solicitando os cuidados "maternos". Ora, apenas nesse registro de amor incondicional (o amor materno), compreende-se o perdão sem reservas – seguido ainda de recompensa ("Logo vou esquentar seu prato") – dado pelo destinador.

Em outras palavras, ao realizar o seu *fazer interpretativo*, o destinador avaliou todas as etapas pregressas da narrativa. Verificou, por exemplo, que o sujeito fingiu sair para trabalhar mas acabou mergulhado na vadiagem. Isso seria suficiente para que o destinador desmascarasse o sujeito, denunciando seu comportamento mentiroso e ilusório, e lhe aplicasse uma sanção negativa. Sua interpretação, porém, é mais ampla e abrange principalmente as condições de competência do sujeito para a ação: considera que as operações iniciais de persuasão e manipulação não foram suficientes para produzir no sujeito o desejo (*querer*) ou a necessidade (*dever*) de desenvolver um percurso narrativo na direção prevista pelo destinador manipulador; considera que a não observação desse contrato inicial deixa o sujeito à deriva e ao sabor das influências que o conduzam a objetivos imediatos e efêmeros, justamente aqueles que o destinador procurava evitar; considera, por fim, que o sujeito não é "dono" da própria vida, condição para poder manifestar um comportamento "adulto", cuja representação semiótica mais frequente é a de um ator que processa dentro de si as funções de destinador e destinatário-sujeito. É essa incapacidade para as missões extensas e duradouras, figurativizada no plano discursivo como isotopia infantilista, que leva o destinador julgador a interpretar a trajetória do sujeito como um percurso narrativo, dentro das condições descritas, inevitável e, portanto, merecedor de perdão.

Em sentido oposto ao do *fazer interpretativo* transcorre o *fazer persuasivo* que define tanto a manipulação inicial (frustrada, neste caso) entre destinador e destinatário como também a etapa final em que o sujeito, convencido de sua "culpa", reúne argumentos para *fazer* o destinador julgador *crer* em suas boas intenções: "Diz pra eu não ficar sentida / Diz que vai mudar de vida / Pra agradar meu coração". O interessante dessa proposta é que a noção de fazer persuasivo não se restringe à etapa reservada à manipulação (seu lugar, por excelência) mas diz respeito à toda extensão *progressiva* do esquema narrativo. Do mesmo modo, o fazer interpretativo também não se reduz à última etapa do esquema. Ele é um traço de toda a extensão *regressiva* do percurso narrativo, a começar da avaliação elaborada pelo destinatário dos argumentos do destinador manipulador.

## Nível profundo

A semiótica considera ainda que todos os conceitos articulados até aqui pressupõem categorias mais abstratas, que resumem os percursos narrativos e discursivos de um texto em alguns termos muito gerais instituídos por operações de transformação. A hipótese de que tudo isso se dê num nível mais profundo (também chamado nível fundamental), e que possa ser representado topologicamente pelo quadrado semiótico, vem resistindo ao tempo, embora, hoje em dia, já conviva com novas abordagens introduzidas sobretudo pela "semiótica tensiva"[11].

O quadrado semiótico, do qual já comentamos algumas características, prevê uma sintaxe sumária que consegue apreender em seus termos (desde que bem escolhidos) não só os estados narrativos, mas especialmente suas transformações. Para tanto, conta basicamente com as operações de *negação* e *asserção*. Com a primeira, instaura os termos *contraditórios* que, muitas ve-

11. Cf. J. Fontanille e C. Zilberberg, *Tensão e Significação*, São Paulo, Discurso Editorial / Humanitas, 2001.

zes, funcionam como termos de passagem. Com a segunda, instaura os termos *contrários* que articula a principal oposição contida num texto:

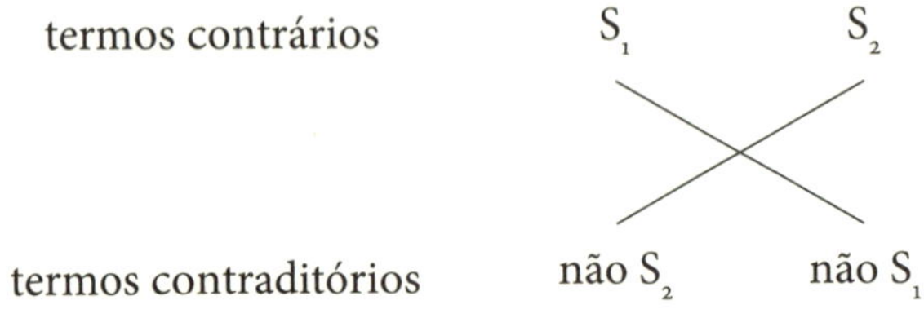


Se tentarmos definir semanticamente as operações fundamentais que demarcaram as grandes linhas da nossa letra talvez pudéssemos escolher, para a posição de $S_1$, o termo *integração* (a tentativa de fazer o sujeito integrar-se aos hábitos domésticos) e, para a posição de $S_2$, o termo *transgressão* (a sequência de ações efetivamente realizadas pelo sujeito). Nesse caso, o "perdão" final seria, em última instância, uma nova oportunidade de integração:

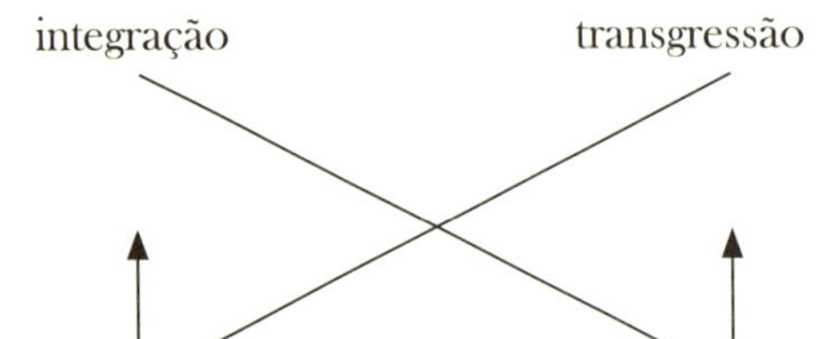


Pela lógica do quadrado semiótico, a passagem de um polo a outro da categoria (*integração / transgressão*) jamais se dá diretamente. Um termo precisa ser negado para que o outro possa ser afirmado. No texto em exame, o destinatário-sujeito não acolhe totalmente a manipulação (*não-integração*) para, em seguida, passar à execução de programas narrativos antagonistas (a *transgressão* propriamente dita). Do mesmo modo, para ser reintegrado, o sujeito se submete ao fazer interpretativo do destinador, reunindo todos os esforços para anular o peso da transgressão (*não-transgressão*), até conseguir obter o perdão (*integração*). As setas indicam, em bloco, as trajetórias que serão desenvolvidas nos níveis superficiais.

Acontece que, para Greimas, o ser vivo não se relaciona com essas categorias semânticas sem nelas imprimir sua marca sensível. Assim, de acordo com o contexto em exame, todo microuniverso semântico contém um índice *axiológico*, ou seja, é portador de valores considerados atraentes ou repulsivos. No primeiro caso, temos os valores *eufóricos* e, no segundo, os *disfóricos*. Se adotarmos a posição do narrador em *Com Açúcar, Com Afeto*, verificaremos que a operação que vai da *não-transgressão* à *integração* manifesta uma tendência euforizante, enquanto a operação contrária, da *não-integração* à *transgressão* manifesta a tendência disforizante. Euforia e disforia, por sua vez, são articulações da categoria complexa *foria*, cuja raiz etimológica ("força que leva adiante") ajuda-nos a compreender o mecanismo sintáxico da negação → asserção → denegação etc., já delineado no quadrado semiótico:

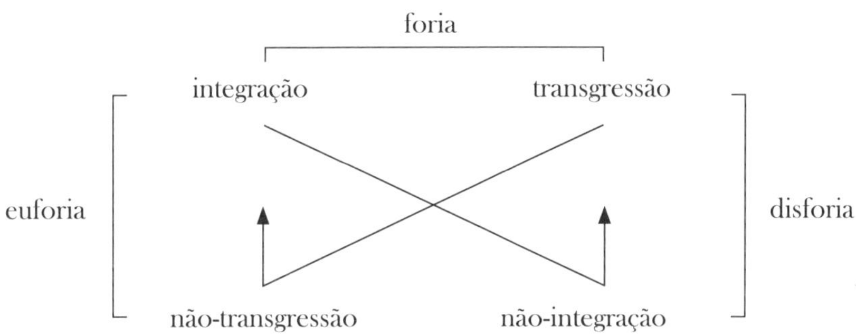


De fato, se tomarmos a foria como uma força que transporta as categorias semânticas, torna-se plausível admitir que estas últimas já surgem conformadas por modulações tensivas. A euforia opera a passagem das relações tensivas, caracterizadas por rupturas, às relações relaxadas, aquelas que restabelecem os elos contínuos entre os elementos. Contrariamente, a disforia compreende a passagem das continuidades às descontinuidades que geram as tensões. Desse modo, a integração traduz o maior *relaxamento* possível (algo que seria expresso pela aceitação passiva e plena da manipulação inicial), imediatamente negado pela forma pontual da disforia: a *contenção* (expressa pela rejeição do contrato narrativo). A transgressão propriamente dita perfaz a forma expandida da disforia, a *retenção* (expressa pelos antiprogramas narrativos desenvolvidos pelo sujeito) que, por sua vez, é negada pela forma pontual da euforia: a *distensão* (expressa pela desistência das ações transgressivas, "Quando a noite enfim lhe cansa / Você vem feito criança"). Por fim, a reintegração permite retomar a forma expandida da euforia: o *relaxamento* ("Dou um beijo em seu retrato / E abro os meus braços pra você").

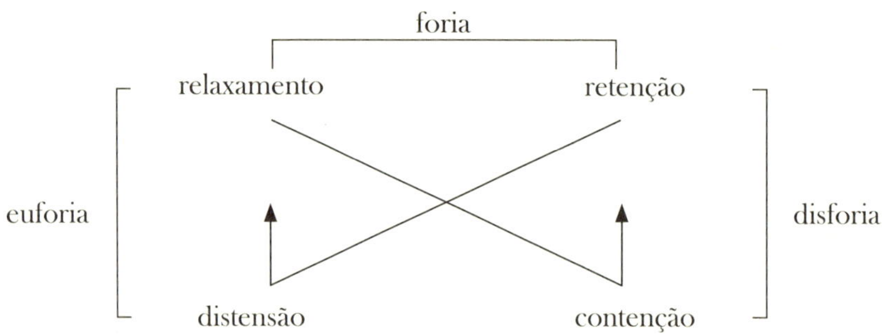


Portanto, ao projetarmos a categoria fórica sobre as articulações semânticas do nível profundo, estamos, na verdade, atribuindo-lhes valores tensivos. Nestes já estão contidas as tendências evolutivas que serão convertidas, nos níveis superficiais, em mudanças de estado, em progresso narrativo ou mesmo em maior ou menor intensidade passional. O caráter tensivo, e portanto dinâmico, desses termos introduz na instância fundamental um componente sintáxico que vai muito além das operações de negação e asserção já previstas no quadrado semiótico.

Esses quadrados que vimos formulando adotam, evidentemente, o ponto de vista do narrador dessa letra (o "eu"). Nesse sentido, são eufóricas as tensões decrescentes cuja propensão natural é a supressão de descontinuidades, especialmente aquelas que acarretam disjunções no nível narrativo, como quebra de contratos entre destinador e destinatário, separação entre sujeito e objeto ou mesmo os confrontos entre sujeito e antissujeito. São disfóricas, portanto, as tensões crescentes que eliminam os elos contínuos e geram, nos níveis superiores, rupturas entre os actantes e, no domínio desta letra específica, tudo o que provoca o afastamento de "você" do âmbito do "eu".

Ora, ao verificarmos que nossa letra inicia-se com uma ruptura de contrato e mantém-se por um tempo significativo no campo da transgressão, caracterizando detalhadamente os antiprogramas narrativos, estamos detectando, por trás do relato do narrador, um *enunciador geral* que privilegia os valores disfóricos – disfóricos ao ver do narrador – para manter o interesse da letra. É obra desse enunciador, pressuposto por todo e qualquer texto, a instauração do próprio narrador (a quem delega o enfoque adotado) e sobretudo a distribuição das forças tensivas do texto. Em *Com Açúcar, Com Afeto*, a *contenção* disfórica assinala sua presença subjacente desde o primeiro "qual o quê". A permanência dos versos seguintes nessa nova condição indica que a ruptura não foi tratada apenas como *parada* simples do estado de integração pleiteado pelo "eu", mas também como *retenção* da ordem transgressiva durante boa parte do texto, ou seja, como *continuação da parada*.

Conservando-se nessa faixa disfórica (contenção/retenção), o enunciador garante ao texto dois expedientes fundamentais para a sua compreensão: (1) de um lado, a configuração pormenorizada do percurso do antissujeito (o ator "eu" assumindo seu papel de vadio) deixa transparecer o aspecto distensivo e, portanto, eufórico da ação antagonista, quando observada de sua própria perspectiva; (2) de outro, a efemeridade e, por conseguinte, a ilusão desse mesmo aspecto eufórico quando submetido à ação do tempo, como se o ponto de vista disfórico do narrador se impusesse à medida que se prolonga a atividade antagonista. Pelo primeiro expediente, entendemos o caráter irresistível dos antiprogramas narrativos (aquilo que faz o sujeito descumprir seu contrato com o destinador) e, pelo segundo, o destino inexorável da retenção: o acúmulo da carga tensiva leva à distensão. Ou seja, como a parada não pode durar indefinidamente uma outra parada se faz necessária: a *parada da parada*[12], expressão que define a ideia de distensão.

12. Cf. C. Zilberberg, *op. cit.*, p. 147.

Assim, se considerarmos que dentre os valores pressupostos nesse plano profundo consta também a noção "ideal" de um mundo completamente integrado, sem qualquer ruptura, e se definirmos esse relaxamento perfeito como uma *continuação da continuação*, ainda podemos obter outra representação – bastante operacional – desses valores tensivos:

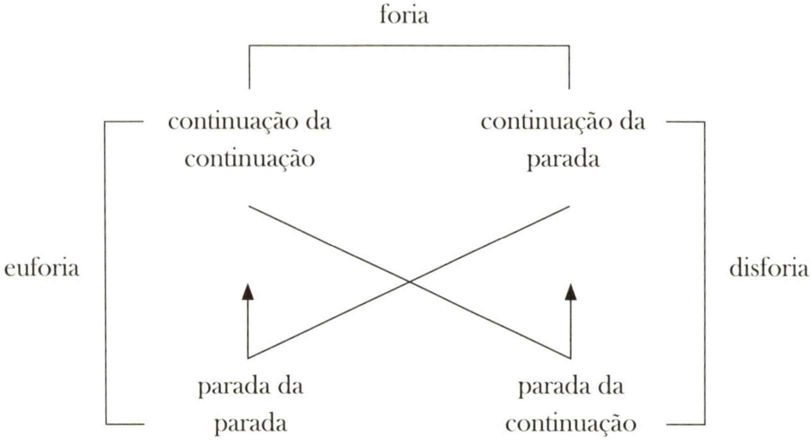


Essas duas últimas representações no quadrado são modos correlatos de expressar os valores tensivos acoplados às categorias semânticas gerais (integração / transgressão) desta letra. Podemos operar com qualquer uma delas – a que parecer mais compatível com o texto em exame –, até mesmo com as próprias categorias semânticas axiologizadas apenas com os termos euforia / disforia. Assim procedeu durante anos a análise semiótica, valendo-se de noções gerais como *vida* e *morte* ou *natureza* e *cultura*, das oscilações fóricas, e propondo modos de conversão desses semantismos em valores do nível narrativo.

Na última década do século passado, os aspectos sensíveis envolvidos no processo de geração do sentido passaram a concorrer com os aspectos inteligíveis que até então haviam ocupado a cena teórica do modelo semiótico. As modulações do sentimento, suas intensidades e extensidades começaram a sugerir soluções sintáxicas mais dinâmicas que aquelas articuladas com as categorias semânticas. No presente momento, há uma tendência da parte dos estudiosos do nível profundo em conjugar os dispositivos inteligíveis, caracterizados pela discretização, com os dispositivos sensíveis, caracterizados pela gradação dos valores, que serão incorporados nos níveis superiores.

Ao dizermos que essa letra possui um foco na *contenção* inicial, estamos introduzindo a noção sintáxica de parada no âmbito de um processo pretensamente contínuo (*relaxamento*); no momento em que essa parada deixa de ser apenas um ponto de interrupção e adquire uma força de permanência, uma extensão, podemos identificá-la ao estado de *retenção* (continuação da parada), ou seja, de ampliação do tempo disfórico (adotando sempre a perspectiva do narrador). Se pensarmos que há um enunciador pressuposto operando as seleções de valores em cada nível gerativo e, consequentemente, convertendo-os em articulações dos níveis superiores, não é difícil concebermos que a escolha dos elementos *contenção* e *retenção* no nível profundo deu origem respectivamente às noções de ruptura do contrato manipulatório e à permanência do sujeito na nova condição, como agente de diversas ações transgressivas, no nível narrativo.

Do mesmo modo, quando o enunciador seleciona os valores *distensão* e *relaxamento*, está operando o mesmo princípio sintáxico, só que desta vez propondo a parada da própria parada, que definia as condições tensivas anteriores, como articulação necessária à determinação de nova continuidade (*relaxamento*). Cabe lembrar ainda que o conceito de *retenção*, por sua vez, procede da *contenção* mas já prevê uma "necessidade" de *distensão*, dado que sua duração interna compreende quase sempre uma tensão crescente. O auge dessa tensão aparece, em nível discursivo, como razão do "cansaço" que traz o sujeito de volta ao lar ("Quando a noite enfim lhe cansa"). A *distensão* propriamente dita instrui, no nível narrativo, o abandono dos antiprogramas desenvolvidos até então pelo sujeito e seu reingresso na rota desejada pelo destinador. O relaxamento surge em narrativa como perfeita união entre sujeito e objeto ou, se preferirmos, como cifra da sanção positiva que reintegra o sujeito ao lar ("Dou um beijo em seu retrato / E abro os meus braços pra você").

Podemos dizer, em resumo, que as articulações narrativas e discursivas possuem cifras tensivas às quais podemos atribuir, a título de ilustração, uma representação esquemática:

————| = parada da continuação (contenção)

—|-----|— = continuação da parada (retenção)

|———— = parada da parada (distensão)

...————... = continuação da continuação (relaxamento)

As mesmas representações podem ser sugestivas ao estudarmos o valor tensivo das modalidades. Assim, o *saber* tende à posição de encerramento, na medida em que avalia algo concluído (cf. sanção); o *querer* se conforma como ponto de partida imprescindível a todo programa narrativo; o *poder* caracteriza o próprio transcurso desse programa[13]; e o *ser*, em condição passional, normalmente recobre o polo da retenção[14]:

————| = saber

—|-----|— = ser

|———— = querer

...————... = poder

O percurso gerativo pode ser pensado então como conversão desses dispositivos tensivos do plano profundo em interações modais e actanciais do plano narrativo que, por sua vez, serão enriquecidas com as configurações discursivas de ordem temática e figurativa. Nada impede, também, que as

13. A caracterização tensiva dessas três modalidades já estão sugeridas em A. J. Greimas e J. Fontanille, *Semiótica das Paixões*, São Paulo, Ática, 1993, pp. 41-42.

14. Na letra em pauta, os antiprogramas desenvolvidos pelo sujeito correspondem ao estado passional vivido pelo narrador.

escolhas tensivas instruam diretamente o nível discursivo, especificando suas figuras (como já vimos no caso do "cansaço") e regendo seus processos de temporalização e espacialização.

## Enunciação

O enunciador geral de um texto responde por esse percurso "vertical" da significação, mas também pelos desdobramentos "horizontais" das categorias em cada um dos estratos. No nível profundo, tais desdobramentos ficam somente sugeridos, de maneira condensada, pelas determinações sintáxicas contidas nas noções tensivas e nas articulações do quadrado semiótico. No plano narrativo, ganham estatuto sintagmático já que o enunciador dissemina os actantes pelo texto executando um projeto de natureza linear (inicia-se com a manipulação e encerra-se com a sanção, passando por diversos segmentos narrativos). No plano discursivo, a trajetória sintagmática é concretizada por processos temporais, ocupações espaciais, mas também por redundâncias sêmicas que vão gerar as isotopias.

Se no plano profundo só ficamos sabendo do enunciador geral do texto por suas escolhas de valores fóricos, que vão gerar ascendência de algumas tensões sobre outras, nos níveis narrativo e discursivo essa entidade pressuposta envia alguns representantes que, todavia, jamais podem ser confundidos com ela. No nível narrativo, reconhecemos a atividade do enunciador pela disposição das funções actanciais e pela distribuição entre elas dos atributos modais. No nível discursivo, o enunciador simula maior ou menor distância do texto por meio dos dispositivos conhecidos como *debreagem* e *embreagem*[15].

A debreagem pode ser enunciva ou enunciativa, conforme se refira respectivamente ao enunciado ou à enunciação. Com a debreagem enunciva, o enunciador provoca um efeito de distanciamento do seu lugar enunciativo. Instaura um assunto, ao qual se reporta em terceira pessoa ("ele"), tratado em outro tempo ("então") e outro espaço ("lá") que não os da enunciação. Com

15. Confira o estudo completo sobre o assunto em J. L. Fiorin, *As Astúcias da Enunciação*, São Paulo, Ática, 1996.

a debreagem enunciativa, o enunciador provoca um efeito de aproximação de sua própria instância, na medida em que se manifesta em primeira pessoa ("eu") e simula estar atuando num tempo e espaço presentes ("agora" e "aqui"). Ambos os efeitos são ficções que devem ser tomadas como estratégias persuasivas desenvolvidas pelo enunciador geral do texto. Fazendo uso da debreagem enunciva, ele causa a impressão de objetividade, o que pode ser útil em alguns gêneros literários (como o épico), numa tese acadêmica ou na confecção da primeira página de um jornal diário. Atendo-se à debreagem enunciativa, o enunciador investe na impressão de subjetividade, o que pode favorecer outros gêneros literários (como o romântico), os textos de depoimento ou confidência e as manifestações líricas de modo geral. Todas essas estratégias tem como objetivo fazer com que as coisas ditas pareçam, de acordo com o contexto discursivo, verdadeiras.

A embreagem, em sua acepção geral, corresponde justamente ao reengate de todos esses efeitos à instância da enunciação, de modo que se conceba tanto os recursos enuncivos quanto os enunciativos como procedentes da mesma fonte. Em outras palavras, se há coisas consideradas verdadeiras, há um responsável por essa verdade. A embreagem, em sua acepção específica, corresponde a processos estritos de uso do "ele" com valor de "eu" (ex.: Edson Arantes do Nascimento tecendo elogios a Pelé).

Em *Com Açúcar, Com Afeto*, o uso dos dispositivos de debreagem e embreagem é bastante complexo. Há a nítida intenção de se criar um jogo de cena com a mistura de recursos enunciativos e enuncivos. A projeção do "eu" num evento narrativo ancorado no passado ("Fiz seu doce predileto"), em princípio, desloca o actante da instância enunciativa – na qual poderia, por exemplo, se comunicar com um "você", aqui e agora – para a instância enunciva, onde se integra como actante de uma narração, cujos episódios já estariam presumivelmente concluídos. Um efeito parecido se produz com "você", instaurado na mesma cena narrativa do "eu", ambos os actantes tratados aparentemente como assunto (estatuto de *ele*).

Entretanto, a debreagem de "eu" e "você" no enunciado sempre comporta traços da instância enunciativa que, nesse caso, se reforçam com a adoção do tempo presente ("Você sai, não acredito...") como registro adequado para o relato dos acontecimentos. Resultado: a dimensão enunciativa ressoa no enunciado assim como este ressoa na enunciação.

No primeiro caso, "eu" e "você" fazem parte de um enredo que se desenrola a partir da confecção do "doce predileto" - no passado, portanto - e se serve de um presente histórico para tornar as cenas mais próximas e mais vivas. Só nos instantes finais da letra, confirma-se a ancoragem num "então", com o verso "Ainda quis me aborrecer". No segundo caso, impõe-se a dimensão que prevê um "eu" relatando a "você" as etapas narrativas das quais o próprio "você" é personagem principal. Nessa versão, estão em jogo, não propriamente os fatos que já são do conhecimento do personagem a quem se fala, mas as indicações de que o sujeito em primeira pessoa sabe de tudo, a ponto de poder deduzir a etapa seguinte de cada situação narrada: "Sei que alguém vai sentar junto...". Nesses termos, o assunto tratado está a serviço da intenção enunciativa de desancorar a narrativa do passado para trazê-la ao presente e mesmo projetá-la ao futuro, como se o enunciador discursivo quisesse dizer que a relação entre "você" e a trajetória transgressiva é de natureza atávica e que, portanto, será reproduzida em qualquer tempo. Algo como: mesmo com o "doce predileto", você saiu, continua saindo e sempre sairá.

Subordinado à debreagem do "eu", tanto na tendência enunciativa como na enunciva, o sistema de localização espacial dessa letra elege o espaço em que se situa o narrador como a principal referência (o "aqui") à circulação dos actantes. Trata-se do lugar de onde sai ("Você sai não acredito...") e para onde retorna ("Você vem feito criança") o sujeito da letra. Ao ganhar a rua, o actante passa a explorar a dimensão do "lá", típica da debreagem enunciva: é quando mais se sente um "você" com valor de "ele". Além da ocupação do espaço rueiro (o "caminho da oficina", o "bar" etc.), a espacialização compreende toda a proxêmica (disposição dos actantes no espaço) que determina os movimentos do sujeito, distanciando-se e reaproximando-se do "aqui" enunciativo, a direção de seus gestos e seus olhares ("E ficar olhando as saias"), enfim, tudo que representar do ponto de vista espacial as transformações narrativas já comentadas anteriormente. Portanto, enquanto a temporalização põe em sequência, processualiza, as ações antagonistas do sujeito, a espacialização lhes oferece uma base tópica para que sejam construídos os temas e as figuras examinados na análise dos níveis narrativo e discursivo.

Ao manobrar todos esses recursos "verticais" (gerativos) e "horizontais" (narrativos e discursivos), o enunciador geral do texto exerce uma atividade muito próxima daquela que, em nossa letra, caracterizou o projeto de ação inicial do eu-narrador. Todo enunciador dirige-se a um enunciatário tentando persuadi-lo daquilo que está sendo dito (ou escrito, desenhado, filmado, interpretado, composto etc.), o que o faz assumir necessariamente o papel de um destinador persuasivo (ou manipulador) e a conceber seu enunciatário como um destinatário de suas estratégias criativas e argumentativas. O conceito de enunciador deve ser tomado como uma categoria abstrata, cujo preenchimento, numa manifestação específica, faz emergir o que conhecemos como autor, falante, artista, poeta etc.; a noção de enunciatário, igualmente, define-se como categoria por meio da qual se manifestam leitores e fruidores de maneira geral. E, como já vimos, ao fazer persuasivo do destinador corresponde um fazer interpretativo do destinatário.

Para fazer com que o enunciatário creia em seu texto, o enunciador parte de um simulacro de tudo que poderia constituir a instância do seu actante complementar: suas crenças, seus conhecimentos, seus afetos e seus valores. Tal simulacro, embora não passe de uma construção imaginária (um conjunto de hipóteses sobre o mundo do outro), baseia-se em consensos culturais, em acordos e decisões sobre o que deve ser considerado verdadeiro e confiável num determinado universo de discurso da comunidade. Do mesmo modo, o enunciatário faz um simulacro da visão de mundo e das intenções do enunciador para realizar o seu fazer interpretativo. A partir disso, as comunicações visam, antes de mais nada, a firmar um contrato *fiduciário* (estribado na confiança), que é a principal garantia para o estabelecimento de um contrato *veridictório* (aquele pelo qual as coisas ditas parecem verdadeiras). Todas as estratégias de geração e sintagmatização do sentido nessa letra revelam o esforço do enunciador de convencer o enunciatário da plausibilidade dos conteúdos relatados. Para ficarmos num exemplo mais visível, basta lembrarmos da isotopia infantilista construída para justificar a sanção positiva atribuída ao sujeito-destinatário que desempenhara funções de antissujeito.

Nesses termos, até mesmo a competência interpretativa do enunciatário é objeto de consideração do enunciador, sobretudo se este precisar escolher a modalidade de expressão (verbal, musical, pictórica etc.) mais adequada para realizar a comunicação e, no interior da modalidade, o gênero. Como o critério de confiabilidade e de verdade é construído dentro do texto, uma música terá de ser musicalmente persuasiva, uma pintura, plasticamente persuasiva; assim também, de uma tese acadêmica espera-se que seja cientificamente persuasiva, de uma novela, que seja ficcionalmente persuasiva, de um documentário, que seja realisticamente persuasivo e assim por diante.

Talvez o coeficiente persuasivo do nosso exemplo não possa ser integralmente avaliado na medida em que separamos, para fins didáticos, a letra da melodia. Uma análise da compatibilidade dos recursos aqui destacados com as articulações da melodia talvez nos proporcionasse uma medida mais real da força enunciativa desta canção como um todo. Só esperamos que a seleção desse objeto parcial não tenha comprometido também o coeficiente persuasivo da análise ora concluída.

## Semiótica

Na verdade, preocupados que estávamos em demonstrar como se processa a construção do sentido na dimensão do texto, abordamos a letra de *Com Açúcar, Com Afeto* como se fosse um texto em prosa. Deixamos de lado não apenas a melodia mas também os arranjos rítmicos e sonoros (rimas, aliterações etc.) praticados no plano da expressão (ou significante), que assinalam a intenção estética da canção como um todo. Tal conduta seria inaceitável se estivesse entre nossos propósitos neste capítulo a constituição de uma semiótica poética. Nesse caso, a descrição do plano do conteúdo deveria ser confrontada com a descrição do plano da expressão e só então teríamos um modelo mais adequado ao que foi proposto pelo artista[16].

16. As definições de *significante* como imagem acústica e de *significado* como conceito foram introduzidas por Ferdinand de Saussure na tentativa de descrever os componentes da noção de *signo*. Louis Hjelmslev ampliou essa abordagem e considerou que todas as articulações que contribuem para a

Diferentemente da poesia, entretanto, a prosa dispensa a elaboração fonética em nome de uma estruturação fonológica cuja eficácia está justamente em permitir ao leitor, ou ao ouvinte, a imediata transposição do plano da expressão ao plano do conteúdo. Podemos observar que a sonoridade de nossa linguagem cotidiana, embora seja necessária à comunicação, se desfaz assim que compreendemos a mensagem veiculada[17]. São os sentidos abstratos construídos nos textos e retidos em nossa mente os objetos privilegiados de uma semiótica geral que deseje dar conta daquilo que Saussure denominou *significado* e que Hjelmslev precisou como *plano do conteúdo*.

Essa é a razão pela qual não se pode mais conceber que a semiótica tenha como objeto um sistema de signos. Isso determinaria a existência de signos antes mesmo dos processos de significação. E se considerarmos, com Hjelmslev, que há signos-palavras, signos-enunciados e signos-textos, o objeto da semiótica é justamente a geração dessas grandezas numa fase aquém do signo ou, se preferirmos, "anterior" à constituição da função semiótica. Nesses termos, podemos dizer que a semiótica dissocia o plano do conteúdo do plano da expressão e estuda-os separadamente até reunir condições conceituais para relacionar categorias de ambos os planos e então compreender melhor o mecanismo geral da *semiose*[18].

Neste capítulo, por exemplo, separamos o plano da expressão do plano do conteúdo e nos ativemos à descrição deste último em virtude dos objetivos linguísticos deste volume. A linguística, como se sabe, trata dos textos em prosa, ou seja, daqueles que se servem do plano da expressão apenas como porta de acesso ao plano do conteúdo[19]. Quando ultrapassa o nível das frases, entretanto, a construção do sentido nos sistemas verbais toma

organização paradigmática e sintagmática tanto da sonoridade como do universo conceitual – instituindo palavras, enunciados ou textos – pertencem respectivamente ao *plano da expressão* e ao *plano do conteúdo*. E a relação entre ambos, para o linguista dinamarquês, não constitui mais uma grandeza sígnica mas sim uma função, a *função semiótica* (relação de interdependência entre plano da expressão e plano do conteúdo).

17. Cf. P. Valéry, *Variedades*, São Paulo, Iluminuras, 1991, p. 209.

18. A semiose define o processo contínuo de produção sígnica pelo encontro do significante com o significado.

19. Nesse sentido, enquanto a fonologia é uma disciplina verdadeiramente linguística, a fonética é uma ciência auxiliar que contribui tanto para a linguística quanto para a física e a fisiologia.

uma configuração que foge completamente ao alcance dos modelos linguísticos descritivos, conhecidos como gramáticas da língua natural. A semiótica, com seus conceitos erigidos à luz das formas expandidas de significação do texto, apresenta-se, assim, bem mais equipada para o empreendimento analítico.

## Considerações finais

A exposição dos conceitos semióticos a partir de um *corpus*, nos moldes que realizamos neste trabalho, oferece um risco apreciável: os aspectos do modelo teórico geral não contemplados especialmente pelo texto de referência podem receber um tratamento pouco acurado ou até desaparecer do campo de abordagem circunscrito pela descrição. Cremos, contudo, que o risco vale a pena em face da grande vantagem que o enfoque proporciona: a análise de um *corpus* concreto deixa transparecer de imediato o rendimento e as insuficiências do modelo, dois efeitos que convivem em nosso espírito desde que ingressamos na prática descritiva dos textos. Verificamos a todo instante que, embora a teoria nos oriente nas observações dos fatos textuais, é necessário habituar-se às exceções e, mais do que isso, habituar-se a acolher as exceções em novas formulações, dado que a longo prazo são elas que farão as novas regras. Em outras palavras, refletir a partir de um texto é sempre prestar um tributo a sua intrigante singularidade.

## Referências bibliográficas

Barros, Diana Luz Pessoa de. *Teoria do Discurso: Fundamentos Semióticos*. São Paulo, Humanitas, 2000.

Fiorin, José Luiz. *Elementos de Análise do Discurso*. São Paulo, Contexto/Edusp, 1989.

______. *As Astúcias da Enunciação*. São Paulo, Ática, 1996.

Fontanille, Jacques & Zilberberg, Claude. *Tensão e Significação*. São Paulo, Discurso/Humanitas, 2001.

Greimas, Algirdas Julien. *Semântica Estrutural*. São Paulo, Cultrix/Edusp, 1973.

______. *Sobre o Sentido*. Petrópolis, Vozes, 1975.

Greimas, Algirdas Julien & Courtés, Joseph. *Dicionário de Semiótica*. São Paulo, Cultrix, s.d.

Greimas, Algirdas Julien & Fontanille, Jacques. *Semiótica das Paixões*. São Paulo, Ática, 1993.

Hjelmslev, Louis. *Prolegômenos a uma Teoria da Linguagem*. São Paulo, Perspectiva, 1975.

Landowski, Eric. *A Sociedade Refletida*. São Paulo/Campinas, educ/Pontes, 1992.

Landowski, Eric & Oliveira, Ana Cláudia (orgs.). *Do Inteligível ao Sensível*. São Paulo, educ, 1995.

Tatit, Luiz. *Análise Semiótica Através das Letras*. São Paulo, Ateliê Editorial, 2001.

Zilberberg, Claude. *Razão e Poética do Sentido*. São Paulo, Edusp, 2006.

José Luiz Fiorin (org.), *Introdução à Linguística:* 1. Objetos Teóricos, São Paulo, Contexto, 2002. [rev.2014]

# Tensões da Dor

Uma das versatilidades do Chico letrista está em elaborar variações tensivas[1] a partir de uma estrutura de base que ele próprio se impõe. É o caso da letra de *Pedaço de Mim*[2], canção que em 1978 amplificou o clamor brasileiro pela anistia às vítimas do autoritarismo militar:

Oh, pedaço de mim  
Oh, metade afastada de mim  
Leva o teu olhar  
Que a saudade é o pior tormento  
É pior do que o esquecimento  
É pior do que se entrevar

Oh, pedaço de mim  
Oh, metade exilada de mim  
Leva os teus sinais  
Que a saudade dói como um barco

Que aos poucos descreve um arco  
E evita atracar no cais

1. A reflexão sobre a tensividade tem como referência principal as obras do francês Claude Zilberberg.
2. De Chico Buarque. Autorização de publicação: 100% © by MAROLA EDIÇÕES MUSICAIS LTDA. Todos os direitos reservados.

Oh, pedaço de mim
Oh, metade arrancada de mim
Leva o vulto teu
Que a saudade é o revés de um parto
A saudade é arrumar o quarto
Do filho que já morreu

Oh, pedaço de mim
Oh, metade amputada de mim
Leva o que há de ti
Que a saudade dói latejada
É assim como uma fisgada
No membro que já perdi

Oh, pedaço de mim
Oh, metade adorada de mim
Leva os olhos meus
Que a saudade é o pior castigo
E eu não quero levar comigo
A mortalha do amor
Adeus

A matriz concebida para a ordenação de todas as suas estrofes pode ser assim resumida:

"Oh, pedaço de mim
Oh, metade ... de mim
Leva ...
Que a saudade ...
...
..."

As reticências determinam os espaços de variação, nos quais o autor insere conteúdos impregnados dos valores tensivos que pretendemos comentar neste ensaio. Mas os elementos constantes da matriz já trazem associações sugestivas.

O tratamento do interlocutor como "pedaço (ou metade) de mim" revela a intensidade do vínculo narrativo entre as duas personagens (ou partes de personagem): não se trata "apenas" da necessidade do outro, mas da urgência de recomposição do próprio ser. O outro faz parte do primeiro de modo tão inerente que sua ausência prolongada é capaz de cindir o indivíduo, desfazendo de uma vez a sua identidade. Essa ideia conduz diretamente ao termo "saudade" que vem a seguir, sobretudo se o considerarmos à luz da brilhante definição contida no *Dicionário Houaiss*: "sentimento mais ou menos melancólico de incompletude". Como interagir com os demais se o próprio indivíduo está dividido e em busca da parte que lhe falta? O estado passional retratado nesse texto não é somente aquele anterior à ação ou mesmo ao desejo de ação do sujeito, mas um estado anterior às condições mínimas de vida: um ser só pode existir inteiramente.

O fato de haver melancolia nesse sentimento também é significativo. O mesmo dicionário define "melancolia" como um "mal derivado do excesso de bile negra, que levava os indivíduos acometidos à lentidão, tristeza e prostração". Mais que o aspecto propriamente etimológico ("bile negra") e mais que a obviedade da correspondência com tristeza e prostração, interessa-me ressaltar a sutileza tensiva do "levar à lentidão". Se considerarmos que este é o andamento típico da melancolia, talvez possamos dizer que a saudade está impregnada de morosidade, o que a permite durar por toda uma vida. Mas como esse sentimento, por outro lado, pode ser "*mais ou menos* melancólico", há margem para concebermos também uma oscilação de andamento: mais ou menos lento. As figuras poéticas construídas por Chico se valem dessa elasticidade do conceito de saudade para indicar a pungência da dor do ser dividido, tanto no regime acelerado, próprio do impacto de pouca duração, como no regime desacelerado, próprio do alongamento.

Respeitando a sequência das estrofes, comento antes as quatro primeiras, já que apresentam amplo paralelismo no preenchimento dos espaços vazios.

No segundo verso de cada estrofe ingressam as formas passivas "afastada", "exilada", "arrancada" e "amputada" que denunciam sintaticamente a existência de um agente oculto responsável pela cisão capital (alguém afastou, exilou etc.), mas também a intensidade da violência desse gesto, do ponto de vista de quem a sofreu:

> "Oh, pedaço de mim
> Oh, metade afastada de mim"
>
> "Oh, pedaço de mim
> Oh, metade exilada de mim"
>
> "Oh, pedaço de mim
> Oh, metade arrancada de mim"
>
> "Oh, pedaço de mim
> Oh, metade amputada de mim"

A progressão tensiva dessas formas em destaque é flagrante. Enquanto as primeiras incidem sobre a distância imposta às duas partes, portanto, sobre a extensão que as separa, as formas "arrancada" e "amputada" focalizam diretamente o ponto de ruptura. Aquelas privilegiam a saudade lenta, mais melancólica, essas, a saudade súbita, arrebatadora e pungente.

Em outras palavras, o coeficiente tensivo das noções de "afastar" e "exilar" supõe um alongamento necessário para definir o espaço-tempo que impede a aproximação dos dois corpos. Esse alongamento, por sua vez, requer um tratamento desacelerado para que a distância construída represente duração vivida e, por isso, dor crescente. O mesmo coeficiente das noções de "arrancar" e "amputar" supõe uma cisão brusca com repercussão emocional imediata. Nesse caso não há percurso nem duração, pois tudo se concentra no impacto da disjunção. O andamento que rege essas formas é o da velocidade em seu grau mais elevado. A perplexidade do ser que sofre o efeito do arranco e da amputação decorre justamente da subtração de seu tempo interior. Ele deixa de ser sujeito (no sentido ativo), já que não controla o próprio tempo, e se sujeita (no sentido passivo) aos desígnios que vêm de fora. Se "arrancar" estabelece o corte indesejado, "amputar" ainda presume a redução de uma das partes e a eliminação da outra.

De um lado, o ser perde sua integridade e, portanto, um pedaço da própria identidade. De outro, a "saudade" surge em todo o seu esplendor, às vezes mais lenta, às vezes menos, num ritmo que perfaz o movimento de contração e expansão a ser desenvolvido pelas figuras subsequentes.

O enunciador rejeita desesperadamente a troca de sua parte exilada pela saudade e, mais do que isso, prefere sacrificar essa outra parte para se livrar das oscilações tensivas da dor. Nessa linha completam-se os terceiros versos das quatro estrofes em pauta:

Leva *o teu olhar*

Leva *os teus sinais*

Leva *o vulto teu*

Leva *o que há de ti*

Os três versos finais de cada estrofe descrevem o ritmo – diríamos, insuportável – da saudade. O primeiro terceto instaura a *tonicidade* como o seu principal parâmetro de avaliação. Se "tormento", "esquecimento" e "entrevamento" já se caracterizam pela intensidade da dor e do sofrimento infligidos, a saudade nesse contexto acumula ainda maior valor disfórico, o que faz dela um "mais *mais*" – cuja marca é o termo "pior" – no interior do texto:

Oh, pedaço de mim
Oh, metade afastada de mim
Leva o teu olhar
Que a saudade *é o pior tormento*
*É pior do que o esquecimento*
*É pior do que se entrevar*

Implantada a tonicidade, retoma-se o ritmo inerente ao conceito de saudade, acentuando ora a desaceleração que alonga, ora a rapidez que contrai.

A primeira imagem, aquela que compara a saudade com um "barco que aos poucos descreve um arco..." e não aporta, imprime sua tônica na extensão, na trajetória do barco que lentamente ("aos poucos") se constitui. A tensão da dor é amplificada pela demora do processo, ou seja, mais pelo modo alongado de o barco estabelecer seu recuo do que pelo fato, já em si veemente, de não "atracar no cais":

> Oh, pedaço de mim
> Oh, metade exilada de mim
> Leva os teus sinais
> Que a saudade *dói como um barco*
> *Que aos poucos descreve um arco*
> E evita atracar no cais

Seguindo a alternância proposta, a imagem do terceto final da estrofe seguinte corresponde à inversão acelerada da boa expectativa: "A saudade é o revés de um parto". O "revés" compreende sempre um "acontecimento *imprevisto* que reverte uma situação". Todo fato imprevisto traz como coeficiente tensivo a alta velocidade, que rompe a ordenação do nosso tempo interno e nos deixa desnorteado. Enfocar a morte como um nascimento que retrocede já é suficiente para sustentar a tensão da cena, mas o ponto exato em que o primeiro processo se interrompe para dar início ao antiprocesso, esse ponto imprevisto (o revés) constitui o foco da tensão, o sentimento concentrado e penetrante da incompletude, a face acelerada da saudade.

Mas a tonicidade recobra imediatamente a duração, a sensação alongada da incompletude, quando equipara a saudade ao decurso da arrumação do quarto do filho que já morreu. A atividade desnecessária recupera a face desacelerada da saudade, aquela que se faz sentir na extensão:

> Oh, pedaço de mim
> Oh, metade arrancada de mim
> Leva o vulto teu
> Que a saudade *é o revés de um parto*
> *A saudade é arrumar o quarto*
> *Do filho que já morreu*

O terceto da quarta estrofe tem como verso inicial a própria síntese desse pulsar rítmico (extensão / concentração), ao dizer que "a saudade dói latejada". Considerando que nosso dicionário de referência define "latejar" como "dilatar-se e contrair-se ritmicamente", o emprego desse termo adquire um sabor metalinguístico: pertence à obra analisada, mas também poderia ser convertido em categoria descritiva. Esse momento de síntese não impede que a alternância se mantenha no verso seguinte, quando a tônica recai novamente sobre a aceleração contida na palavra "fisgada" (dor aguda e súbita). É a saudade que mais uma vez se contrai:

Oh, pedaço de mim
Oh, metade amputada de mim
Leva o que há de ti
Que a saudade *dói latejada*
*É assim como uma fisgada*
*No membro que já perdi*

O fato de a fisgada acometer o membro já perdido apenas confirma a compatibilidade tensiva entre essa dor e a amputação já descrita. Ambas compartilham os mesmos coeficientes: concentração e celeridade. Seguindo esse critério, talvez possamos, a esta altura, propor uma pequena rede de associações entre as formas passivas comentadas acima e suas figuras correspondentes:

| | EXPANSÃO<br>DESACELERAÇÃO | CONCENTRAÇÃO<br>ACELERAÇÃO |
|---|---|---|
| FORMAS PASSIVAS | *metade afastada*<br>*metade exilada* | *metade arrancada*<br>*metade amputada* |
| FIGURAS | *...um barco*<br>*Que aos poucos descreve um arco...*<br>*...é arrumar o quarto...* | *...o revés de um parto*<br>*...como uma fisgada* |
| FIGURA-CATEGORIA | *dói latejada* | |

A última estrofe conserva a matriz, mas altera a natureza das variações. Por trás das descontinuidades frisadas a cada estância reina uma continuidade absoluta ("Oh, metade *adorada* de mim") que vem assegurando, até então, a integridade do ser. Entretanto, a saudade tomada em sua dupla atuação tensiva – e reforçada em sua intensidade "mais *mais*" (é o pior castigo) – parece corroer esse último elo que já se exprime como uma espécie de concessão: metade adorada, ainda que afastada, arrancada etc. É quando o enunciador resolve, como recurso derradeiro, sacrificar a própria capacidade de perceber os sinais da separação ("Leva *os olhos meus*"), para não ter de assistir também à supressão desse vínculo maior que, mesmo à distância, se sustenta. É quando a incompletude significa não mais poder ser:

Oh, pedaço de mim
Oh, metade adorada de mim
Leva os olhos meus
Que a saudade *é o pior castigo*
*E eu não quero levar comigo*
*A mortalha do amor*
*Adeus*

Rinaldo Fernandes, *Chico Buarque do Brasil*, Rio de Janeiro, Garamond e Edições Biblioteca Nacional, 2004.

# A Transmutação do Artista

Itamar Assumpção pode ser compreendido como o artista que fez caber um "eu" imenso nos limites da canção. Dotado de um verdadeiro manancial criativo, o compositor sempre precisou dizer (ou cantar) diversas frases ao mesmo tempo, inserir numa simples cantiga numerosos acontecimentos musicais e, mesmo assim, sua obra só se completava no disco integral, pleno de retomadas, vinhetas e comentários de toda espécie. Mas nem o disco lhe parecia suficiente. Seu ponto de partida era, no mínimo, uma trilogia. Não deixava escapar uma experiência, uma observação, nem mesmo uma brincadeira, sem convertê-las instantaneamente em letra, melodia e arranjo instrumental, como se tivesse a missão de escrever a crônica de toda uma vida e guardá-la num formato de obra que ele próprio criou.

Suas primeiras composições eram altamente comprometidas com o Itamar-cantor. Assinalavam a presença de sua voz grave e até de seu corpo esguio como condição indispensável para o entendimento mais profundo daquilo que apresentava. Aos poucos essa forte personalidade extramusical foi-se transformando em traços de estilo sonoro no interior das composições, de modo que outros intérpretes puderam enfim se apropriar da dicção de beleléu e trazê-la ao mercado aberto de discos. A pergunta essencial e o grande desafio para quem quiser começar a refletir sobre o fenômeno Itamar

Assumpção podem talvez se resumir na seguinte formulação: como esse "eu", tão fecundo quanto característico, acabou se alojando no cerne da canção popular brasileira e se tornando marca de qualidade artística disputada por grandes expoentes de nossa música?

## A ENUNCIAÇÃO DO CANCIONISTA

Todos sabem que dizer "eu" num texto qualquer, oral ou escrito, significa comprometer o enunciador com o conteúdo dito. Numa letra de canção, já contando com a inflexão melódica, dizer "eu" é encarnar alguém que se expressa no exato momento em que canta. Afinal, emitir conteúdos com modulações entoativas é a prática mais habitual de todo ser humano. Baseados nisso, os intérpretes fazem de tudo para transmitir aos ouvintes um envolvimento pessoal com aquilo que dizem na letra.

Claro que não preciso dizer "eu" literalmente para me fazer sentir como enunciador do texto. Quando digo "você", "tu", "o senhor" ou qualquer outro indício de que me dirijo a alguém (imperativos, demonstrativos, nomes próprios etc.), imediatamente me instalo como "eu", já que ninguém pode se dirigir ao outro sem estar presente. E quando o texto é oral (ou cancional), conduzido por entoações (ou melodias), essa presença torna-se física, se não pela participação do corpo do enunciador (como num show), no mínimo pela atuação da voz (como num disco).

Assim, toda canção tende a ser a história do intérprete, a menos que este lance mão de recursos para torná-la mais "objetiva". É o caso das interpretações mais técnicas, em que o cantor prefere ostentar seus dotes musicais a deixar transparecer suas ênfases entoativas. Mas o que temos, normalmente, é um jogo de oscilações entre formas subjetivas e objetivas de veicular a canção, de maneira que o ouvinte possa tanto se encantar com a sinceridade do cantor quanto se divertir com sua ironia ou crítica velada ao conteúdo da letra.

Itamar trouxe de sua vivência teatral de juventude um personagem que sempre o acompanhou nas apresentações musicais, como uma espécie de "eu" absoluto cuja história só poderia ser desvendada pelas canções. A cada show e a cada novo disco, os ouvintes conheciam um pouco mais desse mundo subjetivo, porém, davam-se conta de que este "eu" transformava-se em outros e tornava-se inesgotável.

## *Beleléu*

Em *Beleléu*, o "eu" do compositor e intérprete Itamar Assumpção ganhou nome, sobrenome e pseudônimo: benedito joão dos santos silva beleléu, vulgo nego dito. Mas ganhou também uma identidade musical que atravessou toda a sua carreira de pouco mais de duas décadas: o rock de breque (guitarra, baixo, bateria e a própria voz articulando frases interrompidas), o diálogo com o backing vocal, os acontecimentos musicais simultâneos e a força centralizadora dos refrãos. À maneira de *Sgt. Pepper's*, o LP era inteiramente dedicado às peripécias de seus artistas. Mas enquanto os músicos ingleses cantavam as carências amorosas da famosíssima banda, Itamar contava as proezas e os fracassos de seu "perigosíssimo bando". Se lá os meninos de Liverpool se sentiam ligados a um sargento, aqui, os instrumentistas marginalizados se sentiam como isca de polícia, não querendo nada com milícias ou qualquer corporação disciplinar. Se lá reinava a música branca, criada pela família Lennon-McCartney, aqui prevalecia a "nega música" produzida pelo "nego dito" que não transava parente. Talvez polos diurno e noturno do mesmo talento.

O eu-beleléu contribuiu sem dúvida para uma associação direta da sonoridade do disco com o seu protagonista. A negritude, a marginalidade musical, a loucura descrita em muitas passagens das letras, tudo isso convocava a figura magra e enigmática do autor que, por sua vez, nada fazia para dissociar o personagem do ser em carne e osso. A complexidade rítmica dos arranjos denunciava as origens africanas; a singularidade das soluções musicais, embora fosse imediatamente reconhecida pelo público fiel, constituía uma barreira a mais para o seu ingresso na produção em série do *mainstream*; por fim, os desatinos explícitos de beleléu misturavam-se às idiossincrasias do compositor, pouco ou nada afeito a concessões.

Mas, por incrível que pareça, havia também uma distância entre o indivíduo Itamar e seu personagem assinalada pelas caricaturas vocais, pelas tiradas humorísticas e pela ironia com a própria condição de artista excluído. As locuções radiofônicas à moda dos programas mundo-cão ("finalmente beleléu e a banda isca de polícia resolveram se entregar..."), as vinhetas e, sobretudo, as intervenções do vocal, que saltavam do fundo para o primeiro plano, sempre exerceram funções apreciativas maliciosas, desfazendo o elo imediato do intérprete com seu conteúdo. Beleléu virava então um anti-herói de gibi, com atitudes caricaturais risíveis, mas não totalmente impossíveis. Embora nesse caso prevalecesse uma certa distância satírica, o criador nunca fez questão de se afastar demais da criatura.

O eu-beleléu ancorava-se nesse disco em pelo menos quatro refrãos inesquecíveis, todos eles retratando situações de fala nas quais o personagem se definia não apenas pelo que era, mas igualmente pelo que dizia a seu interlocutor. Em primeiro lugar, o famoso "benedito joão dos santos silva beleléu / vulgo nego dito, nego dito cascavé", de *Nego Dito* já se configurava de saída como uma resposta em forma de vinheta, que se estendia desta canção para outros momentos do disco. Resposta a quem pudesse pôr em dúvida a identidade do novo personagem, símile do artista recém-chegado, que convertia a exclusão em acolhimento musical expresso no convite irresistível ao canto: o encaixe engenhoso dos acentos melódicos nas sílabas de "benedito joão dos santos silva..." levava o público a entoar em coro o refrão, encarnando de algum modo o ponto de vista de beleléu. E uma vez nesta perspectiva, não era difícil assumir os demais estribilhos que apenas detalhavam a personalidade do nego dito, seja no âmbito do desvario, "fico louco faço cara de mau / falo o que me vem na cabeça" (*Fico Louco*), seja nos imperativos de intolerância, "deixa de conversa mole, luzia / deixa de conversa mole..." (*Luzia*), seja ainda nas poucas situações românticas, "não venha querendo você se espantar / não, não, não, não, não..." (*Nega Música*).

## *Às próprias custas s.a.*

Os refrãos de *Beleléu* garantiram a cumplicidade necessária para que o artista e seu público ingressassem na aventura explícita de *Às Próprias Custas S.A.* Esse disco, gravado ao vivo em São Paulo, na sala Guiomar Novaes, era um misto de vida de palco, diálogo com compositores de todos os credos (de Adoniran a Arrigo, passando por Geraldo Pereira, Macalé e Getúlio Côrtes), experimentação musical e barateamento de custo. Mais uma vez, o LP era concebido como história única, um programa de rádio cujo título, *Mais Lenha Nesse Inferno*, já definia o espírito do aqui-agora vivido no palco. Sob um arranjo instrumental contundente, repleto de ostinatos e breques, as primeiras canções mal podiam ser reconhecidas como obras de seus autores originais, dada a nova função que adquiriam no longo pronunciamento do cantor. Itamar continuava dando respostas ao samba consagrado, à música pop, ao experimentalismo erudito e aos algozes do dia a dia. O "eu" intenso do artista estava sempre ameaçado por brigas, denúncias, preconceitos e até por Frankstein!

*Às Próprias Custas S.A.* era o disco do réu. Do modo de produção – as desvantagens técnicas de um LP gravado ao vivo naqueles idos dos anos 1980 eram flagrantes – ao repertório repleto de situações de cerco, bloqueio e condenação, além da rendição redigida e assinada pelo autor na contracapa, tudo fazia do espetáculo uma sessão de julgamento em que o réu só tinha a seu favor a cumplicidade do público. No mais, a culpa por ter nascido com suas características e condições de vida: "Peço perdão pela minha ignorância / Eu venho assim desde a minha infância" (*Peço Perdão*). Seu único libelo contra todas as acusações era a força das próprias canções. *Batuque*, por exemplo, era a expansão comovente de seu enfoque pessoal à história da raça negra. A melodia descendente, que desemboca no batuque propriamente dito ("Deu bandeira / dançou na primeira / dançou capoeira / dançou de bobeira..."), garantia à composição um espírito de rito em homenagem ao sofrimento do povo tradicionalmente escravizado. Um belo tributo ao réu coletivo. *Que Barato* e *Denúncia dos Santos Silva Beleléu* particularizavam a cena do réu indefensável entoando suas justificativas satíricas em meio às frases frias, cortantes e cortadas das guitarras algozes.

### *Sampa Midnight: Isso Não Vai Ficar Assim*

O programa radiofônico, que alegorizava a conversa direta do nego dito com seu público, persistiu ainda em *Sampa Midnight: Isso Não Vai Ficar As-*

*sim*, de 1986. A abertura com *Prezadíssimos Ouvintes* (Itamar e Domingos Pellegrini) confirmava essa tendência do compositor em fazer de seus discos momentos oportunos para um contato sem intermediações. Era no aqui-agora das faixas que o artista amplificava seu discurso fazendo uso de uma farta concomitância sonora que, ao contrário do que poderíamos supor, jamais perdia o foco principal do sentido. Cada frase vocal produzia ecos, suscitava comentários, exclamações, interagia com os *riffs* instrumentais, mas todos os acontecimentos só faziam ressoar a linha do cantor e o que ele desejava dizer no calor da hora. E seu principal personagem, cujo nome desaparecia de cena a partir deste disco, continuava manifestando as contradições do autor que queria – e não queria – saltar da produção alternativa para o mundo das celebridades: "Já cantei no galinheiro / Cantei numa procissão / Cantei em ponto de terreiro / Agora eu quero cantar na televisão".

Dizer isso explicitamente era o de menos. Boa parte de suas composições já trazia os ingredientes básicos dos *hits*, seja nas felizes uniões de melodia e letra, seja nos refrãos muitas vezes irresistíveis. O tratamento musical das faixas, ainda que prejudicado por precariedade técnica de registro, estava além do que havia de mais progressivo no pop-rock da época, o que deveria ter mobilizado uma porção expressiva da juventude seduzida pelas bandas anglo-americanas. Itamar ainda conseguiu se tornar um dos raros exemplos de artista que se imbuiu de alguns procedimentos vanguardistas da música erudita sem nunca perder a dicção pop enraizada desde a infância. E, para completar, sua performance no palco revelava um amplo domínio do tempo-espaço do show e ampliava, a cada breque instrumental, a cumplicidade com a fiel plateia. Só essas credenciais já poderiam ter-lhe aberto as portas do mercado de consumo, mesmo que sua produção jamais ultrapassasse um nível mediano de vendas.

Mas o compositor também *não* queria cantar na televisão. A pluralidade dos acontecimentos sonoros envolvida nas canções exigia dos espectadores uma constante interpretação de entrelinhas, além da disposição especial para depreender o sentido e o endereço das simultaneidades. Aquilo que a princípio parecia dispersivo, logo se revelava pleno de significados convergentes, mais acessíveis aos que firmavam com o músico uma espécie de comunhão ideológica. Os breques e as frases instrumentais dialógicas sugeriam e, ao mesmo tempo, abortavam as respostas corporais da juventude dançante. Era um rock até certo ponto... jamais completamente. A melodia da voz principal nunca se definia como curva estável, pois a entoação, o modo de dizer, se sobrepunha invariavelmente à forma musical. Da mesma maneira, alterava-se o número de sílabas dos versos e deslocavam-se seus acentos ao sabor dos conteúdos que precisavam ser ditos. Enfim, pouca coisa em Itamar mostrava-se regular a ponto de justificar seus anseios de popularidade.

*Sampa Midnight* articulou essa contradição básica presente em toda a sua carreira. Canções como *Prezadíssimos Ouvintes*, *Tete Tentei*, *Isso Não Vai Ficar Assim* ou *Chavão Abre Porta Grande* concentravam os elementos de sua dicção pop, com falas que se tornavam refrãos cativantes. *Movido à Água* (Itamar / Galvão) chega a flertar com a velha jovem guarda e seus temas ingênuos, o que provocava um tom sarcástico no contexto do disco. Mas prevaleciam as canções que obstinadamente *diziam coisas*, coisas da vida real e da vida mental, lúcida ou alucinada, coisas que faziam sentido tanto na linearidade da voz principal, como na polifonia gerada pelos ecos e pelas superposições de outros planos vocais. Pode-se dizer que essas coisas eram alinhavadas pelas frases instrumentais da banda que, por sua vez, demonstrava ter ensaiado exaustivamente... um improviso. E estava nisso um dos maiores desafios musicais enfrentados por Itamar e seus acompanhantes: fixar o que é instável por natureza. A fala solta dispensa as leis da métrica que ordenam as estrofes e que encaixam a linha melódica nos compassos. Composições como *Ideia Fixa*, *Desapareça Eunice*, *Totalmente à Revelia* ou *Cadê Inês* exibiam essa virtude de domesticar o caos sonoro e linguístico nos limites da obra. E o personagem-réu, tão cultivado nos discos anteriores, ainda sobrevivia aqui na vítima noturna de visitas extraterrestres: *Sampa Midnight* e *E o Quico*.

## *Intercontinental! Quem diria! Era só o que faltava!!!*

O Itamar do final dos anos 1980 estava bem menos preocupado em preservar a imagem do réu-transgressor dos primeiros discos. Seu personagem de base já estava suficientemente impregnado nas instabilidades entoativas do canto, nos atrasos e antecipações das vozes de fundo, nos ecos e nas defasagens do acento rítmico e já fazia parte também dos fiéis ostinados quebradiços de baixo e guitarra que apoiavam as linhas melódicas principais. A esta altura, algo lhe dizia para ser mais sutil na projeção do "eu" nas canções. Fixar essas indefinições - que soavam como produções espontâneas - nos limites de cada obra já era em si uma tarefa hercúlea que demandava recursos musicais totalmente inusitados. Mas o desafio era ainda maior. O resultado deveria soar como uma canção de rádio qualquer, até porque um dos principais objetivos de seus lançamentos sempre foi a penetração na mídia. O disco *Intercontinental! Quem Diria! Era Só o Que Faltava!!!*, de 1988, nasceu em parte com esse difícil propósito de estabilizar as curvas inconstantes do canto-falado numa forma sonora viável do ponto de vista comercial.

*Sutil*, a faixa inicial, simulava a contenção do costumeiro ímpeto amoroso e musical do autor como se fosse essa a tática ideal para se tornar mais penetrante. Os sussurros do intérprete explicitavam esse propósito, mas a chave da sutileza estava na acomodação de versos que desenvolviam os temas mais improváveis no interior de um encaminhamento melódico regular, típico de um refrão.

Em outras palavras, a famosa sequência

> Ser feliz é bem possível
> a lua cheia me reduz a pedacinhos
> eu viro prata, viro loba
> eu viro viro vampira viro menina,

reconhecida como o refrão declarado da música, oferecia a "grade" melódica para todas as demais estrofes: "É muita luz pra pouco túnel...", "Algo me diz pra ser sutil...", "Pode parecer incrível...". Basta cantarolarmos os trechos que sucedem cada um desses versos para sentirmos a regularidade descendente da melodia. Mas a arte de acomodação não parava aí. Até mesmo a primeira estrofe da canção - com seu valor entoativo totalmente distinto do refrão, a começar dos acentos rítmicos e do número de sílabas previstos em cada verso - adotava as alturas e a própria trajetória melódica do estribilho e das outras sequências:

Sendo fim também és
tu és meio e começo
sim e não, norte e sul
direito avesso

Isso significa que dentro de uma forma musical muito bem estabilizada, o compositor deixava o canto ao sabor da força entoativa, aquela que diz o que deve ser dito sem se ater às restrições métricas. Era um modo de ao mesmo tempo respeitar e desrespeitar as regras sonoras que ele próprio acabara de inventar. O esforço despendido para regularizar o canto numa progressão descendente, que obedecia até certo ponto às mesmas faixas de altura, se contrapunha à indisciplina rítmica de encaixe da letra na melodia. Essa tensão básica entre forma musical e força entoativa foi muito bem captada e realizada por Ná Ozzetti em interpretação que, nos anos seguintes, conquistou as programações das rádios.

O estilo-Itamar de compor supunha ainda uma concepção harmônica muito simples, adequada às frases recorrentes da banda e aos breques infalíveis que constituíam a marca de arranjo do autor. Ao final dos anos 1980, depois do lançamento do *Intercontinental*, ficava claro que, pouco a pouco, as idiossincrasias do eu-beleléu cediam espaço à autossuficiência das canções. A inspiração passava definitivamente da vida desse personagem materializado no nego-dito para um modo entoativo de dizer palavras e frases que, quase sempre, caracterizavam situações inusitadas. Foi quando o compositor começou a se encantar com os sons das palavras e a imediata metamorfose de sentido que ocasionavam no interior da canção. Isso lhe proporcionou uma verdadeira saída para objetivar o seu vasto universo subjetivo.

*Adeus Pantanal*, canção que Itamar interpretou com Alzira e Tetê Espíndola, era a apoteose desse deslumbramento com a sonoridade das palavras, pela qual o artista tornava presente as vozes dos mesmos animais que aos poucos se ausentavam da fauna de Mato Grosso. Seu fascínio pelo nome das cidades (*Nova Jerusalém*, *Caruaru*, *Caraguatatuba*, *Botucatu*, *Los Angeles*, *Budapeste*) também fazia parte desse empenho de materialização sonora de seu mundo interior. O "eu" se convertia em "ele", o assunto. Mesmo quando o personagem reproduzia cenas típicas do velho e bom beleléu, sua identidade agora era tratada em terceira pessoa (é o caso de *Zé Pelintra*, de Itamar e

Waly Salomão). Talvez o vestígio mais notório do antigo réu se preservasse na bela *Mal Menor* ("Você vai notar / Olhando ao redor / Que sou dos males o menor"). Mas, de modo geral, as faixas desse disco já podiam ser ouvidas como iscas de intérpretes. Ninguém mais precisava ser o nego dito para poder cantá-las.

## *Bicho de 7 cabeças*

Estava esboçada a planta para a sua produção dos anos 1990. O jorro criativo que daria origem à trilogia *Bicho de 7 Cabeças* tinha como raiz a eficácia de *Sutil* e a objetivação conquistada em *Intercontinental*. Gravados com as oito meninas da banda Orquídeas do Brasil, esses três volumes de 1994 reuniam um repertório impecável pela qualidade das composições, pelo arranjo e pela solução artística de suas faixas. Cada disco trazia um convidado especial cujo timbre de voz já denunciava a trincheira em que Itamar se situava: Rita Lee, Tom Zé e Jards Macalé.

Com Rita Lee, no primeiro volume, o compositor desferia o rap *Venha Até São Paulo* que se ancorava nas regiões paulistanas de nomes atraentes (Socorro, Liberdade, Bom Retiro etc.), nas incontáveis homenagens a santos (São Judas, São Caetano, Santo André, São Bernardo etc.) e santas (Santa Efigênia, Santana, Santa Cecília etc.) e, sobretudo, nas ressonâncias dos sons sibilantes (em *s*) ou chiantes (em *ch*), que espalhavam o refrão "Venha até São Paulo ver o que é bom pra t*osse*" por toda a canção, através de palavras como "rush", "Arouche", "telex", "prece", "esquece", "sudeste" etc.

Já com Tom Zé, no segundo, Itamar aproveitava o mesmo clima musical de *Venha Até São Paulo*, em cujo acompanhamento destacava-se o trabalho de flauta da orquídea Simone Julian, e mergulhava numa espécie de embolada (*Tanta Água*) que refletia a perplexidade dos intérpretes diante de uma São Paulo sob as águas. Permaneciam os fonemas sibilantes estendendo a exclamação "Meu Deus do céu!" por todo o discurso. Ambas as canções são entoadas como fala coloquial do início ao fim sobre uma base de acompanhamento que apenas segurava a levada para que as vozes dissessem tudo que tinham a dizer sem perder o ritmo.

No terceiro volume, Macalé foi convidado a se exprimir (cantar) em nome de um novo eu-réu, o predestinado Desventura Martírio Calvário da Cruz, para o qual o nego dito transferiu a função que ele próprio costumava encarnar nos primeiros discos. Introduzida e concluída pelo discurso de uma advogada, a canção *Estrupício* era um exemplo flagrante do progressivo descolamento entre autor e personagem realizado por Itamar durante sua carreira: com a concepção desse novo réu, o compositor conseguia se distanciar um pouco da própria criatura, tanto mais que esta última ainda delegava sua voz a um terceiro nome (Jards Macalé em pessoa) que, por fim, expunha seus argumentos. De acordo com a petição da advogada, Macalé teria se oferecido espontaneamente para "expor de forma clara e inequívoca" o desabafo do réu através da linguagem mais adequada à expressão dos sentimentos íntimos: a canção. Embora as estrofes descrevessem com riqueza de detalhes a triste rotina conjugal do sr. Desventura, os versos e as palavras mal podiam ser compreendidos em razão da pronúncia intencionalmente estilizada do compositor de *Movimento dos Barcos*. Para "esclarecer" os fatos, o intérprete omitia sílabas, entrecortava os versos e apenas sugeria uma ou outra palavra representativa da cena descrita. O desaparecimento dos aspectos intelectivos do texto dava espaço à emoção pura que se podia ouvir na oscilação entre a entoação da fala e a melodia musical.

Com o estilo pessoal de composição totalmente amadurecido, Itamar exibia nesses três volumes a condição de poder transformar qualquer estímulo em canção. Os poucos acordes, os ostinatos do contrabaixo ou do teclado e mesmo as diretrizes melódicas determinando faixas de tessitura para o canto (à maneira de *Sutil*), tudo isso funcionava apenas como um "gabarito" inicial. Esses recursos sugeriam modos de dizer, ou seja, entoações que provavelmente já traziam frases prontas como, por exemplo, "Eu sou sujeito a chuvas e trovoadas" (*Sujeito a Chuvas e Trovoadas*, vol. 1). Definida uma frase como essa, a ressonância de alguns de seus termos ("sujeito" e "trovoadas", por exemplo) gerava o enunciado seguinte, "Sendo assim desse *jeito* nunca terei namor*ada*", sem que o autor tivesse a menor ideia do que viria a seguir. Basta acompanharmos um pouco além o desenvolvimento da letra para verificarmos que a sonoridade dos fonemas passa a conduzir a composição dos novos versos, bem mais que a organização semântica do tema tratado:

Se isso posso ócio já não posso
Isso é osso isso é só isso
Ninguém é fácil nem é manso bicho
Meu negócio é mulher pra qualquer negócio

Mesmo que no final o conteúdo se apresentasse estruturado, a trajetória de criação desse tipo de canção tinha como ponto de partida o significante, ou seja, a sonoridade das palavras. Era o caso também de *Ciúme do Perfume* ou mesmo de *Tristes Trópicos* (com Ricardo Guará), ambas do segundo volume.

Mas, às vezes, aquilo que chamei de "gabarito" servia para desenvolver temas preestabelecidos que exigiam grande perícia de integração entre melodia e letra. Para prestar homenagem a Luiz Melodia, na composição *Quem É Cover de Quem*, é o Itamar-letrista que se destaca em construções como:

Dizem formarmos de fato um belo par de malditos
Te chamam de negro gato me tratam de nego dito
E já que talento é inato isto já estava escrito
Num mundo cheio de chatos nós somos são Beneditos

É o caso também de *Orquídeas* (vol. 1), canção que se reportava às integrantes da banda e que, portanto, dependia de soluções altamente engenhosas para acomodar todos os nomes próprios e ainda manter a vivacidade da levada musical e de versos como:

Nós somos orquídeas cigarras formigas amigas
Pra lá de colegas

Na mesma linha, as faixas *Quem Descobriu Descobriu* (vol. 1), *Penso Logo Sinto* (vol. 2) e *Onda Sertaneja* (vol. 3) previam o desenvolvimento da temática descrita no título e a exploração exaustiva do tema na tangente dos jogos de palavras. Agora, o enunciador comparecia muito mais com a inteligência das manobras linguísticas do que com as cenas de atitude do começo da carreira. Na letra sobre a onda sertaneja, por exemplo, tanto se alinhava sarcasticamente com Cascatinha, Teixeirinha, Inezita, como concebia novas duplas, lançando mão do mais alto lirismo: "Ser canário e passarinho Liu e Léu lua e luar".

O ponto culminante de *Bicho de 7 Cabeças* foi a canção *Milágrimas*, composta em parceria com Alice Ruiz, uma de suas colaboradoras mais assíduas durante a carreira. Poucas vezes os criadores de nosso universo cancional, de resto tão refinado, chegaram a obras-primas desse calibre sem que a maioria esmagadora da população tomasse conhecimento de sua existência. Quando *Milágrimas* chegar de fato aos ouvidos do povo – o que deve acontecer brevemente – sentiremos a urgência de uma releitura histórica da canção brasileira, nem que seja apenas para realizarmos uma escala nessa composição. Ela expõe a grandeza e a complexidade dos sentimentos gerados pelo simples roçar da melodia na letra. Itamar converteu o achado de Alice Ruiz ("A cada milágrimas sai um milagre") num refrão de três notas (acentuadas), o que, aliás, não se distinguia muito do restante da composição, altamente econômica do ponto de vista melódico. Os acordes, como sempre, eram somente balizas consonantes para a pequena evolução gradativa do canto que, no final das contas, expunha em tom didático, irônico e poético as instruções para aplacar a dor típica da desilusão afetiva. O mistério estava no fato de que os poucos acordes, as poucas notas e, por extensão, as poucas lágrimas multiplicavam-se milagrosamente, dando origem a numerosos matizes de sentimento, talvez todos que definem a alma feminina machucada. Tudo isso sem usar dissonâncias.

Sublinho esse aspecto porque normalmente consideramos que melodias muito simples devam receber tratamento harmônico refinado para compensar a pouca exploração do campo de tessitura. Afinal, foi essa a solução lançada pela bossa nova de Tom Jobim, Carlos Lyra, João Donato etc. e que sempre esteve presente também na obra de Edu Lobo, Chico Buarque, entre outros. Por meio de dissonâncias os autores sugerem direções melódicas que não são (e nem precisam ser) de fato realizadas pela voz.

Na dicção de Itamar, a presença de acordes alterados é um fator irrelevante para o sentido da canção. Sua harmonia eufônica e despretensiosa serve apenas para sustentar o canto e lhe garantir a levada rítmica, chegando a neutralizar um dos recursos musicais mais valorizados no âmbito erudito e mesmo nas principais escolas do jazz: a modulação. Em outras palavras, o código secreto de composição do autor de *Sutil* se aloja nas esferas do canto, do tratamento polifônico das vozes e das diversas linhas instrumentais, e só pode ser decifrado como forma singular de dizer a letra. Os valores cancionais sempre se sobrepõem aos valores musicais. E se reconhecemos aí uma sonoridade incomum, sua fonte está muito mais ligada ao pop-rock internacional, ao iê-iê-iê romântico de Roberto Carlos, ao universo mítico de Jorge Ben Jor e de Luiz Melodia do que propriamente ao legado de João Gilberto. Isso demonstra que nem todo gesto de originalidade e requinte musical no Brasil procede da bossa nova. Há uma outra história para ser contada.

## *Pretobrás*

Nesse disco de 1998 Itamar fez a triagem de seu estilo. O formato voz/violão assumiu de vez o centro de sua personalíssima concepção sonora. Claro que não se tratava do violão harmônico da MPB nem do violão percussivo que dependeria da destreza de um Gilberto Gil ou um João Bosco; nem mesmo se tratava do toque de palheta à maneira de Jorge Ben Jor ou de setores do rock nacional. Itamar só poderia realizar um violão-de-breque, o mesmo que sempre alimentou sua atividade de composição e suas propostas de arranjo instrumental.

O "eu" contraventor de outros tempos encarnou-se definitivamente no significante da canção e, como já vinha acontecendo desde *Intercontinental*, os conflitos subjetivos se transformaram em contrastes entoativos de enunciação, em fricção entre palavras, idiomas, nomes próprios, mas todos os choques de conteúdo apaziguados por rimas, ressonâncias e sobretudo refrãos (básicos ou itinerantes).

Não cessaram, porém, os pronunciamentos em forma de manifesto criticando a cultura de sua época (*Cultura Lira Paulistana*) ou ironizando o padrão de eficácia preconizado pelo capitalismo de última geração (*Reengenharia*). Nesses casos, a fala solta do artista estava mais para as declarações de desabafo já experimentadas em *Haiti* (Gilberto Gil e Caetano Veloso) do que para o rap que reinava na periferia de São Paulo no final do século. Itamar deixava irromper seu ímpeto de dizer – dizer em prosa – aquilo que não cabia em versos, embora escapulissem formas poéticas que iam impregnando nossos ouvidos: "Porcaria na cultura tanto bate até que fura". A melodia mantinha sua pureza prosódica, o chamado canto-falado que jamais perde o vínculo com o enunciador e com o momento da enunciação.

O compositor também não abandonava as vinhetas (*Apaixonite Aguda*, *Queiram ou Não Queiram*), algumas rendendo homenagens a Hermeto Pascoal (*Extraordinário*), a Elke Maravilha e a Arrigo Barnabé (*Amigo Arrigo*). Mas as homenagens atingiam a plenitude quando se manifestavam em canções completas nas quais se destacava o engenho na construção da letra e na concepção do arranjo. Um dos exemplos é *Vou de Vai-Vai*, com sua dicção pop de Martinho da Vila e seu refrão dizendo: "Ai ai ai oi oi oi com a Vai-‑Vai vai não vai vai ver já foi". Outro exemplo é a interpretação inusitada do samba *Vá Cuidar de Sua Vida*, de Geraldo Filme. Ambos contam com o som de seu violão-de-breque e com uma requintada participação do trombone de Bocato.

Mas o enorme poder de persuasão de Itamar instalou-se definitivamente no âmago de suas principais composições, sobretudo aquelas que viraram objeto de desejo de outros intérpretes. Não é difícil compreender o fenômeno. Basta pensarmos nas canções de impacto do ciclo *Nego Dito* e seu vínculo irrompível com a figura do autor. Elas só se completavam na voz e, por extensão, no corpo presente de Itamar Assumpção. Os cantores e cantoras que apreciavam aquelas canções ou mesmo participavam de seus arranjos não se atreviam a executá-las em circunstâncias alheias ao "projeto beleléu". Agora, no novo ciclo que vai de 1988 a 1998, a personalidade forte e paradoxal do compositor foi-se acomodando no interior de cada canção, na forma de recursos técnicos inconfundíveis, de maneira que não havia mais razão para o insulamento de seu atraente repertório. Grandes intérpretes passaram então a cantar "Itamar", transferindo sua obra para outros contextos musicais.

Em *Pretobrás*, as canções que melhor representaram essa fase de extroversão do autor foram *Dor Elegante* (com Paulo Leminski), *Porque que Eu Não Pensei Nisso Antes* e *Vida de Artista*.

No primeiro caso, os belos versos do poeta paranaense ganharam expressão melódica surpreendente em decorrência do valor prosódico (modo de dizer) de cada frase. A confirmação da elegância da dor já vinha estampada nos finais descendentes das entoações que cobriam quase todos os versos. Ao mesmo tempo, a evolução melódica no interior de cada estrofe ia ganhando altura de modo progressivo para que o descenso sobre o último verso partisse do topo da tessitura e se destacasse como uma afirmação mais contundente que as anteriores. É desse modo que Itamar preparava o realce de desfechos como: "Sofrer vai ser a minha última obra". A voz de Zélia Duncan, às vezes cantada, às vezes entoada, não deixava escapar nenhuma dessas nuances.

A segunda canção citada, que mais tarde seria regravada em álbum da mesma Zélia, apresentava as intenções sedutoras do intérprete, sem limites no plano do conteúdo, mas com regras muito bem definidas no plano da sonoridade. Ou seja, as formas de sedução iam desde práticas circenses como "Gingando num bambolê me equilibrando em barbante" ou "domesticando elefantes" até atividades pacatas como "fazer crochê" ou "cuidando bem de bebês", passando por testes de HIV, consultas a cartomantes, limpeza do rio Tietê, voo rasante etc. Todas essas imagens, porém, restringiam-se às rimas em "-ê" ("você", "bambolê", "TV", "ap", "dublê" etc.) ou em "-ante" ("provocante", "diante", "reinante", "importante", "refrigerante" etc.) e, acima de tudo, ao refrão itinerante baseado na inflexão entoativa de alguém que diz em linguagem corriqueira: por que que eu não pensei nisso antes? Esse mote serviu até mesmo como expansão do título do CD, *Pretobrás – Porque que Eu Não Pensei Nisso Antes*, evidenciando sua relação anagramática com nossa principal empresa petroleira, patrocinadora de iniciativas culturais.

Mas foi com *Vida de Artista* que Itamar assinalou em tom discreto, apenas com voz e violão, o desenlace de seu processo de transmutação. Trata-se de um fenômeno que já vinha se configurando ao longo da última década do século, mas que, em *Pretobrás*, atingiu a naturalidade de uma metamorfose concluída. Aquele personagem-réu, herói-bandido, que sempre estivera por trás das próprias obras, garantindo-lhes motivação extra, instalou-se definitivamente no interior das canções e passou a adquirir as mais distintas fisionomias (no caso de *Vida de Artista*, o autor assume 24 papéis sociais), todas elas compatíveis com o canto de qualquer intérprete interessado. O Itamar-Beleléu era o cantor quase exclusivo de suas composições. O Itamar-Pretobrás se diluía em "passageiro", "motorista", "costureiro", "datiloscopista", "macumbeiro", "adventista", "mensageiro", "paraquedista" e outras numerosas identidades que podiam ser assumidas com facilidade e entusiasmo por outros cantores. A marca do nego-dito continuava presente, agora não tanto pelo inconfundível timbre de voz, mas pelo engenho de construção da letra e de adequação melódica, de tal maneira que por mais que os novos intérpretes modificassem os arranjos, era inevitável o comentário: "esta canção só pode ser do Itamar". Acho que ouviremos isso para sempre.

Itamar Assumpção, *Pretobrás: Porque que Eu Não Pensei Nisso Antes?*, vol. 1, org. Luiz Chagas e Monica Tarantino, São Paulo, Ediouro, 2006.

# Cancionistas Invisíveis

Não nos preocupemos com a canção. Ela tem a idade das culturas humanas e certamente sobreviverá a todos nós. Impregnada nas línguas modernas, do ocidente e do oriente, a canção é mais antiga que o latim, o grego e o sânscrito. Onde houve língua e vida comunitária, houve canção. Enquanto houver seres falantes, haverá cancionistas convertendo suas falas em canto. Diante disso, adaptar-se à era digital é apenas um detalhe.

Uma canção renasce toda vez que se cria uma nova relação entre melodia e letra. É semelhante ao que fazemos em nossa fala cotidiana, mas com uma diferença essencial: esta pode ser descartada depois do uso, aquela não. O casamento entre melodia e letra é para sempre. Por esse motivo, existem meios de fixação melódica, muito empregados pelos compositores, que convertem impulsos entoativos em forma musical adequada para a condução da letra.

Trata-se, portanto, de uma habilidade específica que muitas vezes é confundida com formação musical ou literária. Basta repararmos que são raros os músicos, como Tom Jobim, e os literatos, como Vinicius de Moraes, que exibem vasto repertório de primeira linha. Normalmente, nossos grandes autores, tão ou mais prolíficos que esses, passam ao largo das áreas letradas e nem por isso compõem com menos frequência ou com menos requinte técnico, muito pelo contrário. Todos eles, incluindo os criadores de *Garota de Ipa-*

*nema*, chegaram a uma produção de excelência não só por evidente vocação, mas, sobretudo, porque se entregaram com afinco ao ofício de fazer canção. Enfim, ser um bom músico ou um bom poeta não é requisito para ser um bom cancionista. Há um "artesanato" específico para se criar boas relações entre melodia e letra.

Com o surgimento, no século passado, da gravação e da difusão em massa pelo rádio e mais tarde pela televisão, a canção revelou-se a linguagem mais apropriada para os novos tempos. Era breve, com trechos recorrentes de fácil memorização, estimulava a dança espontânea, caracterizava quadros passionais, transmitia recados, comentava o cotidiano e ainda podia ser produzida em grande número, por todos que se apresentassem como compositores, já que não dependia especialmente de escolaridade. Cada nação que implantava as novas tecnologias de registro e divulgação lançava também seus gêneros mais fecundos de canção: blues, tango, bolero, samba etc. Com o correr dos anos e as influências mútuas, a configuração do gênero, que chegou a vir impressa no selo do disco, foi perdendo a importância e apenas a relação melodia e letra se manteve como marca peculiar desse modo de expressão. Assim, surgiram canções-samba, canções-rock, canções-bossa nova, canções-blues, canções-reggae, canções-country, canções-toada, canções-bolero, canções-funk e canções-rap. Estas últimas, aliás, passaram a representar a mais pura essência da linguagem da canção pela proximidade que mantêm com a fala.

Um dos equívocos dos nossos dias é justamente dizer que a canção tende a acabar porque vem perdendo terreno para o rap! Equivale a dizer que ela perde terreno para si própria, pois nada é mais radical como canção do que uma fala explícita que neutraliza as oscilações "românticas" da melodia e conserva a entoação crua, sua matéria-prima. A existência do rap e outros gêneros atuais só confirma a vitalidade da canção. Ou seja, canção não é gênero, mas sim uma classe de linguagem que coexiste com a música, a literatura, as artes plásticas, a história em quadrinhos, a dança etc. É tudo aquilo que se canta com inflexão melódica (ou entoativa) e letra. Não importa a configuração que a moda lhe atribua ao longo do tempo.

Outro equívoco, baseado num consenso totalmente desvirtuado, vem gerando o grande paradoxo contemporâneo desses tempos. Vivemos uma época de hegemonia absoluta do canto – muitas vezes associado a espetáculos, filmes, novelas, clips, a programas televisivos de toda ordem, ao mundo virtual –, de surgimento incessante de novos artistas da mais fina qualidade, de reabilitação de nomes indevidamente desprezados, de recuperação de épocas esquecidas, de convivência com uma diversidade cancional jamais vista e, no entanto, reina na mídia, nos meios culturais em geral e mesmo no âmbito musical a opinião uniforme de que estamos mergulhados num "lixo" de produção viciada e desinteressante.

Acontece que, graças à sua maleabilidade, a canção ocupa diferentes faixas de consumo, que cobrem desde os pequenos selos independentes até as grandes empresas multinacionais que só raciocinam em termos de lucro, pouco se importando com a natureza do produto lançado no mercado. Entre esses extremos, porém, há de tudo: independentes que se guiam pelos parâmetros das *majors*, multinacionais que reservam parte de seus empreendimentos para a "música de qualidade", independentes altamente dependentes das distribuidoras e da boa vontade dos programadores de rádio, gravadoras que mantêm em seu elenco nomes tão diversos como Jorge Aragão e Luiz Melodia, selos nacionais de porte médio, como a Trama e a Biscoito Fino, selos criados pelos próprios artistas para produzir discos com maior liberdade etc. E ainda há os extremos dos extremos: de um lado, artistas independentes tão "autorais" que sua obra não parece com nada, nem com canções; de outro, artistas tão comerciais que seus discos dispensam os nomes dos autores, já que as faixas foram produzidas diretamente no estúdio, seguindo a tendência em voga, e ninguém tem coragem de assiná-las.

Enfim, hoje em dia o espectro das faixas de consumo é o mais variado possível e, em todas elas, há compositores, intérpretes e instrumentistas criando seus discos, fazendo seus shows e formando legiões de fãs que não mais dependem apenas da difusão de massa para acompanhar seus artistas. Dispõem das rádios alternativas, da imprensa, de um ou outro programa diferenciado de TV e da abençoada Internet. Nesse aspecto, aliás, as que mais perdem espaço atualmente são as poderosas gravadoras de outrora.

Claro que as bandas e os ídolos de multidão, muito bons em sua maioria, dividem entre si o melhor quinhão do mercado como sempre ocorreu em áreas de forte apelo comercial. Isso não significa que ocupam o lugar daqueles que operam nas outras faixas de consumo. Concorrem, na verdade, com outros fenômenos de multidão. Até os anos 1970, no Brasil, só a música anglo-americana e, mais raramente, italiana, atingia esse patamar de sucesso. Aos poucos, a produção e o carisma de Roberto Carlos foi conquistando boa parte desse feudo até que, nos anos 1990, as canções brasileiras se apossaram de vez do mercado de disco. O preço de todo esse processo foi, evidentemente, a padronização estética das canções dessa faixa de mercado, já que a produção em série requer sempre algum tipo de uniformidade. Surgiram então os rótulos depreciativos – axé, sertanejo, pagode – que desencorajavam qualquer avaliação mais detida da transformação que marcou a intensa presença nacional também no segmento voltado às multidões.

Nessa mesma época, com o ingresso quase que repentino do país na era digital, a gravação em CD e derivados tornou-se algo cada vez mais simples, barato e viável. Assim, a intervenção independente, que dez anos antes representava um ato heroico de bandas e artistas frontalmente marginalizados pelas gravadoras, tornou-se a forma habitual de lançamento de novos nomes no mercado e um modo de produção atraente até mesmo para os próprios artistas das *majors*. Maria Bethânia, Djavan e Chico Buarque, entre muitos, trocaram suas multinacionais por outros modelos de realização.

Essas novas perspectivas ampliaram vertiginosamente as possibilidades de trabalho no mundo da canção. Milhares de compositores saíram da toca e centenas de selos foram constituídos para dar vazão ao ímpeto criativo represado no Brasil desde o fracasso econômico do período militar, quando as gravadoras deixaram de apostar em novas promessas na música. Iniciou-se então uma fase extremamente próspera de atividade cancional que, entretanto, em quase nada lembrava o período que virou símbolo da melhor produção brasileira: década de 1960 e início dos anos 1970, época dos movimentos bossa nova e tropicalismo, da música de protesto, da jovem guarda e dos festivais que tinham ares de "copa do mundo" nacional.

Ora, essa fase anterior se pautava pelo signo da centralização. Todas as correntes se abrigavam na mesma casa, a TV Record, e portanto eram constantemente comparadas, confrontadas e, não raro, participavam de competições explícitas que provocavam constragimentos entre os líderes dos programas. Esse espírito de rivalidade, incentivado pelos próprios donos da casa, contagiava o público que passava a se identificar com seu artista predileto e a repelir os demais. Criava-se então um clima altamente propício para a formação de tendências e para a configuração de movimentos. E quem quisesse acompanhar esses embates, bastava sintonizar o televisor na Record ou o rádio na emissora do mesmo grupo.

O momento atual, prefigurado desde a década passada, se caracteriza pela descentralização. Os acontecimentos musicais são muito mais ricos e variados, até porque contam com recursos nem sequer sonhados nos idos dos anos 1960. E a força do talento dos novos cancionistas também não diminuiu. O problema é outro. Como encontrá-los? Estão espalhados pelos Estados brasileiros, nos mais diferentes teatros e salas de espetáculo. Tocam em rádios e televisões locais, fazem excursões frequentes pelo país e no exterior, lançam seus discos regularmente, soltam composições na Internet. Já não contam com a mídia de massa, a não ser em situações bastante particulares (às vezes quando lançam discos ou participam de projetos conduzidos por nomes consagrados). Mas suas apresentações são sempre concorridas, ainda que divulgadas em setores restritos da população. Levam anos, décadas, em alguns casos, toda a vida para se tornarem nomes nacionais. Cancionistas desse tipo operam em todas as faixas de prestígio artístico ou comercial. Quase todos vendem milhares de discos e alguns chegam mesmo a dezenas ou até centenas de milhares sem, contudo, passar para a faixa dos ídolos de multidão. Quem tem o trabalho de sair de casa e procurá-los em shows ao vivo, normalmente volta bem impressionado e um pouco atônito por ter passado tanto tempo sem saber da existência de autores tão especiais.

São tantos os artistas contemporâneos nessas condições que não poderíamos citar alguns nomes sem cometer injustiça com a maioria restante. Fiquemos apenas com o símbolo maior do compositor e intérprete que passou toda a vida levando pérolas cancionais a inúmeros palcos brasileiros e só agora parece ter sido descoberto pelo público da TV aberta: Itamar Assumpção. Quem não foi atrás, perdeu. Como ele, muitos cancionistas invisíveis (fora da mídia de massa), que hoje se revezam nos teatros de todo país, não devem nada à geração da Record.

*Cult*, nº 105, Ano 9, 2006.

# Música para Reouvir

Hoje, cada um pode gravar o seu disco e colocá-lo na Internet em busca de um ouvinte que nem chega a ouvi-lo por estar às voltas com suas próprias composições, que também serão lançadas na rede para que alguém as descubra e mostre aos outros. Esses outros geralmente estão ocupados, pois criam repertório para uma próxima investida musical que, sem gravadora e sem distribuidora, dependerá de divulgação em seus respectivos blogs, voltados aos internautas que ainda ouvem uma coisa ou outra se a fonte for conhecida ou bem recomendada. Mas mesmo esses internautas só ouvem trechos de cada música, saltando rapidamente de uma para outra, apenas colhendo impressões para realizar um novo trabalho que ficará disponível on-line.

A facilidade técnica de produção e a velocidade de circulação das obras musicais estão forjando uma realidade sonora com a qual nem sonhávamos décadas atrás. A ampliação desmedida do universo dos criadores vem abalando seriamente a capacidade de absorção dos consumidores. O fã que comprava o CD do artista agora vem presenteá-lo com o seu próprio, gravado em excelentes condições técnicas e ainda valorizado por um bom suporte gráfico que torna sua capa e seu encarte bastante atraentes. Mas o artista, que já recebera algumas dezenas de outros CDs e DVDs de outros fãs, provavelmente não terá tempo de ouvi-los (ou vê-los) pois está enfurnado num estúdio preparando novo trabalho que deverá compensar a pouca divulgação e acolhida do anterior, cujo lançamento coincidiu com uma época em que todos os ouvintes cuidavam de seus próprios discos...

Difícil compreender as novas relações de produção e consumo anunciadas no alvorecer do século XXI. Não sabemos nem se estão se concretizando ou se virtualizando. Não podemos imaginar suas consequências e muito menos avaliá-las com os critérios ideológicos ou científicos erigidos no século passado. Por enquanto, parece-nos suficiente reconhecê-las como fenômenos irreversíveis que exigem a formação de uma nova mentalidade para o acompanhamento de seus efeitos sociais, culturais e estéticos. Nem podemos dizer ainda que algum dia estaremos em condições de julgar essas novas relações, uma vez que a compreensão, como a concebemos até hoje, pressupõe um grau de desaceleração que estará sempre em defasagem com a dinâmica alucinante da veiculação sonora dos nossos dias.

Talvez esse panorama descrito até aqui traduza mais uma tendência do que a realidade deste início de 2007. Grande parte da cena musical ainda é ocupada por nomes que se firmaram num contexto em que artista era artista e público era público. Uns faziam e outros ouviam. No entanto, mesmo esses artistas já se ressentem da pouca disposição do público para ouvir novas canções. Prefere reouvir a ouvir. As novas composições que tanto significam para o autor são apresentadas com extrema parcimônia, sempre em meio a muitas já consagradas. Ouvir é uma concessão da plateia, reouvir é o seu desejo. Ouvir é se sentir no centro do bombardeio diário das informações não solicitadas, reouvir é se proteger do bombardeio e poder escolher o que já é significativo. Outro sinal da mesma tendência manifestou-se há pouco na recepção ao novo e esperado disco do Chico (*Carioca*). Toda a elaboração cancional ali investida foi descartada na primeira, e talvez única, audição. Nenhuma faixa fez pensar em *Quem Te Viu, Quem Te Vê* e muito menos em *Construção*. O prestígio do compositor garantiu a presença de todas as novidades no repertório do show, entretanto, do ponto de vista da plateia, era como se houvesse um contrato implícito: nós ouvimos, mas depois você canta "as boas".

A preferência por obras assimiladas é um recurso, na verdade muito humano, de preservação de identidade. Aquilo que nos atrai é parte de nós que se desprega, mas que queremos de volta para nos sentirmos inteiros. É esse, aliás, o sentido de "objeto". O sujeito o persegue não por veleidade, mas porque constitui um pedaço de si que precisa ser recuperado (*Pedaço de Mim*, do mesmo Chico, versa sobre isso). Assim, não há mal nenhum em querer reouvir. É um modo de repassar na memória tempos já vividos, em geral associados a ideias ou situações prazerosas, e de realinhavar conteúdos que vagam avulsos em nosso interior. É um modo de dar tempo ao tempo e de revigorar nossa identidade diante de um mundo cujo andamento açodado tende a nos despedaçar por dentro. Nessa linha, é interessante observar que os shows de hoje são sempre rituais de comunhão que atingem o seu ápice quando a plateia canta com o artista aquilo que já reouviu muitas vezes. Todos se juntam em defesa de um patrimônio subjetivo e coletivo que a "realidade" fora do auditório teima em dilapidar.

Acontece que a ampliação espantosa da faixa dos criadores, que poderia ser um bem em si, acaba produzindo no ouvinte uma espécie de defesa da própria sensibilidade ("Socorro, eu não estou sentindo nada", diz a letra de Alice Ruiz). São tantas as canções interessantes e tantos os sentimentos transmitidos que já não podemos mais discerni-los nem incorporá-los. ("Tem tantos sentimentos / Deve ter algum que sirva", *idem*). Eles nos escapam em sua maioria. Mas basta que alguns sejam fisgados e reproduzidos pelos veículos de comunicação, ou até pela atuação direta dos artistas que se esmeram em promover o próprio trabalho, para termos a comprovação de que as canções seguem respondendo ao anseio vital de desaceleração do ritmo de vida do ouvinte e continuam se convertendo em verdadeiros *Leitmotiven* de sua história.

Houve época em que gravar um disco era tudo que um artista poderia desejar. E só se pensava no registro de um segundo se a venda e a repercussão do primeiro fossem satisfatórias. Hoje, um CD gravado é ponto de partida para uma almejada carreira musical e, independentemente de qualquer sucesso de venda ou de crítica, o artista já se aventura num segundo disco, num terceiro, e assim por diante, até que uma canção "emplaque". Emplacar, nesse universo, significa "permanecer", virar objeto de reprodução na sequência ininterrupta das criações do artista. No fundo, significa interromper momentaneamente a própria voracidade de criação em nome de um formato que precisa ser reouvido e incorporado aos ritos (ou apresentações) cancionais do autor. A produção desenfreada dos dias atuais não busca o novo em si, mas o que pode permanecer dentre as numerosas criações. Claro que existem graus de permanência. Algumas composições se transformam em hinos do autor e atingem uma permanência absoluta (exemplo *País Tropical*, de Jorge Ben Jor), outras circulam apenas entre os seguidores mais próximos do artista, outras serão reconhecidas anos mais tarde, num contexto sociocultural diverso. E há, ainda, as que permanecem, mas são abandonadas pelo próprio autor, por desinteresse (exemplo *A Banda*, de Chico Buarque) ou por razões de foro íntimo (exemplo *Quero que Vá Tudo Pro Inferno*, de Erasmo e Roberto Carlos). Qualquer desses graus tem sua importância e contribui para a formação das identidades pessoais e do patrimônio coletivo. E ao artista é imprescindível atingir algum grau de permanência, embora isso não lhe seja suficiente. Em geral, quanto mais o público quer reouvir, mais o compositor lhe propõe novidades, até que uma delas outra vez emplaque. Terá o artista, então, o melhor testemunho da própria vitalidade.

Jamais se produziu tanta canção de qualidade (maior ou menor) no Brasil como nos dias atuais. A oferta supera a demanda em diversos itens. É notável a rapidez com que um ouvinte se transforma em artista, muitas vezes mais produtivo que seus ídolos, e alimenta com suas composições um mercado já inflacionado de bons trabalhos, deixando perplexos tanto os demais ouvintes quanto a própria classe musical. Quanto aos instrumentistas de hoje, pode-se dizer que, experiências à parte, começam suas carreiras no ponto em que seus reverenciados mestres terminaram e atingem metas muito mais exigentes. O ofício de cancionista, embora ainda não seja reconhecido pelas instâncias formais, já é uma profissão concreta e promissora na cabeça dos jovens de agora e isso os leva a compor desde muito cedo. O problema é dar vazão a toda essa fecundidade num formato que evite o descarte sumário, decorrente do atropelo informativo, e que estimule de algum modo a reaudição.

A Internet é um campo a ser explorado, mas não faz parte de suas atribuições avalizar os produtos que circulam na rede. Sua feição caótica, embora proporcione eventuais descobertas, produz desconfianças e indiferenças incompatíveis com o universo cancional. As rádios de vasta audiência são há muito tempo cúmplices de conglomerados comerciais e só operam na faixa de grande consumo, o que as distancia cada vez mais do antigo papel de principal divulgadora das variedades sonoras de todo o país. Do mesmo modo, as televisões abertas (exceto as culturais) retiraram os musicais de sua programação, restringindo-se à utilização de canções "eleitas" do *mainstream* para compor as trilhas de suas novelas. Mas rádio e televisão, mesmo que quisessem novamente apoiar o segmento musical, não mais dariam conta. As condições quase provincianas das décadas de 1960 e 1970, que proporcionaram a reunião de todos os artistas importantes numa mesma emissora, a Record, são irrecuperáveis e inconciliáveis com o mundo contemporâneo. Sobram, portanto, as nostalgias: nunca houve geração musical como a daqueles anos! O auge de nossa música popular foi a bossa nova! Nunca houve tanta vibração e tanta qualidade musical como na era dos festivais! Etc.

Talvez nunca tenha havido, isto sim, tanta concentração e tanta visibilidade das principais tendências da música brasileira como naquele período. Talvez nunca tenha havido uma geração tão reouvida e, portanto, tão fundamental na formação da nossa identidade. Quando suas obras não nos eram apresentadas diretamente pela televisão, desfilavam nas paradas de sucessos programadas por diversas emissoras de rádio. Os cancionistas formavam uma classe bem delimitada e inteiramente conhecida do público. Embora o ingresso no mundo artístico fosse muito mais restrito, depois da gravação do primeiro disco e de sua inserção na então "pequena" mídia disponível, a passagem do ouvir ao reouvir era quase automática.

Atualmente, não é exagero dizer que surgem novos artistas todos os dias. Logo os teremos todas as horas, todos os minutos, e, claro, teremos também cada vez menos disposição para ouvi-los. A mídia igualmente se retrai e só reconhece uma parcela mínima desse imenso contingente de criadores que se aglomera nos espaços virtuais, nas filas de patrocínio e nos palcos alternativos de todo o Brasil. Daí a importância atual de algumas instituições bancárias, ao lado de empresas mais arejadas, que vêm investindo significativamente em projetos de revelação e difusão de talentos ao menos nos principais centros de cultura do país. Daí a importância do Sesc, outro núcleo extraordinário de veiculação das iniciativas artísticas de alto nível, que, particularmente em São Paulo, realiza um trabalho ininterrupto de circulação das artes brasileiras – e que, neste exato momento, vê parte de seus empreendimentos ameaçada por lamentáveis perdas de arrecadação.

É no interior dessas salas de espetáculo que a música brasileira pulsa com o mesmo vigor de todos os tempos. Quem as frequenta tem tido oportunidade de se imbuir das incríveis dicções cancionais de nossa época. Em sua maioria, elas não cabem mais na grande mídia, mas pela amostra de poucos que puderam migrar desse mundo artístico periférico para o centro de médio e grande consumo, onde podem ser devidamente reouvidos (citemos, entre muitos, os compositores-intérpretes Zeca Baleiro, Zélia Duncan, Lenine, Arnaldo Antunes, Chico César e Vanessa da Mata), já vemos que nada devem à geração dos anos 1960 e 1970. Com a vantagem de que ainda estão no primeiro tempo de sua partida musical.

*O Estado de S. Paulo,* "Aliás", 31/12/2006.

# A Escultura do Tempo no Desenho

Quando leio que a história do desenho corre paralelamente à história da pintura e que ambas não devem ser tomadas separadamente, penso que, baseados no mesmo princípio, os estudos linguísticos jamais consideraram que as consoantes e as vogais de uma língua pudessem ter tido trajetórias históricas independentes.

A tendência do traço é inaugurar espaços e volumes, de um lado e de outro, independentemente de qualquer tratamento especial (hachura, claro/escuro, coloração) ou intenção figurativa. Os espaços, por sua vez, são devidamente "compreendidos" (nos dois sentidos) se encontramos suas delimitações expressas na obra ou sugeridas em nossa mente.

As vogais, também chamadas de *soantes*, retiram o seu valor da relação que mantêm com as *consoantes*. Saussure demonstrou com toda clareza que um "i" desempenha a função de soante na palavra "fidalgo" mas de consoante na palavra "piegas", na medida em que, nesta última, o "e" – pronuncia-se ɛ ("e" aberto) – que lhe segue assume o papel de soante e faz do "i" anterior, de sonoridade mais fechada, um limite, ou seja, uma consoante. Isso deixava claro que o importante para o mestre de Genebra eram as leis de abertura e fechamento do som que geravam as funções de soante e consoante e não a qualidade material de cada fonema, sujeita a alterações a depender do contexto[1].

Do mesmo modo, creio que a função delimitativa dos traços está sempre a serviço da ocupação dos espaços e vice-versa, de maneira que ambas podem chegar a ter seus valores de origem consideravelmente alterados, e até quase neutralizados, no interior de uma obra específica. Mas a identidade mais expressiva está no movimento: o traço conduz nosso olhar aos espaços e aos volumes que, por sua vez, o empurram às outras linhas demarcatórias e, só assim, podemos obter uma compreensão global da imagem.

No microcosmo linguístico, o processo sonoro da silabação instaura a representação mais pura da evolução temporal na escala humana. O ápice de uma abertura sonora corresponde sempre ao início do seu fechamento na sequência da fala: ao pronunciarmos o "a" da palavra "fato" já estamos preparando nossos orgãos bucais para o fechamento exigido pela oclusiva "t". Em compensação, mal articulamos este "t" já reprogramamos os mesmos órgãos para a abertura em "o" e assim por diante. Embora os sons em si variem, há uma lei constante que determina a alternância dos processos de abertura e fechamento para todas as línguas e submete a evolução contínua (representada aqui pelas soantes) à participação dos elementos descontínuos (representados aqui pelas consoantes), perfazendo assim a continuidade dialética tão cara a Gaston Bachelard[2].

Tais categorias espaciais (abertura e fechamento) constituem na verdade direções que permitiram a Saussure vislumbrar uma temporalidade rítmica na linguagem oral, que se orienta ora ao "ponto vocálico" (sonoridade aberta que tende a se fechar), ora à "fronteira silábica" (sonoridade fechada que tende a se abrir). Na emissão do termo "droga", por exemplo, teríamos a progressão $\overset{<}{\mathrm{D}}\ \overset{<}{\mathrm{R}}\ \overset{>}{\mathrm{O}}\ \overset{<}{\mathrm{G}}\ \overset{>}{\mathrm{A}}$ , em que o sinal < indica que os sons "D" e "R" se abrem progressivamente em direção ao ponto vocálico que culmina no primeiro "O" (a rigor, um "o" aberto: "ɔ"), que, por sua vez, tende a decrescer (sinal >) em abertura até atingir a consoante "G" cuja descontinuidade define uma fron-

1. Ferdinand de Saussure, *Curso de Linguística Geral*, São Paulo, Cultrix, 1971, pp. 62-73.
2. Gaston Bachelard, *A Dialética da Duração*, São Paulo, Ática, 1988, p. 70.

teira silábica, e assim por diante. Em outras palavras, o encontro da abertura com o fechamento (< >) constitui o ponto vocálico, enquanto o encontro do fechamento com a abertura (> <) constitui a fronteira silábica. Um sempre dirige-se ao outro.

O traçado de um desenho pode ser pensado como um conjunto de fronteiras silábicas, cuja tarefa principal consiste em conduzir o olhar aos espaços que se abrem ao redor e que lembram as extensões sonoras do ponto vocálico. Mas o olhar não suporta a extensão sem limite e logo procura uma fronteira para "compreender" a amplitude em que foi lançado. E inicia-se um jogo que também é próprio da cadeia fônica linguística. Os espaços precisam das delimitações para significar, mas os traços, em si, são frios e só adquirem poder de atração quando remetem o olhar aos volumes à sua volta. Exatamente o que sucede com as consoantes (mais intelectivas) e as soantes (mais emotivas). O importante, porém, é que esse movimento, mais rápido ou mais lento, que faz o olhar oscilar entre limites e extensões, instaura o tempo – com todas as suas implicações rítmicas – no interior do desenho, essa arte do espaço.

Há uma gravura de Picasso (ver próxima página), composta por apenas sete traços (fora o enquadramento), que sugere, em sua simplicidade, um princípio de reflexão sobre esse tempo criado na "silabação" gráfica[3]. Esses pouquíssimos traços são suficientes para focalizar um detalhe do corpo feminino, centrado no triângulo pubiano, e iniciar um processo de expulsão do olhar dessas sete fronteiras com vistas a um reconhecimento de campo que só se define em seu retorno às fronteiras. É como se, compreendendo os limites, pudéssemos sentir os volumes.

Nem todos os seres do planeta identificariam o conteúdo anatômico – e, num segundo momento, erótico – deste desenho. Há culturas cujos representantes sequer associam uma fotografia à pessoa retratada: veem-nas como coisas totalmente distintas. Mesmo esses indivíduos estariam sujeitos aos movimentos oculares de ida e volta entre os traços e os volumes, num comportamento semelhante à nossa audição de língua estrangeira desconhecida: ouvimos uma alternância linear de soantes e consoantes, um contorno entoativo

3. Sebastian Goeppert, Herma Goeppert-Frank e Patrick Cramer, *Pablo Picasso. The illustrated books: Catalogue Raisonné*, Geneva, Patrick Cramer, 1983, p. 325.

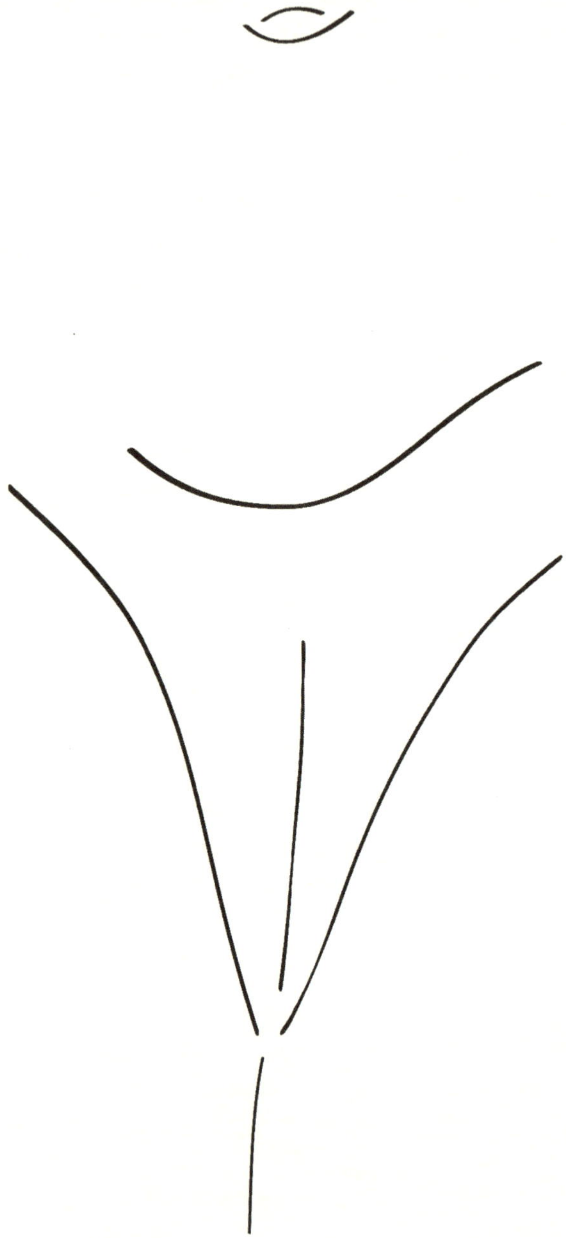

Interpretação gráfica da gravura de Picasso

que "enquadra" os segmentos, mas não chegamos a captar suas referências. Isso significa que as noções de movimento e evolução temporal, bem como o seu grau de aceleração, precedem, mesmo que em frações de segundo, a apreensão do significado. Picasso pôs tudo isso à prova nessa verdadeira extração dos elementos mínimos de um desenho. Seus poucos traços, como consoantes, não duram. Estão ali apenas para nos conduzir aos volumes que, como vogais, soam, duram e nos sensibilizam, ou seja, nos dão o tempo necessário para "sentir". A rapidez dos traços corresponde à desaceleração dos volumes.

E quando sabemos depreender também o significado, nem por isso abandonamos a superfície do significante pois não nos interessa o produto da representação que é, em si mesmo, estático. Nossa sensibilidade exige que se "mexa", também nos dois sentidos: de toque e movimentação. Precisamos "passar" os olhos nos volumes, orientados que estamos pelas fronteiras, e repetir esse gesto *n* vezes, até que possamos abstrair os traços e viver somente a duração dos volumes.

Assim como as consoantes, os traços demarcam fronteiras que já nascem franqueadas pois são descontinuidades que estão ali para projetar a continuidade e dar início ao tempo dos espaços. A multiplicação dos traços impede que os espaços durem, dado que as fronteiras, com seus sucessivos términos e recomeços, imprimem velocidade à obra. Tudo depende da intenção do desenhista. O emprego parcimonioso dos traços na gravura mencionada – que, num primeiro momento, pode chamar a atenção para a ligeireza de sua execução – manifesta no fundo o propósito explícito do pintor de fazer com que os volumes durem o máximo possível no olhar do observador. É o mesmo efeito causado pelos poemas em que o autor poupa o leitor da excessiva, embora necessária, participação das fronteiras consonantais em favor de um tempo maior de convívio com o som.

Enquanto os traços estimulam o movimento, os volumes asseguram a duração. Tudo leva a crer que, na busca de um equilíbrio entre esses dois componentes, o desenhista esculpe o tempo desejável em cada obra.

Edith Derdyk (org.), *Disegno. Desenho. Desígnio*, São Paulo, Senac, 2007.

# Hjelmslev e as Bases Tensivas do Semissimbolismo

Inicialmente, vamos entender por que vale a pena estudar Hjelmslev hoje. Sabemos que ele procurou conceber uma proposta muito ampla, ligada à glossemática – que seria uma linguística propriamente hjelmsleviana. E, com o tempo, vimos que essa linguística não se impôs[1]. Na linguística, que era o seu verdadeiro campo de trabalho, Hjelmslev pode até mesmo ser considerado um fracasso na medida em que quase ninguém, hoje em dia, adota os seus princípios como base para a descrição de línguas. Parece que não deu certo.

No entanto, Hjelmslev deixou ideias, sobretudo científicas, de tal complexidade para a linguística que acabaram se tornando um verdadeiro achado para outra ciência, a semiótica. Os conceitos e as grandes categorias que ele criou estão servindo para se pensar sobre os importantes temas investigados pela semiótica de hoje.

Greimas adotou Hjelmslev no início, mas depois o abandonou um pouco e partiu para uma visão às vezes mais fenomenológica, às vezes até mais jakobsoniana[2]. Quando ele já estava no final da vida fazendo o trabalho com

1. O que não quer dizer que ela não venha se impondo um pouco mais desde a década de 1990, mas não propriamente como teoria linguística.
2. Quando parte para as estruturas elementares, por exemplo.

Jacques Fontanille – *Semiótica das Paixões* – surgiram novas retomadas[3] do autor dinamarquês, mas com outras intenções teóricas. E é aí que vale a pena a gente chegar, para ver o que a semiótica, especialmente a que propõe a tensividade como um plano pressuposto por todos os demais, está aproveitando da teoria de Hjelmslev.

É bem verdade que Hjelmslev sequer sonhava com a "semiótica" que seria engendrada por Greimas, muito menos com a noção de "tensividade" nos termos que hoje a concebemos, não havia qualquer tipo de viés nesse sentido. Embora já empregasse o termo "semiótica", ele não estava pensando nisso que aconteceu depois, a partir de Greimas. Por exemplo, a noção de narrativa é completamente ausente do pensamento de Hjelmslev, e a semiótica de Greimas teve a narrativa como seu grande pilar. Percebe-se que hoje alguns fundamentos foram aproveitados, mas na verdade a teoria de Greimas não é uma continuação da teoria de Hjelmslev.

Hoje em dia algumas pessoas estão retomando as ideias de Hjelmslev e com isso a gente sente que muita coisa que foi abandonada no meio do caminho realmente pode agora ser aproveitada[4]. É isso que veremos no decorrer desta exposição.

Antes de dar prosseguimento ao tema eu gostaria de lembrar o seguinte: não é possível falar de Hjelmslev sem registrar: ele é o grande sintetizador de Saussure[5]. Ele teve a paciência de rever todos os textos atribuídos a Saussure e fazer uma verdadeira triagem naqueles conceitos, mostrando de que maneira poderíamos conceber Saussure num só modelo global[6]. Hjelmslev tentou dar corpo àquela teoria, e se valeu, sobretudo, de duas oposições fundamentais de Saussure: língua e fala, de um lado, e significante e significado, de outro.

3. Não exatamente Greimas, mas as pessoas que estavam trabalhando junto com Jacques Fontanille, especialmente Claude Zilberberg.
4. Vale dizer até mesmo que talvez pudéssemos elaborar ou desenvolver essas ideias sem Hjelmslev, mas o fato é que ele tem sido revisitado por conta da riqueza de seus modelos linguísticos.
5. Dizem até que Hjelmslev sempre foi mais saussuriano que o próprio Saussure...
6. Sabe-se que os textos do famoso Curso de Saussure estão relativamente fragmentados, até porque não foi ele quem os escreveu. Eram aulas dadas em dias diferentes que foram anotadas, recompiladas, recompostas, reeditadas. Na verdade não se sabe direito qual era o pensamento de Saussure na sua origem, na sua clareza. O que temos são fragmentos.

Mais que isso, o linguista explicitou o lugar da língua e da fala no interior dos planos da expressão (significante) e do conteúdo (significado).

Vamos explicar tudo isso a partir do seguinte esquema:

| | *a*<br>Plano da Expressão<br>(significante) | *b*<br>Plano do Conteúdo<br>(significado) |
|---|---|---|
| | Sentido da Expressão<br>(plano indefinido dos sons)<br>↓ | Sentido do Conteúdo<br>(plano indefinido das ideias)<br>↓ |
| *1*<br>FORMA (língua) | *1.a*<br>Forma da Expressão<br><br>- Fonologia (abstração do som que distingue signo)<br>↓ | *1.b*<br>Forma do Conteúdo<br><br>- Morfologia, sintaxe<br>- Gramáticas frasais<br>- Gramáticas discursivas<br>- Gramática narrativa<br>- Semiótica...<br>↓ |
| *2*<br>SUBSTÂNCIA (fala) | *2.a*<br>Substância da Expressão<br><br>- Fonética (sonoridade concreta)<br>- sotaque | *2.b*<br>Substância do Conteúdo<br><br>- mensagem final dos textos |

*Obs: Os indicativos (1), (2), (a), (b), (1.a), (1.b), (2.a), (2.b) de cada campo foram inseridos para facilitar a identificação das regiões às quais se referem os comentários do texto que se segue.*

A informação implícita no pensamento de Hjelmslev é que na verdade a diferença entre forma e substância está diretamente ligada às noções saussurianas de língua e fala. É como se fosse um segredo da sua leitura de Saussure que só pode ser extraído da somatória dos seus textos, já que nunca o pensador dinamarquês tratou didaticamente do assunto. Embora tenha produzido textos sobre expressão e conteúdo e mesmo sobre língua e fala, não existe um trabalho que faça a síntese entre as duas coisas. No fundo ele estava pensando globalmente nas disciplinas e tentando verificar como as disciplinas dão sua forma às substâncias que são tomadas do universo dos textos.

O que há de mais confuso em Hjelmslev é a noção de "sentido"[7]. Ele pensa que haveria um sentido tanto no plano da expressão como no plano do conteúdo. É aí que a coisa se complica porque esse sentido é muitas vezes confundido com a substância.

Sentido do conteúdo e sentido da expressão constituem, mais ou menos, o que Saussure concebia como uma *nebulosa sêmica* (do ponto de vista do conteúdo) e uma *nebulosa sonora* (do ponto de vista da expressão). Ou seja: seria algo fluido, indefinido, amorfo, sem qualquer sistematização, que serviria de base para que todas as culturas fizessem seus recortes de acordo com suas visões de mundo. Tanto na sonoridade, de onde as culturas recortariam seus fonemas, quanto no plano do significado, de onde as culturas extrairiam seus sememas, as comunidades selecionariam seus elementos linguísticos de acordo com algumas categorias gerais. Isso é o que ele chama de sentido: essa grande massa indeterminada antes do recorte, tanto na expressão quanto no conteúdo.

A confusão acontece porque geralmente "sentido" nos parece algo concluído. Mas, para Hjelmslev, ou melhor, para a sua tradução nas línguas latinas, não é assim. Sentido é algo primevo. Algo que estaria à disposição das culturas para que fosse recortado – tanto o sentido da expressão quanto o sentido do conteúdo. No primeiro caso, os falantes de uma determinada cultura estabelecem (no interior de suas bocas) os recortes fonológicos que serão pertinentes para a distinção sonora de seus signos. Com isso, criam seus sotaques inconfundíveis, os quais podemos muitas vezes identificar

7. Dizemos "sentido" porque foi traduzido assim. Na verdade não sabemos nem se o termo original, sobretudo como ele foi pensado em dinamarquês, tem alguma relação com essa noção de sentido usada nas traduções. De todo modo, sendo assim, temos que dar conta desse termo.

mesmo quando não dominamos a língua. No caso do conteúdo, os falantes igualmente estabelecem recortes na massa indefinida do seu campo nocional (biológico, social, psicológico, técnico etc.) para a distinção conceitual de seus signos. Surgem, assim, desses recortes, duas formas, a da expressão e a do conteúdo, que deverão se harmonizar plenamente na constituição dos sistemas sígnicos de uma comunidade linguística. Ao produzir seus discursos, tais formas (que são totalmente abstratas) se concretizam, se substancializam em articulações fonéticas, que geram os sotaques, e em articulações de conteúdo que geram as mensagens finais dentro de uma visão de mundo cultural[8].

Hjelmslev faz exatamente o confronto para mostrar que a maneira de recortar esses sentidos acaba acarretando formas diferentes e, consequentemente, conteúdos finais diferentes. Então, a substância (tanto da expressão quanto do conteúdo) já é a sonoridade final que se ouve de alguém falando, bem como a mensagem final desse alguém transmitindo um texto qualquer (como eu agora falando com vocês). O que vocês estão entendendo do que eu estou passando está representado no campo *2.b*. Ao mesmo tempo, estou usando a língua portuguesa, a gramática da língua etc., e isso está representado no campo *1.b*. Estou usando categorias narrativas para explicar as coisas para vocês e isso também está representado no campo *1.b*. Minha emissão fonética traz também um sotaque da língua portuguesa, que vocês podem identificar como um sotaque paulistano, ou mais caipira, ou qualquer coisa assim, que está representado no campo *2.a* – o sotaque final. Já a maneira de organizar os fonemas, em interação distintiva entre si garantindo a inteligibilidade dos morfemas, está representada no campo *1.a*.

Se formos traduzir em disciplinas, então, teremos em *1.a* a fonologia; em *2.a*, a fonética; já em *1.b*, encontramos todas as disciplinas que organizam o plano do conteúdo no âmbito da linguística ou da semiótica, todas as disciplinas que tomam o texto como objeto para construir os seus modelos. Nesse

8. Aí surgem aqueles exemplos mais exóticos mostrando como há diferenças nas maneiras de ver o mundo – cores de arco-íris, nomes de planta, e esses grandes conteúdos que servem para todas as partes do mundo.

caso podemos ter uma gramática como a gramática gerativa, por exemplo, podemos ter a própria semiótica como um todo, a análise do discurso, enfim, todas as formas do conteúdo, ou melhor, todas as tentativas de descrever uma forma (uma gramática) do conteúdo humano: forma do conteúdo nessa acepção ampla de disciplinas gerais.

Por fim, em *2.b*, encontramos, a rigor, os resultados de todos os textos. Tanto daqueles que podem ser situados no campo *1.b* – textos de linguística ou de semiótica – quanto os demais textos que temos de sociologia, antropologia, filosofia etc., até o discurso coloquial. Tudo isso constituiria nossa substância de conteúdo de todos os dias. Por isso, podemos identificar com a mensagem (qualquer mensagem).

O campo *2.a* representa aquilo que podemos, de maneira grosseira, chamar de sotaques (é a fonética, o som propriamente dito). Em *1.a*, temos a sonoridade só enquanto elemento que distingue signos. Portanto, situam-se aqui as relações abstratas (oposições, englobamentos, dependências de toda sorte entre sons) com as quais operamos mentalmente para identificarmos os fonemas de nossa língua, suas funções e combinações na cadeia sonora. Temos, assim, a fonologia que é um capítulo da ciência linguística[9].

Evidentemente, se em *2.b* temos as mensagens (conteúdos resultantes) e, em *2.a*, os sotaques (sonoridade resultante), o que de Saussure está representado na linha 2, na substância? A própria fala. O conceito saussuriano da fala abrange a extensão da linha *2: 2.a* e *2.b*[10].

A língua, por sua vez, é tudo que é forma: tanto os elementos fonológicos que distinguem signos quanto as categorias morfológicas, frasais, narrativas etc. (seja de uma gramática linguística, seja de uma gramática semiótica). A *langue* de Saussure está representada na linha *1: 1.a* e *1.b*.

9. Atenção, não é a fonética! A fonética é acústica, é ligada à física, é outra coisa, mas não é ciência linguística – embora precisemos da fonética para entender as articulações no sentido da pronúncia, da verbalização da oralização.

10. O intuito de Hjelmslev, a rigor, é o de construir, além da forma linguística, uma "teoria da substância" associada a uma "teoria da execução" que, por sua vez, compreenderia "norma", "uso" e "ato" de fala propriamente dito (cf. L. Hjelmslev, *Ensaios Linguísticos*, São Paulo, Perspectiva, 1991, p. 92-93). Não vem ao caso explorarmos aqui essas articulações. Basta que compreendamos a orientação *forma* → *substância* como paralela à orientação *língua* → *fala*.

Podemos constatar, então, que esse pensamento de Hjelmslev dá conta do signo (significante e significado) e dá conta da oposição língua e fala num único modelo. Esse é o ponto de partida de Hjelmslev que acabou influenciando a primeira etapa da semiótica de Greimas.

Hjelmslev diz que cabe à linguística – e nós podemos acrescentar, à semiótica – o estudo da forma. Assim, a etapa seguinte, para ele, seria a construção dessa forma. E isso é a "glossemática": a tentativa de montar uma forma tanto do conteúdo quanto da expressão.

Um preceito básico para Hjelmslev é que deve haver um isomorfismo, ou seja, deve existir uma mesma metalinguagem para analisar tanto o plano do conteúdo quanto o plano da expressão. Todas as categorias encontradas num plano devem ser encontradas no outro. Os critérios de análise são os mesmos[11]. O problema, daqui para frente, passa a ser como Hjelmslev montou esse "esquema de forma", que acabou resultando na glossemática.

Só para que tenhamos um ponto de partida, vale a pena lembrar outros termos de Hjelmslev[12]: para ele, o plano de conteúdo é o campo dos "pleremas". Então ele chamou isso de "plerемática". A rigor, o nome "plerema" significa "unidade plena", quer dizer, é um campo cheio de conteúdo. Em oposição, o plano da expressão ele chamou de "cenemática". O "cenema" é uma unidade vazia de significado, só possui som.

Hjelmslev também elaborou os conceitos de expoente e constituinte (que estão presentes nos dois planos – do conteúdo e da expressão – uma vez que o modelo é isomórfico). Expoente é aquilo que se generaliza para toda a dimensão analisada. Constituinte diz respeito ao que nós chamamos de unidade de um determinado plano.

11. Muita gente considera que Hjelmslev teria dito que o plano da expressão tem a mesma forma do plano do conteúdo. Não é isso! Isomorfismo quer dizer que os dois planos podem ser analisados pela mesma metalinguagem.

12. Nós não vamos lidar com isso já que pouco serviu para a semiótica. É um problema linguístico. Mas, ajuda a pensar.

## Glossemática Sumária

| | | Intenso | Extenso |
|---|---|---|---|
| Plano do Conteúdo (pleremática) | *Expoentes* (o que se generaliza) | Substantivo (local) | Verbo (expande-se pelo discurso) |
| | *Constituintes* (unidades) | Radical (plerema) ex.: lexema | Derivativo ou elemento marginal (sufixos / prefixos) |

| | | Intenso | Extenso |
|---|---|---|---|
| Plano da Expressão (cenemática) | *Expoentes* | Acento | Entoação ou modulação |
| | *Constituintes* | Vogais | Consoantes (Co-soante: acompanha o som, periférica) |

Outro ponto relevante para Hjelmslev é que tudo na linguagem deve ter uma dimensão intensa e uma dimensão extensa. Essa é a grande dicotomia que ele cria e que acaba determinando o seu pensamento em todos os outros aspectos[13].

13. Aliás, Greimas retoma isso mais tarde de outra maneira considerando os recursos de expansão e condensação do discurso. É o discurso expandindo em extensão e depois se recolhendo, se condensando em denominações. Essa é a própria lógica do dicionário no qual você tem a denominação e depois a definição do termo. Isso é evidentemente retirado dos textos. Os textos são as expansões. As denominações que a gente vê no dicionário são uma versão paradigmática daquilo que nós encontramos nos textos da língua. Então, essa ideia de intenso e extenso é algo que Greimas retoma sem mencionar Hjelmslev. Isso está no *Semântica Estrutural.*

Vejamos como isso funciona no plano do conteúdo:

Conforme o autor, teríamos na linguística, como elementos constituintes/ unidades, os radicais (todos os termos) e seus derivativos (sufixos, prefixos), formações feitas a partir de uma lei linguística própria da língua estudada.

Mais interessante é o caso dos expoentes que são elementos que se dividem em substantivo (quer dizer: uma força de substantivação) e verbo (uma força de verbalização). A força de substantivação é a força que cria elementos locais (todos os substantivos têm o sentido de criar focos no discurso de maneira que a mensagem fique concentrada – substantivo concentra a mensagem). O verbo, não. O verbo se expande, não só para a frase inteira, como às vezes para o parágrafo inteiro ou até mesmo para uma história inteira, para uma narrativa completa. Então, na verdade, no nível pleremático, o substantivo é da ordem intensa e o verbo é da ordem extensa.

Por exemplo, quando construímos frases no passado, é o verbo que faz com que elas fiquem no passado. A verbalização significa colocar essas diversas frases no passado e, portanto, a verbalização se estende. Todo o conteúdo transmitido se enquadra no passado.

No caso do substantivo isso não acontece. O substantivo é local. Ele só se relaciona com o adjetivo, com o artigo, com as palavras que estão no seu entorno. Mas ele não influencia gramaticalmente o que vem depois ou o que veio antes. Então o substantivo tem um sentido intenso enquanto o verbo tem um sentido extenso.

Da mesma forma, o derivativo é alguma coisa marginal que é acrescentada ao núcleo (radical), responsável pelo sentido, digamos, etimológico da palavra. Nesse último caso estamos tratando dos elementos constituintes (as unidades) e, no exemplo anterior (do verbo e do substantivo) tratamos dos expoentes, que são "forças" (olha que interessante esse termo!) dentro da linguagem: forças de substantivação (aquelas que localizam) e forças de verbalização (aquelas que difundem a influência do verbo: influência de tempo, de aspecto etc.)[14]

14. Afinal o que está ligado ao verbo não é só o verbo. É o verbo, o advérbio, o aspecto, tudo isso se expande pelo discurso. Enquanto o substantivo, não. O substantivo circunscreve uma região de atuação.

Concomitantemente, o plano da expressão (que é chamado de cenemática) tem como expoente, na dimensão intensa, o acento[15] e, na dimensão extensa, a modulação, ou se for preferível, a entoação (embora não seja exatamente a mesma coisa para o autor).

Acento e entoação. Isso também diz respeito ao discurso se expandindo. Não há entoação que não seja construída a partir de acentos, pontos tônicos. E, ao mesmo tempo, todos os acentos são extraídos de uma entoação. Simplesmente, o acento é a dimensão intensa e a entoação é a dimensão extensa do mesmo processo.

Quanto aos elementos constituintes, Hjelmslev trabalha com a sílaba e localiza como unidades centrais as vogais, na dimensão intensa. E como unidades periféricas, as consoantes, na dimensão extensa. Aliás, a própria palavra consoante já indica isso. É algo *co-soante*. É alguma coisa que acompanha o som, realmente periférica. O som mesmo é a vogal. Então o elemento consoante diz respeito à dimensão extensa. E a vogal à dimensão intensa, assim como o acento, assim como o lexema.

É importante observar que uma mesma metalinguagem serve para os planos da expressão e do conteúdo. Essa é a grande ambição de Hjelmslev: ter uma metalinguagem que dê conta dos dois planos. Evidentemente, cada um com as suas particularidades, mas a metalinguagem é a mesma. O pensamento que está por trás das duas versões é o mesmo.

Isso vai nos interessar diretamente para tratarmos da questão do semissimbolismo pois o semissimbolismo é sempre uma relação do plano da expressão com o plano do conteúdo, tal como concebia Hjelmslev.

Por que estamos apresentando isso? Por dois motivos: primeiro porque isso é um exemplo de funcionamento da glossemática. É uma "glossemática sintetizada"[16]. A segunda intenção é exatamente enfatizar o critério. O critério intenso e extenso é o que vai comandar todo o pensamento de Hjelmslev,

15. Então se vê que existe certa identificação entre substantivo e acento – acento na sonoridade, substantivo no conteúdo.

16. Evidentemente há muitas outras coisas, mas é uma síntese. Depois nós vamos tratar de outros conceitos também importantes para o pensamento semiótico. Essa, digamos, é a glossemática *grosso modo*.

vai comandar toda a semiótica, sobretudo essa que gerou a revisão "tensiva" de hoje, e vai comandar aqui toda a nossa exposição.

*****

Agora, vamos falar um pouco de história: sabe-se que houve certa rivalidade entre seguidores de Hjelmslev e seguidores de Jakobson naquela época. Jakobson era muito mais extrovertido do que Hjelmslev talvez porque fosse muito mais viajado, muito mais comunicativo. Aonde ia, formava-se um núcleo jakobsoniano. E, quando chegou aos Estados Unidos, ele pôde difundir seu pensamento para o mundo inteiro, inclusive aqui para o Brasil.

Além de ser mais expansivo, Jakobson falava de um tema mais agradável para todas as áreas, que era a poética. Era um grande linguista que estudava poética, ou seja, que se distinguia dos linguistas normalmente voltados apenas ao seu objeto de estudo e sem vínculo com outras áreas do conhecimento.

Já Hjelmslev era esse outro linguista, provavelmente mais introvertido e menos viajado, e que não contou com outro tipo de difusão de seus trabalhos que não fosse o dos anais de linguística. Ele era um linguista, digamos assim, "rigoroso", sem qualquer concessão[17]. Hjelmslev tinha uma capacidade tremenda de criar modelos que ficavam praticamente restritos a ele e a alguns discípulos mais próximos. Fazia questão de mostrar a diferença entre o seu próprio pensamento e o pensamento de Jakobson.

Uma das ideias de Jakobson foi recuperar as oposições chamadas qualitativas, aquelas que estabelecem relação entre elementos contrários (por exemplo: preto / branco), que estabelecem polarizações. É a oposição que conhecemos em semiótica como contrariedade.

Outro tipo de relação é aquela denominada "oposição privativa", como por exemplo: nasalidade x não-nasalidade. Por exemplo, um fonema pode ser nasal ou não-nasal (o não-nasal pode ser uma série de outras coisas). Quando temos essa oposição privativa, um dos lados é marcado (por exemplo: o nasal) e o outro (não-nasal) é difuso.

17. Seria, talvez, como um Chomsky das décadas seguintes, sem contar com a universalidade do inglês e sem o *glamour* da participação política: só o método linguístico.

Portanto, em Jakobson temos as oposições entre termos contrários (por exemplo: A *versus* B) e o segundo tipo de oposição é entre A e não-A que é a oposição entre termos contraditórios[18]. Hjelmslev, por sua vez, diria que temos três categorias: A (uma categoria polar), B (o outro polo) e C (a neutralização de ambos)[19]:

| A | C<br>(neutralização) | B |
|---|---|---|

À guisa de comparação, podemos identificar as seguintes relações no quadrado semiótico:

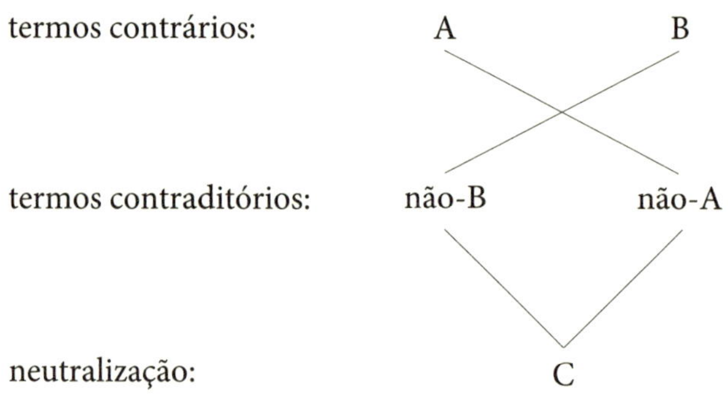


Para Hjelmslev, a única oposição importante de Jakobson era a oposição de um termo marcado e um termo difuso, mais por esse último do que pelo primeiro termo. Para o linguista dinamarquês, o fato de o termo ser marcado era apenas uma contingência que está dentro do fato de a maioria dos termos

18. Essas oposições propostas por Jakobson também podem ser verificadas no quadrado semiótico. Aliás, quando estudou isso, Greimas fez alusão a Jakobson (porque ele toma os dois tipos de oposição: a qualitativa e a privativa).

19. Novamente podemos pensar no quadrado semiótico: temos um polo, outro polo e a neutralização.

não ser marcada, ser difusa. Uma das formas de manifestação era a do termo marcado.

Ou seja, ele julgava inútil essa divisão de Jakobson. Ele considerava que era algo pouco profundo, sobretudo para o pensamento linguístico. Jakobson seguia o pensamento lógico, já Hjelmslev entendia que a linguística tinha um pensamento sublógico. E dessa "sublógica" hjelmsleviana é que surge um conceito extraordinário que agora está sendo recuperado com a devida importância, que é o conceito de relação participativa.

A relação participativa não é a oposição qualitativa nem a oposição privativa de Jakobson.

Tomemos, por exemplo, a frase "elas estão loucas". Se temos as categorias feminino, masculino e neutro, imediatamente, excluímos os homens porque são "elas" que estão loucas. Caso a frase fosse "eles estão loucos", tanto homens quanto mulheres poderiam estar inclusos.

Se utilizarmos um ponto de vista norte-americano e considerarmos que o cachorro também faz parte da família, o cão poderia figurar como o termo neutro. Então, supondo que tenhamos um homem, uma mulher e um cachorro, ao dizermos que "eles viajaram", o "eles" pode incluir as três categorias (o homem, a mulher e o cachorro). Esse é o caso da relação "participativa".

Temos, então, a seguinte situação: de um lado, o "A", quando dizemos: "elas estão loucas". De outro, quando afirmamos "eles viajaram", podemos ter "A+B+C". A sublógica da linguagem consiste em que ela dispõe de recursos que englobam elementos que deveriam ficar separados. Se o pensamento fosse estritamente lógico, aconteceria uma coisa ou outra. Mas, num pensamento sublógico, podemos ter, de um lado, um elemento destacado e, do outro, todos juntos.

| Termo intensivo – concentração | Termo extensivo – propagação |
|---|---|
| A | A+B+C<br>A+B<br>B+C<br>A+C |
| Concepção exclusiva | Concepção participativa |

Vamos tomar como exemplo o estudo da transitividade na linguagem. Quando falamos dos verbos transitivos diretos temos uma categoria (vamos chamar de categoria A) e, neste caso, nós deixamos de lado as outras categorias. O mesmo ocorre ao tratarmos dos verbos transitivos indiretos (categoria B), ou se passarmos para os verbos intransitivos (categoria C). Agora, quando dizemos que vamos estudar a transitividade, isso engloba todas as possibilidades, até o intransitivo.

Além disso, é possível combinar colocando de um lado A e do outro (A+B), ou, de um lado, A e do outro (B+C), e assim por diante. Todas as combinatórias podem ser feitas, mas sempre misturando. Essa é a concepção participativa: em um dos polos encontra-se o termo marcado, mas isso não importa porque o termo marcado também pode se associar com os demais termos, no outro polo.

Hjelmslev diz que a relação participativa é a mais comum na linguagem, não só paradigmaticamente como também nos discursos. Tentamos o tempo todo fazer com que um termo marcado (intensivo) seja introjetado na concepção participativa (extensiva), daí o interesse atual por essa proposta hjelmsleviana. O termo extensivo de Hjelmslev, por abrigar as relações participativas, acabou sendo identificado com a ideia do termo complexo, noção bastante explorada por V. Brøndal[20]. O termo complexo é, no quadrado semiótico, exatamente aquilo que incorpora tanto o elemento A quanto o elemento B.

Os exemplos que serão apresentados daqui para frente mostrarão que o termo complexo é aquele que depende dos elementos polares para se manifestar, mas que, na verdade, faz um trânsito entre os elementos. Há uma gradação entre eles.

Então, o que é um termo complexo? Por exemplo, se temos a oposição entre conjunção e disjunção, o termo complexo é junção. O que é junção? É um elemento que articula, necessariamente, conjunção e disjunção. Se estivermos indo em direção à disjunção, estaremos buscando junção. Se formos em direção à conjunção, também estaremos buscando junção. Se estivermos apenas na conjunção é porque está faltando disjunção. Se estivermos apenas na disjunção é porque está faltando conjunção.

20. Cf. C. Zilberberg, *Razão é Poética do Sentido*, São Paulo, Edusp, 2006, p. 74.

Não é possível desconsiderar o outro termo. Caso contrário o tripé despenca. Nenhuma grandeza pode corresponder eternamente à conjunção. É impossível! Não existe isso! Afinal, alguém ou algo só pode estar em conjunção se já esteve em disjunção, ou se ainda vier a estar no futuro.

Nota-se então que há semelhança entre a concepção participativa e o termo complexo. O termo complexo compreende tudo o que está entre a conjunção e a disjunção. Afinal, o que é uma narrativa? São os sujeitos deixando a conjunção e se dirigindo à disjunção ou vice-versa. Existe uma ideia de que, no fundo, sempre se busca a junção. A junção não significa que se busque só a conjunção.

Vou até apresentar a vocês um exemplo interessante de um conto do Guimarães Rosa, do qual eu gosto muito por se tratar de um verdadeiro conto teórico. É uma teorização do Guimarães Rosa que eu considero uma das mais próximas da semiótica tensiva. Aliás, Guimarães Rosa é inteiramente assim.

Esse conto tem um pensamento muito instigante sobre a função do destinador (actante narrativo) que, mais adiante, vamos analisar. O conto se chama "Nada e a Nossa Condição"[21].

No início da história, a figura principal – o personagem Tio Man'Antônio – demonstra estar em plena conjunção com todos os seus valores. Mais adiante, ele, na condição de destinador (aquele que faz fazer) busca a disjunção e vai se despojando dos valores e comandando o processo. Não é um antissujei-

21. João Guimarães Rosa, "Nada e a Nossa Condição", In: *Primeiras Histórias*, Rio de Janeiro, Ed. Nova Fronteira, 2001, pp. 129-140.

to que toma os valores, é ele próprio quem vai abandonando os valores para se deixar morrer. Até mesmo quando morre ele também não se deixa tratar. Continua conduzindo o processo, transformando-se em cinzas (a partir de um grande incêndio que atingiu sua casa durante o velório) pelas quais se encaminha ("senhor") para a terra.

Deve-se notar que, no começo do conto, ele coordena o processo em direção à conjunção e, depois, coordena o processo também em direção à disjunção. Portanto, o destinador não busca apenas a conjunção. Ele opera dentro da junção (busca tanto a conjunção como a disjunção), termo complexo.

Vejamos então como funciona o termo complexo[22] e a concepção participativa.

Vamos retomar a reflexão sobre a suposta desestruturação do modelo (aquela situação em que o tripé se desfaz). Quando polarizamos um dos elementos da estrutura complexa, podemos até pensar que estamos dando ênfase exclusivamente a esse elemento, mas, na verdade, estamos colocando em destaque o outro elemento que ficou de lado. Vejamos.

Se uma história fica muito centrada na conjunção começamos a sentir uma falta tão grande da disjunção que, se ela não despontar em algum momento do relato, a história pode se tornar monótona. Imaginemos uma cena de um filme qualquer na qual o herói tem tudo o que quer. O tempo vai passando e o herói continua tendo tudo o que quer (seu carro, sua casa, sua esposa, seus filhos, sua televisão etc.), o tempo vai passando e continua tudo bem, não acontece nada que interrompa ou ameace essa plenitude. Depois de uma hora, se constatarmos que o filme é isso, é provável que deixemos o cinema ou que depositemos nossa atenção em outra coisa. No fundo, o que acontece é que esse imaginário de algo em plena conjunção não existe. A disjunção faz falta, pois depende dela também o progresso narrativo.

O mesmo acontece com a relação disjuntiva absoluta. Ninguém suporta uma relação disjuntiva absoluta por muito tempo, até mesmo por uma questão psíquica. Ninguém aguenta estar em disjunção com tudo, com todos, em todas as situações durante a vida inteira. É impossível!

22. Como já dissemos, o termo complexo foi desenvolvido por V. Brøndal e está em sintonia com o conceito hjelmsleviano de concepção participativa.

Então, no fundo, quando se está em um dos polos chamamos a atenção para o que está faltando. Esse nos parece ser o alcance do conceito de termo complexo: se você fica muito tempo no polo "A", o polo "B" se agiganta de tal modo que ele supera o polo "A". O modelo precisa ter sempre o "formato de um triângulo". Quando se privilegia muito um lado, perde-se o formato do triângulo. Nesse caso, qual é a consequência imediata? O outro elemento instaura-se como falta, como algo necessário à continuidade.

Nas histórias, nas narrativas, o que acontece é uma alternância: se você está na conjunção, você busca a disjunção. Se o que predomina é a disjunção, você busca a conjunção.

Esse pensamento vem se mostrando interessante. O próprio pensamento científico, de certa forma, padece disso. Quando Saussure falou de significante e significado, o que aconteceu com os pesquisadores (ou com os linguistas da época)? Eles se impressionaram com o significante. O significante parecia uma coisa tão concreta, com uma estruturação interna tão lógica, que, se o significado pudesse ser concebido à sua imagem, as ciências humanas estariam resolvidas!

Por exemplo, no plano da expressão nós temos que o fonema /p/ é oclusivo, oral, bilabial, surdo. Se trocarmos um de seus traços distintivos (passando para oclusivo, oral, bilabial, sonoro), teremos, então, o fonema /b/. Se mudarmos outro traço (p/ ex: oclusivo, nasal, bilabial, sonoro) teremos o fonema /m/. Já imaginou se pudéssemos fazer a mesma coisa no plano do conteúdo? Se a mudança de um traço alterasse o sentido de tal maneira que tivéssemos o controle sobre o novo sentido, toda pesquisa semântica estaria resolvida. Então, ter o plano da expressão (o significante) como modelo científico virou uma verdadeira mania entre os pesquisadores. Pois, no momento em que começaram a estudar o plano da expressão em todas as suas minúcias (Jakobson entrou nisso com toda força) o plano do significado passou a ser a grande questão: o significado havia sido abandonado? Não existiria mais a semântica?

Ao invés de estudarem o signo como uma complementaridade entre o significante e o significado, como teria dito Saussure, os linguistas começaram a estudar só o significante, o que começou a desfazer o triângulo da complexidade. O significado passou, então, a ser a grande busca dos pesquisadores. Até Hjelmslev passou a estudar fartamente o plano do significado mostrando que havia figuras também no significado e que era possível estudar cientificamente tudo isso. Esse significado hipertrofiado acabou dando origem à Semiótica[23]. De qualquer forma, a semiótica abandonou o plano da expressão e só trabalhou com o plano do conteúdo. No fundo, ela trabalhou com a forma do conteúdo e a substância do conteúdo e tentou organizar o que vocês já conhecem: estrutura narrativa, estrutura discursiva, estruturas elementares, quadrado semiótico etc. Tudo isso é plano do conteúdo, não tem nada de plano da expressão.

O que aconteceu, então? No decorrer dos anos 1980 o significante começou a novamente chamar a atenção, como quem diz: que isomorfismo é esse que só estuda um lado da questão, só o lado do significado? Daí o surgimento da semiótica tensiva que, de certo modo, veio suprir esse abandono do plano da expressão, agora com outras bases epistemológicas.

Portanto, a semiótica tensiva pode ser chamada de "prosodização da semiótica", a transformação novamente da semiótica numa prosódia e não mais apenas numa questão de articulação do imaginário, embora o trabalho de articulação do imaginário que Greimas fez tenha sido extraordinário. Aquilo forneceu um material fantástico para a análise do texto, mas o plano da expressão havia sido abandonado. E o plano da expressão que eu digo é aquele que fornece parâmetros para se criar conceitos. Todos os conceitos da semiótica de Greimas são conceitos do plano do conteúdo. Não tem nenhum que seja removível para o plano da expressão.

A concepção participativa e o termo complexo são exemplos de conceitos que servem tanto para o plano da expressão quanto para o plano do conteúdo. Ou seja, a oposição intensivo / extensivo, por exemplo, serve para ambos os planos.

Outro exemplo: o mecanismo saussuriano da silabação, com seu fechamento e abertura da cadeia sonora, é bastante próximo do mecanismo narrativo que prevê paradas (provocadas pelo antissujeito) e continuidades (favorecidas pelo destinador). São critérios semelhantes para se analisar os dois planos da linguagem.

23. A semiótica greimasiana, por exemplo, só fala em significado ou plano do conteúdo. Não existe nada sobre o significante na semiótica. Algum interesse pelo significante foi esboçado no terreno da semiótica poética no início dos anos 1970, mas o projeto não deslanchou.

Como funciona a silabação? Ou você abre, ou você fecha. Você abre em direção à sonoridade vocálica e você fecha em direção aos diversos tipos de oclusão consonantal. Vejamos então uma palavra como "tiara". Temos uma abertura do "t" ao "i" e outra ainda maior do "i" ao "a". Não podendo abrir mais que o "a" a sonoridade seguinte tende a se fechar, nesse caso em direção ao "r" que, por sua vez, se deixa abrir em função do novo "a" que surge na sequência. Temos, assim, a seguinte configuração:

< < > < >
t ia r a

> < : indica uma fronteira silábica
< > : é o ponto vocálico

Quando estamos em um fonema já estamos abrindo ou fechando em direção ao fonema seguinte.

No caso da narrativa é a mesma coisa: se você está na crise da disjunção, ou seja, no estágio de fechamento, isso significa que você já está começando a tentar sair da crise. Você não vai ficar ali para sempre. Seu estado passional é o estado de elaboração de como sair da crise. Quando você sai da crise e passa para uma outra condição, digamos que você ganhe certo espaço e construa alguma duração agora no estado de conjunção. Mas à medida que esse novo estado se firma já se começa a sentir a ausência prolongada do estado anterior. Todos conhecem a expressão "estava indo bem demais, só podia dar nisso", empregada para caracterizar nossa expectativa quando estamos vivendo uma plenitude duradoura. A duração no estado eufórico também reatualiza a consciência do estado disfórico e nos deixa apreensivos, como se já tivéssemos absorvido a oscilação entre os dois termos como um ritmo humano natural.

Quando Greimas escreveu um livro (que é um livro semiótico, mas deve ser o menos lido de todos) intitulado *Des dieux et des hommes*[24] (*Deuses e*

24. Foi um livro encomendado sobre a mitologia da Lituânia, terra de Greimas. Ele não podia morrer sem escrever esse livro. Era um compromisso com os antropólogos. Por isso, em determinado momento, ele suspendeu suas propostas semióticas para escrever esse livro.

*Homens*), logo no começo da obra, ele diz que o crer é uma atitude relativa e não categórica. Manifesta-se como termo complexo. As pessoas têm tendência a crer e não crer ao mesmo tempo. Nossa própria relação com as coisas também funciona assim. Se você procura uma medicina alternativa qualquer, você acredita e não acredita ao mesmo tempo. É interessante esse jogo. A gente faz porque acredita, mas não faz muito porque não acredita tanto assim. Esse é um ótimo exemplo de um termo complexo (acreditar e não acreditar ao mesmo tempo).

Provavelmente, em outra oportunidade, eu já tenha falado a vocês sobre o final da música *Saudosa Maloca*, de Adoniran Barbosa, onde os personagens sofrem, são expulsos da maloca, vão dormir na grama etc. e por fim eles dizem[25]:

> E pra esquecer nóis cantemos assim:
> Saudosa maloca, maloca querida
> Dim dim donde nóis passemo os dias feliz da nossa vida.

Esquecer, como? Se eles voltam a cantar o estribilho que é a evocação da maloca? Certamente, esquecer nesse caso significa, ao mesmo tempo, esquecer os maus momentos e lembrar os bons. Então, esquecer significa também lembrar. Essa é a dimensão sublógica da linguagem. É o que fazemos o tempo todo nas poesias etc.: uma coisa quer dizer aquilo e o seu contrário ao mesmo tempo. Quase todos os termos podem vir a ser complexos, dependendo do contexto no qual são inseridos. Então, isso não é uma exceção.

Quando a gente tem aquelas noções clássicas de semissimbolismo (principalmente quem lida com artes plásticas), verifica-se que não há uma relação direta entre o plano da expressão e o plano do conteúdo, mas sim uma relação entre categorias da expressão e categorias do plano do conteúdo. Essa ideia vem do próprio Floch, que a formulou em seu primeiro livro *Petites mythologies de l'oeil et de l'esprit*.

Esse livro traz um momento bonito no qual o autor se reporta às considerações de Lévi-Strauss sobre a conhecida insatisfação de Mallarmé com a

25. Cf. L. Tatit, *Análise Semiótica Através das Letras*, São Paulo, Ateliê Editorial, 2001, p. 38.

língua francesa, pelo fato de a palavra *jour*, cuja sonoridade ele considerava opaca, significar dia, e *nuit*, que tem um aspecto fonético agudo, portanto mais brilhante, significar noite. Ele não se conformava com isso, como se fosse um defeito da língua.

Lévi-Strauss, por sua vez, diz que, para ele, esse problema não existe porque *jour* não transmite a ideia de opaco. Embora reconheça que *jour* se manifesta com fonemas graves e *nuit*, com agudos, Lévi-Strauss lembra que a palavra dia tem um o significado durativo (dia é sempre o que dura) e a noite não. A noite vem e corta o dia, então ela tem um sentido pontual. Tanto que (seja em francês ou em português) dizemos que "a noite cai". Nós não usamos a expressão "o dia cai". O dia dura, enquanto a noite cai e interrompe o dia. Assim, para o antropólogo, a noite é um elemento de interrupção, é uma parada (nos termos de hoje). E *jour*, dia, é uma continuidade, uma extensão. Sob esse ponto de vista as duas palavras são coerentes em francês (*jour* traduz uma duração grave e *nuit* corta, por ser agudo). Daí vem o pensamento de Floch (pelo menos, o fundamento que ele dá é esse) de que, no fundo, o lado grave está associado à duração e o lado agudo está associado à interrupção. Lévi-Strauss disse: "Temos aí uma pequena mitologia", o que inspirou Floch, dando origem ao nome do seu primeiro livro.

Um pensamento sublógico é muito próximo da mitologia. Ele cria relações através das categorias. Nesse caso, por exemplo, temos uma categoria temporal de interrupção e outra de extensão (duração) que serviu de elemento intermediário para o entendimento da relação entre dia e noite. Entre algo, digamos assim, mais grave, mais durativo, ou algo mais agudo e cortante. Ou seja: é necessário existir uma categoria intermediária para estabelecer uma relação entre as duas sonoridades. As duas sonoridades, na verdade, tem a ver com aqueles significados, quando tomarmos como categoria intermediária o tempo.

Isso é sistema semissimbólico. Nem simbólico, como as notações algébricas ou o jogo de xadrez, nem sistema biplano, como as línguas naturais, que apresentam conformidade entre plano da expressão e plano do conteúdo. No sistema semissimbólico, a conformidade se processa entre categorias dos dois planos. Mallarmé buscava essas categorias na equivalência entre agudo / grave no plano da expressão e claro / escuro no plano do conteúdo. Seu esquema entrava em contradição na medida em que a sonoridade predominante de *jour* (o [u]) era grave e o significado da palavra, claro (dia). *Nuit*, por sua vez, com o brilho agudo do som [i] representava a escuridão da noite. Lévi-Strauss, por outro lado, propôs uma associação do agudo com as ideias de corte, parada, interrupção, intervenção, e do grave com as ideias de duração, extensão. Aí ele conseguiu estabelecer uma relação entre as duas coisas, ou ainda, conseguiu compreender a motivação possível entre expressão e conteúdo nesse caso: a gravidade de *jour* indica que o dia dura, enquanto a agudeza de *nuit* indica que a noite interrompe o dia, fato verificável em expressões como "ao cair da noite".

Portanto, nas artes plásticas, ou em qualquer forma de arte, o artista cria categorias para que pareça haver relação entre o plano do conteúdo e o plano da expressão, uma vez que não há relação intrínseca, ou consensual, entre os termos dos dois planos. Originalmente o signo é arbitrário. No fundo essa busca de categorias é uma busca do termo complexo. O esforço que fazemos, tal e qual Lévi-Strauss, é para buscar a categoria que une uma coisa à outra, é uma tentativa de buscar o termo complexo que dá conta daquela relação.

Isso tem a ver com Hjelmslev, e não com Saussure, porque Saussure estava interessado nas diferenças e Hjelmslev estava interessado nas dependências. Diante de uma categoria simples como junção – disjunção e conjunção –, interessa a Saussure saber que conjunção é diferente de disjunção. Hjelmslev, por sua vez, quer saber da junção. O que interessa para ele é que há uma dependência entre junção, disjunção e conjunção, formando uma coisa só. O intuito de Hjelmslev é sempre buscar a relação participativa, mesmo quando não está tratando especificamente deste tema.

E o problema da Semiótica atualmente é o mesmo: descobrir a relação participativa, explicar como as coisas progridem a partir da busca do elemento comum. São mais procedentes as semelhanças do que as diferenças. Você só distingue coisas que tenham uma grande margem de semelhança[26]. Portanto, a procura é sempre do elemento que integra duas coisas para que elas

26. A gente compara um camelo com um dromedário porque têm uma grande margem de semelhanças. Dificilmente você vai comparar um camelo com um foguete, porque são universos completamente diferentes.

possam ser comparáveis. E esse elemento é sempre um eixo semântico complexo. Então, a busca pela categoria comum é a busca do termo complexo.

O grande modelo da narrativa – do sujeito que sai em busca de alguma coisa e encontra uma série de obstáculos – nada mais é do que uma tradução sintagmática dessa grande busca do termo complexo. Podemos entender isso dessa maneira. O termo complexo foi pensado primeiro paradigmaticamente mas, no fundo, nas narrativas, essa busca do termo complexo é sintagmatizada.

De que maneira isso ocorre? O antissujeito cria um problema, uma falta. Ele rouba alguma coisa, ele determina uma parada na continuidade do sujeito. Daí o sujeito recorre ao destinador. O destinador é o actante que não deixa parar, em hipótese alguma. Para o destinador, a narrativa não pode parar. Só pode parar no final, quando vai haver o julgamento.

O que faz o destinador? Ele tenta neutralizar a ação do antissujeito. Se o antissujeito criou uma parada, o destinador vai estabelecer a parada da parada. Alguém pode questionar: esse antissujeito então é um problema para o destinador? Não, porque o destinador já conta com isso. O destinador só tem o sentimento de progresso se existir o antissujeito, senão parece que o sujeito nada conquistou. Em outras palavras, ele precisa da descontinuidade imposta pelo antissujeito para construir sua continuidade. O destinador, na verdade, faz o sujeito fazer apesar do antissujeito. O antissujeito impõe um obstáculo, o destinador faz com que o sujeito o transponha.

E, o que é isso, afinal? Trata-se de procurar a cada descontinuidade estabelecer uma continuidade ou restabelecer o termo complexo, agora na dimensão sintagmática. Articula-se conjunção e disjunção como parte de um mesmo processo. O destinador fala sempre em nome da junção com um todo.

*****

Em determinados momentos, Guimarães Rosa parece ser mais feliz do que os semioticistas para explicar algumas dessas questões das quais estamos nos ocupando, até porque ele fica mais livre para escrever do ponto de vista literário. No conto “Nada e a Nossa Condição” podemos encontrar uma explicação muito mais clara. É aí que eu quero retomar algumas partes desse conto no qual o personagem principal é, como já dissemos, o Tio Man’Antônio.

Tio Man'Antônio é um fazendeiro, uma pessoa próspera, que vive muito bem na sua fazenda, não tem problema nenhum (é aquele caso que eu já exemplifiquei da conjunção. É uma conjunção tal que se fosse ficar assim o conto inteiro ninguém suportaria). O conto começa mostrando como são suas atitudes, como ele anda a cavalo, como chega em casa etc. Então, a princípio, ele é o sujeito da história. Mas, na verdade a gente acaba percebendo que ele não é só o sujeito. Ele é o sujeito e também se desdobra em destinador. Sua característica principal não é *fazer*, mas *fazer fazer*. E a gente só percebe isso quando há a intervenção do antissujeito.

Depois de contar como é Tio Man'Antônio e como tudo estava indo bem (como ele interagia com a paisagem local e tudo o mais), de repente, o texto inicia um parágrafo assim:

> Sua mulher, Tia Liduína, então morreu, quase de repente, no entrecorte de um suspiro sem ai e uma ave-maria interrupta...

Ao ver a recém-falecida com suas filhas em volta, Tio Man'Antônio toma a seguinte decisão:

> [...] com nenhum titubeio, mandou abrir, par em par, portas e janelas, a longa, longa casa. Entre que as filhas, orfanadas, se abraçavam, e revestia-se a amada morta, incôngruo visitou ele, além ali, um pós um, quarto e quarto, cômodo e cômodo.
>
> Pelas janelas, olhou; urgia a divagação...

Ao invés de chorar, ou de qualquer coisa que esperaríamos que fizesse diante do ocorrido, ele se apressa, como se tivesse sido mandado por alguém, em abrir todas as janelas e ficar olhando a paisagem em toda sua extensão. Houve um grande corte na narrativa, uma coisa que ele não controlava aconteceu. Em vez de demonstrar algum tipo de reação mais esperada em relação à morte, ele manda abrir todas as janelas e tenta enxergar o ponto mais longínquo possível da paisagem. Vislumbra a necessidade de abertura a partir do fechamento – da parada narrativa. Mas é literal: ele sai atrás de uma abertura.

O conto prossegue, o personagem contempla a abertura e imediatamente elabora um plano de mudar todo o aspecto da paisagem local (veja: ele já está pensando na transformação que aquilo vai ter). E, seguindo o rito da morte, ele se despede, chora, suas filhas ficam desesperadas (elas eram muito jovens), até que a filha mais nova pergunta: pai, diga pra mim uma coisa (aquele texto super lacônico, as personagens quase não falam) "...não haverá, para a gente, algum tempo de felicidade, de verdadeira segurança?" (por causa da morte da mãe). Ela no fundo está falando em nome da conjunção (será que temos a segurança de que teremos conjunção por toda a vida?) e a resposta dele é a mais inesperada possível: – "Faz de conta, minha filha... Faz de conta..." Ele fica quieto e a filha aceita, sente-se satisfeita com a explicação.

"Faz de conta" é uma resposta carregada de sentido se formos pensar nessa ideia. Quer dizer: se você não tem um motivo semântico para continuar, faça de conta que tem, abra a próxima etapa e depois a gente vê como vai preenchê-la. Eu nunca vi uma solução mais puramente sintáxica. É uma sintaxe pura: abra e depois você vai ver qual é o elemento semântico que pode preencher esse aspecto. Por enquanto, pensa Tio Man'Antônio, temos que abrir as janelas e ver qual é a próxima etapa. Tudo isso está implícito no "faz de conta".

Depois desse dia, toda vez que se depara com um problema, ele diz: "faz de conta", quer dizer: passe para a próxima etapa e depois a gente vê como resolvê-lo. E ele manda mudar todo o aspecto do local, cortar árvores, pôr outras coisas no lugar, grama etc. Uma de suas três filhas não se convence totalmente e lhe pergunta: mas você não acha que isso seja atentar contra o nosso sentimento de saudade? Afinal essa era a paisagem que sua mãe tanto apreciava. E, quando a gente pensa que ele vai dar uma explicação, apenas responde: – "Nem tanto, filha... Nem tanto...".

"Nem tanto" quer dizer que não chega a esse extremo de tragédia que a filha estava querendo colocar. "Nem tanto" significa ficar entre um termo e outro mas não chegar ao termo polar. "Nem tanto" é uma duração. Veja que clareza para dizer qual é sua função como destinador. Ele tem que fazer com que a coisa caminhe sem atingir os extremos porque nos extremos ele não sabe ainda o que vai acontecer. A única certeza que tem é que existe um extremo e esse é inevitável: a morte (da qual toma consciência com o desaparecimento de sua esposa). Ele sabe que um dia essa morte vai atingir a todos. E se a morte vai atingir a todos eles têm que se prevenir. Ao mesmo tempo, não pode contar isso para a filha porque ela é, evidentemente, uma jovem que tem a vida inteira pela frente e isso lhe seria pesadíssimo. É o final de um percurso que só o destinador pode saber. O sujeito não pode saber disso.

Seria mais ou menos como se nós conhecêssemos a data da nossa morte. Seria insuportável para nós. A gente atribui isso a um Deus, ou a alguma entidade superior que sabe, mas a gente não precisa saber. Afinal, saber é próprio do destinador pois ele é um actante presente na hora que começa e na hora que termina a narrativa. Ele faz com que o sujeito não perca seu rumo (essa é a sua função) e não permaneça nas situações de parada. Cada vez que surge o antissujeito, o destinador faz com que o sujeito transponha a barreira. Daí, então, repetir "faz de conta" até para os próprios empregados do casarão.

Na condição de destinador ele faz todos os seus empregados trabalharem para mudar a paisagem. E, às vezes, na condição de sujeito, ele trabalha junto. Mas, é sempre ele quem está coordenando. Os empregados também lhe fazem perguntas, e quando vê que o pessoal está cansado, ele vira para todo mundo e diz: "faz de conta, minha gente" e aí o pessoal continua mais um pouco. O "faz de conta" é um recurso sintáxico que serve para tudo.

Depois de algum tempo ele percebe que se quiser administrar o restante de sua vida vai ter que assumir a própria disjunção, porque no final tudo acaba. Ele sabe que no fim vai ter que se deparar com a morte e se desprender dos valores. A partir de então, Tio Man'Antônio começa a conquistar a disjunção, e não mais a conjunção.

As filhas se espantam quando, além de não se entregar ao luto, o pai se dispõe a dar uma festa para comemorar o dia de Tia Liduína. Ele convidou os primos de suas filhas que acabam se apaixonando por elas (tudo é tramado por ele), casando, e levando-as da fazenda. Esta é a segunda disjunção (a primeira foi pela perda da esposa), tanto afetiva como de bens porque elas se vão e levam consigo muita coisa da fazenda. E a frase seguinte diz que Tio Man'Antônio ficou só, mas não triste, ou seja, já é um projeto eufórico ficar sozinho, já faz parte do seu plano. Agora ele vai coordenar a disjunção. Então, não entra mais o antissujeito.

O que significa coordenar a disjunção? Significa não dar mais espaço para o inesperado. Como a morte da Tia Liduína o pegou de surpresa ele não quer mais isso, ele quer que tudo seja organizado como uma espera (espera é semioticamente o contrário de surpresa). Espera é poder planejar as etapas sem ser surpreendido pelo antissujeito, porque o antissujeito é aquele que pega de surpresa. Então, para afastar o antissujeito ele programa a própria disjunção, para que nem disjunção seja um ato do antissujeito.

O trabalho do destinador nesse caso é estabelecer a continuidade onde houver descontinuidade. Ele mesmo vai coordenando todo o processo: além de casar as filhas, Tio Man'Antônio distribui os lotes de sua terra entre seus empregados, ou seja, cumpre mais uma função do destinador. Doa as terras aos empregados. Mas, como teme que os empregados não tenham experiência para conduzir o processo (afinal é complexo lidar com uma fazenda enorme, com despesas etc.), ele doa, mas continua no comando das atividades.

Tio Man'Antônio é uma figura que dá segurança para os empregados porque sabe o que fazer com a terra (e até mesmo porque os empregados nem entendem direito porque ele fez a doação). Exerce uma função de destinador e os próprios empregados estranham aquilo. Ao mesmo tempo, a presença dele incomoda: – afinal, ele deu ou não deu as terras? Ele doou mas ficou controlando, vigiando o que os empregados vão fazer com a terra.

A definição do que é um destinador estabelece que esse actante pertence ao universo transcendente, de onde pode conhecer e supervisionar todos os valores de uma determinada cultura, incluindo a atuação do sujeito em busca de valores que foram perdidos no universo imanente (porque o sujeito caminha no universo imanente, que é o universo do texto). O destinador é sempre o representante de um universo transcendente (algumas vezes coincide com a sociedade, outras vezes coincide com o governo, com o rei etc). Não importa a figura que semantize o destinador, sua única função é fazer o sujeito continuar, aconteça o que acontecer.

A história continua. Ao distribuir suas terras, Tio Man'Antônio escreve tudo para oficializar a doação e para evitar que depois os empregados tenham problemas com outros antissujeitos que poderiam entrar com processos ou coisas desse tipo. No final do conto Guimarães Rosa diz que Tio Man'Antônio "Morreu; fez de conta". Mesmo a morte ele programou, "fez de conta". Daí houve uma cerimônia, os empregados ficam apavorados: como pode um ser daquele morrer? (afinal, ele tinha uma dimensão transcendente. Por isso, é um conto sobre o universo transcendente). Mas, de qualquer forma, eles, com muito respeito, põem o corpo do patrão no centro da maior sala da casa, a única propriedade que ele manteve para si. Não possuía mais nada. Podia morrer simplesmente pois já tinha programado a própria morte. Então, seus auxiliares preparam os castiçais, as velas, fazem todo o ritual e ficam rezando do lado de fora.

Por fim, acontece uma cena parecida com a cena pós-morte de Cristo, relatada pela Bíblia. Só que, ao invés de ser uma tempestade, um terremoto ou algo assim, a casa incendiou-se de repente (provavelmente caiu uma das velas e pegou fogo) sem ninguém lá dentro. Só o corpo. Então ele vira cinzas. E, mesmo depois de virar cinzas ele mantém a função (no sentido semiótico do termo) e o texto termina assim:

> Até que, ele, defunto, consumiu-se a cinzas – e, por elas, após, ainda encaminhou-se, senhor, para a terra, gleba tumular, só; como as consequências de mil atos, continuadamente. Ele – que como que no Destinado se convertera – Man'Antônio, meu Tio.

O "Destinado" seria equivalente ao nosso destinatário-sujeito e se comporta como tal mesmo depois da morte (afinal, destinador não morre; na verdade, ele morreu como sujeito[27]). Observe que trabalho interessante com a questão da narrativa. O destinador é aquele que não deixa parar, portanto, o destinador é o elemento que toma conta da relação complexa (só que no eixo sintagmático e não no paradigmático).

*****

A relação participativa, ou complexa, é um pressuposto do pensamento dinamarquês (Hjelmslev / Brøndal) que está presente, especialmente hoje, na ideia de continuidade. Continuidade *versus* parada é a grande solução que se tem atualmente para entender o que acontece num plano mais abstrato que o plano da narrativa.

Eu gostaria de mostrar como já existem conceitos atualmente em semiótica que advêm desse raciocínio que desenvolvemos aqui, muito embora nem

27. Existe até mesmo uma diferença marcada no texto: quando ele ocupa a função de sujeito o texto refere-se a ele como se fosse um príncipe, quando ele é destinador, é como se fosse um rei.

sempre isso esteja claro. Por exemplo, estamos nos deparando o tempo todo com o conceito de foria. Greimas introduziu essa articulação, euforia / disforia, como termos da categoria tímica. Isso não trazia boa motivação porque, embora todas essas noções passem pela ideia de "humor", os radicais eram totalmente diferentes.

Atualmente a tendência é que a foria seja articulada em euforia e disforia, portanto como termo complexo, e não a timia. Timia é até um termo interessante, mas não tem a mesma articulação, não é muito operativo e é por isso que está sendo gradativamente substituído.

A noção de foria congrega dentro de si a euforia e a disforia, portanto uma tensão entre elementos opostos. É como a junção, que tem dentro de si a tendência à conjunção, mas, ao mesmo tempo a tendência à disjunção. Isso nada mais é do que o princípio da tensividade. No fundo a tensividade é correlata e corolária (de certa forma) do termo complexo. Tudo o que estamos vendo de relações tensivas e tensão entre uma coisa e outra advém também da categoria complexa. É a categoria complexa que nos faz entender que uma coisa está em tensão com a outra, porque reconhecemos a categoria que subsume os dois termos inferiores. Por exemplo:

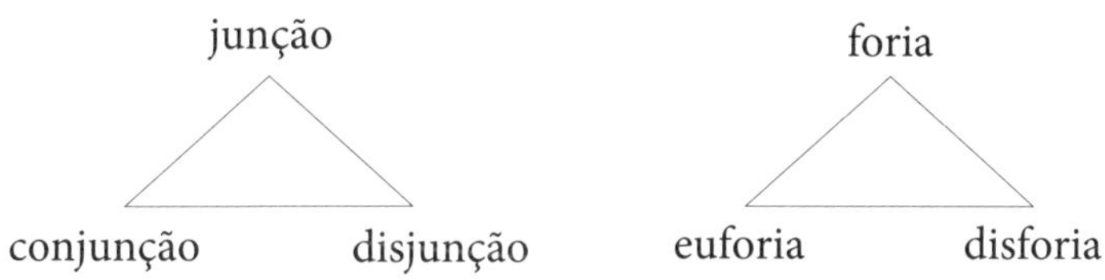


Trata-se de um caso análogo às noções de programa e antiprograma narrativo. No fundo, a tensão já vem disso: todo momento de uma história ou de uma narrativa é um ponto de tensão na medida em que há um confronto entre o sujeito e o antissujeito. O sujeito tem como elemento auxiliar o destinador. E o antissujeito, o antidestinador, e, evidentemente, todas as categorias actanciais formadas simetricamente, em espelhamento. O antissujeito tem seu antidestinador, seu antiadjuvante, e assim por diante.

De qualquer forma, em todos os lugares da cadeia sintagmática há um conflito entre o sujeito e o antissujeito, e aí existe a base de uma tensão. Esse conflito entre sujeito e antissujeito tem a mesma natureza da oposição entre euforia e disforia ou entre conjunção e disjunção. No fundo, o princípio complexo, ou o princípio participativo, é o princípio que une coisas opostas e coisas contrárias. Tensividade, então, está ligada à complexidade.

Hoje existe a tendência de entender a figuralidade, no plano da expressão, como correlata à afetividade no plano do conteúdo. Dessa maneira, as articulações que a gente descobrir no plano da expressão (sejam elas plásticas ou musicais, aí tanto faz a substância da expressão) participarão de uma categoria afetiva no plano do conteúdo. Por exemplo, algumas associações entre linhas e cores (no campo das artes plásticas) ou algumas associações entre motivos em música podem estar vinculados a alguma categoria afetiva do ponto de vista do conteúdo.

Se pensarmos numa maneira de entender a afetividade, talvez a forma mais lúcida de se tratar essa categoria seja por meio da noção de andamento, pois nela estão as variações velocidade, os retardos e as antecipações. Todas as categorias passionais têm uma cifra temporal. O êxtase é mais rápido do que a alegria que é mais rápida do que a felicidade, ou seja: quase todos os elementos afetivos estão associados a um grau de velocidade. Isso é interessante porque se tivermos a categoria temporal como parâmetro para analisar a situação afetiva do texto contaremos com um elemento complexo, uma categoria, no sentido semissimbólico, para depois estabelecermos relação com o plano da expressão. Essa busca do termo complexo, no fundo, é uma busca do ponto de tensividade do texto. E, esse ponto de tensividade muitas vezes vai contar com a ajuda das articulações temporais.

O andamento articula-se em aceleração e desaceleração. Essas categorias de natureza temporal ajudam muito na compreensão do plano do conteúdo. O plano do conteúdo sempre tem a ver com questões de espera e de surpresa. O ajuste entre uma coisa que você gostaria que acontecesse e o tempo que ela demora para acontecer realmente revela o seu coeficiente de desespero, ansiedade, angústia etc. Há uma relação de velocidade. A pessoa que chega mais rápido àquilo que está querendo pode ter uma sensação maior de prazer. Ao mesmo tempo, pode não ter a mesma sensação se chegou rápido demais e não aproveitou as etapas que conduzem a esse mesmo lugar.

É comum que o artista de vanguarda tenha uma visão eufórica do fenômeno da surpresa, mas nem sempre ela se manifesta dessa forma. A surpresa, em geral, é um sentimento disfórico. Tais artistas se comprazem em produzir surpresa para os outros não para si próprios. Como já estão há tempo trabalhando numa determinada obra, tudo ali já lhes é familiar. Para quem recebe a surpresa, nem sempre é agradável.

Diante disso, qual é o recurso que temos para evitar o impacto da surpresa? Transformá-la em algo desacelerado, não há outro jeito. Tem gente que vai tentar "entender melhor", vai ler alguma coisa a respeito para se aprofundar no assunto ou para compreender aquela forma de expressão artística etc. Entender melhor é uma maneira de desacelerar. Vai se inteirar de outras obras do mesmo autor para ver se consegue estabelecer um elo e, portanto, desacelerar o processo. Diante de toda aceleração surpeendente o que nos resta é o trabalho de desaceleração para amainar o impacto. Isso em todos os campos.

No caso do público que ficou chocado com uma obra, o que acontece é parecido com a reação dos próprios artistas quando em contato com obras de vanguarda produzidas em outro campo.

Mário de Andrade tem um romance, na verdade incompleto, mas que foi editado em livro, intitulado *O Banquete*. Esse livro traz um exemplo significativo porque o personagem Janjão – que é um compositor de vanguarda comprometido com a música revolucionária de sua época – fica horrorizado quando vê uma arquitetura audaciosa de Oscar Niemeyer rompendo com todos os cânones que vigoravam até então. Quer dizer: aquela arquitetura para ele é horrorosa! Aquela proposta de casa residencial nem lhe parece ser de fato uma casa. No entanto, Janjão, na sua área, é um compositor de vanguarda que choca todo mundo com sua produção. Ou seja, a surpresa atinge sempre quem pertence a outra área. Nesse sentido, a surpresa é sempre disfórica, incomoda.

A desaceleração é o mecanismo profundo de reconstrução da espera. A gente diz "espera" no nível narrativo. No nível tensivo, é a desaceleração. A aceleração, a rapidez, é o elemento que produz descontinuidades, saltos de etapas. A desaceleração "corrige" a continuidade refazendo-a etapa por etapa em termos gradativos. Precisamos de gradação. Todas as vezes que temos rupturas na nossa vida, instala-se um vão, um vazio que precisa ser reocupado. Precisamos entender o que aconteceu nesse meio tempo pois o ser humano concebe sua identidade como uma progressão histórica sem grandes lacunas. O inesperado quebra a tendência que temos de construir nossa própria narrativa de vida. Por isso dizemos que nosso imaginário rejeita as surpresas para preservar sua espera construída à imagem da própria identidade. Toda ruptura no processo de espera repercute subjetivamente como ruptura de identidade. A recuperação da espera pressupõe, em nível mais abstrato, a desaceleração, a progressão gradativa.

Vida é duração. A gente sempre quer durar um pouco mais. E, tudo que interrompe, de certa forma, nos lembra a morte, e talvez seja por isso que a surpresa soe desagradável. É como se não tivéssemos entendido porque aconteceu aquilo na nossa trajetória. Então precisamos desacelerar para recuperarmos a continuidade vital.

Em linguagem tensiva e ainda fazendo uso do velho e bom quadrado semiótico, podemos dizer que a tensão é o termo complexo que subsume um potencial mínimo e um potencial máximo de intensidade emocional. Pressupõe que entre esses termos polares possa haver numerosos graus de perda ou aumento da mesma tensão. O potencial mínimo compreende uma continuidade (quase) absoluta, sem qualquer interrupção, das etapas previstas pela espera. Um sujeito nessas condições saboreia o *relaxamento* possível, quase irreal, para uma história de vida: uma continuidade que continua sem nenhuma ameaça de retração.

Entretanto, pela própria natureza do termo complexo, um polo não se sustenta sem a manifestação, por menor que seja, do polo oposto. Na vida corriqueira, também já estamos acostumados com a interrupção desses estados de plena continuidade como se introjetássemos um ritmo regular de alternâncias que não admite um estado que se prolongue indefinidamente. Aquilo que continua deve, mais cedo ou mais tarde, parar. É o que chamamos de *contenção*, a parada da continuação, muito adequada à noção de surpresa. Acontece que essa parada pode ser apenas uma interrupção pontual, mas pode também estender-se por algum tempo, como se a surpresa tivesse espessura. Dizemos, por exemplo, "ainda estou sob o impacto daquela experiência...". Mais que a contenção, o que temos aqui é uma *retenção*, a tensão em seu potencial máximo. É quando a parada continua, às vezes como trauma, na vida do sujeito.

Mas esse extremo também está sujeito à interrupção pelas razões já vistas. A *distensão* desse polo de tensão se dá na forma de uma parada da parada ou retomada da continuidade. À medida que essa distensão se prolonga configura-se novamente a continuação da continuação, vista como relaxamento:

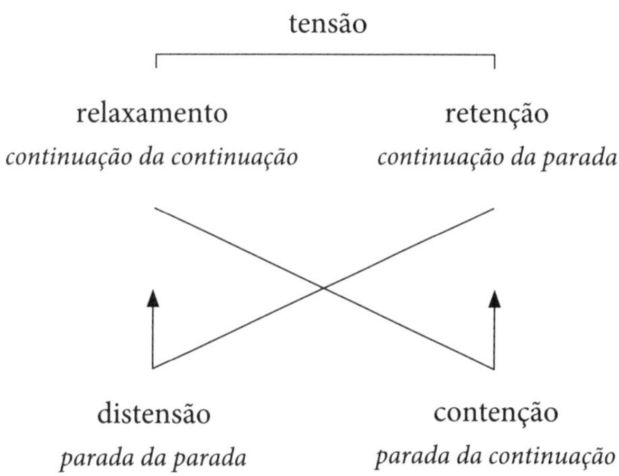


No mundo cotidiano, a pessoa que tem as coisas organizadas, dentro de uma programação, parece relativamente tranquila, mas o antissujeito não nos deixa ficar tranquilos por muito tempo. Nesse sentido, o relaxamento é quase uma hipótese teórica com fraca possibilidade de manifestação.

A vida da gente começa com uma parada. Bachelard diz que "tudo começa com uma descontinuidade". Só temos a ideia de continuidade porque antes houve a descontinuidade. Valéry, por sua vez, diz que "tudo começa com uma parada". A própria imagem que temos do corte do cordão umbilical é uma ruptura e tudo começa ali. E é disfórico, tanto que o bebê chora... e aí começa o sofrimento. Daí por diante a gente tenta reconquistar o paraíso perdido. Todos os mitos falam disso. No princípio, há o problema, a descontinuidade, depois você tenta superá-lo. Daí a noção de sentido, tão crucial para a semiótica. A gente só vai atrás da superação de alguma coisa na medida em que a gente vê sentido naquilo. O sentido é sempre direção. Para você retomar o sentido que foi rompido, é necessário reconquistar a direção para algum lugar. Direção, por sinal, é um termo hjelmsleviano.

O destinador, por exemplo, protege o tempo todo a direção assumida pelo sujeito. É ele quem zela por essa direção para que o sujeito não mude de projeto narrativo. Essa ideia de direção é fundamental para o estabelecimento de uma meta narrativa. Ocorre que o antissujeito procura conturbar essa programação, estabelecendo os desvios.

Atualmente, trabalhamos com uma perspectiva extensiva, onde o elemento intensivo é sempre local. Dentro de uma narrativa temos nichos de elementos intensivos, mas todos organizados por um horizonte extensivo que é esse que tem a intenção de chegar em determinado ponto. E o portador desse conhecimento na narrativa é o destinador. Ele é aquele que sabe tudo. O sujeito sempre depende desse conhecimento, por isso, é conduzido pelo destinador. O sujeito sempre precisa pedir ao destinador um certo saber que lhe falta. O destinador é o actante que tem consciência da meta.

Podemos chamar os valores da continuidade de valores fóricos e os valores de recorte de valores escalares, aqueles que estabelecem escalas. Em geral, esses valores escalares são dados pelo antissujeito porque é ele quem faz o sujeito parar ao longo na narrativa. Mas o destinador precisa do antissujeito para constituir a noção de progresso. Se não dispusesse das paradas também não teria como apresentar a superação das paradas (parada da parada). Nesse sentido, o destinador precisa do antissujeito para que ele faça o programa narrativo evoluir, caso contrário não se perceberia que a história progride. Sem os obstáculos hão há sensação de progresso. É preciso ter a disjunção e a conjunção senão você não sente que a narrativa prosperou.

Valéry chega a dizer que "pensamos dentro de limites", eu penso em um assunto enquanto ele tem pertinência para aquilo que estou levando em consideração. Se eu estivesse falando sobre futebol neste momento, questões teóricas não viriam ao caso. Então, eu penso dentro de limites. Ao mesmo tempo, dentro de um pensamento eu penso de um ponto até outro. O pensamento tem uma duração, eu penso de um lugar a outro, de uma coisa a outra (seria no inglês o *from-to*). Temos, portanto, os limites, que são os elementos pertinentes da escolha do pensamento, e a duração interna. Isso nada mais é do que aquilo que já vimos: os pontos extremos de algo e, ao mesmo tempo, sua duração interna: é uma aspectualidade, que tem a ver com os valores fóricos. E, foria, pelo que estamos vendo, significa esse fluxo de continuidade que toda a narrativa acaba adotando.

Para V. Brøndal, o termo complexo produz uma espécie de relação sintagmática (e...e) sobre termos contrários que, em princípio, entretêm a relação ou...ou. Esta última tem como princípio a exclusão e aquela, a participação (Hjelmslev).

Vejamos agora como essas noções se processam se levarmos em conta o andamento temporal e a aspectualização. A aceleração estabelece a parada, por isso tem tendência exclusiva. A desaceleração é a que reincorpora, por isso tem tendência participativa. A desaceleração incorpora coisas que foram abandonadas. A aceleração corta, é pontual. No fundo, a aceleração é intensiva e a desaceleração é extensiva. Vejam como todo raciocínio pode ser identificado com o pensamento de Hjelmslev.

Valéry chega a dizer que "toda vez que há dualidade em nosso espírito, há tempo". Exatamente porque nós pensamos de uma coisa a outra. Essa dualidade não significa que estejamos pensando em duas coisas ao mesmo tempo, e sim que estamos pensando de um limite a outro da mesma coisa. Isso indica que há um tempo entre eles. Se o primeiro momento do pensamento é uma parada, o segundo momento já é a parada da parada, a tentativa de retomar a continuidade até que surja nova parada.

No caso da frase: "Chegou um menino com uma bola na mão. O menino estava com uma camisa azul". O artigo indefinido "um" localiza um elemento novo. Já o artigo definido "O" retoma algo já sabido, pois o tal menino já havia sido apresentado. O artigo indefinido introduz e o artigo definido retoma. Então, o primeiro é intensivo, enquanto o artigo definido é extensivo por retomar a continuidade. O artigo definido é anafórico, no sentido de se reportar ao que já foi introduzido anteriormente. Trata-se, mais uma vez, do jogo entre a parada (a introdução) e parada da parada (a reincorporação). Portanto, a categoria "artigo" define-se como termo complexo que depende da articulação entre indefinido e definido para existir.

*****

E assim podemos verificar que a dimensão extensional da linguagem, proposta pela linguística dinamarquesa, que às vezes aparece como expoente, elemento extensivo, participativo, extenso, termo complexo etc., é o motor da semiótica atual. Por meio de sua composição triangular, numerosas células tensivas tem servindo de base para a nossa reflexão:

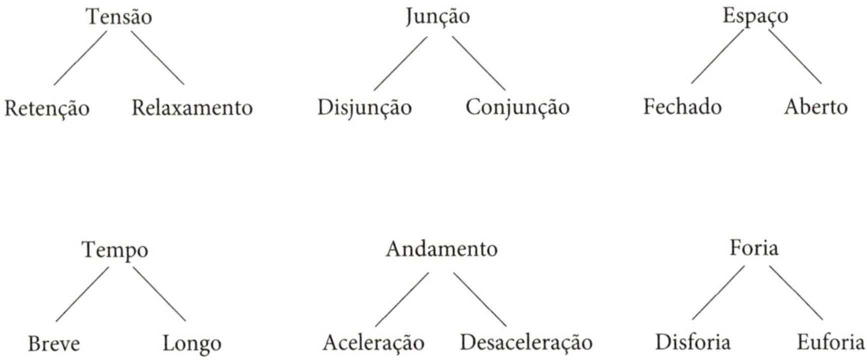


Tensão, junção, espaço, tempo, andamento e foria são exemplos de conceitos do nível profundo que funcionam como categorias complexas.

Claude Zilberberg propôs, em um capítulo extraordinário[28], que está no livro *Razão e Poética do Sentido*, uma oposição que ele mesmo abandonou, mas com a qual ele trabalhou amplamente durante certo tempo. O autor elaborou a noção de missividade (assim como a foria, o sentido de "missivo" se reporta à condução de alguma coisa). Temos as palavras transmitir, emitir, remeter que possuem a mesma formação do verbo latino *mittere*. A categoria missiva é assim articulada:

28. "Para Introduzir o Fazer Missivo", em Claude Zilberberg, *Razão e Poética do Sentido*, São Paulo, Edusp, 2006.

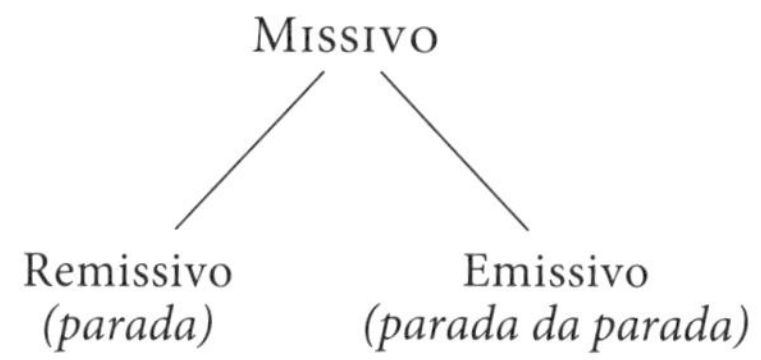


O elemento remissivo diz respeito ao corte, à parada. O emissivo é exatamente a parada da parada. A proposta de Zilberberg, nesse capítulo, é que as categorias descritivas acomodadas no nível profundo do percurso gerativo tenham esse caráter sintáxico e nunca o perfil semântico que lhes foi atribuído por Greimas, quando adotou os termos universais de Lévi-Strauss (vida e morte, natureza e cultura etc.).

A pesquisa metodológica da semiótica consiste em buscar os valores sintáxicos que estão por trás dos valores semânticos investidos no discurso. Semiótica é uma busca da forma do conteúdo e da forma da expressão e forma diz respeito à sintaxe, à gramática ou ao sistema. Destacamos a sintaxe porque nossos objetos, hoje em dia, são todos analisados em sua continuidade sintagmática.

O raciocínio é o mesmo que desenvolvemos para o termo complexo. O emissivo e o remissivo seriam valores a serem selecionados pelo sujeito da enunciação no nível mais profundo possível, ou seja, em última instância o sujeito seleciona valores remissivos e valores emissivos com dominância de uns sobre os outros. Se houver um excesso de valores remissivos, por exemplo, certamente isso chamará atenção para os valores emissivos que estão faltando. Caso haja predominância dos emissivos (ou eufóricos), certamente os remissivos é que vão fazer falta.

De certo modo, os elementos emissivos se identificam com a força de continuidade do texto (por exemplo, aquela promovida pela função de destinador narrativo), assim como os elementos remissivos se confundem com as operações de descontinuidade (típicas do antissujeito). Mas dependendo da linguagem analisada, podemos organizar esses valores visando os recursos teatrais, musicais, plásticos, cinematográficos, enfim, todas as linguagens podem ser erigidas sobre valores missivos.

Na hora da análise é importante perceber que sempre quando há a predominância de valores mencionada, os valores recessivos podem estar prestes a despontar em algum lugar ou momento do texto. Às vezes, tais valores são depreendidos do que o texto pressupõe, outras vezes do que o texto deixará transparecer em seu decurso, quando já não estão atuando paralelamente, de forma sub-reptícia. Os valores deixados de lado estão ali implícitos no que o sujeito está enunciando. Enfim, ao se constatar a prevalência de um dos valores, há que se procurar saber imediatamente onde está o seu contrário complementar.

No nível modal, vamos ter os elementos missivos instruindo modalidades. Em geral, os elementos emissivos instruem as modalidades do querer, às vezes do dever e quase sempre do poder, no seguinte sentido: o querer é sempre uma configuração do tipo que começa e continua. O poder é algo que já começou mas precisa manter a continuidade. Quando o dever tem sentido de querer (às vezes você está fazendo algo, não porque quer, mas porque é obrigado a fazer) isso também desencadeia uma ação. Uma criança que não gosta de estudar e é obrigada, por exemplo, está fazendo por dever mas está fazendo. Nessa acepção, o dever tem a mesma estrutura do querer.

Existe, no entanto, um outro dever que é aquele que impede o excesso e que está em frases como: "Você está indo longe demais!", "Você não pode fazer isso!", "Você está intervindo em algo que não é da sua alçada" etc. Esse é um outro tipo de dever. É um dever que interrompe, portanto, instruído pelo fazer remissivo. O programa vem se desenvolvendo e ele fecha o programa e manda recomeçar. Esse é o dever propriamente ético. O dever ético suspende a ação e manda começar outra vez.

O saber, por sua vez, tem um sentido de avaliação. O saber também vem dos elementos remissivos, tanto quanto o dever ético, pois está sempre fazendo avaliação. Saber é sempre uma avaliação do que passou. O próprio destinador julgador não faz nada além de exercer um saber sobre o percurso do sujeito, avaliar se o sujeito tinha competência, se ele foi bem-sucedido etc. Sempre a avaliação é uma retomada do que passou. O saber também tem uma configuração de interrupção. Mas ele não interrompe como o dever ético e manda começar outra vez. Ele interrompe e depois retoma. Por exemplo, um herói qualquer que está em plena atividade e, de repente, tem que parar para entender o que aconteceu. Um Indiana Jones qualquer que naufragou e foi jogado em uma ilha. Ele tem que parar, pensar sobre o que aconteceu, porque foi parar lá, como deve continuar etc. Daí ele retoma. Mas ele tem que fazer uma avaliação para tornar consequente sua retomada.

Quem está fazendo uma tese, por exemplo, que é uma aventura também, tal qual a do Indiana Jones, está num determinado ponto da tese em que é necessário parar, rever as modalidades, os papéis, para depois concluir: o saber é essa constante avaliação que você faz do seu próprio percurso para poder continuar. Portanto, o saber tem um sentido também remissivo.

Os valores remissivos instruem num nível modal o dever ético e o saber. Os valores emissivos instruem num nível modal o dever no sentido de querer, o próprio querer e o poder. O poder, metaforicamente, é a dose de potência que o destinador injeta no destinatário quando este claudica.

Esses valores, emissivos e remissivos, instruem as modalidades que, por sua vez, instruem, no nível narrativo, o percurso do sujeito. O sujeito que está bem equipado mantém seu percurso em andamento. Mas, o que é um sujeito bem equipado? É o sujeito que tem competência, e o sujeito que tem competência é o sujeito que tem um bom destinador.

No fundo, é o destinador, representante do nível transcendente, que vai instruir a competência do sujeito e vai fazer com que ele mantenha a continuidade. O destinador é o maior responsável pela continuidade. Portanto, é um actante que desperta o querer, o dever (no sentido de querer) e que sustenta o poder.

Nesse sentido, elaboramos uma trajetória sintáxica. Estamos partindo da continuidade (emissiva) e da descontinuidade (remissiva) e vendo como isso instrui os demais níveis do percurso gerativo. Por enquanto, só pela via sintáxica. Não interessa ainda quem vai ser o destinador, ou as relações sociais que aqui se desencadearam, pois esses problemas são de natureza discursiva[29].

No nível narrativo, como já deixamos entender, temos o destinador como o actante que absorve os valores emissivos, e o antissujeito como o actante

29. O que distingue a semiótica de Greimas como uma teoria bem embasada é justamente seu vínculo metodológico com a linguística de Saussure e Hjelmslev, antes de receber os influxos de outras áreas, entre as quais a antropologia, a filosofia e, mais tarde, a estética. Os princípios semióticos vêm lá dos elementos intensos (e intensivos) e extensos (e extensivos) de Hjelmslev, que acabaram por gerar tudo isso que estamos vendo.

que absorve os valores remissivos, aquele que faz parar. A narrativa precisa dos dois, senão não há narrativa. Um faz parar e o outro faz continuar, antissujeito e destinador.

É interessante entender esse destinador como um actante transcendente. Essa ideia de destinador transcendente, Greimas chegou a abordar no *Du sens* (e tem umas duas passagens no dicionário em que ele também a menciona), mas não a desenvolveu. Ele só diz que esse destinador é de uma instância em que os valores são incontáveis, mas não desenvolve essa ideia. Destinador transcendente é aquele que não deixa o sujeito parar em hipótese alguma. Nada pode deter o sujeito comandado pelo destinador. Ele absorve a continuidade e o antissujeito absorve a descontinuidade. É desse impacto que saem as narrativas. Portanto, a natureza desse impacto é tensiva, representada por diferenças modais e ao mesmo tempo pelo choque de valores remissivos e emissivos.

Já no nível discursivo acontece tudo o que não é semiótico e também o que é semiótico. No nível discursivo a continuidade e os valores emissivos são representados pela isotopia, que é um conceito greimasiano. Isotopia nada mais é do que uma iteração sêmica, que sustenta a continuidade da significação no nível discursivo. Pelos sememas que se reiteram ao longo do texto compreendemos sua temática e suas figurações básicas.

O representante dos valores remissivos no nível discursivo diz respeito àquilo que divide o discurso. São as debreagens. Evidentemente, é um representante fraco, não é forte como o antissujeito, na narrativa. Mas as debreagens estabelecem limites e constituem assim uma das importantes formas de divisão do texto. Greimas considera as debreagens como os elementos sintáticos do discurso. As isotopias, semânticas, e as debreagens, sintáticas. Sintáticas exatamente por definirem escalas (quem entra, quem sai, quem faz o que, quem diz tal coisa) são recortes que se estabelecem no nível discursivo.

Evidentemente, cada texto vai fazer o percurso gerativo à sua maneira. Cada texto vai unir à sua maneira modalidades, actantes e as próprias isotopias. Mas, de um modo geral podemos ter isso como básico para começar a análise. Que tipo de valor predomina nesse texto?

Então, vejamos: quando vamos analisar um sistema semissimbólico, qualquer que seja a sua natureza, essas etapas, sobretudo a tensiva (às vezes, a tensiva e a modal) são comuns ao plano da expressão e ao plano do conteúdo.

Se temos, por exemplo, um projeto plástico em que predomina uma cor difusa (por exemplo, um azul que vai se clareando e desaparecendo no horizonte do quadro) evidentemente é uma escolha emissiva. Agora, se nos deparamos com um quadro completamente secionado, com oposições, com limites muito claros entre os seus elementos, evidentemente houve uma tendência a dar prioridade aos valores remissivos. Se um desses valores foi escolhido em detrimento do outro, em algum outro momento da análise o que foi deixado de lado tende a reaparecer. Isso se chama reaparecimento por sub-repção. O elemento deixado de lado, na verdade fica sub-repticiamente presente, o que significa que ele pode reaparecer a qualquer momento. Caso contrário, não seria possível articular os elementos da análise.

Esses são os elementos gerais passíveis de aplicação à análise daquilo que podemos chamar de sistemas sincréticos ou semissimbólicos. Evidentemente, variam as abordagens se tratarmos de música ou de objeto plástico. São casos diferentes, um tem o tempo como base e o outro tem o espaço. Mas os princípios são os mesmos. A parada, no tempo, corresponde ao recorte, no espaço. A parada da parada, no tempo, corresponde à abertura, no espaço. E um se reporta ao outro no decurso da análise.

Provavelmente, os planos – seja no desenho ou na pintura – funcionam como aberturas enquanto os limites funcionam como fechamento, como ocorre na divisão silábica. Só que na divisão silábica você percebe o tempo fluindo e no desenho nem sempre. No fundo seu olhar está sendo jogado dos limites para as durações o tempo todo. Você bate os olhos num limite no quadro (o que eu estou chamando de limite é um traço qualquer) e esse traço o reporta ao que ele está delimitando, um plano, por exemplo. Mas os seus olhos não ficam no plano, eles vão em busca do limite seguinte para que você possa identificar a figura em foco, o que ela representa, onde ela acaba etc. Você chega ao outro limite ou volta ou procura ainda outro limite, e assim você fica dançando entre os planos (que são extensões) e os limites (que de certa forma são recortes).

Tudo isso ajuda a pensar de um modo sintáxico no problema do semissimbolismo ou de qualquer texto de qualquer natureza. Por fim, eu acho que o que Hjelmslev acabou trazendo tanto para a semiótica quanto para a linguística (o que não foi aproveitado na linguística está sendo aproveitado agora na semiótica) foram os grandes universais da linguagem, pensados de uma forma ainda paradigmática naquela época, que, se forem devidamente adaptados à sintagmática dos textos, serão de grande valia para a semiótica.

No pensamento de Hjelmslev já havia menções de que aquilo poderia ser sintagmatizado e estendido à dimensão do texto, tanto que o autor já falava em direção. Mas ele não conseguiu (talvez por não ter elementos na época para isso) propor a coisa dessa forma. Daí a razão pela qual a revisão que alguns pesquisadores fazem atualmente dos trabalhos de Hjelmslev esteja chamando tanto a atenção dos que não consideram acabado o modelo de Greimas e pretendem aprimorá-lo dentro da própria epistemologia em que foi constituído.

Transcrição realizada por Sérgio Robert Sant'Anna de palestra proferida no Ciclo de Pesquisas Sociossemióticas (PUC-SP) e publicada em *Documentos de Estudo*, editora CPS, 2007 [rev. 2014].

# Chega de Embalar a Saudade

As comemorações dos cinquenta anos da bossa nova têm prestado justas homenagens e informado os mais jovens do interesse do movimento, mas têm também enfadado seus ex-participantes e especialistas com a onda de mitificações e solicitações própria desses momentos. Em entrevista recente publicada pela *Folha* (07/07/08), o músico João Donato chegou a dizer: "Eu não aguento mais falar de bossa nova. Eu gosto é de jazz".

Como pode um movimento que veio para combater os excessos cancionais de uma época soar agora como excessivo aos ouvidos de alguns de seus criadores e mesmo a uma parcela do público?

A bossa nova, centrada na figura de João Gilberto, promoveu realmente uma espécie de decantação na nossa música de consumo da década de 1950. Eliminou ou atenuou todos os recursos que lhe pareciam desnecessários, chegando a uma espécie de canção essencial, livre de exorbitâncias. Diante do padrão impostado dos cantores de samba-canção, ela apresentou um volume de voz bem próximo da fala cotidiana. Diante dos vastos contornos melódicos das músicas românticas hegemônicas, ela sugeriu a drástica redução das curvas, compensando-as com acordes dissonantes. Nesse sentido, o caminho harmônico substituiu em parte o caminho melódico sem perder a força emotiva. Diante do complexo percussivo que compõe a ala da bateria de uma escola de samba, ela se ateve principalmente ao contratempo do tamborim[1]. Diante do jazz, gênero que encantou toda aquela geração de músicos, a bossa nova acolheu a harmonia, mas desprezou o improviso – instrumental ou vocal – que lhe parecia afastar-se demais do formato cancional implantado no Brasil desde os anos de 1920.

Mesmo a letra da bossa nova sofreu sensível atenuação retórica e temática, justamente para debelar o tom pseudoparnasiano que predominava nas canções de amor daquela época. No afã de abrandar os assuntos tratados, os letristas chegavam a infantilizar seus conteúdos, falando, muitas vezes, de "barquinho", "bolinha de sabão", "pato", "lobo mau", "trenzinho", "bim bom" etc. Mas, independentemente desses casos extremos, a meta era a criação de letras em torno da temática "o amor, o sorriso e a flor", que virou título de um dos discos seminais do movimento. O que passasse disso já era exagero.

João Gilberto, o maior mentor dessa triagem estética, tinha como principal referência os sambas-sambas das décadas anteriores, cujas melodias e letras limitavam-se a evocar o famoso ritmo, enaltecendo ora diretamente o gênero, ora seus símbolos imediatos, como a baiana, a mulata, a ginga, o pandeiro, o violão etc. Nessas canções, enquanto a melodia executava as divisões típicas do samba, a letra comentava os seus efeitos nos corpos dos personagens. Podemos pensar em *Samba da Minha Terra*, *Falsa Baiana*, *Morena Boca de Ouro*, *Acontece que Eu Sou Baiano*, *A Vizinha do Lado*, todas elas composições muito mais influentes na bossa nova que o imenso repertório do jazz norte-americano.

Todos conhecemos bem a história do movimento. Houve uma fase de intervenção intensa na cultura brasileira que durou em torno de cinco anos. No final desse período, já tínhamos outro panorama cancional: João Gilberto e Tom Jobim tinham se mudado para os EUA, enquanto boa parte dos demais compositores se engajava na luta contra a ditadura militar que dera o golpe em 1964. Já não havia mais clima para o amor nem para o sorriso e muito menos para a flor. A ordem era o combate por meio das canções, das carrancas sérias e, em casos extremos, até com a substituição das flores

1. Ver sobre esse tema o livro de Walter Garcia, *Bim Bom: A Contradição sem Conflito de João Gilberto*, São Paulo, Paz e Terra, 1999.

por armas. Formava-se uma espécie de partido musical, a MMPB (Moderna Música Popular Brasileira), que atuaria nos festivais da canção e se oporia à descompromissada jovem guarda e, mais tarde, aos "alienados" tropicalistas.

Evidente que as novas funções musicais exigiam dos artistas uma retórica e um engajamento ideológico totalmente incompatíveis com o projeto bossa-novista. A leveza sonora e poética sucumbiu diante do peso político das composições militantes que, carregadas de mensagens, recobraram o excesso semântico, agora numa linha bem distante das juras amorosas dos anos de 1940 e 1950. Desde então, não existe mais a bossa nova "intensa", aquela que interveio com uma proposta clara de lapidação de nossa música de consumo e cujo repertório estava totalmente a serviço de si mesma.

Ficou, porém, a bossa nova "extensa". Esta se infiltrou na dicção de numerosos artistas que entraram em cena a partir da década de 1960, às vezes no modo de tocar violão (Chico Buarque, Paulinho da Viola e Gilberto Gil, em sua primeira fase), às vezes na emissão do canto próxima a da linguagem oral (fase inicial de Roberto Carlos e de Gal Costa, Nara Leão, Rita Lee, Adriana Calcanhoto, Fernanda Takai) e, principalmente, nos gestos de triagem sonora promovidos por artistas identificados com o som volumoso. Podemos citar Cazuza, mas também todos os participantes do projeto "acústico" lançado pela MTV brasileira. Gilberto Gil, Titãs, Jorge Ben Jor, Lulu Santos, entre outros, tiveram seus momentos bossa-nova ao mostrarem ao público suas canções em estado quase puro.

É essa a bossa nova, já impregnada em nossa cultura musical, que desempenha funções indispensáveis na decantação do rico repertório brasileiro. É essa a bossa nova que faz contraponto com as sucessivas misturas de gêneros e estilos que hoje viraram moda no mundo das canções. O gesto de mistura, procedente do tropicalismo, é crucial para a fecundidade artística, mas só atinge o seu melhor rendimento quando coexiste ou se alterna com o gesto de triagem herdado de João Gilberto. Em outras palavras, precisamos da mistura das diferentes dicções para mantermos o vigor da canção brasileira, mas precisamos também das triagens periódicas que nos levam ao âmago das composições e dos estilos.

Mas os processos de assimilação ao longo do tempo não merecem comemoração nem são reconhecidos com facilidade. Não há como celebrar a bossa nova inerente às canções produzidas nos nossos dias nem mesmo a bossa nova presente na criação atual de representantes do movimento, como João Donato, Marcos Valle, Roberto Menescal ou mesmo João Gilberto (que vem, aliás, aperfeiçoando o seu canto em níveis impensáveis à época do surgimento da bossa). Esses artistas agradeceriam bem mais se o interesse dos ouvintes fosse pelas obras que realizam hoje.

Acontece que só sabemos comemorar datas pontuais ou períodos de intervenção que demarcam rupturas históricas. Por isso, sempre festejamos as mesmas músicas, os mesmos fatos e os mesmos símbolos. Realmente, às vezes cansa!

*O Estado de S. Paulo*, "Aliás", 17/08/2008.

# Quem Canta seus Dotes Suplanta

Interpretar uma canção significa desvendar seus valores latentes e trazê-los ao ouvinte no decorrer da execução. O compositor que se lança como intérprete das próprias canções tem boas chances de revelar uma parte expressiva desses valores, mas nem mesmo ele chega a esgotar as possibilidades de sentido inscritas na obra. São as diversas interpretações que prolongam a vida das canções, sobretudo quando mobilizam aspectos sensíveis da relação entre melodia e letra que já estavam ali desde o ato de composição mas em estado dormente. São os intérpretes que despertam esses conteúdos.

A pretexto de examinar as vozes que veicularam as propostas de inovação musical dos grupos paulistanos dos anos 1980, os representantes da chamada "vanguarda paulista", Regina Machado acaba elaborando um trabalho pioneiro de investigação do papel do canto na formação de todo o nosso repertório popular midiático. Realmente, a independência dessas bandas em relação ao mercado de disco da época propiciou a exploração de recursos vocais distantes do padrão vigente e, ao mesmo tempo, comprometidos com as necessidades expressivas de cada canção. As soluções artísticas que daí brotaram foram decisivas para sugerir à autora critérios descritivos até então desconhecidos no âmbito das práticas vocais ou das aulas de canto voltadas à produção de consumo.

Sem desprezar a tradicional "técnica vocal" ensinada nos conservatórios ou nas escolas de música, Regina consegue definir sua função e seus limites na breve história da canção brasileira, que começou com os aparelhos de gravação aqui introduzidos já do período republicano. Pouca coisa dessa técnica caracterizou de fato o trabalho dos cantores que fundaram nosso repertório cancional. Baiano, Francisco Alves, Carmen Miranda, Mário Reis, Aracy de Almeida, Orlando Silva e tantos outros forjaram, eles sim, uma técnica de canto que não consta dos manuais de iniciação, mas que foi inteiramente absorvida pelo arqui-intérprete João Gilberto e redistribuída a seus sucessores nas últimas cinco décadas de música brasileira. Autores-cantores como Chico Buarque, Roberto Carlos, Caetano Veloso, Djavan, Cazuza, Arnaldo Antunes e cantoras como Nara Leão, Gal Costa, Marisa Monte ou Adriana Calcanhoto são herdeiros diretos desse modo de cantar que até hoje não foi devidamente estudado.

Ao analisar as relações entre composição e interpretação nas experiências sonoras, por vezes extremas, dos artistas do Lira Paulistana, do compositor-*performer* Arrigo Barnabé, e, especialmente, das cantoras Ná Ozzetti, Tetê Espíndola, Suzana Salles e Vânia Bastos, a autora deparou-se com as duas outras relações que inevitavelmente se apresentam nas pesquisas sobre a canção: o elo entre melodia e letra e as oscilações entre recursos musicais e recursos prosódicos. Levando em conta a atuação simultânea do que chamou de níveis *físico*, *técnico* e *interpretativo*, Regina identifica as expressões, as ampliações e mesmo as modificações que o canto produz no âmago da composição, variando seus centros de gravidade e suas ênfases de sentido.

Quem canta está sempre expandindo e concentrando melodias. Expande nos andamentos desacelerados, às vezes de maneira descontínua, quando há saltos intervalares ou alterações bruscas de registro (grave / agudo), às vezes de maneira contínua, seguindo os tons das escalas ou criando progressão gradual de motivos. Essas descontinuidades e continuidades causam reflexos imediatos nas letras que falam de separações, desencontros amorosos, saudades ou, ao contrário, de procuras, encontros e satisfações. Mas o canto também concentra melodias nos andamentos rápidos, mais apropriados para a configuração dos motivos recorrentes e dos próprios refrãos. As letras, nesse caso, tendem a celebrar os estados de euforia, a dança, a festa e toda sorte de sensação de plenitude. Quem canta aciona intuitivamente todos esses conteúdos nascidos da interação de melodia e letra.

Por outro lado, quem canta também fala, diz coisas. Há, na melodia, uma entoação subjacente. Há, por trás dos versos, uma prosa linear que depende dos três ou quatro minutos de duração da música para caracterizar um estado emocional particular. Esse perfil bidimensional da canção foi não apenas realçado, mas até mesmo encenado pelos cancionistas do bairro de Pinheiros. Itamar Assumpção e seus *backing vocals*, para ficarmos num único exemplo, praticaram o canto-falado por mais de duas décadas de carreira, friccionando a estabilidade musical na instabilidade entoativa, e só agora os seus resultados incomuns vêm sendo absorvidos pela mídia, não sem a providencial mediação de grandes cantoras que sabem suavizar a radicalidade do seu gesto interpretativo original para sensibilizar setores menos iniciados do público. Itamar apenas pôs em evidência os pontos extremos das operações, musical e entoativa, que estão presentes de forma atenuada e mesclada em todas as canções de consumo. Quem canta está sempre integrando essas operações.

Consciente de todas essas facetas que respondem pela construção do sentido na canção, Regina redimensiona o papel da voz na veiculação do fino repertório que erigiu a sonoridade brasileira. Pode-se depreender de seu texto que a interpretação, em nosso país, jamais se reduziu a um timbre de voz atraente nem à capacidade técnica do virtuose. Sempre esteve associada à revelação de conteúdos cifrados pela composição. Por aqui, quem canta seus dotes suplanta.

Regina Machado, *A Voz na Canção Popular Brasileira: Um Estudo Sobre a Vanguarda Paulista*, São Paulo, Ateliê Editorial, 2011.

# Amor de Tônica

O sonho de uma língua portuguesa unificada na ortografia foi ganhando contornos de realidade no final do século XX. Como não poderia deixar de ser, esse desejo passou por fases em que a audácia das propostas não condizia com a sobriedade exigida nessas situações. Afinal, o que estava em jogo era nada menos que a uniformização da escrita do nosso principal código cultural.

Uma dessas fases deu-se por volta de 1986. Entre as sugestões de mudança figurava a eliminação do acento nas palavras proparoxítonas. Se para boa parte dos gramáticos e lexicógrafos a proposta soava descabida – tanto que não vingou –, para um poeta como Paulo Leminski (1944-1989) a ideia parecia no mínimo excitante. Dizia ele que por afetar a "substância" da língua, ou pelo menos o registro gráfico da substância sonora da língua, tal reforma poderia ter "consequências imprevistas" no âmbito da poesia. Só por isso já valia a pena: "E se disse 'imprevistas', só posso estar dizendo 'positivas', já que a poesia, de certa forma, é nada mais, nada menos, que um ramo rico da Surpresa, movimento da linguagem em direção ao Desconhecido", escreveu o poeta paranaense, em *Ensaios e Anseios Crípticos*[1].

Tal como Stéphane Mallarmé (1842-1898) e nossos concretistas, Leminski era um poeta adepto da arte surpreendente, aquela que rompe a ex-

1. Cf. Paulo Leminski, *Ensaios e Anseios Crípticos*, Curitiba, Polo Editorial do Paraná, 1987, pp. 26-28.

pectativa do público e desestabiliza suas convicções, provocando tumultos subjetivos que só serão aplacados com a assimilação gradativa dos conteúdos a princípio inesperados. Em outras palavras, era adepto da arte que nos obriga a acelerar o tempo interior, normalmente comprometido com a espera. Trata-se, nos termos de Paul Valéry (1871-1945), da arte que *já* está onde *não* estamos *ainda*[2].

Nesse sentido, diante das possíveis mudanças da nossa escrita, o artista já vislumbrava a consumação de uma intrigante tendência natural da língua portuguesa: as proparoxítonas acabariam se transformando em paroxítonas. As surpresas e subversões já começariam por aí. A palavra "exército", por exemplo, viraria "exercito". Isso não só acarretaria confusão com a conjugação da primeira pessoa do verbo exercitar, mas sobretudo degradaria o próprio substantivo: por analogia a diminutivos em geral, como "chiquitito", exercito poderia fazer alusão a um "exército bem pequeno". Nada melhor para "subverter os códigos de registro".

O que nos chama a atenção nesse interesse de Leminski pela malograda reforma ortográfica dos anos 1980 é a sutil correspondência que o poeta traça entre "surpresa" e "variabilidade da tônica", como se essas noções fossem sintomas da identidade natural entre significado e significante valorizados pela reforma. A poesia seria então beneficiada com associações imprevistas provocadas pelo deslocamento constante das sílabas tônicas. A nova condição é assim resumida, no mesmo texto, pelo autor de *Catatau*:

> Nesse aspecto a Reforma vai provocar um colapso no sistema sonoro fundamental do verso e da rima, baseados na vogal da sílaba tônica. É de tônica em tônica, de vogal tônica em vogal tônica, que se tece a fina teia aracnídea da poesia. Esta Reforma introduz um ruído, uma indeterminação, na tônica (alô, alô, Dona Tonica, amor de tônica, fica?).

O destaque da tônica na sequência linear do significante linguístico constitui um ponto de apoio decisivo para que um poeta estabeleça o ritmo sonoro do seu poema. Essa espécie de ritualização fonética do texto tem como contrapartida a efetivação da "espera" no plano do conteúdo. Quanto mais regular se apresenta um sistema de acentuação, maior o seu rendimento no

2. Cf. Paul Valéry, *Cahiers*, t. 1, Paris, Gallimard / La Pléiade, 1973, p. 1290.

controle das expectativas geradas pelos versos. Por outro lado, se tivermos que incorporar a mobilidade imprevisível da tônica, o acento fortuito estará sempre subvertendo qualquer sistema proposto pelo enunciador. Evidente que, para os autores comprometidos com uma poética da espera, essa mobilidade acentual é vista com reserva. Para Leminski, eterno aficionado da poética da surpresa, essa tônica móvel viria a calhar.

Sem saber da existência do poeta brasileiro, o grande semioticista lituano Algirdas Julien Greimas (1917-1992) propôs na mesma época algumas reflexões estéticas que parecem reproduzir o pensamento de Leminski em versão europeia. Em sua obra intitulada *Da Imperfeição*, publicada em 1987 na França, ele também se serviu da noção de "tônica", procedente do plano da expressão (significante), para propor o que chamou de "sintaxe da vida aceitável", uma ordenação com a qual o sujeito integraria a surpresa como componente essencial do seu plano do conteúdo. O que é ritmo no significante corresponderia então ao que é sintaxe no significado. Escreve Greimas: "Para evitar que a iteração das esperas degenere em monotonia, é concebível um arriscado deslocamento da acentuação: uma síncope tensiva, realizando antecipadamente o tempo forte e uma delicadeza em obséquio da espera do outro; ou ainda um *sostenuto* prolongando a espera, acompanhado de inquietude, porém, revigorando o tempo forte ainda esperado. A turbulência assim criada revaloriza então o ritmo esgotado"[3].

Em outras palavras, a própria tônica se atoniza ao aparecer sempre no mesmo ponto da cadeia fônica, assim como a surpresa vira espera quando constantemente programada para criar novidades em nosso cotidiano. As artes de vanguarda do século XX, pelo menos as que não escondiam certa compulsão pelo pioneirismo em seu campo de atuação, talvez tenham experimentado ao longo do tempo uma atonização da surpresa que pretendiam causar. Isso decorreu, segundo Greimas, da sua "ambição totalizante", da ânsia de abarcar todas as esferas da vida do sujeito. Se pudéssemos conviver com um inesperado menos ambicioso, inscrito em fragmentos do espaço e circunscrito a períodos efêmeros, talvez conseguíssemos, de acordo com o semioticista, chegar pouco a pouco ao essencial da beleza estética, a partir apenas da valorização dos detalhes presentes no cotidiano.

3. Cf. Algirdas Julien Greimas, *Da Imperfeição*, Hacker Editores, São Paulo, 2002, pp. 86-87.

A tonicidade foi aos poucos ganhando estatuto de categoria geral para a análise não apenas dos acentos tônicos dos versos, mas sobretudo do sentido gerado nos textos e em nossas práticas do dia a dia. Contribui atualmente para que a semiótica possa "mensurar" de algum modo o grau de impacto emocional das experiências humanas e sua influência na seleção ou na mistura dos conteúdos abordados pelo sujeito.

A canção brasileira de hoje tem alterado a tônica de percepção dos conteúdos universais. O amor, por exemplo, que sempre foi tratado de modo narrativo como um sentimento associado aos estados de disjunção e conjunção, ou ainda, de desencontro e encontro, pode aparecer nas letras atuais como um processo engenhoso de descontinuidade e continuidade. Diz assim a canção *Que Me Continua*, de Arnaldo Antunes e Edgard Scandurra, do CD *A Curva da Cintura*, de 2011: "Se ando cheio / Me dilua / Se estou no meio / Conclua / Se perco o freio / Me obstrua / Se me arruinei / Reconstrua". A melodia é invariável assim como são estáveis os pontos de rima. Tudo vira pano de fundo (o esperado) para que achemos a tônica num outro lugar, na sequência de compensações implicativas (se faço isso, compense dessa outra maneira), como se a continuidade das ações do "eu" nas ações do "você" substituísse a simples união.

Já Chico Buarque, em seu disco *Chico*, lançado no ano passado, repleto de novas associações de melodia e letra, consegue atonizar uma pequena passagem da letra de *Tipo um Baião*, para que a tônica se transfira ao componente musical. Faz desse trecho um refrão em que as palavras apenas refletem a confusão mental do enunciador ("E agora, eu / Não sei agora / Por quê, não sei / Por que somente você / Não sei por quê / Somente agora você vem"), enquanto sua voz se engaja numa "levada" musical totalmente imprevista diante da regularidade do acompanhamento pausado (não-ritmado) que vigorava até então. Como se precisasse de um sambinha ligeiro só para dizer os versos citados. Esse deslocamento do ponto de ênfase transporta o ouvinte para o plano da expressão onde o inesperado rouba a cena, já que o assunto no plano do conteúdo quase não evolui.

Esses modos de tratar o amor, para ficarmos em dois exemplos, eram inconcebíveis nas canções criadas até os anos 1970. Aos poucos, nessas últimas décadas, os cancionistas vêm deslocando o ponto tônico de suas canções e sugerindo aos ouvintes outras formas de apreensão, como se dissessem, paralelamente, "vocês que me continuam".

E o mesmo Chico chegou a sugerir há alguns anos que o formato da canção talvez estivesse se esgotando. Mas era só sugestão.

"Sobre Cultura", Suplemento Trimestral da Revista *Ciência Hoje*, nº 293, vol. 49, junho de 2012.

# Afinação do Sentido no Progresso Semiótico

## Primeiros acordes

Ao destacar que na língua só há *diferenças*, Saussure criou as bases de um pensamento relacional que não apenas favoreceram o nascimento de diversas concepções sistêmicas nas teorias da linguagem do início do século XX, como também exportaram aos demais domínios das ciências humanas a necessidade de uma metodologia de cunho *estrutural*. Para o linguista suíço, a língua internalizada pelo falante era um sistema de signos, homogêneo em sua totalidade, mas distintivo e significativo quando examinado no âmbito dos seus termos e relações. Embora levasse em conta as semelhanças que tornam os objetos comparáveis, Saussure via em suas oposições a verdadeira fonte do sentido.

Seguidor fiel de Saussure, o dinamarquês L. Hjelmslev adota, ainda com mais rigor, o pensamento relacional, mas, em vez das diferenças, chama a atenção para as *dependências* internas que asseguram a conformidade do sistema geral. Mais sintagmática do que paradigmática, a teoria do linguista de Copenhague já previa uma concepção de texto na qual os dados locais se integram na construção global e dão origem a um sentido coerente. Nesses termos, para Hjelmslev, mais importante que o sistema de signos era o processo de significação, ou seja, a construção do sentido a partir dos discursos.

Em sua primeira grande pesquisa de método para a análise do sentido nos textos, lançada com o título de *Semântica Estrutural* (1973), edição original de 1966, A. J. Greimas concebeu sua famosa "estrutura elementar" da significação conciliando diferenças e dependências no mesmo modelo e se posicionando diante das orientações linguísticas da época que hesitavam entre, de um lado, abordagens contínuas e evolutivas e, de outro, perspectivas descontínuas e sistêmicas. Como já deixa entender no seu tema de pesquisa, Greimas adota o enfoque estrutural, fundado nas relações e oposições sêmicas, como o único capaz de promover uma descrição científica da linguagem. Abandona a visão histórica, mas reincorpora o conceito de continuidade como parte categorial da própria estrutura elementar: ao mesmo tempo que constatamos uma nítida distinção entre, por exemplo, pera e maçã, reconhecemos que há continuidade entre ambas no interior da categoria "fruta". Esta ocupa, portanto, a posição definida pelo semioticista como "eixo semântico", espécie de cruzamento que reúne continuidade e descontinuidade na mesma célula estrutural.

Tal célula tornou-se também o embrião da teoria narrativa cujas bases foram lançadas pelo escritor lituano no mesmo volume: as conjunções e disjunções entre actantes nada mais eram então que a expansão ao longo do texto das semelhanças e diferenças já contidas no eixo semântico (nesse caso, a "junção"). Greimas traçava um paralelo evidente entre os conceitos de "semelhança", "continuidade", "conjunção" e, ainda, "identidade" (Greimas, 1973: 29) para caracterizar o que havia de comum entre dois termos e, consequentemente, já deixava implícitas as noções de "diferença", "descontinuidade", "disjunção" e "alteridade" para explicar a apreensão das distinções.

Essa tradição da semiótica greimasiana é bem conhecida, mas o progresso teórico que posteriormente desembocou nos estudos passionais, estésicos e estéticos das últimas duas décadas deixou uma lacuna poucas vezes mencionada, e quase nunca bem explicada, por seus pesquisadores. A recuperação dessa espécie de elo perdido, entre a semiótica do *fazer* e a semiótica do *ser*, encontra-se, a nosso ver, num pequeno artigo escrito pelo semioticista brasileiro Edward Lopes num período em que surgiam as primeiras propostas para um estudo metódico das paixões (Lopes, 1989/1990).

Segundo este autor, já existe uma historização no âmago da estrutura elementar que faz com que todo sujeito seja não apenas um *ser* (sujeito de estado com suas crenças e competências modais), mas sobretudo um *ser em transição*, que transporta em si a própria história. Explica que, pelo princípio da identidade e na qualidade de *ser*, esse sujeito é sempre um pouco do que já foi no passado e embrião do que virá a ser no futuro; pelo princípio da alteridade e na qualidade de *não-ser* (pois o sujeito nunca está completo), esse sujeito não é mais o que foi no passado nem é ainda, plenamente, o que virá a ser no futuro.

É nessa acepção temporal de estrutura que enxergamos a primeira analogia com o conceito de acorde musical, na medida em que as notas que o compõem mantêm entre si relações de consonância (identidade), baseadas em intervalos de terça, quinta, sexta e oitava, ou de dissonância (alteridade), baseadas em intervalos de segunda, sétima e versões aumentadas e diminutas. O acorde também deve ser avaliado como um ser em transição no interior do sintagma da obra, já que suas funções (subdominante, dominante, tônica etc.) se alteram de acordo com a tonalidade geral acusticamente depreendida na evolução da peça. Numa sequência em que a tonalidade ampla se caracteriza como Sol maior, por exemplo, os movimentos cadenciais em torno do acorde G (o próprio sol, suas relativas menores, mais os acordes de dó e ré) só reiteram a identidade tonal da música facilitando o seu reconhecimento como tal. A inserção de intervalos alterados nessa sequência de acordes nos apresenta o *não-ser* da obra, ou seja, a alteridade que nos leva a constatar que a música presente só se completará de fato quando incorporar a música ausente. Isso ocorre no sistema tonal toda vez que se executa uma modulação.

## Acordes isotópicos, narrativos e passionais

O tonalismo tem na chamada série harmônica um parâmetro seguro para o estabelecimento de identidades. De todo modo, à medida que se afastam do núcleo da nota acionada, os harmônicos que a compõem tornam-se alturas ambíguas e cada vez menos dependentes do tom principal. São dissonâncias implícitas ao sistema tonal que sugerem passagens para outras tonalidades ou, simplesmente, instabilidades que limitam a força centrípeta dos acordes. Os modelos seriais e atonais, em especial o dodecafonismo, tentaram insistentemente abandonar a referência quase onipresente da série harmônica no monumental repertório da música europeia criada até o século XIX. Forçoso reconhecer que, de fato, conseguiram baixar expressivamente o poder centralizador do sistema substituindo a própria noção de acorde pela de "agregado" de notas, uma vez que os tons tocados em concomitância não mais se baseavam em compatibilidade harmônica. Se essas experiências não se impuseram como a "música do futuro" – assim desejavam os seus criadores –, trouxeram exemplos-limite de rejeição aos "acordos" e dependências que garantiram a longa hegemonia dos processos tonais de composição. Os agregados não deixavam de ser acordes que privilegiavam bem mais as diferenças e as alteridades que as dependências e as identidades. Nesse sentido, uma obra dodecafônica dirige-se mais para a música ausente que para si própria, o que faz com que, até hoje, transmita estranheza aos ouvidos menos treinados (e mesmo aos mais treinados).

Assim como vimos no caso da historização da estrutura elementar, os conceitos sintagmáticos de Greimas também operam com expansões do acorde ao longo do texto. Quando reconhecemos que a noção de *isotopia* prevê um processo de recorrência sêmica, o qual, por sua vez, reforça um núcleo de sentido e ajuda a dissolver possíveis ambiguidades do discurso, estamos concebendo verdadeiras cadências em torno de uma tonalidade de conteúdo e evitando dissonâncias que provoquem desvios (de sentido) indesejáveis. Por outro lado, as evoluções de uma isotopia a outra são movimentos conceituais que muito se assemelham às modulações tonais.

No nível narrativo, o acorde expandido se manifesta nos estados de junção entre sujeito e objeto e nas relações intersubjetivas, contratuais ou polêmicas. No primeiro caso, a plenitude conjuntiva dos actantes sujeito e objeto polariza a identidade e a noção que temos de um ser em total "harmonia": o objeto (o outro) deixa de existir temporariamente pois foi absorvido pelo sujeito. Esse actante único não vê sentido em se deslocar (o objeto já está dentro de si) e não se desloca porque não vê sentido (não precisa tomar uma direção). A harmonia enfraquece o sentido (a busca do outro) na mesma proporção em que o sentido, a direção, desfaz a harmonia. O ser em transição deve sua mobilidade narrativa à alternância dessas duas situações. Do mesmo modo, no plano intersubjetivo, as relações contratuais entre Destinador ($D^r$) e Destinatário ($D^o$) garantem a consonância plena dos interesses, a estabilidade do quadro actancial, enquanto as relações polêmicas, entre sujeito (S) e antissujeito (A), respondem pelas dissonâncias irresolúveis que instabilizam a narrativa ao mesmo tempo que a fazem progredir. A relação contratual é de natureza contínua e unidirecional ($D^r \rightarrow D^o$) e se baseia na conciliação; a relação polêmica é de cunho descontínuo e opositivo e se baseia no conflito ($S \neq A$). Greimas e Courtés já diziam, no *Dicionário de Semiótica*, que a primeira relação determinou a visão da sociedade como instância de "troca" e "coesão social", ao passo que, a segunda, determinou a abordagem social como "luta de classes" (Greimas & Courtés, 2008: 376). Impossível não enxergar, no primeiro caso, a predominância das relações de dependência hjelmslevianas, no segundo, o reino das oposições saussurianas, e, em ambos, os componentes de um acorde que dosa, no desenrolar sintagmático, as porções de identidade e alteridade.

O mesmo princípio explica as relações de junção no universo passional. Os sentimentos de falta quase sempre envolvem rupturas pontuais num domínio de forte prevalência dos laços afetivos. As disjunções espaciais entre actantes (perdas, separações, desencontros etc.) só adquirem valor realmente passional quando ocorrem num contexto de significativa conjunção temporal. São os vínculos com o passado (saudade, recordação, nostalgia etc.) ou com o futuro (esperança, atração, desejo etc.) que dramatizam a desunião espacial do presente. Sem eles, as disjunções seriam estados actanciais mecânicos pouco relacionados com o que conhecemos como progresso narrativo. A extensão temporal é o eixo semântico que dá sentido às oposições actanciais.

O compositor brasileiro Chico Buarque escreveu na década de 1980 uma letra de canção que apresenta claramente, em registro lírico-passional, a subordinação das relações disjuntivas espaciais às relações conjuntivas temporais. Sob o título sugestivo *Pedaço de Mim*, o compositor, à época engajado com o clamor nacional pela anistia aos exilados políticos, propõe a figura de um enunciador (eu) que se dirige ao enunciatário (tu) como se este fosse a parte que lhe falta para completar a própria identidade. Nessa acepção, a necessidade do outro vai muito além da determinação sintáxica que faz de todo sujeito um "buscador" de objetos. Indica, isto sim, que a alteridade é elemento constituinte da identidade. Diante da impossibilidade de recuperar o outro (tu) e, portanto, de completar o seu próprio "ser", aniquilado por forças antagonistas, o enunciador roga-lhe que desapareça definitivamente, já que o elo temporal perene ("a saudade") não permite que a ferida cicatrize:

Oh, pedaço de mim
Oh, metade amputada de mim
Leva o que há de ti
Que a saudade dói latejada
É assim como uma fisgada
No membro que já perdi

## A potencialização

Os estados de junção do sujeito narrativo sempre estiveram na base da reflexão sobre a existência semiótica. Para evitar as definições ontológicas que isolam sujeitos e objetos, atribuindo-lhes traços substanciais, os autores do *Dicionário de Semiótica* estabeleceram graus de proximidade entre esses actantes que responderiam em última instância pelos seus respectivos modos de existência: [1] virtual, quando há disjunção entre sujeito e objeto; [2] atual, quando atinge a fase de não-disjunção e [3] real, quando há plena conjunção. No período de implantação da semiótica das paixões, houve um esforço especial no sentido de inserir no modelo os graus de afastamento entre tais funções, o que, de acordo com os termos do quadrado semiótico, se resumia em conceituar o modo de existência próprio da não-conjunção. Depois de alguns desvios e correções de rota, a semiótica elegeu a "potencialização" como o modo que define a perda do objeto ou, para falarmos em tom mais tensivo, a progressiva perda de densidade de presença do objeto-valor. Hoje em dia, o modo de presença potencializado (tem sido mais frequente o termo "presença" no lugar de existência) é aquele que sucede a plena realização conjuntiva entre sujeito e objeto e que antecede a disjunção propriamente dita, na qual as relações entre os actantes tornam-se apenas virtuais.

Na verdade, ao trazer para o quadro teórico da semiótica a noção de "densidade de presença" (Fontanille & Zilberberg, 2001: 59), os pesquisadores estavam incorporando, embora não as tenham mencionado explicitamente, as propostas sugeridas por Greimas em sua última obra exclusiva: *Da Imperfeição* (original francês de 1987). É nesse volume que o autor trata de encontros especiais entre sujeito e objeto, mostrando que nem sempre a conjunção decorre dos processos narrativos baseados na espera. Às vezes, podemos ter os chamados encontros epifânicos, ou de outra natureza, que emergem de forma inesperada no campo de presença do sujeito provocando rupturas significativas no seu projeto de vida. Nesse caso, a realização corresponde a um aumento expressivo da densidade de presença do objeto, o que o torna distinto dos objetos conquistados diariamente. Tomemos um exemplo retirado do primeiro ensaio do livro *O Arco-Íris Branco*, escrito pelo poeta concretista Haroldo de Campos:

> Em 25 de julho de 1814, o velho Goethe (em um mês e poucos dias, agosto, 28, completaria 65 anos) decide-se a revisitar sua cidade natal, Frankfurt, com destino a Wiesbaden, para uma estação de repouso, a conselho médico. Assim que ele empreende a viagem de Weimar, por Erfurt, à querida região renana que o viu nascer, ele entrevê, nas brumas da manhã, um arco-íris branco. Henri Lichtenberger, que descreve o episódio no prefácio à edição Aubier, bilíngue, do Divã Ocidental-Oriental, comenta que, à visão desse raro fenômeno meteorológico (um arco-íris sem raios coloridos), o poeta-naturalista se sentiu rejuvenescer, interpretando-o como presságio de "uma nova puberdade". (Campos, 1997: 15)

Todas as ocorrências típicas de uma estação de repouso (em Wiesbaden), assim como o reencontro com pessoas e imagens de sua terra natal (em Frankfurt), estavam previstos na trajetória narrativa do escritor alemão. Esses contatos teriam, certamente, alguma (ou muita) importância em sua história de vida, mas nada se compara com a visão surpreendente de um arco-íris branco que lhe surge à frente e o faz experimentar a sensação agradável de rejuvenescimento. A densidade de presença deste último objeto, deste acontecimento tonificado, é bem maior que a apreendida pelo sujeito em seus outros momentos de viagem. Ao término de toda a experiência, podemos imaginar que a potencialização dessa visão específica, embora sofra a mesma atenuação das demais (toda potencialização é pós-impacto), passe a ocupar um lugar especial no mundo subjetivo de quem a vivenciou. Por isso, esse modo de presença pressupõe que a realização da plenitude conjuntiva esteja encerrada e que, doravante, só se possa contar com a memória (do ponto de vista individual) e com a história (do ponto de vista coletivo) (Zilberberg, 2011: 169).

De fato, quando nos referimos à memória, quase sempre nos apoiamos em registros nítidos de relativamente poucas ocorrências que se convertem em verdadeiras balizas para a reconstituição dos dados menos marcantes, mas que também compuseram nossa atual identidade. As práticas psicanalíticas já deram bastante notoriedade a esse processo mental. Para a semiótica, a pontencialização é o modo de presença que tenta explicar essa absorção da experiência conjuntiva (do sujeito com objetos do mundo e com outros sujeitos) na vida dos seres humanos. Conforme a densidade de presença do acontecimento, teremos potencialização mais átona ou mais tônica. A mais átona descreve o ato simples de assimilação de toda e qualquer vivência para reaproveitá-la em situações futuras ou novas atualizações. Muitas vezes o sujeito nem possui consciência dessa assimilação, visto que decorre de experiências cotidianas aparentemente irrelevantes, mas que, nem por isso, escapam de sua apreensão. Nessa acepção, potencializar significa passar para um estado "potencial", latente e temporariamente inativo. A pouca densidade de presença do fenômeno em realização não chega, nesse caso, a despertar a consciência da assimilação, ainda que esta se evidencie nas novas manifestações do sujeito, quando, por exemplo, segue ritos sociais, incorpora operações mecânicas, domina sua língua materna e novas línguas, ou, simplesmente, repete (ou altera) comportamentos em função da experiência anterior.

A potencialização mais tônica resulta da alta densidade de presença do objeto, como no caso do arco-íris branco. Mesmo que tal densidade necessariamente se atenue, o impacto da realização deixa marcas profundas na memória do sujeito. Como já disseram os autores de *Tensão e Significação*, "para uma semiótica da presença, a relação não vai da diferença para a tonicidade, mas sim da tonicidade para a diferença" (Fontanille & Zilberberg, 2001: 133). Ou seja, o que surge como força e acento em realização se potencializa como diferença e relevo e produz no sujeito uma "saudade da comoção". É previsível que essa disjunção virtual logo se reatualize em sentimento de falta e, por fim, se realize em nova conjunção. Nessa acepção tônica, potencialização significa que um objeto concentrado, com alta densidade de presença, ingressa na memória com maior potência e maior propensão para novamente atrair o sujeito ou para lhe auxiliar, como ponto de referência, na reconstituição das lembranças menos marcantes (Tatit, 2010: 154-156).

Não é difícil reconhecer que a potencialização átona, ao assimilar progressivamente ritos, hábitos, formas gramaticais etc., garante ao sujeito sua constituição identitária, enquanto a potencialização tônica, ao introjetar forças que se convertem em diferenças, permite ao sujeito uma relação mais profunda com o outro ou com aquilo que se destaca em seu universo sensível e cognitivo. Novamente, instala-se o acorde, com seus componentes átonos e tônicos, já presente na estrutura elementar da significação idealizada por Greimas nos anos 1960, mas, desta vez, semiotizando as famosas experiências estéticas relatadas pelo autor no livro de 1987.

## Tonalidade e tonicidade

Essa metáfora musical pode trazer alguma confusão conceitual, talvez mais para os músicos que para os semioticistas. Houve momentos neste trabalho em que falamos de "tônica" referindo-nos ao sistema tonal (tonalismo, tonalidade) e ao acorde musical que representa o centro desse modelo de criação estética. Ao definirmos a potencialização, porém, empregamos o termo "tônico(a)" no sentido semiótico, ou seja, em oposição ao termo "átono(a)", ambos como articulações da categoria "tonicidade", que abrange as variações de intensidade ou de ênfase tanto no plano da expressão como no plano do conteúdo (Zilberberg, 2011: 289).

Para o raciocínio que vimos desenvolvendo, essas diferenças de acepção produzem efeitos contrários. O acorde de tônica exerce função identitária no universo musical e pode ser caracterizado por certa atonia no plano semiótico. Ele apenas confirma o regresso ao centro do sistema e que a música, em última instância, é fiel a si própria. Já a significação tônica é aquela que se sobressai numa prática significante e vira motivo de destaque no interior do sujeito, atraindo-o para uma relação com o outro. No campo musical, são as notas estranhas à tonalidade que "tonificam" o acorde mobilizando-o em direção a outros tons e, por vezes, a outras músicas.

Lembramos que o acorde aqui concebido é composto tanto de elementos átonos, fartamente reiterados no decorrer de um processo sintagmático, que asseguram a homogeneidade do seu "ser", sua identidade, quanto de elementos tônicos, apreendidos como destaques e absorvidos como diferenças pertinentes, que asseguram a heterogeneidade desse mesmo "ser", sua alteridade. As célebres consonâncias (átonas) e dissonâncias (tônicas), tão estudadas na área musical, são conceitos que nos ajudam a compreender as variações de tonicidade (e não de tonalidade) que regulam essa atividade artística.

## Consonâncias e dissonâncias semióticas

O fato de a semiótica ter surgido como uma rigorosa "pesquisa de método" (expressão que serviu de complemento ao título de sua obra inaugural: *Sémantique structurale: recherche de méthode*) e de ter abraçado o pensamento estrutural como conduta científica acabou determinando suas escolhas epistemológicas e mesmo seus principais objetos de estudo. Tivemos um longo período no qual eram privilegiadas as reiterações sêmicas e actanciais, as poucas modalidades presentes em todo discurso, as três etapas narrativas (manipulação, ação e sanção), a sintaxe sumária do quadrado semiótico, a organização das categorias num percurso gerativo, enfim, tudo que pudesse traduzir constância no universo extremamente variado do sentido. E para que a abordagem tivesse base científica, todas as noções deveriam ser expressas por uma "malha funcional de dependências" (Hjelmslev, 1975: 83), o que, aliás, se realizou com brilho na publicação do já citado *Dicionário de Semiótica* (original francês de 1979). Assim, podemos dizer que, mesmo reconhecendo o lugar teórico das diferenças e admitindo a existência dos dados inesperados – e tonificados – na manifestação do sentido, a semiótica empenhou-se por quase duas décadas em sua atonização, redução e inclusão nas categorias já existentes. Um dos sintomas dessa atitude eram os procedimentos, necessários ao modelo narrativo, de "liquidação da falta" e, menos frequentemente, de contenção do excesso.

Ora, tudo ocorre como se o acorde do sentido não suportasse dissonâncias e essas fossem geradas por aspectos quantitativos. O sentimento de falta é um caso de ausência que precisa ser narrativamente recusado por um sujeito para que este possa, em seguida, ingressar numa esfera de positividade e aumentar os seus valores desejados ou devidos. Ambos os estágios podem ser lidos com a ajuda das "sílabas tensivas" *mais* e *menos* propostas recentemente por C. Zilberberg (2011: 54-61). O primeiro, ainda no terreno da negatividade, representa a etapa do restabelecimento (*menos menos*), enquanto o segundo já define a fase do recrudescimento (*mais mais*). Até aqui, temos uma faixa comedida, moderada, agora no campo da positividade. Se a progressão persistir, podemos chegar à saturação, a um excesso de *mais* (ou a "somente mais", nas palavras de Zilberberg). Para conter o excesso, é preciso que o sujeito siga um itinerário descendente, amenizando o que é considerado exorbitante (*menos mais*) e, por vezes, se contentando com quantidades mínimas (*mais menos*), como ocorre com os poetas japoneses que se dedicam ao haicai. São fases de atenuação e minimização. Para além dessas etapas teremos um excesso de *menos* (ou "somente menos"), equivalente à extinção, o que pode conduzir a novo sentimento de falta e nova ascendência.

Essas quantificações totalmente subjetivas (daí o seu interesse) já estão presentes na denominação dos intervalos entre as notas de um acorde musical. Dizemos "quinta aumentada", "quinta diminuta", "nona aumentada", "sétima diminuta" etc., para nos referirmos às dissonâncias causadas por intervalos que ultrapassam, para mais ou para menos, os medidas justas ou, simplesmente, maiores. No âmbito da música tonal, ao longo de muitas décadas, esses "excessos" podiam ser utilizados desde que "resolvidos" nos graus diatônicos da escala, ou seja, os aumentos e as diminuições dos intervalos eram admitidos apenas em acordes transitórios que se afastavam do tom mas mantinham a promessa de a ele retornar.

Pois a semiótica operou, até o início da década de 1990, com "consonâncias" comedidas. As surpresas eram consideradas manobras do antissujeito que precisavam ser contornadas pelos processos narrativos e reintegradas ao modelo baseado na espera. Os excessos de *mais* ou de *menos* eram respectivamente corrigidos pelas atenuações e pelos restabelecimentos. Eram também "dissonâncias" admitidas, mas logo refutadas pelos procedimentos analíticos que não a previam. Os dados tônicos do texto descrito sofriam um processo de atonização para fazerem parte da rede conceitual já construída. Num exemplo banal, diríamos que um estado final de conjunção, expresso na indefectível fórmula $S \cap O$, servia para representar tanto o encontro de Goethe com o arco-íris branco como o encontro de um ator qualquer com seus documentos numa seção de "achados e perdidos".

Talvez o desprestígio da retórica e da estilística na era das ciências estruturalistas, em particular da linguística com pretensões científicas, tenha sido responsável por esse tipo de nivelamento descritivo que deixou de considerar as diferenças de intensidade e densidade criadas nos textos, a ponto de quase reduzi-los a uma espécie de denominador comum formado por noções operacionais indiferentes aos graus de acentuação. A própria dupla Greimas e Courtés exaltava, no prefácio do *Sémiotique* II (1986: 6), a contribuição dos semioticistas ("um núcleo sólido") que, em seus verbetes, consolidavam a função metodológica da semiótica, refinando os seus conceitos já consagrados na tradição estrutural, ao mesmo tempo que deixava transparecer, sem perder a cortesia, certo desconforto com as tendências que pleiteavam, de um lado, a formalização matemática dos conceitos (*physique des humanités*) e, de outro, a dinamização das estruturas (*une sorte de vitalisme renaissant*). Não obstante, na mesma época, Greimas, tentando equacionar de algum modo a apreensão estética, faz indagações parassemióticas sobre justamente as mudanças de acentuação, em trecho já mencionado no ensaio anterior:

> Para evitar que a iteração das esperas degenere em monotonia, é concebível um arriscado deslocamento da acentuação: uma síncope tensiva, realizando antecipadamente o tempo forte e uma delicadeza em obséquio da espera do outro; ou ainda um *sostenuto* prolongando a espera, acompanhado de inquietude, porém, revigorando o tempo forte ainda esperado. A turbulência assim criada revaloriza então o ritmo esgotado. (Greimas, 2002: 86-87)

## A tonificação

Há encontros com objetos altamente tonificados que exigem recursos analíticos mais apurados. A tonificação é atualmente o modo dinâmico de estabelecer diferenças. A prática da homogeinização dos termos numa categoria mais abstrata e o costume de privilegiar a relação em detrimento das oposições representaram progresso científico para as teorias da linguagem, mas viraram, quase sempre, formas de atonização dos objetos de estudo. Não é por outra razão que Claude Zilberberg vem cada vez mais chamando a atenção para o papel do acontecimento na semiótica de hoje. Para o autor, não se trata apenas de inserir o inesperado no coração de uma teoria que se baseava na espera, mas, sim, de introduzir esse conceito numa semiótica da interdependência em que o elemento acentuado afeta e é afetado por todas as coordenadas tensivas que lhe tornaram perceptível. É assim que o teórico francês traduz semioticamente o aforisma de Paul Valéry: *Tout événement brusque touche le tout. Le brusque est un mode de propagation* (1973: 1288).

O acontecimento no plano objetal corresponde àquilo que *sobrevém* no plano subjetal, mas ele só pode ser devidamente avaliado, em primeiro lugar, no interior de uma célula complexa que pressupõe o *advir* de uma grandeza num dado campo de presença e sua constante articulação com a progressividade do *pervir* (*parvenir*). Em contraste com este último, a cifra intensiva do sobrevir é acelerada e tonificada, de tal modo que o acontecimento só pode ser compreendido depois de sua ocorrência. É o depois que explica o antes, assim como no caso dos acordes dissonantes: o caminho harmônico posterior justifica as alterações (intervalos aumentados e diminutos) inseridas num acorde anterior. Essas condições de andamento e tonicidade acabam também influenciando sua natureza extensiva, normalmente associada à brevidade. Em segundo lugar, pelo fato de o campo de presença não dispor dos elementos que poderiam prevenir o sujeito da sua chegada, o acontecimento, quanto mais tônico, menos se insere nos termos de um pensamento implicativo, o que põe em xeque a competência modal do sujeito. O arco-íris branco paralisa Goethe, retira-lhe a competência, até que, mais tarde, ele consegue interpretá-lo como o sinal de uma nova puberdade. Afinal, tratava-se de um raro fenômeno meteorológico com o qual, em princípio, ninguém espera se defrontar. Mas o impossível, ou quase impossível, acontece. Traduzido pelo pensamento concessivo: embora não se esperasse, aconteceu! Para descrever o gesto inconcebível do protagonista de um dos seus principais contos ("A Terceira Margem do Rio"), aquele que decidiu permanecer numa canoa sobre as águas de um rio por toda a vida, o escritor João Guimarães Rosa expõe o sumo do pensamento concessivo: "Aquilo que não havia, acontecia" (Rosa, 1968: 33).

É Guimarães Rosa, aliás, quem, através de suas histórias com personagens infantis, estuda a fundo a questão do acontecimento. No conto "Os Cimos", o Menino indaga "por que não podíamos apreciar plenamente as coisas boas que aconteciam?" O mesmo personagem responde à pergunta levantando diversas hipóteses, das quais comentaremos apenas as duas primeiras: [1] "porque sobrevinham depressa e inesperadamente, a gente nem estando arrumado" (Rosa, 1968: 170).

Essa hipótese envolve o "sobrevir" na esfera do sujeito, o andamento acelerado na esfera do objeto, o salto de etapas que instaura o conceito de *surpresa* ("inesperadamente") e ainda um modo figurativo de se referir a uma desordem no campo da identidade ("a gente nem estando arrumado"). Quando o acontecimento tônico sobrevém, a velocidade do objeto se mostra sempre superior à velocidade presumida pelo sujeito. Parafraseando Paul Valéry, *o que já é* [no plano objetal] *não é ainda* [no plano subjetal] – *eis a Surpresa* (Valéry, 1973: 1290). É fácil estabelecer a concessão subjacente: embora o sujeito não esperasse o objeto, ele surgiu.

| SURPRESA | |
|---|---|
| acontecimento (plano objetal) | sobrevir (plano subjetal) |
| já é | não é ainda |

Uma vez que a surpresa figura no conto como razão para o não aproveitamento pleno dos acontecimentos positivos, podemos deduzir que sua velocidade exorbitou, prejudicando a capacidade de avaliação do personagem. Isso significa que existem outras condições, opostas a essas, que favorecem a apreensão do sujeito. Em vez do "sobrevir", que fratura sua identidade, o "pervir" (chegar gradualmente de um ponto a outro), que supõe um planejamento para o encontro do objeto bem antes de sua chegada. Nos termos de Valéry: *o que não é ainda* [no plano objetal] *já é* [no plano subjetal] – *eis a espera* (*idem*). Também é fácil estabelecer a implicação subjacente: dado que o sujeito esperava o objeto, ele surgiu. Essa é a articulação da espera que norteou a semiótica narrativa desde os seus primórdios. Assim como o sobrevir é determinado pela alta tonicidade e aceleração do acontecimento, o pervir é gerado pela atonia e desaceleração do "exercício", termo esse escolhido por Zilberberg (2012: 60-61):

| ESPERA | |
|---|---|
| exercício (plano objetal) | pervir (plano subjetal) |
| não é ainda | já é |

É essa complexidade associada à espera que assegura ao sujeito uma identidade plenamente reconhecível, sem acidentes de percurso. Sua competência de actante ativo é preservada já que mantém sob controle não apenas o objeto, mas principalmente o tempo dispendido para obtê-lo. Nesse âmbito da espera encontra-se o personagem "arrumado" do texto rosiano, ocupando o eixo semântico átono do ser que dá respaldo à percepção do não-ser, a alteridade incômoda responsável pela autonomia do objeto e por sua capacidade de surpreender.

## Afinação do sentido

Para se sentir "arrumado" e poder aproveitar melhor os benefícios do bom acontecimento, o Menino precisaria corrigir alguns parâmetros tensivos: acelerar um pouco o andamento do sujeito enquanto desacelera o do objeto, diminuir o excesso de tonicidade, expandir a alta concentração do acontecimento traduzindo-o em etapas de um exercício. Enfim, precisaria "afinar" o acorde do sentido com movimentos ascendentes ou descendentes até atingir um ponto ideal de apreensão. Antes de contar com os recursos tensivos, C. Lévi-Strauss já reconhecia esses movimentos na audição de peças musicais: "A emoção musical provém precisamente do fato de que a cada instante o compositor retira ou acrescenta mais ou menos do que prevê o ouvinte [...]" (1991: 25).

Mas a afinação desse acorde é bastante delicada. Se, por exemplo, a desaceleração do objeto ultrapassa um dado limite e a tonicidade perde sua força, o acontecimento pode se descaracterizar e, novamente, deixaremos escapar as boas coisas que ele nos proporciona. Desta vez, por excesso de lentidão e atonia ou, de acordo com a segunda hipótese do Menino, pelo fato de se transformarem em coisas excessivamente [2] "esperadas, e então não tinham gosto de tão boas, eram só um arremedado grosseiro" (Rosa, 1968: 170).

A espera decorre de consonâncias no plano subjetivo do ator que, a custa de muito exercício, conquista uma série de previsões e organiza o seu percurso narrativo. A surpresa decorre de dissonâncias ocasionadas por acontecimentos inesperados que desestabilizam a temporalidade interna do sujeito. Ambos os conceitos, porém, convivem e formam verdadeiros acordes, sobretudo quando há ajustes de suas "cordas", as qualidades tensivas definidas por oscilações de andamento, tonicidade, abrangência, extensão (temporal e espacial) etc. Estes são os recursos atuais que articulam os termos complexos "espera" e "surpresa" e evitam que fiquemos nos comentários gerais sobre as relações entre o previsível e o inopinado.

Esse acorde, composto ao mesmo tempo de elementos átonos e tônicos, aparece na mesma obra de Guimarães Rosa numa única expressão: "soência de sobrevir" (Rosa, 1968: 173). O Menino se encanta com um lindo pássaro colorido, um tucano, único remanescente de dezenas dessa espécie que lhe aparecia regularmente ao amanhecer no topo das árvores por apenas dez minutos. Numa autêntica "espera do inesperado" (Greimas, 2002: 83), já que a possibilidade de o tucano não mais aparecer, como os demais, fazia sempre de sua vinda um acontecimento, o Menino respeita a pontualidade habitual (a soência) do pássaro, mas não deixa de se surpreender cada vez que aquelas cores lhe sobrevêm. Afinando as cordas do sentido, ele capta a intensidade do momento vivido sem perder as balizas da própria identidade.

## Referências bibliográficas


Campos, Haroldo. 1997. *O Arco-Íris Branco*. São Paulo, Imago.

Fontanille, Jacques & Zilberberg, Claude. 2001. *Tensão e Significação*. São Paulo, Discurso Editorial/Humanistas.

Greimas, Algirdas Julien. 1973. *Semântica Estrutural*. São Paulo, Cultrix/Edusp.

________. 2002. *Da Imperfeição*. São Paulo, Hacker Editores.

________. & Courtés, Joseph. 2008. *Dicionário de Semiótica*. São Paulo, Contexto.

________. & Courtés, Joseph. 1986. *Sémiotique, dictionnaire raisonné de la théorie du langage*, Paris, Hachette, v. II.

Hjelmslev, Louis. 1975. *Prolegômenos a uma Teoria da Linguagem*. São Paulo, Perspectiva.

Lévi-Strauss, Claude. 1991. *O Cru e o Cozido*. São Paulo, Brasiliense.

Lopes, Edward. 1989-1990. "Paixões no Espelho: Sujeito e Objeto como Investimentos Passionais Primordiais". *Cruzeiro Semiótico* ("Semiótica das Paixões"), Porto, Associação Portuguesa de Semiótica.

Rosa, João Guimarães. 1968. *Primeiras Estórias*. Rio de Janeiro, José Olympio.

Tatit, Luiz. 2010. *Semiótica à Luz de Guimarães Rosa*. São Paulo, Ateliê Editorial.

Valéry, Paul. 1973. *Cahiers*, tome 1. coll. La Pléiade, Paris, Gallimard.

Zilberberg, Claude. 2011. *Elementos de Semiótica Tensiva*. São Paulo, Ateliê Editorial.

________. 2012. *La structure tensive*. Liège, Presses Universitaires de Liège.


*Tópicos del Seminario*, nº 20, Benemérita Universidad Autónoma de Puebla, 2013 [versão em espanhol].

| | |
|---|---|
| *Título* | *Todos Entoam* |
| | *Ensaios, Conversas e Lembranças* |
| *Autor* | Luiz Tatit |
| *Editor* | Plinio Martins Filho |
| *Produção editorial* | Aline Sato |
| *Capa* | Gustavo Piqueira / Casa Rex |
| *Editoração eletrônica* | Mariana Real |
| | Camyle Cosentino |
| *Revisão* | Ateliê Editorial |
| *Formato* | 16 × 23 cm |
| *Tipologia* | Minion Pro |
| *Papel* | Chambril Avena 80 g/m² (miolo) |
| | Cartão Supremo 250 g/m² (capa) |
| *Número de páginas* | 424 |
| *Impressão e acabamento* | Gráfica Vida e Consciência |